Der Sozialstaat an der Jahrtausendwende

Engelbert Theurl (Hrsg.)

Der Sozialstaat an der Jahrtausendwende

Analysen und Perspektiven

Mit 21 Abbildungen und 12 Tabellen

Physica-Verlag

Ein Unternehmen
des Springer-Verlags

Professor Dr. Engelbert Theurl
Institut für Finanzwissenschaft
Universität Innsbruck
Universitätsstraße 15
A-6020 Innsbruck
Österreich
E-mail: engelbert.theurl@uibk.ac.at

ISBN 3-7908-1353-2 Physica-Verlag Heidelberg

Die Deutsche Bibliothek – CIP-Einheitsaufnahme
Der Sozialstaat an der Jahrtausendwende: Analysen und Perspektiven / Hrsg.: Engelbert Theurl. – Heidelberg: Physica-Verl., 2001
ISBN 3-7908-1353-2

Physica-Verlag Heidelberg
ein Unternehmen der BertelsmannSpringer Science+Business Media GmbH

Umschlaggestaltung: Erich Kirchner, Heidelberg

SPIN 10785050 88/2202-5 4 3 2 1 0 – Gedruckt auf säurefreiem Papier

Vorwort

Nahezu weltweit werden derzeit die Systeme der Sozialen Sicherung einer ökonomischen und politischen Eignungsprüfung unterzogen. Dies geschieht aus höchst unterschiedlichen Motiven.

Entwicklungs- und Schwellenländer sind dabei, die im Zuge des ökonomischen Entwicklungsprozesses an Bedeutung verlierenden traditionellen Systeme der Risikovorsorge, die in den gewachsenen Überlieferungen gesellschaftlicher Gruppierungen verankert sind, durch neue Mechanismen der Risikovorsorge zu ersetzen. Die Ausdifferenzierung marktwirtschaftlicher Wirtschaftssysteme auf Basis von privaten Eigentumsrechten führt zum Entstehen von formalen Absicherungssystemen. Dabei spielt die Geldwirtschaft, durch welche sich soziale Risiken leichter quantifizieren und die Austauschmedien präziser erfassen lassen, eine wichtige Rolle. Diese Länder orientieren sich dabei teilweise an den institutionellen Voraussetzungen der etablierten Industriestaaten.

Den vormals sozialistischen Reformstaaten stellte/stellt sich im Sinne der *Eukken*`schen Theorie von der "Interdependenz der Ordnungen" die Aufgabe, eine fundamental geänderte Wirtschaftsordnung durch eine geänderte Sozialordnung abzustützen. Soziale Sicherheit war ein wesentliches Element der Sicherung von politischer Herrschaft. Sie basierte auf der Kombination von Vollbeschäftigung und Subventionierung des Grundbedarfs. Beide Maßnahmen führten - die Frage der Effektivität dieser Kombination bleibt hier unberücksichtigt - zu einer direkten Ausschaltung der Allokationsfunktion von Preisen. Mit der Übernahme marktwirtschaftlicher Steuerungsmechanismen mußte dieses Absicherungssystem zwangsläufig verschwinden. Die Transformationsländer stehen damit - wenngleich in (sehr) unterschiedlicher Schärfe - vor einer Quadratur des Kreises: Die Notwendigkeit einer fundamentalen Anpassung der ökonomischen Strukturen und daraus folgend ein hoher sozialer Absicherungsbedarf trifft auf rückläufige bzw. stagnierende Wachstumsraten der Wirtschaft und damit auf begrenzte Fonds zur Finanzierung dieses Absicherungsbedarfs. Sie trifft im weiteren auf eine brüchige und teilweise durch das alte Wirtschaftssystem korrumpierte Basis formeller und informeller Institutionen, die als Pfeiler der Absicherung sozialer Risiken unter den geänderten Rahmenbedingungen dienen könnten. Der Importbedarf an organisatorisch-institutionellem Know-how beim Aufbau neuer Ordnungsstrukturen ist groß, die angebotenen Konzepte wirken aber zuweilen schablonenhaft.

Auch die etablierten Industriestaaten sehen sich einer Kumulation von Entwicklungen gegenüber, die die Absicherung von Lebensrisiken erschwert. Der Anstieg der Lebenserwartung und der Rückgang der Reproduktionsraten werden mittelfristig zu einer markanten Veränderung der demographischen Relationen führen. Durch die starke Abhängigkeit der Absicherungssysteme von der Generationenstruktur via Umlageverfahren ergeben sich daraus gravierende Probleme. Hier sind nicht nur die diesbezüglichen Probleme im quantitativ bedeutsamsten

Absicherungssystem, nämlich der Pensionsversicherung, anzusprechen. Wesentlich weitreichender, explosiver und auch schwieriger durch kompromißfähige Entscheidungen zu lösen, erscheinen die demographischen Konsequenzen in der Kranken- und Pflegeversicherung, weil dort zusätzliche problemverschärfende Faktoren wie z.B. die Preisstruktureffekte der *Baumol*schen Kostenkrankheit und die Effekte des "doppelten Alterns" auftreten werden.

Unsere sozialen Sicherungssysteme fußen auf einem bestimmten Familienbild: Kernfamilie, Alleinverdienerhaushalt, stabile Familienstrukturen. In diesem Modell erwirbt der zumeist männliche Alleinverdiener soziale Ansprüche. Die übrigen Familienmitglieder erwerben "abgeleitete" Ansprüche (Mitversicherung, Witwenrenten). Von diesem Familienbild mag es immer Abweichungen gegeben haben, trotzdem war es als Fundament für die Sozialpolitik stark genug. Die Zunahme der Doppelverdienerhaushalte, die Flexibilität der Familienstrukturen, das Auseinanderfallen von Elternschaft und Heirat und das Streben der Frauen nach ökonomischer Unabhängigkeit und Gleichberechtigung müssen fast zwangsläufig zu einer Revision der Sozialen Absicherungssysteme führen.

Die Änderungen in der Haushaltsstruktur gehen Hand in Hand mit einer Veränderung der Berufsstruktur. Nicht nur das Familieneinkommen speist sich zunehmend aus mehreren Quellen. Auch das Individualeinkommen wird nicht mehr ausschließlich aus einem "Normalarbeitsverhältnis" erzielt. Letzteres ist aber immer noch der primäre Adressat sozialstaatlicher Leistungen. Atypische Beschäftigungsverhältnisse (Teilzeitbeschäftigung, Arbeit auf Abruf, etc.) verlieren ihren Ausnahmecharakter. Post-industrielle Beschäftigung ist in erster Linie hochqualifizierte, heterogene, professionelle, mobile, aber rasch entwertbare Arbeit. Die Nachfrage nach niedrig qualifizierter Arbeit ist gering und sprunghaft. Der Gegensatz zwischen diesen beiden Beschäftigungssystemen stellt ein erhebliches Konfliktpotential für die Systeme der Sozialen Sicherung dar, da für einen Teil der Arbeitnehmerschaft die Bedeutung der staatlichen Sozialpolitik sinken wird, auf die der Rest der Bevölkerung um so stärker angewiesen sein wird.

Überlagert bzw. verstärkt werden die Effekte dieser nationalen Entwicklungen durch die Internationalisierung der ökonomischen Aktivitäten. Diese wurzelt einerseits in der Reduktion verschiedener internationaler Austauschhemmnisse und andererseits in den technologischen Veränderungen der "Inhalte des internationalen Handels". Ein zunehmender Teil der ökonomischen Aktivitäten und damit des Handels wird entmaterialisiert. Sinkende Transport- und Transaktionskosten und die dadurch induzierte Aufspaltung des Funktionenbündels "Betrieb" in einzelne Teilfunktionen lassen die Unterschiede in den Rahmenbedingungen von Wirtschaftsräumen, also von sozioökonomisch und nicht politisch-territorial abgegrenzten Subeinheiten des Nationalstaates, deutlicher hervortreten als dies bislang der Fall war. Unter diesen Voraussetzungen werden nationale Grenzen zunehmend unwichtig. Die Kapazität eines Landes, eigenständige sozialpolitische Regime aufrecht zu erhalten, wird reduziert, wobei gleichzeitig der verursachte Strukturwandel die Notwendigkeit der Sozialen Absicherung erhöht und damit für die Sozialpolitik eine Dilemmasituation schafft.

Die internationalisierte Wirtschaft erzeugt einen erheblichen Druck zur Konsolidierung der nationalen öffentlichen Haushalte, weil z.B. liberalisierte Kapitalmärkte auf Budgetungleichgewichte sehr elastisch reagieren oder weil hohe Abgabenkeile die Standortattraktivität schmälern. Daneben ergeben sich sehr konkrete und verpflichtende Notwendigkeiten zur Budgetkonsolidierung aus makroökonomischen Benchmarks im Rahmen von internationalen Integrationsprojekten (z.B. Vertrag von Maastricht). Öffentliche Ausgaben für die soziale Sicherheit beanspruchen in den OECD-Staaten etwa 30 % des BIP. Sie sind daher quantitativ gesehen ein wichtiger Kandidat für budgetäre Konsolidierungsstrategien. Zudem zeigen empirische Untersuchungen über die Konsolidierungsbemühungen, daß diese nur dann gelingen, wenn staatliche Transferausgaben bzw. staatliche Personalausgaben wesentliche Eckpfeiler eines Konsolidierungskonzeptes sind.

Vom 28. Februar bis 1. März 2000 veranstaltete das Institut für Finanzwissenschaft den 34. Hochschulkurs aus Finanzwissenschaft. Die Veranstaltung dient generell der anwendungsbezogenen Aufbereitung von aktuellen finanzwissenschaftlichen Themen für politische Entscheidungsträger. Dabei wurden unter dem Tagungstitel "Der Sozialstaat an der Jahrtausendwende - Analysen und Perspektiven" ausgewählte Aspekte der Sozialen Sicherung thematisiert. Der gewählte Tagungstitel soll eher eine sozioökonomische Umbruchsituation signalisieren und weniger im Sinne eines sozioökonomisch nicht sonderlich bedeutsamen Sprunges in der Kalenderzeit interpretiert werden. Der Fokus der Betrachtung im Rahmen der Veranstaltung waren die sozialstaatlichen Entwicklungen in den etablierten Industrieländer. Probleme der Entwicklungs- bzw. Schwellenländer sowie die Entwicklungen in den Transformationsländern wurden bewußt ausgeklammert. Innerhalb dieses Fokus "Etablierte Industrieländer" standen die traditionellen Systeme der Sozialen Sicherung im Vordergrund der Betrachtung. Damit wurden beispielsweise die Rollen des Beschäftigungssystems, des Bildungssystems, der Familienpolitik, der Wohnpolitik, der Sozialhilfe, etc. aus der Betrachtung ausgeklammert. Trotz dieser wesentlichen thematischen Einschränkungen können angesichts der Differenziertheit der sozialpolitischen Regime - insbesondere in Sozialstaaten vom *Bismarck*typ - und angesichts des Niveaus und der Differenziertheit der wissenschaftlichen Erkenntnisse in einzelnen Bereichen der Sozialpolitik auch im Kernbereich der "Sozialen Sicherung" im Rahmen einer zweitägigen Veranstaltung nur Schlaglichter gesetzt werden. Der vorliegende Band gibt die zehn Referate dieser Veranstaltung in modifizierter und erweiterter Form wieder.

In seinem einleitenden Referat setzt sich *Manfred Prisching* mit der historischen Einbettung des Sozialstaates auseinander. An Hand der Kriterien "Motivationen, Ziele, Institutionen und Mentalitäten in Wohlfahrtsstaaten" werden einerseits in einem historisch-genetischen Ansatz "Alte Konflikte und Konsense" des Sozialstaates erörtert und andererseits unter dem Titel "Neue Spannungen und Krisen" gegenwarts- bzw. zukunftsbezogene Aspekte beleuchtet.

Wesentliche Basis der Sozialen Sicherung sind mehr oder weniger explizit formulierte Generationenverträge. Anliegen des Beitrages von *Richard Hauser* ist es aufzuzeigen, daß das Konzept von intergenerativen Verträgen nicht isoliert auf die Soziale Sicherung bzw. ein Teilsystem der Sozialen Sicherung übertragen werden darf. Intergenerative Beziehungen zeigen sich in hohem Ausmaß auch in anderen Bereichen wie z.B. im Bestand und in der Weitergabe von privatem und öffentlichem Sachvermögen, im Humanvermögen, im Natur- und Umweltvermögen, etc.. Eine faire Betrachtung intergenerative Beziehungen muß also das "Gesamterbe" einer Generation beleuchten.

Eine wesentliche Aufgabe privater und öffentlicher Absicherungssysteme ist ihre Fähigkeit, Teufelskreise in der sozialökonomischen Situation von Individuen (Haushalten) zu vermeiden. Diese Teufelskreise ergeben sich daraus, daß einerseits die drei Aktiva von Individuen, nämlich Fähigkeiten, Gesundheit, Vermögen miteinander positiv korreliert sind und andererseits auch die negativen Impulse (z.B. Krankheit, Alter, Unfall, etc.), die auf diese Aktiva wirken, zum Teil ebenfalls positiv korreliert sind. *Peter Zweifel und Hansjörg Lehmann* untersuchen in ihrem Beitrag, inwieweit es den privaten und sozialen Absicherungssystemen gelingt, solche Teufelskreise zu verhindern.

Urteile, daß der Sozialstaat zu groß bzw. suboptimal sei, sind oft Hüftschüsse und beruhen auf einem unzureichenden empirischen Fundament. *Willem Adema* faßt in seinem Beitrag wichtige Entwicklungen der Sozialausgaben in den OECD-Staaten zusammen. Dabei wird besonderes Augenmerk darauf gelenkt, daß die Sozialbudgets den realen Wert der Sozialausgaben nicht richtig wiedergeben, da der Nettowert der Sozialtransfers durch eine unterschiedliche Behandlung derselben im Rahmen der direkten und indirekten Besteuerung gravierend vom Bruttowert abweichen kann.

Soziale Dienste waren/sind in Sozialversicherungssystemen vom Typ Bismarck nur unzureichend und unsystematisch geregelt und verankert. Ein wesentlicher historischer Grund liegt in hohen Maß an der Beschäftigungsorientierung der Absicherungssysteme. *Christoph Badelt* zeigt in seinem Beitrag auf, daß Soziale Dienste wie beispielsweise Pflegeleistungen sowohl für die Sozialpolitik, als auch für die wissenschaftliche Beschäftigung mit der Sozialpolitik eine neue Aufgabe und Herausforderung darstellen.

Betrachtet man die Ausgaben- und Leistungsentwicklung, dann stellt das Gesundheitswesen einen sehr dynamischen Sektor des Sozialstaates dar. Die Gesundheitssysteme in den etablierten Industriestaaten haben auf diese Entwicklung mit Reformstrategien reagiert. Die verstärkte Steuerung des Gesundheitswesens durch die Finanzierungsträger, die unter dem Stichwort "Managed Care" figuriert, ist eine wichtige international beobachtbare Reformoption. Der Beitrag von *Engelbert Theurl* zeichnet einerseits wichtige internationale Entwicklungslinien in der Reform von Gesundheitssystemen nach und ordnet andererseits das österreichische Gesundheitswesen bzw. die Reformen im österreichischen Gesundheitswesen in diesen Reformkontext ein.

Die beobachtbaren demographischen Veränderungen sind Auslöser einer grundsätzlichen Debatte über Sicherungsverfahren, nämlich u. a. der Wahl eines effizienten Finanzierungsverfahrens. Der Beitrag *von Wilfried Schmähl* setzt sich grundsätzlich mit den Finanzierungsoptionen der Sozialen Sicherheit auseinander, wobei der Schwerpunkt der Diskussion auf verschiedenen Aspekten des Umlageverfahrens liegt. Im Zentrum des Beitrags von *Axel Börsch-Supan* steht der Renditenvergleich zwischen dem Umlage- und dem Kapitaldeckungsverfahren. Dabei wird zuerst der wirtschaftstheoretische Hintergrund mit den wichtigsten Konzepten dargestellt und darauf aufbauend werden empirische Schätzungen zur heutigen und Simulationsergebnisse zur zukünftigen Entwicklung der Renditen präsentiert.

Wie bereits erörtert, stellt die internationale ökonomische Entwicklung eine wichtige Rahmenbedingung in der Entwicklung der nationalen sozialstaatlichen Regime dar. Dieser internationale Aspekt wird im Rahmen dieser Publikation durch zwei Beiträge abgedeckt. *Franz Marhold* behandelt rechtliche Aspekte der Thematik. Die Auswirkungen des Europarechtes auf das Sozialrecht wurden bislang hauptsächlich im Bereich der Koordination der Sicherungssysteme gesehen. Immer öfter zeigen sich aber Anlaßfälle, in denen Normen des Europäischen Wirtschaftsrechtes das nationale Sozialrecht beeinflussen. Der Beitrag von Marhold setzt sich an Hand der vorliegenden Rechtsprechung spezifisch mit den Auswirkungen des Europäischen Wettbewerbsrechts, der Grundfreiheiten und des Beihilfenrechts auf nationale Sozialversicherungssysteme auseinander. Der Beitrag von *Norbert Berthold* und *Oliver Stettes* setzt sich mit ökonomischem Auswirkungen der Internationalisierung der Wirtschaft auf die nationalen Sozialversicherungssysteme auseinander. Dabei wird die Notwendigkeit einer Sozialstaatsreform herausgearbeitet, die Defizite der bestehenden Systeme werden beleuchtet und Vorschläge für die Richtung eines Umbaues des Sozialstaates gemacht.

Der Herausgeber möchte allen jenen danken, die zum erfolgreichen Verlauf der Veranstaltung und zur Fertigstellung dieser Publikation beigetragen haben. Mein Dank gilt zunächst den Referenten und Diskussionsteilnehmern am Hochschulkurs. *Herr Johann Pacher* hat die Manuskripte in eine druckreife Form gebracht. Ihm sei ebenso gedankt wie *Frau Monika Lanser*, die die Veranstaltung organisatorisch mustergültig betreut hat. Dem *Physica-Verlag*, insbesondere *Frau Dr. Martina Bihn* und *Frau Gabriele Keidel,* danke ich für die angenehme und konstruktive Zusammenarbeit im Rahmen der Drucklegung. Mein Dank gilt schließlich auch den Mitarbeitern des Erwachsenenbildungsheimes Grillhof, die für eine angenehme und entspannende Atmosphäre während der Veranstaltung gesorgt haben.

In Zeiten stagnierender öffentlicher Einnahmen sind wissenschaftliche Projekte verstärkt auf die Förderungen durch Sponsoren angewiesen. Diesbezüglich verdankt diese Veranstaltung Unterstützung durch *Herrn Dr. Peter Marxer* (Vaduz), dem *Amt der Tiroler Landesregierung* (Innsbruck) und der *PHARMIG - Vereinigung pharmazeutischer Unternehmen* (Wien).

Innsbruck, im August 2000 *Engelbert Theurl*

Inhaltsverzeichnis

Der „sorgende" Staat: Das kontinentale Modell der Sozialstaatsentstehung

Manfred Prisching

Zusammenfassung: Der Wohlfahrtsstaat stand seit seinem Bestehen in Diskussion, und in Zeiten internationaler Verflechtungen und knapper öffentlicher Budgets ist dies erst recht der Fall. Ein wesentliches Problem der aktuellen Anpassungserfordernisse liegt darin, daß er als Institution auf wirtschaftliche Verhältnisse aufgebaut war, die sich in der globalisierten Informationsgesellschaft in Auflösung befinden. Die Studie untersucht in zwei Durchläufen – einem historisch-genetischen unter dem Titel „Alte Konflikte und Konsense" und einem gegenwartsbezogenen unter dem Titel „Neue Spannungen und Krisen" – jeweils die folgenden vier Fragestellungen: Wie steht es mit den Motivationen, den Zielen, den Institutionen und den Mentalitäten im Wohlfahrtsstaat?

1. Einleitung

Das „Krisengerede" um den Sozialstaat löst Ermüdungserscheinungen aus. Natürlich ist der Sozialstaat in der Krise, und er war es seit seinem Anbeginn. Immerhin hat er im wohlfahrtsstaatlichen Jahrhundert eine bemerkenswerte Anpassungsfähigkeit und Vielseitigkeit bewiesen und alle so freigebig konstatierten Krisen bislang gut überstanden.[1] Er hat sich als mit unterschiedlichen kulturellen Hintergründen vereinbar gezeigt. Er hat Kriege und Wirtschaftskrisen überdauert. Er ist angewachsen, ist von einem Ensemble vereinzelter institutioneller Vorkehrungen zu einem „System" geworden, das in ordnungspolitischen Kategorien typologisiert werden kann. Er hat letztlich - zwischen dem Turbokapitalismus und der Planwirtschaft – den „Dritten Weg", über den so häufig theoretisiert wurde, in die politisch-ökonomische Wirklichkeit umgesetzt, die „soziale Demokratie" *Lorenz von Steins*[2] verwirklicht, die „soziale Idee" *Hermann Hellers*[3], die „soziale Theorie des

---

1 Die beiden Begriffe "Sozialstaat" und "Wohlfahrtsstaat" werden in der Folge unterschiedslos verwendet. Zuweilen wird in eine terminologische Differenzierung bereits ein wenig weltanschauliche Interpretation verpackt, sodaß unter einem "Sozialstaat" eine "angemessene", unter einem "Wohlfahrtsstaat" eine "überzogene" Konfiguration sozialpolitischer Maßnahmen verstanden wird. Zur begrifflichen Präzisierung vgl. Hinweise bei *Ritter* (1991), Kap. 1.

2 Vgl. *von Stein* (1876), S. 71.

Kapitalismus“ von *Eduard Heimann*.[4] Der Sozialstaat hat - von bescheidenen Anfängen ausgehend - beinahe die ganze Bevölkerung fortgeschrittener Industrieländer erfaßt; es ist aus dieser Idee nicht nur ein „Wohlfahrtsstaat“, sondern gar eine „Wohlfahrtsgesellschaft“ geworden.

Aber die „soziale Erfindung“, als welche sich die Struktur des Wohlfahrtsstaates am Beginn des 21. Jahrhunderts darstellt, ist tatsächlich in einer *Krise*, aus der sie in ihrer bisherigen Gestalt nicht wird hervorgehen können. Es geht erstmals nicht um die Reichweite der wohlfahrtsstaatlichen Leistungen, um die von Anbeginn an gerungen wurde, nicht nur um die Leistungshöhe, die den einen immer zu hoch und den anderen immer zu niedrig war, um Details der Anspruchsberechtigungen nach Dauer, Personenkreis oder Konditionen, um die Zweckmäßigkeit konkreter institutioneller Ausgestaltung. Die Krise reicht über die gegenwärtige *politics of retrenchment*, das globale *dismantling of the welfare state* hinaus[5], es geht nun vielmehr um *die grundlegenden Bauprinzipien* des Sozialstaates, die einer veränderten wirtschaftlichen Szenerie nicht mehr entsprechen. Die einen stellen fest, daß der Sozialstaat „erschöpft“ sei[6], die anderen, daß der „Sozialversicherungsstaat“ an „Grenzen“ stoße[7]; die einen schildern die Geschichte des Wohlfahrtsstaates überhaupt als „Geschichte eines Irrwegs“[8], die anderen stellen zweifelnd die Frage: „Ist der Sozialstaat noch zu retten?“[9] Die Irritationen sind darin begründet, daß der Sozialstaat eine Gesellschaftskonfiguration voraussetzt, die im Dahinschwinden begriffen ist, eine Gesellschaft, die es in wenigen Jahrzehnten als „Normalmodell“ der industriell-postindustriellen Gesellschaft nicht mehr geben wird. Das ist keine Panikmache, schon gar kein sozialwissenschaftliches Triumphgeheul, das darauf beruhen könnte, daß sich nun endlich doch die „Endkrise“ der „spätwohlfahrtsstaatlichen Konstellation“ ausrufen ließe. Mit weniger Emphase läßt sich der Stress, unter den der Sozialstaat gerät, schlicht als „Veralten des wohlfahrtsstaatlichen Arrangements“ bezeichnen.[10] Das heißt noch lange nicht, daß der Wohlfahrtsstaat wirklich am Ende ist; er wird auch die anstehenden Herausforderungen bewältigen, *aber es wird ein anderer Wohlfahrtsstaat sein*.

Deshalb ist es angemessen, Rückblick zu halten auf das „wohlfahrtsstaatliche Jahrhundert“, und dieser Rückblick wird uns zu den Gegenwartsfragen führen. Ich gehe in zwei Durchläufen – einem historisch-genetischen unter dem Titel „Alte Konflikte und Konsense“ und einem gegenwartsbezogenen unter dem Titel „Neue Spannungen und Krisen“ – die folgenden vier Fragestellungen durch: Wie steht es mit den Motivationen, den Zielen, den Institutionen und den Mentalitäten im Wohlfahrtsstaat?

---

3 Vgl. *Heller* (1971), Bd. 2, S. 291.
4 Vgl. *Heimann* (1929).
5 Vgl. *Pierson* (1994).
6 Vgl. *Becker* (1994).
7 Vgl. *Riedmüller/Olk* (1994).
8 Vgl. *Habermann* (1997).
9 Vgl. *Fisch* (1996).
10 Vgl. *Kaufmann* (1997), S. 52.

2. Alte Konflikte und Konsense

Der Sozialstaat ist eine Besonderheit der entwickelten Industriegesellschaften. Einfachere Gesellschaftsformen haben die Probleme anders – „nicht-sozialstaatlich" – gelöst, wesentlich durch „privatgesellschaftliche" Verpflichtungen, durch Leistungen der Lebenswelt. Erst der leistungsmächtige Staat der Moderne hat die alten sozialen Probleme in die eigenen Hände genommen und die neuen Probleme zu bewältigen versucht. In diesem Prozeß haben die modernen Industrieländer ein hohes Ausmaß an Umverteilung erreicht, weit mehr als traditionalere Gesellschaften. Der Zivilisationsprozeß ist auch einer der Demokratisierung und Egalisierung, und diese sich verbreitenden Werthaltungen fördern die Entfaltung der Wohlfahrtsstaatlichkeit.

2.1 Motivationen: Weltanschauliche Gesinnung und praktisches Kalkül

Der „sorgende Staat" ist nicht nur ein Produkt des Klassenkampfes.[11] Die treibenden Kräfte, die zur Institutionalisierung des Wohlfahrtsstaates und in der Folge zu seinem Ausbau geführt haben, sind einer historisch wechselnden Gemengelage von Stimmungen, Werten, Gefühlen, Theorien und Haltungen entsprungen. Die Versuche, Beginn oder Expansion des Wohlfahrtsstaates mit einem bestimmten Grad von Industrialisierung und Urbanisierung, mit dem politischen Mobilisierungsgrad, mit dem Legitimierungsbedarf nationaler Eliten und anderen derartigen Indikatoren in umfassender, ländervergleichender Weise zu korrelieren, haben wenige schlüssige Resultate erbracht.[12] Die herrschenden Ideen, die den Ausbau vorantrieben, hatten unterschiedliche Wurzeln. Es waren sozialistische Grundhaltungen, die mit marxistischem oder humanistischem Grundgehalt versehen waren; es waren völkische und nationalistische Motive; es spielten die katholische Soziallehre und die evangelische Sozialethik eine Rolle; es kamen liberale Philanthro-

---

[11] In erster Linie sind es "harte" historisch-soziale Tatsachen, die den Wohlfahrtsstaat "notwendig" machten. *Ritter* zählt dazu: den durch Bevölkerungswachstum, Industrialisierung, Urbanisierung und Binnenwanderung vorangetriebenen sozialen Wandlungsprozeß, die Säkularisierung, die politische Mobilisierung der Massen, die Auflösung von Ständegesellschaft und Zunftverfassung, den Bedeutungsverlust der Familie, die Krise des traditionellen, auf Nachbarschaftshilfe und Verantwortung der Geburtsgemeinden aufgebauten Unterstützungssystems infolge der Wanderung von Arbeitskräften, die steigende Abhängigkeit von kapitalistischen Arbeitsmärkten, den Bedeutungsverlust von Landwirtschaft und Heimarbeit, den damit verbundenen Rückgang von Arbeitsmöglichkeiten für Kinder, Frauen und Alte, die Entstehung und Vermehrung des Industrieproletariats, die Erhöhung des Unfallrisikos durch die Maschinenarbeit, die zunehmende Gefahr der Arbeitslosigkeit durch Konjunkturschwankungen sowie die neuen Formen des Massenelends. Vgl. Ritter (1991) S. 64.

[12] Vgl. dazu auch *Schmidt* (1988).

pie und aufgeklärter Reformismus hinzu.[13] Entsprechend kamen die politischen Initiativen durch wechselnde Koalitionen von aufgeklärten Konservativen, reformistischen Sozialdemokraten und sozial gesinnten Liberalen, von Klerikalen und Antiklerikalen, von Wissenschaftlern und Populisten zustande.[14] Nationalisten forderten, die Volksgemeinschaft durch sozialpolitische Maßnahmen als ganze zusammenzuschmieden, im Dienste der Stärkung der Nation. Religiös geprägte Menschen forderten die sozialpolitische Institutionalisierung von Mitmenschlichkeit, während Sozialdarwinisten den Entfall der „Auslese" durch wohlfahrtsstaatliche Maßnahmen – und seien es nur kostenfreie Impfungen - beklagten. Aber trotz solcher Ausritte von Verfechtern heroisch-tragischer Härte ist der Grundwert der *Menschenwürde* in der abendländisch-christlichen Tradition so gut verwurzelt, daß selbst radikale Marktverfechter es üblicherweise nicht zulassen würden, daß Menschen unter ein sozial definiertes Maß an Elend absinken oder daß kranke Menschen auf den Straßen verrecken. Elemente eines *rationalen Kalküls,* wie sie *Abram de Swaan* hervorhebt, mögen schon immer mit im Spiel gewesen sein: die Beseitigung von Kriminalität und Banditentum im Zuge der Staatsbildung und sich verflechtender, damit auch anfällig werdender Wirtschaftsbeziehungen sowie allgemein die Beschwichtigung gefährlicher Armer im Zuge der Errichtung kollektiver, zunächst kommunaler und städtischer, dann regionaler und schließlich landesweiter Fürsorgeeinrichtungen.[15] Dazu kommt ein sich durchsetzendes *aufgeklärtes* Bewußtsein, das dem unaufhörlichen Fortschritt, im wirtschaftlichen Bereich als „Wachstum" operationalisierbar, verpflichtet ist, und der Staat wird - aus Überzeugung und Erfahrung - als der wirkungsmächtige Gestalter des progressistischen „Glücks" aller Menschen gesehen. Der moderne Optimismus fordert zur Etablierung von Sicherungssystemen auf, schon allein deswegen, weil sie so machbar sind wie alles andere auch.

Eine einfache „Klassenlogik" oder „Machtlogik" übersieht diese Konstellationen. Es war diese *Mischung von Motiven*, aus der sozialstaatliche Einzelinitiativen erwuchsen, wie ganz zu Beginn die Begründung des Sozialstaates im Bismarckschen Deutschland; natürlich kamen *machtpolitisch* bedingte Schübe hinzu, wie etwa beim großen Sprung nach dem Ende des Ersten Weltkriegs; aus einer Gemengelage von Motiven formte sich auch der „sozialliberale Konsens", der insbesondere für die Jahre nach dem Zweiten Weltkrieg, in denen der Wohlfahrtsstaat die quantitativ bedeutsame Phase seiner Expansion aufwies, weitgehend unhinterfragte Grundlage des politischen Handelns gewesen ist: *Sicherheit* für jeden Staatsbürger gegen unerwartete Risiken und absehbare Notlagen sowie ein gewisses Maß an *Gleichheit* von Lebenschancen. Es waren in hohem Maße *moralische Überzeugungen*, von denen die meisten Sozialreformer getrieben waren, ja man kann das Modell des Sozialstaates insgesamt als Exempel einer *moralischen Ökonomie* ansehen.[16]

---

13 Vgl. *Baier* (1977), S. 138f.

14 Vgl. etwa *Wehler* (1985); *Tennstedt* (1983).

15 Vgl. *Swaan* (1993).

16 Vgl. *Kaufmann* (1997), S. 41 und S. 141.

Die Schritte, die namentlich von konservativ-bürgerlicher Seite zum Ausbau der Sozialpolitik gesetzt wurden, waren nicht nur altruistisch bedingt. Es waren auch Strategien der gesellschaftlichen Elite, die Risiken des Zusammenlebens mit den Armen zu mindern, und sie waren auch von der Absicht getragen, einer erstarkenden Arbeitnehmerbewegung die wichtigsten (und berechtigten) Gründe für ein Aufbegehren wegzunehmen. Die Arbeitnehmergruppen haben denn auch in den frühen Phasen sozialpolitischer Eingriffe – angesichts des „reformistischen Dilemmas" - ein durchaus ambivalentes Verhältnis zu diesen Maßnahmen gezeigt: Sie fürchteten das, was die Konservativen erhofften - daß sich die Arbeiterschaft ihren revolutionären Elan würde abkaufen lassen, daß sie sich mit einem wohlfahrtsstaatlich domestizierten Kapitalismus, in dem sie weit mehr zu verlieren hätte als ihre Ketten", „versöhnen" würde. Sie opponierten häufig gegen das wohlfahrtsstaatliche Modell, weil sie es als eine „Bestechung" der Arbeiterschaft ansahen, die damit weit unter ihren Möglichkeiten im Zustand der Ausbeutung festgehalten und mit Brosamen abgespeist würde, während erst die dadurch hinausgeschobene sozialistische Revolution den Arbeitern - und ihren Funktionären – „alles" bringen würde. Andererseits konnten sie sich auf Dauer auch nicht weigern, auf reformistisch-wohlfahrtsstaatlichem Wege etwas für die alltägliche Besserstellung ihrer Klientel zu tun, zumal die Revolution auf sich warten ließ.

Das Konzept, revolutionären Elan durch reformistische Zugeständnisse zu bremsen, war erfolgreich. Wohlfahrtsstaatliche Absicherungen sind kein Patentrezept, um friedliche und deshalb wachstumsfördernde Arbeitsbeziehungen zu schaffen; aber sie verhindern mit höherer Wahrscheinlichkeit manifeste Unzufriedenheitsgefühle, die sich in Zusammenrottungen, Demonstrationen, Besetzungen und Gewaltakten Luft machen könnten.[17] Solange die Unterstützungszahlungen fließen, viele durch Umschulungen aufgefangen und bei der Suche nach einem neuen Arbeitsplatz betreut werden, werden Wut und Empörung gegen das „System" offenbar in der Tat erfolgreich verhindert. Sozialstaatlichkeit ist zu einem „Staatsziel" geworden, und dies reichert den Kapitalismus mit einer für die Stabilität hinreichenden Dosis an „Moralität" an.

Der Sozialstaat wurde weitgehend *theorielos* realisiert, nicht auf der Grundlage einer sozialwissenschaftlich abgeleiteten Vision. Die sozialpolitische Praxis hat

---

[17] Vgl. *Prisching* (1988). Die Auflistung dieser Ziele mag ungewöhnlich sein; insbesondere Ziele wie Freiheit und Innovation sind wir nicht gewöhnt, ausgerechnet mit dem Sozialstaat in Verbindung zu bringen. Aber es handelt sich um „notwendige" Ziele eines „westlichen Sozialstaates". Es ist keine Kunst, eine diktatorisch-paternalistische Versorgungsgesellschaft aufzubauen; aber abgesehen davon, daß wir den Begriff der „positiven Freiheit" kennen, der ja gerade eine angemessene Teilhabe am Leben der Gesellschaft meint, ist es auch erforderlich, eine weitgehende Versorgungssicherheit mit „negativer Freiheit", also Freiheit in liberalem Sinn, zu kombinieren, und gerade darin besteht die Herausforderung eines Sozialstaates. „Innovation" wieder ist ein wichtiges „Gegenziel" gegen Sicherheit und Gleichheit: Wenn es nicht gelingt, den Sozialstaat so zu gestalten, daß die entscheidende Leistung einer Marktwirtschaft, ihre innovative Dynamik, aufrechterhalten bleibt oder sogar gefördert wird, wird es über kurz oder lang um den Sozialstaat schlecht stehen.

sich um die mangelnde „Theorie des Sozialstaates" wenig gekümmert, das System wurde Schritt um Schritt, in all seiner Widersprüchlichkeit und Fehlerhaftigkeit, ausgebaut. Auch wenn es freilich keine „Theorie" des Sozialstaates gab, so gab es doch theoretische Strömungen, sozialwissenschaftliche Begründungen und Kritiken, die den Prozeß der Entstehung dieses Systems immer wieder begleitet haben. Ihr Einfluß darf gleichfalls nicht – unter dem Eindruck von „Klassenverhältnissen" und politischen Konfliktlagen – unterschätzt werden.[18] Im deutschsprachigen Raum haben sich *Robert von Mohl* und *Lorenz von Stein*[19], letzterer mit seiner Lehre vom „Königtum der sozialen Reform", dann *Friedrich Naumann*[20] und *Max Weber*, schließlich die Vertreter der Historischen Schule bzw. die „Kathedersozialisten" - um *Adolph Wagner*[21], *Gustav Schmoller*[22] und den Verein für Socialpolitik[23] - um die Begründung der Sozialpolitik verdient gemacht.[24]

2.2 Ziele: Zwischen Bändigung und Überwindung des Kapitalismus

Die frühkapitalistische Periode hat keine gute Nachrede, und dies gilt auch für entsprechende transitorische Phasen von Nachzüglern auf der internationalen Szene: Sie zeichnen sich durch Pauperismus, Massenarmut und „soziales Elend" aus. Eine frühkapitalistische Revolution wirbelt die jeweilige Gesellschaft durcheinander, löst soziale Stabilitäten auf, schafft Verlierer und Gewinner. Die Industriegesellschaft hat ihre unbändige Kraft zur Reichtumsschaffung und zur Wachstumsmaximierung unter Beweis gestellt, sie hat aber auch Elend, Unrast und Konflikt hervorgerufen. Der Sozialstaat war in einer turbulenten, politisch und ökonomisch prekären Lage der Weg, die Forderung nach einer „guten Policey" einzulösen[25], also marktwirtschaftliche Dynamik mit einem Mindestmaß an Sicherheit und einem Leben in Menschenwürde zu verbinden. Es sind gewissermaßen *selbständige „Logiken"* – von Ökonomie, Politik und Kultur – miteinander in Einklang zu bringen; der Sozialstaat ist ein *komplexes System*, keines, das wirklich

---

18 Vgl. *Rueschemeyer/Skocpol* (1996).

19 Vgl. *von Stein* (1921).

20 Vgl. *Sheehan* (1983).

21 Vgl. *Wagner* (1879).

22 Vgl. *Backhaus* (1997).

23 Vgl. *Lindenlaub* (1967).

24 Der Aufstieg der Sozialwissenschaften hat auch deshalb sozialpolitische Maßnahmen gefördert, weil die Grundüberlegung, daß sich die Bewegungsgesetzlichkeiten der Gesellschaft „berechnen" ließen, also in einer statistischen Analyse Gefahren und Risiken erfaßt werden und dadurch „versicherungsfähig" gemacht werden könnten, Voraussetzung für ein umfassendes System der Lebenssicherung werden konnte. Die industrielle Arbeit wurde für sozialwissenschaftliche Untersuchungen zugänglich, und das wissenschaftliche Wissen wurde in dem Sinne „politisiert", als es Voraussetzung für die soziale Reform wurde.

25 Vgl. *Pankoke* (1970).

umfassend mit einer „sauberen" Theorie zu bewältigen wäre. Deswegen erweckt die Analyse wohlfahrtsstaatlicher Systeme immer einen chaotischen Eindruck, und deshalb ist sie auch nur interdisziplinär zu leisten.[26]

Wir können, wie dies bei der Analyse gesellschaftlicher Systemstabilität oft der Fall ist, zwei Ebenen unterscheiden: Funktionsfähigkeit und Legitimität. Ein soziales System muß in dem Sinne *funktionieren*, als es die Lebensbedürfnisse seiner Mitglieder deckt, und es muß *legitim* sein, das heißt die grundsätzliche Folgebereitschaft der Bewohner gewährleisten können. Auf der Ebene der *Funktionsfähigkeit* muß der Sozialstaat dreierlei sicherstellen: Wachstum, das heißt Fortschritt und Wohlstand für alle und damit auch eine bestimmte Entschärfung von Verteilungskonflikten; Stabilität, das heißt makroökonomische Steuerung und Bereitstellung öffentlicher Güter; und Innovation, das heißt Wahrung oder Steigerung der dynamischen Kräfte einer Marktwirtschaft. Auf der Ebene der *Legitimität* muß der Sozialstaat folgende Ziele realisieren: Sicherheit, das heißt die Beseitigung von Lebensrisiken und die Gewährleistung eines Lebens ohne Angst; Gleichheit, das heißt Herstellung von sozialer Gerechtigkeit unter Einschluß eines gewissen Maßes an Umverteilung; und Freiheit, das heißt die Verwirklichung staatsbürgerlicher Freiheit in einer sozialen Demokratie.[27]

Diese Ziele können unterschiedliche Intensitäten annehmen, und alle Versuche, die Gestalt des Wohlfahrtsstaates näher zu bestimmen, setzen bei engen Aufgabenbestimmungen wie der Beseitigung von Elend und Not an und erstrecken die sozialpolitischen Paradigmen bis zu unklaren, aber jedenfalls weitreichenden Vorhaben wie der „Verbesserung der materiellen und sozialen Umwelt"[28] der Bürger, der „Hebung und Ausbreitung des Wohlstandes"[29] oder der „Generalisierung des Anspruchs auf Teilhabe an den Lebensmöglichkeiten der Gesellschaft".[30] Die geschichtliche Entwicklung des Wohlfahrtsstaates ist von Anfang an von Kontroversen über die angemessene Versorgungsintensität des „sorgenden Staates" gekennzeichnet. Man kann die Reichweite der Eingriffe, die zur Erreichung dieser Ziele vorgenommen werden können, in drei Modelle fassen, die sich in einem unterschiedlichen Verhältnis zu den Bewegungsgesetzlichkeiten eines marktwirtschaftlichen Systems befinden.

In der ersten, bescheidensten Variante geht es um die *Domestizierung* des Kapitalismus. Der Sozialstaat kann die Funktion zugewiesen erhalten, in einer turbulenten Gesellschaft *Mindestsicherheiten* zu gewährleisten. Er stellt ein essentiell marktwirtschaftliches Element dar, bügelt aber Marktversagen unterschiedlichster Art aus. Er bekennt sich zum Wirken der Märkte, auch zu einem möglichst umfassenden Einsatz dieses Koordinationsmechanismus; aber er bastelt an den Rändern

---

26 Vgl. *Kaufmann* (1997), S. 30.

27 Für eine genauere Analyse dieser Ziele vgl. *Prisching* (1996), S. 218ff. Dort wird auch begründet, warum in dieser Auflistung der wohlfahrtsstaatlichen Ziele so ungewöhnliche Elemente wie Innovation und Freiheit vorkommen.

28 Vgl. *Kaufmann* (1983), S. 49-86.

29 Vgl. *Zacher* (1987).

30 *Kaufmann* (1997), S. 34.

des Systems, revidiert Marktergebnisse in Einzelfällen, füllt soziale Nischen. Damit soll das Wirken der Märkte mit den Gerechtigkeitsvorstellungen der Menschen verträglich gemacht werden, insbesondere mit Grundrechten und Grundwerten, *basic human rights*, die den Schutz vor Hunger und Durst, Schmerzen und Folter, Diskriminierung und Elend einschließen. Die Bürger können wohl kein Gesellschaftssystem für „gerecht" halten, das Teile der eigenen Bevölkerung auf Dauer dem Elend preisgibt. Der Sozialstaat war deshalb - zugleich mit seinen grundlegenden wirtschaftlichen Funktionen - immer auch politisches Legitimierungsinstrument, indem er die Ansprüche von unten nach oben, von den Unterschichten zu den Mittel- und Oberschichten, diffundieren ließ. Er hat um Akzeptanz für den Kapitalismus geworben, indem er seine Auswüchse durch rechtlich gesicherte Instrumentarien der Daseinsvorsorge beseitigt hat. Denn von einem „Wohlfahrtsstaat" ist nicht schon dann zu reden, wenn die soziale Sicherungsaufgabe als „religiöse Verpflichtung" oder „heilige Schuld" angesehen wird; es handelt sich erst dann um die Erfüllung dieser Funktionen durch einen „Wohlfahrtsstaat", wenn der Staat aufgrund *rechtlicher Verpflichtungen* die Ergebnisse der marktförmigen Güterverteilung korrigiert und an durch bestimmte Merkmale ausgezeichnete Individuen Sach-, Dienst- oder Geldleistungen verteilt.[31] Folgen wir einer Typologie wohlfahrtsstaatlicher Systeme, wie wir sie beispielsweise bei *Philippe van Parijs*[32] finden, so entspricht die erste Ebene, die an spezifische Bedürfnislagen anknüpft und diese wesentlich versicherungsförmig absichert, im groben dem *Bismarck-Modell*. Man kann die bescheidene Variante der Notlagenbeseitigung auch mit *Richard Titmuss* als „residualen Wohlfahrtsstaat" bezeichnen.[33] Jedenfalls geht es um eine „zurückhaltende" Attitüde des Staates, der im Grunde nur soweit eingreift, wie es die Elendsbeseitigung erfordert oder eine

---

31 Vgl. *Preuß* (1990). Vorläufer hat es ja in unterschiedlichen Formen gegeben, von den freiwilligen Unterstützungskassen der Gesellen und Arbeiter über Formen der genossenschaftlichen Hilfe bis zur Pflichtversicherung von Seeleuten und Bergarbeitern; die „neue", sozialstaatliche Sozialversicherung „unterschied sich von den älteren Formen sozialer Sicherheit aber dadurch, daß sie – anders als die Versorgungseinrichtungen der Zünfte und Gesellen – nicht auf Angehörige eines Berufes beschränkt war, sondern breitere Personenkreise erfaßte. Sie beruhte ferner im Unterschied zu den überkommenen Schutzverpflichtungen der Arbeitgeber nicht auf patriarchalischen Prinzipien. Auch begründeten die Sozialversicherungen, im Gegensatz zur traditionellen Armenhilfe, einen individuellen Rechtsanspruch des Versicherten auf Leistungen, der mit keiner sozialen und politischen Diskriminierung verbunden war. Lag in der Armenpflege die Gewährung von Leistungen und deren Höhe im Ermessen lokaler Institutionen, so wurden die Leistungen der Sozialversicherung durch nationale Gesetzgebung einheitlich fixiert. Im Unterschied zu privaten Versicherungen wurden dabei in Beiträgen und Leistungen soziale Gesichtspunkte berücksichtigt und auch die schlechten Risiken zu den gleichen Bedingungen wie gute Risiken abgesichert." *Ritter* (1991), S. 63.

32 *Van Parijs* (1996), 1. Kapitel; *Van Parijs* (1999).

33 Vgl. *Titmuss* (1974). Der "residuale Wohlfahrtsstaat" steht im Gegensatz zum "institutionellen Wohlfahrtsstaat", der auf umfassende Programme, öffentliche Bereitstellung von Dienstleistungen, allgemeine Gleichheit und eine Zurückdrängung von Marktmechanismen setzt.

Versicherungslogik nahelegt.[34] Das Modell kann als reines *Zwangsversicherungssystem* verstanden werden. Die Arbeitnehmer müssen auf einen Teil des ausbezahlten Lohns zugunsten eines Fonds verzichten, aus dem jene Leistungen bezahlt werden, die sie im Falle von Krankheit, Unfall, Arbeitslosigkeit oder Alter in Anspruch nehmen. Dieses System liegt im Interesse aller Beteiligten, und sie würden sich eigentlich – wenn sie weitblickend genug wären - auch aufgrund ihres Privatinteresses auf marktförmige Weise versichern. Die staatliche Verpflichtung hat aber den Vorzug, nicht versicherbare Fälle einzuschließen, sie spart Transaktionskosten und rechnet mit positiven Externalitäten. Von extensiven Solidaritätsgefühlen macht dieses Modell noch wenig Gebrauch.[35]

In einer zweiten, bereits ehrgeizigeren Stufe geht es um die *Modifizierung* des Kapitalismus. Man kann dem Wohlfahrtsstaat die Aufgabe zuweisen, über die Absicherung spezifischer Subsistenzrisiken hinaus eine allgemeine Egalisierung zu bewirken, also nicht die *absolute*, sondern die *relative* Bedürftigkeit bestimmter Gruppen im Verhältnis zu anderen zu korrigieren. Die Marktergebnisse werden in dieser Sichtweise als „ungerecht" erachtet, eine durch Vermögen und Einkommen differenzierte oder gar polarisierte Gesellschaft als unliebsames Produkt der Marktdynamik. Wohlfahrtsstaatliche Maßnahmen sollen also nicht nur „Sonderfälle" behandeln, sie sollen den „Normalfall" korrigieren. Sie sollen nicht an der Armut ansetzen, sondern an der Verteilung. Sie sollen nicht einzelne Ungerechtigkeiten, sondern die allgemeine Ungerechtigkeit glätten. Sie sollen nicht nur Elend vermeiden, sondern generelle Zufriedenheit schaffen. Im Grunde handelt es sich, im Unterschied zum ersten, auf individuelle Notlagen ausgerichteten Modell, um ein Makromodell: Der Gini-Koeffizient ist das Objekt der reformerischen Begierde, nicht eine bestimmte Gruppe von individuellen Bedürftigen. Nicht der „Arme", sondern der „Staatsbürger" ist Adressat .[36]- Es ist jene Art des politischen Eingriffs, die man etwa *dem Beveridge-Modell* gleichsetzen kann. Dieses Modell

---

34 Mit diesen beiden Formulierungen wird auch deutlich, daß es sich nicht ganz um dasselbe handelt: Elendsbeseitigung und Versicherungslogik. Beide haben aber gemeinsam, daß die sozialpolitischen Funktionen ziemlich "mager" ausfallen, verglichen mit modernen Wohlfahrtsstaaten.

35 Es wäre allerdings nicht ganz gerecht, dem System jeden "Solidaritätsgehalt" abzusprechen; dies gilt nur für die reinen, unvorhersehbaren "Risikofälle". Freilich kann man annehmen, daß Arbeitsunfälle unvorhersehbar sind, eine Unfallversicherung also in vernünftiger Erwägung für alle Mitglieder von Vorteil ist. Aber man könnte auch annehmen, daß sich zwei oder mehr derartige Versicherungssysteme bilden, denn jene, die typischerweise Berufe mit deutlich geringerem Risiko ausüben, könnten sich mittels eines eigenen Versicherungssystems besserstellen. Noch mehr Solidarität ist erforderlich, wenn es sich um sich Sachverhalte handelt, die Teil der eigenen "Lebensplanung" sind: Personen, die selbst keine Kinder zu bekommen und keine Familie zu gründen beabsichtigen, müssen Solidarität aufbringen, um die Familienleistungen – sowie daran gebundene Wohngelder und als Folge entstehende Bildungsausgaben – aufbringen zu helfen.

36 Auch hierbei spielt ein allgemein-legitimatorisches Argument eine Rolle, nämlich jenes, daß der legitimitätsgefährdende Neid gemildert werden soll, indem die erlebbare Ungleichheit nicht allzu sehr anwächst.

verpflichtet alle Bezieher von Einkommen (aus Kapital oder Arbeit), auf einen Teil ihres Einkommens zugunsten eines Fonds zu verzichten, aus dem jedes Mitglied der Gesellschaft ein Mindestmaß an Ressourcen im Falle entsprechender Bedürftigkeit zugeteilt erhält. Ein derartiges System ist nicht mehr durch Eigeninteresse, sondern nur auf die Weise rechtfertigbar, daß wir - wie dies in Gerechtigkeitstheorien als Kunstgriff angewendet wird – in einer freien Verhandlungsposition einen anfänglichen Schleier des Unwissens[37] über die eigene zukünftige Position in der Gesellschaft voraussetzen, ein Modell, das die „Eigeninteressen", die für das erste Modell zentral sind, vollständig eliminiert, indem es ihre Unkenntnis fingiert.[38]

In einer dritten Version geht es letztlich um die *Überwindung* des Kapitalismus durch den Wohlfahrtsstaat. Diese weitreichenden Visionen des Wohlfahrtsstaates verlassen die Grundlage einer Marktgesellschaft, weil sie deren Regelungen für insgesamt ungerecht und untragbar halten. Es soll nicht nur eine bedürfnisorientierte Korrektur der Marktergebnisse für einzelne Individuen wie im ersten Modell erreicht werden, nicht nur eine egalisierende Korrektur der Marktergebnisse für alle Individuen wie im zweiten Modell, es geht vielmehr um *eine Freisetzung der Menschen von den Zwängen des Marktes*, um „Entmarktlichung" oder „Dekommodifizierung" im umfassenden Sinn.[39] Der Markt wird nicht als Feld von Optionen gesehen, sondern als Terrorsystem. Die Beteiligung am Arbeitsprozeß wird nicht als Selbstverständlichkeit betrachtet, sondern als Zwang. Arbeiten zu müssen, gilt allein schon als Ungehörigkeit und Repressionsbeweis. Das ist keine übertriebene Beschreibung: *Esping-Andersen* beispielsweise verlangt als Minimalbedingung eines angemessenen Wohlfahrtsstaates, daß die Bürger frei und ohne Verlust von Job, Einkommen oder Wohlfahrt aus der Arbeit aussteigen (opt out) können, wenn immer sie selbst es für notwendig halten; von einer Krankenversicherung müsse man daher verlangen, daß sie das normale Einkommen fortbezahle, ohne daß der einzelne gezwungen wird, seine medizinische Beeinträchtigung aufwendig nachzuweisen, und zwar auf die Dauer, die der einzelne für nötig hält; dasselbe müsse für Pension, Mutterschaft, Fortbildung, elterliche Betreuungszeit und Arbeitslosigkeit gelten.[40] Ein derartiges Schlaraffenland ist nur für

---

37 Vgl. *Rawls* (1978).

38 Vgl. *Dworkin* (1981).

39 Vgl. *Esping-Andersen* (1985). Natürlich bedeuten auch die vorher genannten Modelle eine gewisse Art von „Dekommodifizierung" insofern, als menschliche Lebensumstände nicht mehr den reinen Marktergebnissen ausgeliefert werden: Menschen sind nicht (nur) „Güter" auf (Arbeits-)Märkten. Aber die umfassende Dekommodifizierung ist mit dem dritten Modell gekoppelt.

40 Um nicht den Vorwurf einer selektiven oder verzerrenden Darstellungsweise wachzurufen, seien die Sätze, auf die Bezug genommen wird, auch noch im Original zitiert: "A minimal condition must entail that citizens can freely, and without potential loss of job, income, or general welfare, opt out of work when they themselves consider it necessary. With this definition in mind, we would, for example, require of a sickness insurance that individuals be guaranteed benefits equal to normal earnings, and the right to absence with minimal proof of medical impairment and for the duration that

jene vorstellbar, die offenbar selbst intensiv in eher marktferne Lebensverhältnisse sozialisiert worden sind. In ihrer Perspektive soll der Wohlfahrtsstaat ein arbeitsfreies Leben ermöglichen, das allein als „Reich der Freiheit" angesehen wird. Man kann von einem *Paine-Modell* sprechen. Es verpflichtet alle Einkommensbezieher, auf einen Teil ihres Einkommens zugunsten eines Fonds zu verzichten, der für die entsprechende Sicherung eines jeden Gesellschaftsmitgliedes ohne besondere Bedingungen Sorge trägt. Damit ist letzten Endes das Bürgereinkommen oder Grundeinkommen gemeint: ein regelmäßiger Transfer, der zum Leben reicht und jedem Bürger ohne weiteres ausbezahlt wird.[41]

In diesen drei unterschiedlichen Modellen wird der Wohlfahrtsstaat als Vehikel für ganz *unterschiedliche Grundkonzeptionen* der Gesellschaft verstanden, und es liegt nahe, daß die divergierenden Zielsetzungen – trotz der Reformbereitschaft auf allen Seiten – immer wieder im Zuge der Genese des Wohlfahrtsstaats zu Auseinandersetzungen geführt haben: Es ist nicht sicher – beziehungsweise: es ist im konkreten Fall jeweils erst sicherzustellen –, worum es sich eigentlich handelt, wenn wir über den Wohlfahrtsstaat sprechen.

2.3 Institutionen: Die Erfindung eines Instrumentariums

Die unverstehbaren Risiken der entstehenden Industriegesellschaften – „grundlose" Krisen - forderten neue organisatorische Lösungen. Die Städte, die Fabriken, die Arbeitsrhythmen brauchten neue Regeln. Der Arbeiter hatte keine „Dorfgemeinschaft" mehr, keinen Platz am bäuerlichen Herd, keine gemeinschaftliche Einbettung. Er war vereinzelt, der Laune des Schicksals preisgegeben. Man begann, mit neuen Gemeinschaftsmodellen herumzuprobieren: Bruderläden, Zunftmodellen, Genossenschaften, Fonds, kleinen Versicherungen, Mischungen von öffentlichen und privaten Formen. „In einer bestimmten Phase", vermerkt *Abram de Swaan*, „waren diese kleinen, relativ selbständigen Hilfsvereine bei Arbeitern am beliebtesten, um Risiken kollektiv abzusichern. Was ihren Erfolg ausmachte, war jedoch zugleich ihre Schwäche. Klein und von den Mitgliedern selbst verwaltet, fehlten ihnen Sachkenntnis ebenso wie Mechanismen für Aufsicht, normierte Entscheidungen und Konfliktlösung. Ihre Mitgliedschaft war sozial äußerst homogen, was zwar den Zusammenhalt stärkte, aber die Kassen auch durch Häufung ähnlicher Risiken belastete. Da Hilfsvereine auf Gegenseitigkeit autonom waren, neigten sie dazu, extrem schlecht bezahlte und besonders gefährdete Arbeiter auszuschließen – sofern die Konkurrenz ähnlich verfuhr, war dies sogar

the individual deems necessary (...). Similar requirements would be made of pensions, maternity leave, parental leave, educational leave, and unemployment insurance." *Esping-Andersen* (1990), S. 48ff.

41 Vgl. *Wohlgenannt/Büchele* (1990); *Atkinson* (1995); *Ferry* (1995); *Marquand* (1996); *Van Parijs* (1992); *Walter* (1989).

notwendig (...). Die Versicherungsvereine auf Gegenseitigkeit waren dem Problem der industriellen Armut zunehmend weniger gewachsen."[42]

Die *kollektive Lastentragung* mußte *breit* angelegt sein, je weiter die Kreise waren, die durch eine „Krise" erfaßt werden konnten. Die staatliche Regulierung begann - auch aus Gründen der „Simulation" privatrechtlicher Verhältnisse durch neue institutionelle Modelle - mit den Arbeitsunfällen; langsam erst erfaßte man das Risiko der Arbeitslosigkeit; Krankheitsversicherung und Pensionsvorsorge waren dann die großen Durchbrüche, für viele die entscheidenden Schritte hin zu einem „Staatssozialismus" oder einem „Versorgungsstaat". Andere sozialpolitische Aufwendungen (Familie, Wohnung, Bildung und dergleichen) sind diesen vier Kernbereichen hinzugefügt worden.[43] Die Auseinandersetzung darüber, mit welchen Instrumenten bzw. Institutionen diese sozialstaatlichen Ziele jedoch erreicht werden sollten, wurde von Anfang an geführt. Es war umstritten, ob die Institutionen, denen der wohlfahrtsstaatliche Betrieb anvertraut werden sollte, als *öffentliche*, *privatwirtschaftliche* oder *genossenschaftliche* konzipiert werden sollten. Es gab Konflikte darüber, ob möglichst *umfassende* („staatsbürgerliche") oder *gruppenspezifische* (branchen- oder betriebsspezifische) Institutionalisierungen vorgenommen werden sollten. Es war strittig, ob Leistungen aus dem *Steuertopf* finanziert oder ob eigene Gebühren und *Beiträge* eingehoben werden, ob *Arbeitnehmer* oder *Arbeitgeber* zahlen sollten. Die Fronten verliefen dabei auch in politischer Hinsicht durchaus nicht einheitlich. Die Industrie wollte, obwohl sie meist über die „sozialen Lasten" klagte, zeitweise ein staatliches Versicherungssystem, weil sie privatrechtliche Haftungsansprüche, etwa im Falle von Arbeitsunfällen, fürchtete, zeitweise lehnte sie alle wohlfahrtsstaatlichen Maßnahmen ab, weil sie den disziplinierenden Charakter von Risiken schätzte. In einer Phase, in der der Staat bereit war, allgemeine Versicherungssysteme einzurichten, opponierten wieder die Bewegungen der Arbeitnehmer, weil sie gegenüber dem Staat mißtrauisch waren und die entsprechenden „Kassen" lieber in eigener Verwaltung führen wollten, und das Kleinbürgertum war ohnehin solchen nivellierenden Unterstützungssystemen gegenüber skeptisch, weil es auf die Wahrung der ohnehin dahinschmelzenden sozialen Distanz zu den Arbeitern bedacht war. Aber der *Staat* bot sich als Träger des Wohlfahrtsstaates aus zwei Gründen an: erstens weil er durch seine Pflichtmaßnahmen *alle* Bürger in entsprechende Versicherungssysteme einbringen und damit die Risiken am weitesten streuen konnte, zweitens weil er immer noch als letzter Rettungsanker mit *zusätzlichen Ressourcen* – und seien

---

42 *Swaan* (1993), S. 245.

43 Es gibt Unklarheiten darüber, welche staatlichen Ausgaben als sozialpolitische gerechnet werden. Auf der einen Seite ist der Kernbereich der erwähnten vier Sozialversicherungsbereiche (abgesehen vom Fürsorgebereich) unstrittig; Familiengelder und Wohnungszuschüsse wird man wohl auch hinzurechnen dürfen; schwieriger wird die Sache schon mit unzähligen anderen Staatsaktivitäten, unüblich im deutschsprachigen Raum ist der Bereich der Bildungsausgaben, den die OECD auch in ihre Welfare-Ausgaben einbezieht, er läßt sich aber systematisch durchaus als Wohlfahrtsausgabe rechtfertigen.

es Steuergelder - zur Verfügung stand, falls eine Krise die Kräfte einer „Versicherung“ übersteigen sollte. Daß in die konkrete institutionelle Ausformung auch intermediäre Kräfte – etwa besonders stark in korporatistischen oder sozialpartnerschaftlichen Systemen - einbezogen werden konnten, hat diesen Staatscharakter der Sozialversicherung nicht wirklich beseitigt. Der „Idealtypus“ des Wohlfahrtsstaates, der unser allgemeines Verständnis geprägt hat, ist somit durch „Staatlichkeit“ und „Universalismus“ gekennzeichnet: *Staatlichkeit* bedeutet, daß es sich eben um einen Wohlfahrts-*Staat* handelt, das heißt die Institutionen vom Staat (zumindest) eingerichtet sind, gefördert und betreut werden, wenn sie schon nicht von ihm betrieben werden; es sind keine „Privatversicherungen“. *Universalismus* bedeutet, daß der Anspruch besteht, daß im Grunde *alle* Bürger von den Sicherungssystemen erfaßt werden sollen, und daß dieser Anspruch auch tatsächlich weitgehend eingelöst wird.

Aber beide Kennzeichen haben unterschiedliche Ausformungsgrade. Erstens: Das Ausmaß der Staatlichkeit reicht im internationalen Vergleich vom „englischen“ und „schwedischen“ Typus, der formell richtiggehende Staatsinstitutionen ausweist – als „peripherer“ Wohlfahrtsstaat, dessen Eigenart durch bestimmte Staatsbildungsprozesse bedingt war – bis zum „kontinentalen“ Typus, der seine Staatlichkeit durch genossenschaftliche Elemente bremst und eine stärkere Fragmentierung aufweist, als Folge eines politischen Föderalismus, ständischer Segmentierungen und eines vorkapitalistischen Korporatismus, einer katholisch geprägten Subsidiarität und einer mutualistischen Selbstorganisationstendenz.[44] Daß in sozialpartnerschaftlich geprägten Ländern (wie Österreich) eine untrennbare Synthese von Selbstverwaltung und Staatlichkeit besteht, die solche Unterschiede überhaupt verschwimmen läßt, ergibt sich aus der Eigenart ausgeprägt korporatistischer Systeme. Zweitens: Ein hoher Standard an Universalismus kann wohl nur für die europäischen Länder behauptet werden, wo die Risikoabdeckung durch (quasi)staatliche Institutionen zu den lebenskulturellen Selbstverständlichkeiten gezählt wird, nicht aber für den amerikanischen „verspäteten“ Sozialstaat, in dem nach wie vor zahlreiche Bürger von ausreichenden sozialstaatlichen Leistungen ausgeschlossen bleiben.

2.4 Mentalitäten: Die Politik der gebremsten Entmeritokratisierung

Der Sozialstaat ist aus unterschiedlichen Motiven entstanden; aber seine Institutionalisierung ändert wiederum Sichtweise und Motivationslage der Individuen. Ihre Sicht der Welt und ihre Einstellungen sind nicht unabhängig von den Institutionen, innerhalb derer sie leben, und sie entwickeln in einem wohlfahrtsstaatlichen System andere Dispositionen als in einem „liberalen“ System. Die Verände-

---

[44] Vgl. *Flora* (1987).

rung des Staatshaushalts hat auch eine Veränderung des Affekthaushalts zur Folge, umso mehr, je länger und je umfassender das sozialpolitische Rahmenwerk ist.

Das Fortschritts-, Glücks- und Machbarkeitsdenken der modernen Welt ist mit dem *Leistungsgedanken*, insbesondere in puritanischer Prägung, verknüpft.[45] Seinen Anteil am Fortschritt erwirbt jeder einzelne, indem er nach seinen Kräften zum gemeinsamen Aufbauwerk beiträgt, seine moralische Qualität beweist der einzelne, indem er Unermüdlichkeit demonstriert, sich über seine persönliche „Leistungsbilanz" Rechnung gibt und nicht anders kann, als rastlos tätig zu sein. Wenn Leistung zur moralischen Verpflichtung wird und Erfolg als Maßstab von Tugendhaftigkeit betrachtet wird, steht es um die Armen schlecht: Armut ist dann nicht nur Unglück, sondern persönliches Versagen, die beklagenswerte Folge schlechter Prinzipien und Sitten. In liberalen Staaten wie den USA liegt eine solche Interpretation näher als in den europäischen Ländern, die feudalistisch-obrigkeitliche Erfahrungen mit sich herumtragen, denen zufolge Armut grundsätzlich Folge von Willkür, Unterdrückung und Ausbeutung ist.

Die Kritik am Wohlfahrtsstaat stützt sich seit jeher auf das liberale Paradigma – heute auch als neoliberal oder libertär bezeichnet -, und sie macht den Zusammenhang zwischen Sozialleistung und Moral *dynamisch*: Der Wohlfahrtsstaat fördert, indem er Geld ohne Gegenleistung gibt, den *Sittenverfall*. Er ist ein moralisches Problem, weil er die Leistungsorientierung untergräbt. Er braucht ein jahrhundertelang aufgebautes kulturelles Kapital auf. Es kann nichts passieren, irgendwer zahlt immer, man muß sich nicht wirklich anstrengen. *Bram van Stolk* und *Cas Wouters* haben diese Mentalität in einer Untersuchung dargestellt, die auf Interviews mit Frauen, die in einem Frauenhaus Zuflucht gefunden hatten, beruht. Kaum eine Frau macht sich Sorgen um ihre Zukunft, die meisten sehen eine echte Wahlfreiheit zwischen verschiedenen Einkommensarten, weil sie die sozialstaatlichen Optionen sachlich einkalkulieren. Die Angst vor Armut oder sozialer Deklassierung ist verblaßt. Bei der Wahrnehmung der sozialstaatlichen Option ist kein Verlust an Achtung oder Selbstachtung mehr festzustellen. „Das System sozialer Gesetze, durch das der Wohlstand verteilt und jedem soziale (lies: materielle) Sicherheit geboten wurde", so die Schlußfolgerung, „ist anscheinend in seiner relativ kurzen Existenzperiode schon zu einer so selbstverständlichen Tatsache geworden, daß die Angst vor (künftigen) Geldsorgen größtenteils weggefallen ist. Die sozialen Bedingungen unseres Wohlfahrtsstaates sind damit in der Persönlichkeit dieser Frauen erkennbar geworden; ihre Gemütsruhe auf finanziellem Gebiet ist die Gemütsruhe des Wohlfahrtsstaates."[46] Für die Betroffenen handelt es sich um eine „Erweiterung ihrer persönlichen Freiheit": „Daß zugleich die weniger sichtbaren und indirekteren Abhängigkeiten vom Staat gewachsen sind, scheint kaum in ihre Erfahrungswelt eingegangen zu sein."[47]

---

[45] Vgl. *McClelland* (1966).

[46] *Van Stolk/Wouters* (1984), S. 248.

[47] *Van Stolk/Wouters* (1984), S. 258.

Andere formulieren dasselbe Problem anders. Tauschprinzip und Leistungsverhalten, so hat *Jürgen Habermas* gesagt, werden unter dem Einfluß wohlfahrtsstaatlicher Dekommodifizierungsprozesse obsolet.[48] In einer Situation, in der man auf eine Kasse vertrauen kann, die gibt, ohne auf Gegenleistungen zu achten, *entmeritokratisiert* sich das Bewußtsein, und die Entgegennahme der fürsorglichen Leistungen ist auch mit keiner Stigmatisierung mehr verbunden. Nutznießer des sorgenden Sozialstaates zu sein, ist bloß noch Sache eines passenden Lebensarrangements: einer anspruchsadäquaten Darstellung der eigenen Lebensverhältnisse für die amtlichen Stellen. Es bedarf keiner näheren Erläuterung, daß diese Mentalitätsentwicklung für eine marktwirtschaftliche Ordnung, die auf Leistung und Tausch baut, ein „Systemproblem" darstellen muß.

3. Neue Spannungen und Krisen

Die skizzierten Besonderheiten des abendländischen (kontinentalen) Modells des Sozialstaats haben das Selbstverständnis der Wählerinnen und Wähler, der Bürgerinnen und Bürger, der wohlversorgten „Insassen" entwickelter Industrieländer geprägt. Sie haben sich an den Wohlfahrtsstaat gewöhnt, und sie wollten offenbar immer mehr davon haben. Im Rückblick ist der Sozialstaat eine Erfolgsgeschichte: eine Erfolgsgeschichte der Kompensierung von Folgen der Modernisierung, ohne daß die strukturellen Erfordernisse, insbesondere der Prozeß der gesellschaftlichen Differenzierung, gehemmt oder untergraben wurden.[49] Die „Experimentierphase" – in der Periodisierung *Hugh Heclos*[50] - ist längst vorüber, auch die „Konsolidierungsphase" abgeschlossen, die eigentliche „Expansionsphase" hat nach 1945 eingesetzt, nicht zuletzt als Mittel der Immunisierung der Bevölkerung westlicher Industrieländer in den Nachkriegsjahren gegen das zunächst verführerisch anmutende kommunistische Modell. In den letzten Jahren, am Ende des 20. Jahrhunderts, aber ist alles anders: Die wohlfahrtsstaatliche Entwicklung scheint zu einem Stillstand gekommen zu sein. Eine weitere Expansion ist angesichts der darbenden öffentlichen Budgets nicht mehr möglich. Ein wesentlicher Abbau scheint aber auch schwierig zu bewerkstelligen; er ist trotz Unterstützung durch einen „liberalen" Zeitgeist in den achtziger und neunziger Jahren nicht einmal den konservativsten Regierungen in wirklich durchschlagendem Maße gelungen, es handelte sich eher um ideologische Wortgeplänkel. „Compared with reforms engineered in other arenas (e.g., macroeconomic policy, industrial relations, or regulatory and industrial policy) the welfare state stands out as an island of relative stability."[51] Wirklicher Ausbau und wirklicher Abbau sind nicht möglich. Nichts geht mehr.

---

48 Vgl. *Habermas* (1973).

49 Vgl. *Kaufmann* (1997), S. 46 f.

50 Vgl. *Heclo* (1981), S. 383 f.

51 *Pierson* (1994), S. 5.

Während aber über finanzielle Knappheiten und motivationale Probleme, die mit dem Wohlfahrtsstaat einhergehen, seit seinem Entstehen gestritten wird, sind sich Kritiker und Protagonisten des Wohlfahrtsstaates im beginnenden 21. Jahrhundert darin einig, daß die Krise, in der sich der Sozialstaat befindet, diesmal weiter ausgreift: Er steht, gemäß der übersichtlichen Gliederung von *Franz-Xaver Kaufmann*, vor demographischen, ökonomischen, internationalen und kulturellen Herausforderungen,[52] und es geht nicht nur um „System-Stress": Es geht nunmehr darum, daß die Grundprinzipien, auf denen er beruht, in Frage gestellt sind. Es löst sich jene Welt auf, in deren Strukturen der Wohlfahrtsstaat eingepaßt ist.

3.1 Motivationen: Die Loslösung der Ansprüche von den Bedürfnissen

Die Installierung eines demokratischen und bürokratischen Staates hat der Sozialpolitik insofern Impulse verliehen, als der demokratische Wettstreit um die Verbesserung von Lebenslagen sozialer Gruppen *alle* zu Adressaten der Wohlfahrtspolitik werden ließ. Die Bürger haben keinen Widerstand gegen die „sorgende" Bevormundung" gezeigt, sie hatten sich ja auch durch den Krieg und die totalitäre Herrschaft an Zwangskollektivierung gewöhnt. In der kompetitiven Politik aber gewinnt der Ausbau des Wohlfahrtsstaates eine gewisse Eigendynamik. Die politischen Parteien können ihrer *Überbietungsrhetorik* nicht entkommen, die das wohlfahrtsstaatliche Programm in die Grenzenlosigkeit treibt. Sie wollen Wählerstimmen durch Geldverteilung gewinnen und bauen auf die Illusion, daß sie einer Mehrheit das Gefühl vermitteln können, „Nehmer" und nicht „Geber" zu sein. Parteien und Verbände versuchen, eine „Gefolgschaftsgesinnung" der jeweiligen sozialen Klientel zu schaffen.

Da es in einer modernen Luxusgesellschaft meist nicht mehr um „Notlagen" geht, sondern um „Benachteiligungen", sind es immer irgendwelche sozialen Gruppen, die sich benachteiligt fühlen können, und eine allseitige „Versprechungspolitik" treibt den Ausgestaltungsprozeß des Sozialstaates im Parteienwettbewerb voran. Wohlfahrtsstaatliche Politik löst sich von den herkömmlichen Bedürfnissen, die Definition unerfüllter Bedürfnisse wird allumfassend. Eine Armutsdefinition, die an der Hälfte des Durchschnittseinkommens ansetzt, sichert die Unlösbarkeit des Armutsproblems – es sei denn, es würde eine vollständig egalitäre Gesellschaft durchgesetzt.

Auf die Visionen sozialstaatlicher Rundumpflege reagieren die Bürger. Die *„Revolution steigender Erwartungen"* hat die Anforderungen hinaufgetrieben. Die Motivlage wird stark von der politischen Eigenlogik bestimmt, aber zugleich gerät die Konstellation in das Dilemma von Steigerung und Unerfüllbarkeit. Die legitimatorische Dosis, die Voraussetzung der Zufriedenheit ist, ist historisch pfadabhängig: Etablierte Sozialleistungen haben eine Tendenz zur *Selbstverständlichung*,

52 Vgl. *Kaufmann* (1997).

während der *Abbau* von Besitzständen schwer rechtfertigungsfähig ist. Die Wohlfahrtsstaaten haben ihre eigene Anhängerschaft – bei Experten und Verwaltern, bei Klienten und Transferempfängern – geschaffen. „If citizens dislike paying taxes, they nevertheless remain fiercely attached to public social provision. That social programs provide concentrated and direct benefits while imposing diffuse and often indirect costs is an important source of their continuing political viability.“[53] Jeder versucht, mehr „herauszubekommen“, als er „hineingesteckt“ hat, und das kann nicht gut gehen. Es ist eine „Raffgesellschaft“.[54] Die Veralltäglichung politischer Leistungen forciert den politischen Expansionismus.[55] Der Wohlfahrtsstaat begibt sich in eine Einbahnstraße, die in Richtung seiner Ausdehnung – und auf Sicht in die „Finanzkrise“[56] – führt.

3.2 Ziele: Die Polarisierung zwischen "staatsbürgerlichen" und "liberalen" Modellen

In den letzten Jahrzehnten hat sich ein vager Konsens über die Funktionen des Wohlfahrtsstaates, gefördert durch ein wirtschaftliches Wachstum, das niemandem gegenüber wirkliche Versagung von Wünschen nötig machte, herausgebildet, aber dieser Konsens ist durch äußere Veränderungen wieder in Frage gestellt. Der Konsens war unproblematisch in bezug auf die Bedeutung des ersten Modells, die Vermeidung von Armut und Elend und den Ausgleich besonderer Belastungen. Er schloß wesentliche Aspekte des zweiten Modells ein, wobei die Reichweite von Egalisierungsmaßnahmen jeweils politisch umstritten war. Er schloß jede ernsthafte Diskussion des dritten Modells, eines Grundeinkommens ohne Arbeit, aus. Nun aber polarisiert sich die Diskussion. Manchen scheinen schon die gegenwärtigen Leistungen viel zu umfassend, andere sehen als einzige Lösung der gegenwärtigen Probleme die Einführung eines allgemeinen Grundeinkommens – wobei die letztere Lösung natürlich an die ordnungspolitische Substanz dieser Gesellschaft zu gehen scheint.
Der Aufschwung des *liberalen* Denkens hat das bisherige Modell, das auf die „Beseitigung von Notlagen“ gerichtet war und eine gewisse Bereitschaft zu einer vorsichtigen „Egalisierung“ einschloß, in Frage gestellt. Ob der Wohlfahrtsstaat eine allgemeine Egalisierungsaufgabe habe, wird deutlicher bezweifelt als zuvor, zumal im allgemeinen Gesellschaftsbeschreibungskonsens immer stärker von der Individualisierung und Heterogenisierung der Gesellschaft gesprochen wird.

---

[53] *Pierson* (1994), S. 2.

[54] Vgl. *Stopp* (1994).

[55] Politische Stabilität ist ein öffentliches Gut, das - wie alle öffentlichen Güter - auch nicht kostenlos zu haben ist. Politische Stabilität muß durch sozialpolitische Institutionen sogar in einem Maße etabliert werden, das die wirtschaftliche Dynamik schädigt; durch diese politische Stabilität aber wird andererseits auch die wirtschaftliche Dynamik gefördert, weil friedliche und qualitativ hochwertige Arbeitsbeziehungen auch wesentliches Element einer modernen Standortpolitik sind.

[56] Vgl. *Schlesinger/Weber/Ziebarth* (1993).

Nehmen wir die steigende Sicherheit und den historisch einmaligen Wohlstand dazu, könnte die Notwendigkeit, „gemeinsam der Bedrohung der äußeren Natur zu trotzen und dafür auch ein Stück eigener Freiheit aufzugeben“, abnehmen. In früheren Zeiten mögen es die Unberechenbarkeit der Natur, der Kampf um die Nahrung, die Auseinandersetzung mit rivalisierenden Gruppen gewesen sein, „die eine uniforme Definition von Wohlfahrt nicht nur möglich, sondern erforderlich machten. Entwickeltere gesellschaftliche Einheiten oder gar globale Einheiten mit hochdifferenzierten ethischen, kulturellen, ökonomischen und politischen Herausforderungen, die einer risikokompetenten Feinsteuerung bedürfen, können das Ziel einer an Wohlfahrt orientierten Sozialpolitik nicht mehr uniform definieren. Die Freiheits-, Sicherheits- und Gleichheitsziele von Einzelnen und Gruppen sind zu differenziert geworden.“[57] Individuell differenzierte Ziele könnten aber möglicherweise besser mit einem reprivatisierten Instrumentarium der Notlagenbeseitigung, also genau so gut durch private Versicherungen abgedeckt werden. Die Privatisierung der Risiken wird mit einem Freiheitsgewinn schmackhaft gemacht: Jeder einzelne darf sich Gegenwarts- oder Zukunftskonsum wählen. Jeder einzelne darf entscheiden, ob er lieber jetzt ein großes Auto oder später eine höhere Pension haben möchte. In Einzelbereichen geht es somit nicht mehr nur um Geschwindigkeit, Reichweite und Höhe sozialstaatlicher Leistungen, sondern um die grundlegende Organisationsfrage: staatlich oder privat, zumindest was die Abdekkung eines höheren Lebensstandards betrifft.

Die Vorschläge driften auseinander. Die einen fordern die „große Schrumpfung“ eines überdehnten, instabilen Wohlfahrtssystems. Die zweiten verlangen den „großen Sprung“ nach vorne, hin zu einem ausreichenden *Grundeinkommen ohne Arbeit*, welches das Rahmenwerk von Tausch und Leistung nun allerdings substantiell tangieren würde, und sehen erst eine marktdistanzierte Generalabsicherung als adäquaten Ausdruck jener Solidarität an, die von einer wahren sozialen Integration der Gesellschaft zeugt. Die Gesellschaft sei reich genug – faktisch gemeint ist: die „Reichen“ seien reich genug -, um die bürgerlichen und politischen Rechte, nach dem Vorschlag *T. H. Marshalls*, [58] mit sozialen Rechten zu vervollständigen, Rechten, welche die Möglichkeit eröffnen, an allen lebenswichtigen Leistungszusammenhängen einer modernen Gesellschaft unabhängig von der konkreten Lebenslage teilzuhaben. Es sei Zeit zur „Inklusion“. Darauf kommen wir nochmals zu sprechen, wenn es um neue Institutionalisierungsüberlegungen für den Sozialstaat geht.

Warnungen vor der Überdehnung gutgemeinter Sozialstaatlichkeit richten sich nicht nur auf die finanzielle Überforderung des Budgets mit der langfristigen Folge wirtschaftsschwächender Entwicklungen, sondern auch auf die freiheitsbeschränkenden Begleiterscheinungen gerade eines angestrebten effizienteren Wohlfahrtsstaates, namentlich eines *„präventiven Sozialstaates“*, der nur als Polizei-

---

57 *Sass* (1990), S. 72f.

58 Vgl. *Marshall* (1992).

staat realisierbar wäre.[59] Mit der steigenden Eingriffsmacht, die zur Verfügung steht, können dem Wohlfahrtsstaat, der sich nicht freiwillig beschränkt oder durch finanzielle Knappheit dazu gezwungen wird, bislang gänzlich fremde Interventions- und Sorgebereiche zuwachsen. Je universalistischer gedacht wird, desto eher richten sich die Ziele des Wohlfahrtsstaates auf andere Elemente der Lebenslage sozialer Gruppen, nämlich auf disparitäre Lebensverhältnisse generell. Wenn diese ausgeglichen werden sollen, so heißt dies, daß beliebige Ungleichheiten, die als chancen- und individualwohlrelevant angesehen werden, beseitigt werden sollen. Die Ausweitung der sozialpolitischen Zuständigkeit auf die Bearbeitung beliebiger „Benachteiligungen" schafft eine neue staatliche Allzuständigkeit. Im Zuge einer wachsenden wissenschaftlich-biologischen Kompetenz gerät eine solche Entwicklung in gefährliche Bereiche: Der Wohlfahrtsstaat nimmt, ganz im Einklang mit dem Zeitgeist, „Schicksal" nicht mehr einfach hin. Schicksal wird uminterpretiert, als Versagen von Umwelt, Mitwelt, Erbgut, Milieu, Sozialisation. Wenn individuelle „Häßlichkeit" als interventionsrechtfertigende Benachteiligung anerkannt wird, sind auch Schönheitsoperationen auf Krankenschein durchzuführen. Wenn sich die gentechnologischen Möglichkeiten erweitern, könnte sich der Wohlfahrtsstaat im Dienste der Vermeidung lebenslanger Benachteiligung veranlaßt sehen, pränatale Korrekturen an der biologischen Ausstattung von Personen vorzusehen. Dabei muß natürlich ein gesellschaftlicher „Normalitätsstandard" unterstellt werden, ein „Modell-Leben", dem die Lebensführung der Menschen nach Tunlichkeit anzugleichen ist. Gemeinwohlpolitik wird dann „Normalisierungspolitik", die individuelle Lebensstile anzugleichen trachtet, und kann insoweit als autoritär, ja totalitär betrachtet werden. Aber der totalitäre Wohlfahrtsstaat ist das, was man sicher nicht gewollt hat.

3.3 Institutionen: Die Erosion anspruchsberechtigender Grundlagen

Bürokratische Apparate und professionelle Institutionen haben sich im sozialpolitischen Aufgabenbereich entwickelt: administrative Apparaturen, die ihre Responsivität gegenüber den Mitgliedern etwas zurücknehmen; einflußreiche „Mischinstitutionen" zwischen Expertentum und Politik, die hinfort das Machbare definiert haben; eine Schicht von wissenschaftlichen Experten und Sozialbürokraten, die ihre eigene Klientel erzeugen und pflegen. Sie haben – nicht zuletzt im Zuge einer Ausweitung der Bildungschancen – eine Protoprofessionalisierung der Laien erzeugt, die gelernt haben, ihre Probleme in einem einschlägigen Paradigma zu sehen und ihre Forderungen in einer angemessenen Sprache zu formulieren. Anbieter und Nachfrager haben gemeinsame Interessen entwickelt: „Je mehr der Staatsapparat wächst, desto mehr Beschäftigte verdienen also dort ihren Lebensunterhalt, bilden Gruppen, Untergruppen und Splittergruppen, verteidigen ihre

59 Vgl. auch *Brumlik* (1990).

persönlichen, kollektiven, beruflichen oder sektoralen Interessen gegen andere, identifizieren sich jedoch gegenüber Außenstehenden mit dem ganzen Staatsapparat. Gleichzeitig haben sich jenseits der offiziellen Bürokratie weitere Gruppen formiert, die stark auf den Staat angewiesen sind, um rechtliche Garantien, Subventionen oder politische Unterstützung zu erhalten. Als Gegenleistung bieten sie Dienste, Fachwissen, Autorität und Loyalität und streben immerfort an, ihre Position zu Lasten anderer Gruppen auszubauen. Sie bilden professionelle und halbprofessionelle Kohorten, die zwar mit dem Zentralstaat verbündet, aber nie ganz von ihm abhängig, nie völlig verläßlich sind."[60] Beide Seiten sind sich einig, daß Schicksalsschläge nicht hingenommen werden dürfen, daß alle Zustände und Ereignisse vermeidbar und behandelbar, änderbar und zugriffsfähig, somit also auch zugriffsbedürftig sind.

Aber die großen Vertretungsorganisationen tun sich schwer in einer heterogen gewordenen Welt, in der die Interessen ihrer jeweiligen Klientel disparat geworden sind. Die Zwänge nehmen zu: Dienstleistungen – darunter auch soziale - werden überproportional teuer. Der Arbeitsmarkt polarisiert sich. Über die nationale Wirtschaftspolitik geht die Kontrolle verloren. Die demographische Herausforderung läßt den Generationenvertrag wackeln. Die Reproduktionsrate sinkt und schmälert die Finanzierungsmöglichkeiten weiter. Gegen die strukturelle Arbeitslosigkeit scheint kein Kraut gewachsen. An allen Ecken und Enden knirscht das System. Wie soll man den Wohlfahrtsstaat umgestalten, um mit allen diesen Herausforderungen fertig zu werden? Die größte Herausforderung scheint zu sein, daß die Institutionen des Sozialstaats auf einer ganz bestimmten Ausgestaltung der Institutionen des Wirtschaftssystems beruhen, aber gerade die Konfiguration dieser Institutionen verändert sich grundlegend. Die strukturell-organisatorischen Prinzipien des klassischen Wohlfahrtsstaates kollidieren mit neuen Erscheinungen der postindustriellen Arbeitswelt.

Zentral hierfür ist der Umstand, daß die „alte Sozialpolitik" auf das „Normalarbeitsverhältnis" ausgerichtet war: Der (männliche) qualifizierte Verdiener hat seine 40-Stunden-Woche, arbeitsrechtlich abgesichert, in der er ein hinreichendes Familieneinkommen lukrieren soll; er finanziert durch seine berufsgebundenen Beiträge das Sozialsystem und deckt damit auch die Risiken von Frau und Kindern ab; er übt seinen Beruf kontinuierlich und mit einem hohen Maß an Absicherung aus.[61] Insoweit Armut ein Problem der Kinder war, wurde sie durch Familiengelder, soweit davon Alte betroffen waren, wurde sie durch ergänzende Pensionszahlungen beseitigt; für Erwerbstätige wurde das Problem durch Tarifverträge beseitigt. Nun aber entsteht eine neue Arbeitswelt: Frauen strömen auf den Arbeitsmarkt und fallen für soziale Leistungen aus.[62] Denn auf der traditionellen Familienverfassung, auf ihrer versteckten Arbeit hat die Effektivität des herkömmlichen sozialpolitischen Modells beruht.[63] Die „stille Reserve" des Sozial-

---

60 *Swaan* (1993), S. 255.
61 Vgl. auch *Mückenberger* (1990).
62 Vgl. *Beck-Gernsheim* (1983).
63 Vgl. *Gerhard* (1978).

staates fällt nun aus. Dazu kommen neue Zwänge: Insider-outsider-Spaltungen vertiefen sich auf dem Arbeitsmarkt. Der Anteil prekärer Beschäftigungsverhältnisse steigt. Neue armutsgefährdete Gruppen tauchen auf: Dauerarbeitslose, alleinstehende Mütter, die Working Poor in neuen Niedriglohnverhältnissen.

Das vorhin erwähnte dritte, nämlich das systemtranszendierende Modell gewinnt an Resonanz, wenn die Anknüpfung der Leistungen an ein *reguläres Arbeitsverhältnis* zunehmend weniger sinnvoll erscheint. Der Sozialstaat kann seine Funktion der Lebenssicherung weniger erfüllen, wenn die Arbeitsmarktverhältnisse seinen Prämissen nicht entsprechen. Deshalb richten sich die Argumente darauf, daß in einer derart heterogenen Berufswelt nur noch eine unspezifische Grundsicherung - *Grundeinkommen als Bürgerrecht*[64] - jene Funktion erbringen kann, für die der Sozialstaat aufgebaut wurde. Somit sind es ideologische, aber auch pragmatische Veränderungen, welche die Grundfrage nach den Funktionen des Sozialstaates aufwerfen.

Der Wohlfahrtsstaat hat kein Rezept für die „neue Armut" trotz Beschäftigung oder für Personen, die teils beschäftigt, teils arbeitslos sind; seine Maschinerie sorgt nicht für Leute, die sich über Jahrzehnte in instabilen Beschäftigungsverhältnissen bewegen; er hält nur teure Lösungen bereit für Pflegefälle, für deren Betreuung im eigenen sozialen Umfeld niemand mehr ist. „Individualisierung", so stellt *Ulrich Mückenberger* fest, „verlangt nach einem neuen Rahmen sozialer und kollektiver Sicherheit – sonst führt sie in bloße Vereinzelung, oft sogar materielle oder psychische Verelendung. Das bedeutet – in Abgrenzung zu neokonservativen Deregulierungsempfehlungen – die Notwendigkeit des Insistierens auf dem Bestand und der Ausweitung der Schutzfunktion sozialer Regulierung. Es bedeutet aber auch – dies in Abgrenzung zu traditionalistischen Positionen in Gewerkschaften und Sozialdemokratie – die Notwendigkeit, die dem Normalarbeitsverhältnis innewohnenden Antriebs- und Selektionsfunktionen einer praktischen Kritik zu unterziehen."[65] Aber auch *Mückenberger* weiß keinen Rat, wie die Anpassung im Detail zu vollziehen ist.

Die Individualisierung der postmodernen Welt drängt paradoxerweise zu neuen Kollektivaufgaben. Denn Aufgaben, die bisher im „privaten" Bereich geleistet wurden, wie die Versorgung kranker oder pflegebedürftiger Personen, ist in einer vermarktlicht-professionalisierten Gesellschaft, in der alle berufstätig sind, flexibel sein müssen und unter Zeitdruck stehen, nicht mehr möglich. Sozialleistungen brauchen Zeit, Routine, Kontinuität, Zuverlässigkeit – in der „schönen, neuen Arbeitswelt" ist dies nicht mehr gewährleistet. Wenn Pflege aber nicht mehr in der „Lebenswelt" geleistet wird, muß sie in der „Systemwelt" geleistet werden – dann müssen wohlfahrtsstaatliche „Pflegeinstitutionen" geschaffen werden. Damit kommen wir zu einer völlig anderen Schlußfolgerung wie mit der Argumentation, individualisierte Lebensverhältnisse würden sich der wohlfahrtsstaatlichen Gleichmacherei widersetzen: Je individualisierter die Gesellschaft, desto wohl-

---

[64] Vgl. *Marshall* (1992).

[65] Vgl. *Mückenberger* (1990), S. 172.

fahrtsstaatlicher die Anforderungen. Es ist niemand mehr da, nur der Staat, und er erweist sich als zuverlässiger im Vergleich mit zerbrechenden Partnerschaften und flexibilisierten Verwandten. Da mag man die Qualität wohlfahrtsstaatlicher Leistungen bemängeln, mag die Schattenseiten von Bürokratisierung, Zentralisierung, Professionalisierung, Anonymisierung und Verrechtlichung herausstreichen – es scheint keine Alternative zu geben.

3.4 Mentalitäten: Die wohlfahrtsstaatliche Geisteshaltung unter Druck

Der Wohlfahrtsstaat ist nicht nur eine Sache objektiver Strukturen; er findet sich auch in den Köpfen wieder, ebenso wie der Konflikt über seine angemessene Gestalt. In aller Kürze seien nur fünf Elemente der Mentalitätenkonstellation skizziert.

Erstens: Die „wohlfahrtsstaatliche Mentalität", die „Gemütsruhe im Wohlfahrtsstaat" bzw. – mit *Habermas* gesprochen – die „Entmeritokratisierung des Bewußtseins" dürfte sich weit entfaltet haben. *Jürgen Habermas* hat auch die „Kolonialisierung" der privaten Lebenswelt befürchtet.[66] *Helmut Schelsky* hat vor sich eine „Gesellschaft betreuter Menschen" gesehen.[67] *Peter Gross* hat beklagt, daß die Menschen ihrer Probleme enteignet und somit entmündigt würden.[68] Es verbreitet sich angesichts der Wahrnehmung von Problemen das Bewußtsein, daß diese nicht hinzunehmen seien, sondern daß etwas getan werden müsse – aber „tun" muß „der Staat", die „Gesellschaft", „irgendjemand", nicht der Zeuge selbst. Gefordert wird allemal „von ‚ihm", dem verborgenen Subjekt solcher Floskeln: dem Staat, als abstraktem, universellem, anonymem Hüter aller Gesellschaftsmitglieder. Niemand ist dem Fremden, der Hilfe erbitten mag, direkt verpflichtet. Heute kann man sich intensiv um die Kranken und Armen jenseits des eigenen Gesichtskreises sorgen, weil das Mitgefühl garantiert niemandem zuviel kostet – allenfalls eine geringfügige Abgaben- und Steuererhöhung."[69] Der Wohlfahrtsstaat schließt mit seinem Wohlwollen gegenüber einer solchen Haltung fugenlos an traditionell-obrigkeitliche Modelle an; er repräsentiert, wie *Hans-Martin Sass* sagt, das „altbekannte differenziertere feudalistische Ordnungssystem unter den Bedingungen der arbeitsteiligen Informations-, Finanz- und Industriegesellschaft, die sich in den Begrenzungen der Entfaltungsspielräume für den Einzelnen nur geringfügig von den auf Grundbesitz und einer wenig differenzierten Arbeitswelt beruhenden feudalistischen Agrargesellschaften unterscheidet. Hier herrscht ein Quasi-Markt der Feudalherren (Verbandsinstitutionen), die in der Wahrnehmung ihrer Interessen zugleich auch die sich angemaßte oder ihnen übertragene Interes-

---

66 Vgl. *Habermas* (1981).

67 Vgl. *Schelsky* (1978).

68 Vgl. *Gross* (1983).

69 Vgl. *Swaan* (1993), S. 278.

senvertretung nebst Interessendefinition ihrer Mitglieder übernehmen.“ [70] Die Idee des Wohlfahrtsstaates sei in der politischen Praxis zu einem feudalistischen Verbändestaat verkommen.

Zweitens: Der „Sozialstaat in den Köpfen“ ist auch ein ideologisch umstrittenes Terrain; es gibt Konflikte darüber, worum es eigentlich geht. Die Phase der „wohlfahrtsstaatlichen Mäßigung“ ist zweifelsohne durch eine Machtverlagerung von den Arbeitnehmern zu den Arbeitgebern gekennzeichnet.[71] Es wird zum einen darauf verwiesen, daß die Periode der „Systemkonkurrenz“, des Kalten Krieges zwischen den Proponenten einer zweigeteilten Welt, durch den Zusammenbruch der sozialistischen Welt vorüber sei. Deshalb bräuchten die Machthaber des westlichen Lagers nicht mehr im bisherigen Maß auf wohlfahrtsstaatliche Maßnahmen setzen, um ihre Bevölkerung bei der Stange zu halten und gegen die Versprechungen der sozialistischen Utopie zu immunisieren, und der neoliberale Aufschwung habe nicht zufällig in dieser Phase an Schwung gewonnen. Aber wohl weitaus wichtiger ist der Umstand, daß durch die Internationalisierung des Wirtschaftslebens die Suggestion einer weltweiten Dynamik erzeugt worden ist, deren Bewegungsgesetzlichkeit wie niemals zuvor als Sachzwang argumentierbar ist. Die Unternehmer können sich auf globalisierte Zwänge berufen, die ihre Bewegungsspielräume einschränken, und der Staat selbst kann gegen sich verschärfende Ansprüche kein Gegengewicht mehr bilden, da er durch dieselbe internationale Verflechtung seine wirtschaftspolitischen Instrumentarien - Geldpolitik und Fiskalpolitik - weitgehend eingebüßt hat und die finanziellen Ressourcen knapp werden. Freilich läßt sich vor interventionspolitischer Nostalgie warnen, denn neuerdings häufen sich die analytischen Gegenwartsseufzer, die so etwas wie eine *laudatio temporis acti*, eine Verklärung erst jüngst vergangener Handlungsmöglichkeiten und -wirklichkeiten betreiben. In solchen Rück-Sichten erscheinen der europäisch-angelsächsische Staat und seine Politik wie ein Wunder an Aktivität. Lebten „wir“ nicht alle, so wir grauhaarig in unserem gelebten Leben zurückreichen, in Zeiten eines herrlich handlungskräftigen Staates, der seine Muskeln wohlfahrtsstaatlich in jeder Hinsicht spielen ließ und außerdem noch die Vollbeschäftigung kontrollierte?[72] In Wahrheit handelte es sich doch um „Abfallprodukte“ einer wachsenden Ökonomie, die sich Politiker und Technokraten fälschlich als Leistung zuschrieben. Aber auch wenn sich mit den Globalisierungsargumenten alle möglichen Gruppen ihre Süppchen kochen, so stimmt doch, daß die gegebenen Spielräume staatlicher Politik gegenüber den Repräsentanten ökonomischer Macht im Zuge

---

70 *Sass* (1990), S. 74.

71 Der Ausbau sozialstaatlicher Institutionen klingt versöhnlich; gleichwohl ist von Kritikern dieses Wirtschaftssystems immer wieder moniert worden, daß die Logik eines kapitalistischen Systems alleine schon die Interessen der Unternehmerseite besser fördere als die Interessen der Arbeitnehmer. Unternehmer müssen beispielsweise steuerlich schonend behandelt werden, sonst verlieren sie die Lust am Investieren oder wandern ins Ausland ab; Arbeitnehmer haben geringere Reaktionsmöglichkeiten und sind weniger mobil als das Kapital. Sie haben deshalb ein geringeres „Drohpotential“.

72 Vgl. *Narr* (1999), S. 90f.

der kapitalistischen Durchdringung der Gesellschaft beträchtlich abgenommen haben. „Wer heute vom weltweiten, global agierenden Kapitalismus nicht reden will, sollte über Politik und Politisierungsprozesse schweigen."[73]

Drittens: Wenn Politik schon generell unter Druck steht, so gilt dies auch und gerade für wohlfahrtsstaatliche Politik, die unter knappen Budgets und Vorhaltungen leidet, denen zufolge sie den Standortwettbewerb behindere. Deshalb sieht sich der Wohlfahrtsstaat mehrfach in die Zange genommen: Einerseits besteht eine „atmosphere of austerity"[74], andererseits führen die Unsicherheiten der Zeit erst recht zur Einforderung der wohlfahrtsstaatlichen Versprechungen. Wenn die Arbeitsmärkte „flexibler" werden, fallen – zumindest in Nischen und Übergängen - mehr Arbeitslosengelder an. Wenn es keine Jobs für ältere Arbeitnehmer gibt, gehen sie in die Frühpension. Wenn sich die Arbeitsmarktstrukturen wandeln, braucht man Nachqualifizierungs- und Umschulungsprogramme. Alles kostet Geld, aber die Steuerpotentiale sind ausgereizt und die Finanzminister wissen nicht, wie sie die Maastricht-Kriterien erfüllen sollen.

Viertens: In einer sicheren Gesellschaft steigt die Sensibilität für Unsicherheiten. Was in einem allgemeinen Risikomilieu noch erträglich gefunden wurde, wird in einer langdauernd sicheren Gesellschaft unerträglich. Die Restrisiken fordern ihre Beseitigung, auch wenn es sich um Bagatellen handelt. Kleinste Unannehmlichkeiten werden zu skandalösen Belastungen. Zugleich sinkt in einer Gesellschaft, in welcher dem einzelnen die eigenständige Risikobewältigung nicht mehr zugemutet wird, dessen Kompetenz, mit Risiken umzugehen. Das hat objektive und subjektive Elemente: Es sinkt beispielsweise die „objektive" Kompetenz des einzelnen, Risiken anzupacken, aber es mindert sich auch die „subjektive" Kompetenz, das Selbstvertrauen und die Verantwortungsbereitschaft. Letztlich sinken Risikowahrnehmungskompetenz, Risikobereitschaft, Risikobewältigungsbereitschaft und Risikobewältigungsfähigkeit des Bürgers – manche gehen so weit, dies als allgemeinen Emanzipationsverlust zu bezeichnen.[75]

Fünftens: Mentalitäten machen Persönlichkeiten aus. Es ist deshalb angemessen, daran zu erinnern, daß die menschliche Wohlfahrt nicht nur am Konsum von Gütern und Dienstleistungen ablesbar ist. Gesellschaftliche Ordnungen sind – im Sinne einer alten weberianischen Frage - auch danach zu beurteilen, welche Art von Persönlichkeiten sie hervorbringen: welche Mentalitäten sie erzeugen, welche Charaktereigenschaften gefördert oder behindert werden. *Franz-Xaver Kaufmann* stellt eine ähnliche Frage in anderen Worten: „Eine befriedigende Lebensführung setzt (...) weniger den Konsum von Gütern als die Entwicklung von Kompetenzen voraus. Die verantwortliche Teilhabe am gesellschaftlichen Leben bedarf neben der Fachkompetenzen auch der Daseinskompetenzen. Das gute Leben der Gesellschaft setzt nicht nur die Effizienz der Produzenten, sondern auch die aktive Teilnahme von Bürgern und die Verantwortung im mitmenschlichen Verkehr sowie

---

73 *Narr* (1999), S. 101.

74 *Pierson* (1994), S. 1.

75 Vgl. *Sass* (1990), S. 79.

das Engagement der Eltern und Erzieher voraus. Der wohlfahrtsstiftende Sozialzusammenhang bezieht sich nicht allein auf die Marktwirtschaft und den öffentlichen Sektor, sondern auch auf die privaten Haushalte, die sozialen Netzwerke und eine Vielfalt sonstiger sozialer Aktivitäten. Wenn es nicht gelingt, diese Lebensbereiche und die von ihnen ausgehenden Prozeßnutzen im öffentlichen Bewußtsein als gleichermaßen wohlfahrtsschaffend zu verankern wie die Marktwirtschaft und die staatliche Sozialpolitik, werden wir die Perspektiven eines gemeinsamen guten Lebens in der ‚Wohlfahrtsgesellschaft' verfehlen."[76] Armuts- und Reichtumsstatistiken, Daten über monetäre und materielle Leistungen, Sozialquoten und Versicherungsfälle verraten noch nichts über Daseinskompetenzen. Vorderhand wird über dieses Thema nicht einmal geredet.

4. Schlußbemerkungen

Der herkömmliche Sozialstaat befindet sich an den Grenzen seiner Leistungsfähigkeit. Die wirtschaftlichen Turbulenzen lassen den Ruf nach dem „sorgenden Staat" besonders laut erschallen, aber dieser Staat stellt sich immer öfter taub – nicht deswegen, weil er nicht will, sondern deswegen, weil er nicht kann. Die Szene zeigt besonnene und unbesonnenen Kritiker ebenso wie besonnene und unbesonnene „Sympathisanten" des Wohlfahrtsstaates.

Man versucht, die Alternativen neu zu fassen, die neuen „großen Erzählungen" über eine Formation jenseits des Wohlfahrtsstaates. Viele dieser Erzählungen sind allerdings nicht unbedingt überzeugend. Die einen rufen nach mehr Härte: Personen, die dem Sozialstaat zur Last fallen, sind im Grunde selber schuld. Die anderen glauben, daß sich jegliche Risikoabsicherung auf private Institutionen verlagern lasse, ganz im Einklang mit einer von ihnen forcierten *enterprise culture*. Die dritten sehen das Heil in einer Wiederbelebung und Förderung der Zivilgesellschaft und glauben, durch *moral suasion*, durch Überzeugungsarbeit, eine Renaissance lebensweltlicher Sozialleistungen herbeiführen zu können. Die vierten bauen auf Europa. Eine europäische Politik werde imstande sein, dem globalen Sog zum Sozial-Dumping Widerstand zu leisten: Europa, zunächst als Triumph kapitalistischer Freiheiten abgelehnt, wird unter der Hand zur sozialpolitischen Hoffnungsinstitution. Aber was aus Europa wird, bleibt auch noch abzuwarten. Die fünfte Gruppe sind die instrumentellen Bastler, die an den bestehenden Institutionen und Programmen zu reformieren beginnen.

Paul Pierson hat recht, wenn er betont: „[R]etrenchment is a distinctive and difficult political enterprise. It is in no sense a simple mirror image of welfare state expansion [...] Retrenchment advocates must operate on a terrain that the welfare state itself has fundamentally transformed."[77] Tatsächlich gibt es keine

---

76 *Kaufmann* (1997), S. 158f.

77 *Pierson* (1994), S. 2.

funktionalen Äquivalente für die meisten (und die wichtigsten) der von den staatlichen Wohlfahrtseinrichtungen erbrachten Leistungen, und die Leistungsfähigkeit des Instrumentariums[78] ist noch nicht ausgereizt. Wir sind auf dem Weg zu einem neuen Wohlfahrtsstaat.

Literatur

Atkinson, A. B. (1995): Public Economics in Action - The Basic Income/ Flat Tax Proposal, Oxford.

Backhaus, J. G. (Hrsg.), (1997): Essays on Social Security and Taxation, Gustav von Schmoller and Adolph Wagner Reconsidered, Marburg.

Baier, H. (1977): Herrschaft im Sozialstaat - Auf der Suche nach einem soziologischen Paradigma der Sozialpolitik, in: Ferber, C. v., Kaufmann, F.-X. (Hrsg.): Soziologie und Sozialpolitik, Opladen, S. 128-142.

Becker, J. (1994): Der erschöpfte Sozialstaat, Neue Wege zur sozialen Gerechtigkeit, Frankfurt/Main.

Beck-Gernsheim, E. (1983): Vom Dasein für andere zum Anspruch auf ein Stück 'eigenes Leben', Soziale Welt, Bd. 34, S. 307-340.

Brumlik, M. (1990): Sind soziale Dienste legitimierbar? Zur ethischen Begründung pädagogischer Intervention, in: Sachße, Chr., Engelhardt, T. H. (Hrsg.): Sicherheit und Freiheit – Zur Ethik des Wohlfahrtsstaates, Frankfurt/Main, S. 203-227.

Dworkin, R. (1981): What is Equality? Part II. - Equality of Resources, Philosophy and Public Affairs, Vol. 10, S. 283-345.

Esping-Andersen, G. (1985): Politics against Markets, Princeton.

Esping-Andersen, G. (1990): The Three Worlds of Welfare Capitalism, Princeton.

Ferry, J.-M. (1995): L'Allocation universelle - Pour un revenue de citoyenneté, Paris.

Fisch, H. (1996): Ist der Sozialstaat noch zu retten? Wenn Markt, Staat und Ethik versagen, Freiburg-Basel-Wien.

Flora, P. (1987): Growth to Limits - The Western European Welfare States since World War II, Berlin.

[78] Die "Leistungsfähigkeit" ist nicht an der Sozialleistungsquote ablesbar. Daß das Instrumentarium noch nicht ausgereizt ist, soll hier auch nicht als Plädoyer für eine relative Ausdehnung sozialpolitischer Programme verstanden werden.

Gerhard, U. (1978): Verhältnisse und Verhinderungen - Frauenarbeit, Familie und Recht der Frauen im 19. Jahrhundert, Frankfurt/Main.

Gross, P. (1983): Die Verheißung der Dienstleistungsgesellschaft, Opladen.

Habermann, G. (1997): Der Wohlfahrtsstaat - Die Geschichte eines Irrwegs, Frankfurt/Main-Berlin.

Habermas, J. (1973): Legitimationsprobleme im Spätkapitalismus, Frankfurt/Main.

Habermas, J. (1981): Theorie des kommunikativen Handelns, Frankfurt/Main.

Heclo, H. (1981): Toward a New Welfare State? in: Flora, P., Heidenheimer, A. J. (Hrsg.): The Development of Welfare States in Europe and America, New Brunswick-London, S. 383-406.

Heimann, E. (1929): Soziale Theorie des Kapitalismus - Theorie der Sozialpolitik, Tübingen 1929.

Heller, H. (1971): Grundrechte und Grundpflichten, in: Gesammelte Schriften, 3 Bände, Leiden.

Kaufmann, F.-X. (1983): Elemente einer soziologischen Theorie sozialpolitischer Intervention, in: Kaufmann, F.-X. (Hrsg.): Staatliche Sozialpolitik und Familie, München-Wien, S. 49-86.

Kaufmann, F.-X. (1997): Herausforderungen des Sozialstaates, Frankfurt/Main.

Lindenlaub, D. (1967): Richtungskämpfe im Verein für Socialpolitik - Wissenschaft und Sozialpolitik im Kaiserreich, vornehmlich vom Beginn des 'Neuen Kurses' bis zum Ausbruch des I. Weltkrieges (1890-1914), 2 Bände., Wiesbaden.

Marquand, D. (Hrsg.) (1996): Citizen's Income – Symposium, The Political Quarterly 67, Heft 1.

Marshall, T. H. (1992): Bürgerrechte und soziale Klassen - Zur Soziologie des Wohlfahrtsstaates, Frankfurt/Main-New York.

McClelland, D. (1966): Die Leistungsgesellschaft - Psychologische Analyse der Voraussetzungen wirtschaftlicher Entwicklung, Stuttgart-Berlin.

Mückenberger, U. (1990): Normalarbeitsverhältnis: Lohnarbeit als normativer Horizont sozialer Sicherheit?, in: Sachße, C., Engelhardt, H. T. (Hrsg.): Sicherheit und Freiheit - Zur Ethik des Wohlfahrtsstaates, Frankfurt/Main, S. 158-178.

Narr, W.-D. (1999): Politik im weitgespannten Netz globaler Ökonomie, in: Althaler (Hrsg.): Primat der Ökonomie?, Über Handlungsspielräume sozialer Politik im Zeichen der Globalisierung, Marburg, S. 89-103.

Pankoke, E. (1970): Soziale Bewegung – Soziale Frage – Soziale Politik, Grundfragen der Deutschen "Sozialwissenschaft" im 19. Jahrhundert, Stuttgart.

Pierson, P. (1994): Dismantling the Welfare State?, Reagan, Thatcher, and the Politics of Retrenchment, Cambridge, MA.

Preuß, U. K. (1990): Verfassungstheoretische Überlegungen zur normativen Begründung des Wohlfahrtsstaates, in: Sachße, C., Engelhardt, H. T. (Hrsg.): Sicherheit und Freiheit - Zur Ethik des Wohlfahrtsstaates, Frankfurt/Main, S. 106-132.

Prisching, M. (1988): Arbeitslosenprotest und Resignation in der Wirtschaftskrise, Frankfurt - New York.

Prisching, M. (1996): Bilder des Wohlfahrtsstaates, Marburg.

Rawls, J. (1978): A Theory of Justice, Cambridge, MA.

Riedmüller, B., Olk, Th. (Hrsg.), (1994): Grenzen des Sozialversicherungsstaates, Opladen.

Ritter G. A. (1991): Der Sozialstaat - Entstehung und Entwicklung im internationalen Vergleich, München.

Rueschemeyer, D., Skocpol, T. (Hrsg.), (1996): States, Social Knowledge, and the Origins of Modern Social Policies, Princeton - New York.

Sachße, Chr., Engelhardt, T.H. (Hrsg.): Sicherheit und Freiheit – Zur Ethik des Wohlfahrtsstaates, Frankfurt/Main.

Sass, H.-M. (1990): Zielkonflikte im Wohlfahrtsstaat, in: Sachße, C., Engelhardt, H.T. (Hrsg.): Sicherheit und Freiheit - Zur Ethik des Wohlfahrtsstaates, Frankfurt/Main, S. 71-84.

Schelsky, H. (1978): Der betreute Mensch, München.

Schlesinger, H., Weber, M., Ziebarth, G. (1993): Staatsverschuldung – ohne Ende?, Zur Rationalität und Problematik des öffentlichen Kredits, Darmstadt.

Schmidt, M. G. (1988): Sozialpolitik - Historische Entwicklung und internationaler Vergleich, Opladen.

Sheehan, J. J. (1983): Der deutsche Liberalismus, Von den Anfängen im 18. Jahrhundert bis zum Ersten Weltkrieg 1770-1914, München.

Stein, L. von (1876): Gegenwart und Zukunft der Rechts- und Staatswissenschaften Deutschlands, Stuttgart.

Stein, L. von (1921): Geschichte der sozialen Bewegung in Frankreich von 1789 bis auf unsere Tage, 3 Bände., München.

Stopp, K. (1994): Wider die Raffgesellschaft oder Wie der Sozialstaat noch zu retten ist, München.

Swaan, A. de (1993): Der sorgende Staat - Wohlfahrt, Gesundheit und Bildung in Europa und den USA der Neuzeit, Frankfurt/Main - New York.

Tennstedt, F. (1983): Vom Proleten zum Industriearbeiter. Arbeiterbewegung und Sozialpolitik in Deutschland 1800 bis 1914, Köln.

Titmuss, R. (1974): Social Policy, New York.

Van Parijs, P. (Hrsg.), (1992): Arguing for Basic Income, Ethical Foundations for a Radical Reform, London.

Van Parijs, P. (1996): Refondre la solidarité, Paris.

Van Parijs, P. (1999): Jenseits der Solidarität - Die ethischen Grundlagen des Sozialstaats und seiner Aufhebung, in: Althaler, K. S. (Hrsg.): Primat der Ökonomie? Über Handlungsspielräume sozialer Politik im Zeichen der Globalisierung, Marburg, S. 31-55.

Van Stolk, B., Wouters, C. (1984): Die Gemütsruhe des Wohlfahrtsstaates, in: Gleichmann, P., Goudsblom, J., Korte, H. (Hrsg.): Macht und Zivilisation. Materialien zu Norbert Elias' Zivilisationstheorie, Frankfurt/Main, S. 242-260.

Wagner, A. (1879): Allgemeine oder theoretische Volkswirthschaftslehre, Erster Theil: Grundlegung, 2. Aufl., Leipzig - Heidelberg .

Walter, T. (1989): Basic Income, Freedom from Poverty, Freedom to Work, London.

Wehler, H.-U. (1985): The German Empire 1871-1918, Dover.

Wohlgenannt, L., Büchele, H. (1990): Den öko-sozialen Umbau beginnen: Grundeinkommen, Wien-Zürich.

Zacher, H. F. (1987): "Das soziale Staatsziel", in: Isensee, J., Kirchhof P. (Hrsg.): Handbuch des Staatsrechts der Bundesrepublik Deutschland, Bd. 1: Grundlagen von Staat und Verfassung, Heidelberg, S. 1045-1111.

Generationenverträge als Basis des Sozialstaates: Ökonomische Interpretationsmöglichkeiten und fiskalische Konsequenzen

Richard Hauser

Zusammenfassung: *Aus ökonomischer Sicht ist die gesamtwirtschaftlich verfügbare Konsumsumme auf die drei gleichzeitig lebenden Generationen zur Sicherung ihres Lebensunterhalts aufzuteilen. Dies geschieht durch sozia-staatliche Umverteilungsmechanismen und durch intrafamiliale Transfers. Dabei sind intrafamiliale, intragenerationale und intergenerationale Umverteilungen zugunsten der jungen und der alten Generation zu unterscheiden. Bei einer den gesamten Lebenslauf einer Generation umfassenden Betrachtung ist die sie betreffende Netto-Umverteilung weit geringer als es die bei einer Jahresbetrachtung in der Volkswirtschaftlichen Gesamtrechnung ausgewiesenen Transferströme erkennen lassen. Der Beitrag zeigt, daß ein Drei-Generationen-Vertrag in der Privatrechts- und in der Sozialrechtsordnung moderner Sozialstaaten verankert ist. Die Regelungen zur Alterssicherung und zum Kinderlastenausgleich können mit einem solchen Drei-Generationen-Vertrag begründet werden, weil die seit Urzeiten im Rahmen der Großfamilie durchgeführte Absicherung der Kinder und der Alten im Sozialstaat auf die gesellschaftliche Ebene gehoben wurde. Die auf einem Drei-Generationen-Vertrag beruhenden Umverteilungsmechanismen entscheiden auch darüber, welche Generation bei unerwarteten Verschlechterungen der externen Rahmenbedingungen die Hauptlast zu tragen hat. Aus staatsphilosophischer Sicht, die nach den Kriterien einer gerechten Staatsordnung fragt, hat Rawls eine vertragstheoretische Begründung entwickelt, die großen Anklang gefunden hat. Ein-Drei-Generationen-Vertrag stellt allerdings, weil er sich nur auf das Verhältnis zwischen den Generationen bezieht, lediglich ein Element eines umfassenderen Sozialvertrags dar, der zur Begründung eines modernen Sozialstaates dient. Abschließend wird die Frage aufgeworfen, welche Änderungen der Drei-Generationen-Vertrag erfahren müßte, wenn große einseitige Wanderungsströme zu berücksichtigen sind.*

1. Einleitung

„Averting the Old Age Crisis“ ist der Titel einer 1994 von der Weltbank erstellten Studie[1], die für viele Länder in allen fünf Erdteilen der Frage nachgeht, inwieweit die soziale Sicherung des jeweiligen alten Bevölkerungsteils durch die bestehenden Systeme auf lange Sicht gewährleistet werden kann und welche Reformen gegebenenfalls erforderlich sind. Diese Studie verdeutlicht, daß sich die demographischen und wirtschaftlichen Rahmenbedingungen für die Alterssicherung so stark verändert haben oder in den nächsten Jahrzehnten verändern werden, daß Anpassungen unausweichlich sind. Da die Alterssicherung eines der Kernelemente jedes Systems der sozialen Sicherung darstellt, erhebt sich damit die Frage, ob die Generationenverträge, die den Sozialversicherungen in den meisten hochentwickelten Industrieländern zugrunde liegen, völlig aufgegeben werden müssen, weil die kommenden Generationen sie nicht mehr anerkennen und sich weigern werden, sie zu erfüllen. In diesem Fall müßte jede Generation von der Jugend bis ins hohe Alter für sich selbst sorgen. Um diese Fragen behandeln zu können, muß man sich zunächst vergewissern, was man unter einem Generationenvertrag versteht, welche ökonomischen und fiskalischen Konsequenzen er hat und wie sich dieses Konstrukt begründen läßt. Auf dieser Basis kann man dann auch Überlegungen anstellen, welche Anpassungen der Alterssicherungssysteme im Sinne dieser Generationenverträge erlaubt oder gar geboten sind.

2. Was ist ein Generationenvertrag? Eine ökonomische und staatspolitische Interpretation

2.1 Die Grundidee

Die Grundidee eines Generationenvertrages läßt sich mit wenigen Worten skizzieren:

Die drei gleichzeitig lebenden Generationen der Kinder und Jugendlichen, der Personen im Erwerbsfähigkeitsalter und der Alten sind auf vielfältige Weise, sowohl als Individuen innerhalb der Familie als auch als Kohorten im gesellschaftlichen Zusammenhang, miteinander verbunden. Die mittlere Generation entscheidet über die Geburt von Kindern, und sie unterhält und erzieht die Nachkommen, bis diese selbst für ihren Lebensunterhalt sorgen können. Gleichzeitig unterhält die mittlere Generation die alt gewordene Generation ihrer Eltern, da sich diese nicht mehr selbst durch eigene Arbeit versorgen können und

---

1 *World Bank* (1994).

nur wenige ein ausreichendes Alterseinkommen aus den Erträgen von angespartem oder ererbtem Vermögen beziehen. Im Lebensablauf durchschreitet im Normalfall jedes Individuum und damit auch jede Generation diese drei Phasen, die jeweils mit anderen Rechten und Pflichten verbunden sind.[2]

Diese in jedem Staat festzustellenden Zusammenhänge beruhen auf moralischen oder rechtlichen Verpflichtungen, die in der jeweiligen Gesellschaft als gültig anerkannt sind. Dieses Verhältnis von im Lebensablauf wechselnden Rechten und Pflichten jedes Individuums wird als Drei-Generationen-Vertrag bezeichnet, der in früheren Zeiten nur innerhalb der Großfamilie verwirklicht wurde, in modernen Sozialstaaten aber durch die Regelungen des Systems der sozialen Sicherung und des Steuersystems auf die gesellschaftliche Ebene übertragen wurde.

Es handelt sich dabei um einen *Drei-Generationen-Vertrag* und nicht etwa um einen *Zwei-Generationen-Vertrag,* wie im Zusammenhang mit der Diskussion um die angemessene Ausgestaltung der Alterssicherung häufig behauptet wird. Die Bezugnahme auf einen Zwei-Generationen-Vertrag zwischen der mittleren und der alten Generation stellt eine gefährliche Verkürzung dar, die eine umfassende Sicht dieses seit Urzeiten bestehenden Zusammenhangs verstellt; denn es gibt in jeder Gesellschaft nicht nur eine, sondern zwei ökonomisch nicht-aktive Generationen: die junge Generation und die alte Generation.

Auch in der mittleren Generation gibt es ökonomisch nicht-aktive Personen, die kein Markteinkommen erzielen, z.B. Arbeitslose, Erwerbsunfähige, Kranke, in Umschulung befindliche Personen sowie Hausfrauen und Hausmänner. Auch deren Lebensunterhalt muß durch intrafamiliale Unterstützung oder durch Transferzahlungen des Staates gesichert werden. Diese Umverteilungsvorgänge innerhalb der mittleren Generation werden hier nicht betrachtet. Jedoch darf die hierdurch entstehende Belastung der aktiven Mitglieder der mittleren Generation nicht vernachlässigt werden, wenn Belastungsgrenzen im Hinblick auf die Aufrechterhaltung des Drei-Generationen-Vertrages geprüft werden.

Die folgende Abbildung 1 verdeutlicht am Beispiel Deutschlands, wie groß der Anteil der ökonomisch nicht-aktiven Bevölkerung ist und wie wenig dieser Anteil während eines Zeitraums von fast 40 Jahren geschwankt hat. Dieser Bevölkerungsteil, der von den ökonomisch aktiven Mitgliedern der mittleren Generation mit zu unterhalten ist, bewegte sich zwischen 52% und 58%.

---

2 Die drei Phasen „Kindes- und Jugendalter ohne Erwerbstätigkeit", „mittleres Alter mit Erwerbstätigkeit", „Ruhestandsalter ohne Erwerbstätigkeit" sind nicht bei allen Individuen gleich lang. Vereinfachend wird in diesem Beitrag nur auf die durchschnittliche Länge dieser Phasen Bezug genommen.

Abbildung 1: Entwicklung des Anteils der ökonomisch nicht aktiven Bevölkerung (Inaktivenquote) in der Bundesrepublik Deutschland 1960 - 1998

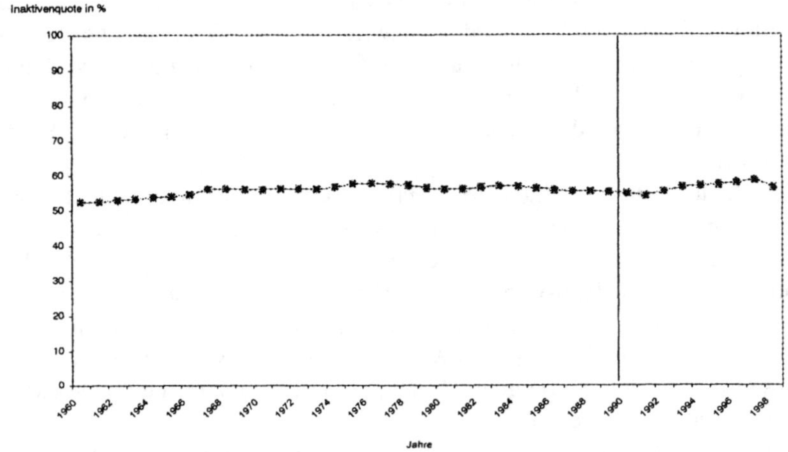

Hinweis: bis 1990 früheres Bundesgebiet.
Quelle: Deutscher Bundestag (Hrsg.): Bundestagsdrucksache 13/3016 vom 15.11.1995, S. 345 sowie 14/2223 vom 26.11.1999, S. 236.

2.2 Eine ökonomische Interpretation des Drei-Generationen-Vertrages

Die in einer Volkswirtschaft in einem Jahr für privaten Konsum verfügbare Summe ist nur in engen Grenzen variierbar, wenn das im Wirtschaftsprozeß erzeugte Bruttosozialprodukt gegeben ist und Ersatzinvestitionen, eine angemessene Nettoinvestition und ein begrenzter Außenbeitrag sowie der erforderliche Staatskonsum als weitgehend vorherbestimmt angesehen werden. Die Aufteilung dieser Konsumsumme auf die drei jeweils lebenden Generationen bestimmt deren Lebensstandard. Ökonomisch gesehen stellt der Drei-Generationen-Vertrag eine symbolische Vereinbarung über die Aufteilung dieser jährlich für den privaten Konsum verfügbaren Summe auf die drei Generationen und eine Rechtfertigung für die dabei entstehenden Umverteilungsvorgänge dar. Über die Aufteilung dieser Konsumsumme auf die drei Generationen entscheiden die Mitglieder der Generationen durch die Verwendung der ihnen zur Verfügung stehenden Markt- und Transfereinkommen. Ökonomisch gesehen gibt es fünf Wege zur Finanzierung der Konsumausgaben der beiden nicht-aktiven Generationen:

Der erste Weg besteht in einer Finanzierung aus den Erträgen oder der Auflösung von selbst erspartem oder ererbtem Vermögen. Eine solche Finanzierungsform setzt, wenn man von Erbschaften und Lottogewinnen absieht, eine Ansparphase voraus, die nur während einer Periode des eigenen Markteinkommensbezugs liegen kann; sie kommt also nur für die Finanzierung des Konsums in der Altersphase in Frage. Als eine Variante dieser Finanzierungsform ist die Eigenvorsorge im Rahmen von privaten Lebens- oder Rentenversicherungen mit risikoäquivalenten Prämien zu betrachten. Diese Variante setzt ebenfalls eine Ansparphase voraus, jedoch kann mit Hilfe bestimmter Konstruktionen einer solchen Lebensversicherung das Risiko eines unerwartet langen Lebens abgedeckt werden. Bei beiden Varianten kann jedoch kein bestimmter Vermögensertrag garantiert werden; denn es handelt sich um ein sogenanntes „contribution-defined system", bei dem sich die späteren Leistungen nach den erbrachten Beiträgen und nach deren im vorhinein nicht genau absehbaren Verzinsung sowie nach den nur ungefähr bestimmbaren Risikoabschlägen richten. Damit ist auch der mit diesem Alterseinkommen erzielbare Anteil am gesamtwirtschaftlichen Konsum und der daraus resultierende Lebensstandard nicht genau vorherbestimmbar. Letztlich trägt die alte Generation das Risiko einer Verschlechterung der Rahmenbedingungen, z.B. das Risiko einer unerwarteten Verlängerung der durchschnittlichen Lebenserwartung oder eines langfristigen Rückgangs der Kapitalertragsrate. Die alte Generation trägt auch das Risiko einer realen Entwertung des in Geldforderungen angelegten Vermögens infolge einer Inflation, das Risiko der Kapitalentwertung bei einem Preisverfall der Vermögensbestände, soweit diese in Form von Aktien, Grundstücken und Gebäuden angelegt sind, sowie das Risiko der Kapitalvernichtung im Katastrophen- oder Kriegsfall. Beide Varianten dieser Finanzierungsform basieren auf einem individualisierten Kapitaldeckungsverfahren. Bei dieser ersten Finanzierungsform liegt keine intergenerationale Umverteilung vor, d.h. es gibt keine Umverteilung zwischen der mittleren und der alten Generation, die mit einem Drei-Generationen-Vertrag zu begründen wäre. Es besteht vielmehr ein unmittelbarer Anspruch der alten Generation auf einen Teil der gesamtwirtschaftlichen Konsumsumme, der - in einer Staatsordnung mit Privateigentum und marktwirtschaftlichem Wirtschaftssystem - auf der Zurverfügungstellung von Kapital beruht. Ein Drei-Generationen-Vertrag bedeutet bei einer solchen Finanzierungsform lediglich, daß die mittlere und die junge Generation die Aufrechterhaltung der Rechtsordnung und insbesondere den Eigentumsschutz sowie die Vermeidung einer konfiskatorischen Besteuerung der alten Generation garantieren. Würde man es allerdings den einzelnen Mitgliedern jeder Generation überlassen, während ihrer Erwerbsphase freiwillig für ihr Alter durch Kapitalbildung vorzusorgen, so würde dies mit hoher Wahrscheinlichkeit nur ein Teil tun; damit alle Mitglieder einer Generation vorsorgen, müßte eine Vorsorgepflicht eingeführt werden.

Als Gedankenexperiment kann man sich auch den vollständigen Verzicht auf intergenerationale Umverteilung im Rahmen eines Drei-Generationen-Vertrag vorstellen; es gäbe dann auch keine intergenerationale Umverteilung - sei es innerhalb der Familie, sei es über den Staat - zwischen der mittleren und der jungen Generation. In diesem Fall müßte jedes neugeborene Kind zur Bestreitung seines Unterhalts bis zum Beginn des Erwerbslebens Kredite aufnehmen, die dann während des Erwerbslebens in Raten zurückgezahlt werden; gleichzeitig müßte während der Erwerbsphase auch die Ersparnis für die Altersvorsorge stattfinden. Diese wechselnden Kreditbeziehungen zwischen den Generationen müßten über staatliche Institutionen organisiert werden. Nur in diesem Fall wäre der Zustand verwirklicht, daß jede Generation ausschließlich für sich selbst sorgt und kein Drei-Generationen-Vertrag zur Rechtfertigung von intergenerationalen Umverteilungsvorgängen erforderlich wäre. Dieser Vertrag müßte aber immer noch die Erfüllung der wechselnden Kreditbeziehungen zwischen den Generationen garantieren. Da es kaum vorstellbar ist, daß das Problem der Finanzierung des Konsums der jungen Generation bei völligem Verzicht auf intergenerationale Umverteilung gelöst werden kann, müßte der Drei-Generationen-Vertrag zumindest eine Umverteilung zwischen der jungen und der mittleren Generation rechtfertigen, selbst wenn er keine intergenerationale Umverteilung zwischen der mittleren und der alten Generation beinhalten würde.

Der zweite Weg zur Finanzierung des Konsums der beiden inaktiven Generationen besteht in einer intergenerationale Umverteilung innerhalb der Familien, indem jene Mitglieder im erwerbsfähigen Alter, die Markteinkommen beziehen, einen Teil ihres Einkommens zum Kauf der Konsumgüter für die übrigen Mitglieder ohne Einkommen, d.h. insbesondere für die Kinder und die Alten, aufwenden. Ökonomisch gesehen handelt es sich um ein intrafamiliales Umlageverfahren. Dies ist die Urform des Drei-Generationen-Vertrags. Er kann gestützt werden, wenn die alte Generation ihr angesammeltes privates Produktivvermögen der mittleren Generation zur Verfügung stellt, wie es etwa in der Landwirtschaft, im Handwerk und bei freiberuflichen Praxen auch heute noch vereinzelt geschieht. Diese Finanzierungsform setzt voraus, daß die Menschen in Drei-Generationen-Familien leben und daß immer genügend erwerbsfähige Familienmitglieder der mittleren Generation vorhanden sind. Das Risiko, daß es nicht genügend erwerbsfähige Mitglieder der mittleren Generation gibt, tragen jeweils die alten Familienmitglieder. Auch hierbei ist der Anteil am gesamtwirtschaftlichen Konsum, der der jungen und der alten Generation zufließt, nicht genau vorherbestimmt. Es ist auch nicht im vorhinein festgelegt, welche Generation die Lasten einer exogen gegebenen Verschlechterung der Rahmenbedingungen - z.B. einer Mißernte - zu tragen hätte. Der Anteil jeder Generation am gesamtwirtschaftlichen Konsum ergibt sich ex post durch die Vielzahl individueller Aufteilungsentscheidungen innerhalb der Familien. Gerade wegen des sehr ungleich verteilten Risikos, daß die Mitglieder der alten Generation ohne ausreichende Altersversorgung bleiben, ist die Versorgung über die Familien durch sozialstaatliche Regelungen der Alterssicherung abgelöst worden.

Der dritte Weg besteht in einer Finanzierung durch eine intergenerationale Umverteilung, die von allen Beziehern von Markteinkommen in der mittleren Generation zu den Personen ohne Einkommen in der jungen und in der alten Generation verläuft, wobei diese Umverteilung über den Staatshaushalt abgewickelt wird. Dadurch werden Unterschiede im familiären Zusammenleben und in der Anzahl von Kindern und Alten in den einzelnen Haushalten ausgeglichen. Es werden Steuern erhoben, deren Aufkommen zur Finanzierung von Sozialleistungen an die Kinder und die Alten verwendet wird. Wegen des für den Staatshaushalt i.d.R. geltenden Non-Affektationsprinzips entstehen durch die Steuerzahlungen jedoch keine individualisierten Ansprüche auf Sozialleistungen. Steuerzahlung und Sozialleistungsanspruch sind unabhängig voneinander. Da die Leistungshöhe vom Gesetzgeber ex ante nach übergeordneten sozialen Kriterien, unter anderem auch im Hinblick auf die Anteile der jungen und alten Generation an der für privaten Konsum verfügbaren Summe,[3] festgelegt wird, spricht man von einem „benefit-defined-system". Bei strikter Anwendung des Prinzips eines „benefit-defined-system" tragen die Steuerzahler in Form von erhöhten Steuerzahlungen das Risiko eines Verschlechterung der externen Rahmenbedingungen, während die Sozialleistungsempfänger davon freigestellt sind. Bei einem solchen reinen Steuer-Transfer-System mit gleichperiodiger Umverteilung zwischen den Generationen liegt eine Finanzierung mit Hilfe eines Umlageverfahren vor, das mit dem Drei-Generationen-Vertrag begründet wird.

Der vierte Weg besteht in einer Finanzierung über parastaatliche Institutionen, die als Sozialversicherungen bezeichnet werden.[4] Dabei wird für die gesamte Bevölkerung oder für bestimmte Bevölkerungsgruppen eine Versicherungspflicht eingeführt, und es werden Beiträge erhoben; Arbeitgeberbeiträge werden dabei den Arbeitnehmern zugerechnet. Wenn die Finanzierung der Sozialleistungen an die Kinder und die Alten aus dem Beitragsaufkommen derselben Periode erfolgt, spricht man auch hier von einer Finanzierung nach dem Umlageverfahren.[5] Auch hierbei kommt es zu einer intergenerationalen Umverteilung, die mit dem Drei-Generationen-Vertrag begründet wird. Es besteht jedoch ein Unterschied zum

---

3 Diese Festlegung erfolgt nicht explizit, sondern implizit, indem z.B. die Höhe einer Durchschnittsrente oder des Kindergeldes an den Durchschnittslohn gebunden wird.

4 Zur Vereinfachung der Darstellung wird hier unterstellt, daß sowohl die intergenerationale Umverteilung von der mittleren zur alten Generation als auch jene von der mittleren zur jungen Generation über Sozialversicherungen erfolgt. In der Realität kommen vielfältige Mischformen vor (vgl. Abschnitt 3).

5 Wird das Beitragsaufkommen akkumuliert, so daß ein Kapitalstock entsteht, und werden die Sozialleistungen nur aus den Erträgen des Kapitalstocks finanziert, so liegt ein Kapitaldeckungsverfahren vor. Bei strikter Finanzierung einer Sozialversicherung mit Hilfe des Kapitaldeckungsverfahrens, die viele hier nicht zu behandelnde Schwierigkeiten aufwerfen würde (vgl. *Hauser* (1988)), kommt es zu keiner intergenerationalen Umverteilung. Diese Variante entspricht auf gesellschaftlicher Ebene der erstgenannten Finanzierungsform; der Unterschied besteht nur in der Versicherungspflicht und in einer innerhalb der Pflichtversicherung möglichen stärkeren Umverteilung.

reinen Steuer-Transfer-System; denn mit der Beitragszahlung entstehen eigentumsähnliche Ansprüche. Dies ist jedenfalls die Sicht des deutschen Bundesverfassungsgerichts.[6] Man spricht daher von einer Organisation nach dem Prinzip der Teilhabeäquivalenz, bei dem auf der individuellen Ebene ein enger Zusammenhang zwischen Beitragszahlung und Sozialleistungsanspruch besteht. Allerdings ist auch bei einem nach dem Prinzip der Teilhabeäquivalenz organisierten System das durchschnittliche Leistungs*niveau* nicht garantiert; jedoch ist keine willkürliche Verschiebung in der Rangordnung der Sozialleistungsempfänger zulässig. Diese beruht vielmehr auf der Höhe der früheren Beiträge. In Bezug auf das Leistungsniveau hat man bei Sozialversicherungen die Wahl, ob sie als „contribution-defined-system" oder als „benefit-defined-system" ausgestaltet werden sollen. Bei einem „contribution-defined-system" werden die Beitragssätze als Prozentsatz des Einkommens festgelegt und das Leistungsniveau richtet sich nach den Beitragsaufkommen. Das Risiko unerwarteter Verschlechterungen der externen Rahmenbedingungen müssen die Sozialleistungsempfänger tragen. In diesem Fall reduziert sich ihr Anteil am Gesamtkonsum der Gesellschaft, während der Anteil der mittleren Generation zunimmt. Bei einer Ausgestaltung als „benefit-defined-system" wird das Leistungsniveau in Relation zum Durchschnittseinkommen fixiert. Das Risiko einer unerwarteten Verschlechterung der externen Rahmenbedingungen tragen die Beitragszahler in Form von höheren Beitragssätzen. Damit reduziert sich der Anteil der mittleren Generation am Gesamtkonsum, während die Anteile der jungen und alten Generation zunehmen.

Der fünfte Weg besteht in einer Finanzierung durch zusätzliche Zahlungen von Unternehmen, die i.d.R. eine Mischform zwischen einem Lohnzuschlag, einem nachgezahlten Lohn oder einem reinen Transfer von Unternehmen an ihre gegenwärtigen oder früheren Arbeitnehmer darstellen. Auch hier wird das Umlageverfahren verwendet, sofern keine von den Unternehmen getrennten Pensionskassen mit Kapitalstockbildung eingeschaltet werden. Bei dieser Finanzierungsform ist das intergenerationale Umverteilungselement nur schwer zu bestimmen, da eine Vermischung mit Markteinkommen stattfindet. Diese Finanzierungsform ist an ein gleichzeitiges oder vorhergehendes Beschäftigungsverhältnis gebunden. Formen dieser Umverteilung können beispielsweise Familienzuschläge zum Lohn oder Betriebsrenten sein.

2.3 Umverteilung auf Basis eines Drei-Generationen-Vertrags?

Bei der Beschreibung der fünf möglichen Finanzierungsformen wurde gleichzeitig auf damit einhergehende Umverteilungsvorgänge zwischen den Generationen

---

6 Vgl. Entscheidung des deutschen Bundesverfassungsgerichts BVerfGE vom 28. Februar 1998, Anrechnung von Erwerbs- und Erwerbszusatzeinkommen auf die Hinterbliebenenrente aus der gesetzlichen Rentenversicherung, 1 BvR 1318, 1484/86.

hingewiesen, für die der Drei-Generationen-Vertrag als Rechtfertigung dienen soll. Dies war eine vereinfachte Darstellung, die noch in mehrfacher Weise präzisiert und ergänzt werden muß. Dabei beschränken wir uns auf die in modernen Sozialstaaten dominierenden Formen des Steuer-Transfer-Systems und des Sozialversicherungssystems, für die das Umlageverfahren gilt. Denn bei der ersten Finanzierungsform, der privaten Altersvorsorge nach dem individualisierten Kapitaldeckungsverfahren, tritt überhaupt keine intergenerationale Umverteilung auf; bei der Finanzierung innerhalb der Drei-Generationen-Familie liegt zwar eine intrafamiliale Umverteilung vor, die nicht unbeachtlich ist, aber der staatlich veranlaßten Umverteilung vorausgeht. Bei der Finanzierung über den Unternehmenssektor liegt eine so starke Vermischung von marktbedingten Lohnbestandteilen und Umverteilungselementen vor, daß eine Entwirrung kaum möglich ist.

Wenn man eine kurzperiodige Betrachtung, z.B. eine Jahresbetrachtung, der jeweiligen Transferströme anstellt, erkennt man eine Umverteilung von der aktiven zu den nicht-aktiven Generationen, wobei diese Transferströme in modernen Sozialstaaten je nach der Ausgestaltung ihres sozialen Sicherungssystems teils über den Staatshaushalt, teils über Sozialversicherungen laufen. Dies ist auch die Sichtweise der Volkswirtschaftlichen Gesamtrechnung. Diese bei einer Jahresbetrachtung gemessene Umverteilung machte 1996 im Durchschnitt von 12 Mitgliedsländern der Europäischen Union (also noch ohne Österreich, Schweden und Finnland) 28,7 % des Bruttoinlandsprodukts aus.[7] Dabei stellt die in der Volkswirtschaftlichen Gesamtrechnung gemessene Umverteilung noch eine deutliche Unterschätzung der gesamten intergenerationalen Umverteilung dar, weil die intrafamiliale Umverteilung unberücksichtigt bleibt.

Betrachtet man jedoch den gesamten Lebenslauf der Mitglieder einer Generation, so sieht man, daß sie sich im Regelfall in der Jugend auf der Empfängerseite, im Erwerbsfähigkeitsalter auf der Geberseite und im Ruhestandsalter wieder auf der Empfängerseite befinden. Hätten im Idealfall alle Individuen den gleichen Lebenslauf, gäbe es eine stationäre Bevölkerung[8] und kein Wirtschaftswachstum und wären die Beiträge bzw. Steuern und auch die Sozialleistungen einkommensproportional, so würden sich die Umverteilungsvorgänge bei jedem Individuum im Lebensverlauf ausgleichen.[9] Per Saldo gäbe es also bei der Lebensverlaufsbetrachtung gar keine intergenerationale Umverteilung, d.h. die Lebenseinkommen blieben unverändert. Jede Generation würde im Zeitablauf die eigenen Phasen der Nichterwerbstätigkeit und des damit fehlenden

---

7 *Bundesministerium für Arbeit und Sozialordnung* (1999a), Tab. 9.18 A.

8 Eine stationäre Bevölkerung liegt - vereinfacht gesprochen - vor, wenn sich jeder Geburtsjahrgang gerade selbst reproduziert und wenn die durchschnittliche Lebenserwartung konstant ist.

9 Die Bedingungen, bei denen keine intragenerationale und auch keine intergenerationale Umverteilung der Lebenseinkommen zustande kommt, müßten noch genauer spezifiziert werden. Für das grundsätzliche Argument genügt jedoch diese Skizze.

Einkommens direkt oder indirekt selbst finanzieren, allerdings über wechselnde und teilweise mit Hilfe des Staates organisierte Kreditbeziehungen zwischen den Generationen.[10] Ein Drei-Generationen-Vertrag wäre in diesem Fall nur erforderlich, um die Einhaltung der Verpflichtungen zu gewährleisten, nicht aber um eine Umverteilung in bezug auf die Lebenseinkommen zu rechtfertigen.

Dieser Idealfall hat Ähnlichkeit mit der erstgenannten Finanzierungsform, wobei allerdings die Verschuldung der jungen Generation gegenüber der mittleren Generation und die spätere Rückzahlung, sobald die junge Generation zur mittleren und die mittlere zur alten geworden ist, nicht in irgend einer Weise mit Hilfe von Schuldtiteln formalisiert wird, sondern nur implizit geschieht. Im Prinzip wäre es aber auch möglich, alle Schulden und deren Rückzahlung in einem Schuldbuch zu erfassen. Die mittlere Generation würde jenen Teil ihres Kapitalbestandes, der der Absicherung im Alter dienen soll, nicht in Form von Vermögensanlagen im Unternehmenssektor oder im Staatssektor bilden, sondern in Form von Forderungen gegen ihre Kinder. die diese später zurückzuzahlen haben.

Umverteilung in bezug auf die Lebenseinkommen - und damit auch zwischen den Generationen - kommt nur dann zustande, wenn in der Realität die genannten Bedingungen nicht gegeben sind. In der Realität sind insbesondere die Lebensläufe der Mitglieder einer Generation nicht völlig gleich, die Steuer- und Beitragstarife sind nicht rein einkommensproportional und auch die Sozialleistungen sind nicht in allen Fällen proportional dem früheren Einkommen, sondern teilweise am Bedarf orientiert. Ebenso findet ein typischerweise schwankendes Wirtschaftswachstum statt, und die Bevölkerung ist nicht stationär.[11] Wenn man auch mangels detaillierter statistischer Informationen keine genaue Messung der bei einer Lebenseinkommensbetrachtung sich ergebenden Umverteilung zwischen Generationen durchführen kann, so kann man doch mit Sicherheit feststellen, daß sie weit geringer ist, als jene Summe, die sich bei der Jahresbetrachtung aus der Volkswirtschaftlichen Gesamtrechnung ergibt oder die gar noch um die Höhe der intrafamilialen Umverteilung ergänzt wäre.

Bei den bisherigen Ausführungen zur intergenerationalen Umverteilung wurde nicht zwischen einer Finanzierung der Sozialleistungen durch Beiträge oder durch Steuern unterschieden. Aus ökonomischer Sicht ist dieser Unterschied auch gering. Aus juristischer Sicht ist dieser Unterschied aber von Bedeutung, weil in manchen Ländern nur durch Beiträge ein Rechtsanspruch auf Sozialleistungen der Sozialversicherungen entsteht. Aus den bisherigen Überlegungen sollte jedoch

---

[10] Bei dieser Betrachtung wird auch der den Kindern durch die Eltern gewährte Unterhalt nicht als Transfer ohne Gegenleistung, sondern als Kreditgewährung angesehen.

[11] Das Bevölkerungsproblem ist in den hochentwickelten Sozialstaaten künftig dadurch charakterisiert, daß die durchschnittliche Lebenserwartung steigt und daß die Geburtenraten weit unterhalb jener Größe liegen, die zur Aufrechterhaltung der Bevölkerungszahl ausreichen würde. Beides führt auf längere Sicht zu einer Erhöhung des Anteils der nichtaktiven Generationen an der Gesamtbevölkerung. Vgl. *World Bank* (1994).

deutlich geworden sein, daß eine damit begründete Beschränkung der Betrachtung auf die Sozialversicherungen und eine dementsprechende Einengung des Drei-Generationen-Vertrages auf die darin Pflichtversicherten oder gar die Postulierung eines Zwei-Generationen-Vertrages nicht angemessen wäre.

Aus der bisherigen Analyse sollte deutlich geworden sein, daß auch Sozialversicherungen mit anspruchsbegründenden Beiträgen eine Mischform zwischen Eigenvorsorge und reiner kollektiver Umverteilung im Sinne des Drei-Ge-nerationen-Vertrages darstellen; denn selbst wenn kein Kapitalbestand angesammelt wird, so werden durch die Beitragszahlungen doch „Buchansprüche und Buchforderungen" geschaffen, die durch die Rechtsordnung geschützt werden. Sie lassen sich auch der Größenordnung nach beziffern.[12] In diesem Sinne bezieht sich der Drei-Generationen-Vertrag dann auf die Aufrechterhaltung der Rechtsordnung und der Erfüllung der akkumulierten Ansprüche, allerdings unter Berücksichtigung der jeweils gegebenen Umstände und Rahmenbedingungen.

2.4 Elemente eines Drei-Generationen-Vertrages

Wenn man über die Gerechtigkeit zwischen Generationen nachdenkt - und das haben wir bisher getan, ohne den Begriff der Gerechtigkeit zu erwähnen - , dann darf nicht übersehen werden, daß es in den wirtschaftlich entwickelten Sozialstaaten auch hohe intergenerationale Transfers von der alten zur mittleren Generation gibt. Diese Übertragungen im Todesfall von der alten zur mittleren Generation können unter dem Begriff des Generationenerbes zusammengefaßt werden. Das Generationenerbe umfaßt:

- das private Vermögen in Form von Forderungen, Grundstücken, Gebäuden, Unternehmensanteilen abzüglich der Schulden;[13]
- die öffentliche Infrastruktur;
- den Bestand an technischem und organisatorischem Wissen, das im privaten und im öffentlichen Kapitalstock inkorporiert ist;
- den bei der mittleren Generation gebildeten Bestand an Humankapital;
- den Gesamtbestand an rechtlichen Regelungen und demokratischen Institutionen;
- das Nettoauslandsvermögen;
- das Natur- und Umweltvermögen;

12 *Eitenmüller/Hain* beziffern die Summe aller Barwerte der Rentenanwartschaften bei der dynamischen Rentenversicherung auf 14,9 Billionen DM. Vgl. *Eitenmüller/Hain* (1998) S. 643.

13 Auf eine teilweise gegenseitige Kompensation von Forderungen und Schulden, die innerhalb einer Gesellschaft auftritt, kann hier nicht eingegangen werden.

- die staatliche Verschuldung i.e.S., d.h. den in Form von Schuldtiteln verbrieften Schuldenbestand;
- die „Verschuldung" der Sozialversicherungen im Form der akkumulierten Ansprüche auf Sozialleistungen, denen kein formalisierter Kapitalbestand, aber die künftigen Beitragszahlungsverpflichtungen der mittleren, der noch jungen und sogar der noch ungeborenen Generationen gegenüberstehen.

Diese Gesamtheit der Forderungen, der Schulden, der Sach- und Humankapitalbestände, der Institutionen und der natürlichen Ressourcen ist in die Überlegung über eine faire Aufteilung zwischen den Generationen einzubeziehen. Auf diese Gesamtheit muß sich auch der Drei-Generationen-Vertrag beziehen.
Die Vorstellung eines Drei-Generationen-Vertrages impliziert auf jeden Fall,

1. daß alle Mitglieder der mittleren und der alten Generation zum Kinderlastenausgleich zugunsten der jungen Generation herangezogen werden, unabhängig davon, ob sie selbst Kinder erziehen; dabei könnte die steuerliche Belastung jener Paare, die im Betrachtungsjahr keine eigenen Kinder unterhalten müssen oder die niemals Kinder aufgezogen haben, deutlich größer sein als die steuerliche Belastung von Eltern mit Kindern, da diese den durch den Familienlastenausgleich nicht gedeckten Teil der Unterhaltslast durch intrafamiliale Umverteilung zu tragen haben;
2. daß alle Mitglieder der mittleren Generation, auch jene, deren Eltern bereits gestorben sind, zum Unterhalt der alten Generation beitragen; inwieweit die Mitglieder der mittleren Generation selbst durch Ersparnis für ihren Unterhalt im Alter Vorsorge treiben sollen, ist dabei offen.

Weitere Elemente eines Drei-Generationen-Vertrages müßten außerdem sein:

- eine Vorstellung über den Anteil der noch nicht und der nicht mehr erwerbstätigen Generation am gesamtwirtschaftlichen Konsum bzw. am verfügbaren Einkommen des Haushaltssektors;
- eine Vorstellung über die Verteilung der Einkommenszuwächse auf die drei Generationen;
- eine Vorstellung über die Verteilung von „Lasten" zwischen den drei Generationen, die in Form von Einschränkungen bei sich verschlechternden Rahmenbedingungen auftreten können; hierbei ist insbesondere an Verschlechterungen im wirtschaftlichen und demographischen Bereich zu denken;
- eine Vorstellung über die Schranken, die bei der Weitergabe des Generationenerbes nicht überschritten werden sollten; in Bezug auf die natürliche Umwelt spielt hier das Prinzip der Nachhaltigkeit[14] eine wichtige Rolle; in Bezug auf den Staatshaushalt und die öffentliche Infrastruktur geht es vor allem um die Begrenzung der Staatsschuld i.e.S. auf den Wert der

[14] Für eine Darstellung vgl. *Vogt* (1999b).

öffentlichen Infrastruktur; in Bezug auf die „Schulden" des Systems der sozialen Sicherung liegt die Schranke bei der noch zumutbaren Belastung der künftigen Generationen mit Beiträgen und Steuern;

- eine Vorstellung über die angemessene Erhöhung des Generationenerbes von Generation zu Generation.

Generationenverträge können allerdings keine umfassende Basis für die Gesamtheit der sozialstaatlichen Regelungen sein, sondern nur für einige Elemente, deren Stabilität angesichts der langen Zeiträume, um die es hier sachlich geht, besonders wichtig ist. Für die Regelung der intragenerationalen Umverteilung muß auf zusätzliche Überlegungen zurückgegriffen werden, die hier mit den Stichworten „faire Chancengleichheit", „Leistungsgerechtigkeit" und „Bedarfsgerechtigkeit" nur angedeutet, aber nicht weiter diskutiert werden können.[15] Als Basis für die gesamten sozialstaatlichen Regelungen muß ein Sozialvertrag[16] dienen, der den Drei-Generationen-Vertrag als eines seiner Elemente enthält.

3. Regelungen auf Basis eines Drei-Generationen-Vertrages in den gegenwärtigen Systemen sozialer Sicherung, verdeutlicht am Beispiel Deutschlands

Zur beispielhaften Illustration der Überlegungen zum Drei-Generationen-Vertrag, wird hier das deutsche System der sozialen Sicherung[17] herangezogen. Wenn man jene Regelungen benennen möchte, die - bei einer Jahresbetrachtung - der intergenerationalen Umverteilung im Sinne eines Drei-Generationen-Vertrages dienen, dann kommt man nicht umhin, Vereinfachungen vorzunehmen; denn viele Elemente des Systems der sozialen Sicherung zielen sowohl auf intergenerationale als auch auf intragenerationale Umverteilung; man muß daher zur Zuordnung die Hauptwirkung heranziehen.

Grundsätzlich kann man sagen, daß folgende Elemente des Systems der sozialen Sicherung in Deutschland im Sinne des Drei-Generationen-Vertrages interpretiert werden können:

- Regelungen zur Alterssicherung, wie etwa die gesetzliche Rentenversicherung;

---

[15] Für eine umfassende Darstellung vgl. *Vogt* (1999a) sowie *Barr* (1993), Kap. 3 und 4.

[16] Vgl. *Rolf/Spahn/Wagner* (1988).

[17] Ein ausführlicher Überblick über das deutsche System der sozialen Sicherung ist enthalten in *Bundesministerium für Arbeit und Sozialordnung* (1998b).

- Regelungen zur Absicherung gegen Armut im Alter außerhalb einer beitragsfinanzierten gesetzlichen Rentenversicherung, wie etwa die Sozialhilfe;
- Regelungen zur Absicherung bei Pflegebedürftigkeit in der Jugend und im Alter, wie etwa die gesetzliche Pflegeversicherung;
- unmittelbare Regelungen des Familienlastenausgleichs, wie etwa Kindergeld, Erziehungsgeld, Mutterschaftsgeld, Ausbildungsförderungsbeihilfen, und wiederum die Sozialhilfe als Absicherung gegen Armut in der Jugend;
- indirekte Regelungen des Familienlastenausgleichs, wie die Anrechnung von Kindererziehungszeiten in der gesetzlichen Rentenversicherung und die Einführung von Waisenrenten;
- indirekte Regelungen des Familienlastenausgleichs, die bei einer gleichzeitigen Betrachtung der Beitrags- und der Leistungsseite eine Begünstigung von Kindern oder alten Menschen enthalten; hier kann das Beispiel der gesetzlichen Krankenversicherung und der Arbeitslosenversicherung genannt werden;
- Regelungen, die Kinderadditive oder Altersadditive enthalten; hier könnte man die Arbeitslosenhilfe und das Wohngeld nennen;
- Regelungen, die eine Subventionierung der Kinderbetreuung darstellen, wie etwa die verbilligte Bereitstellung von Krippen- und Kindergartenplätzen;
- und schließlich die Bereitstellung des gebührenfrei nutzbaren primären, sekundären und tertiären Bildungswesens.

Aus dieser Aufzählung wird auch deutlich, daß keine zwingende Verbindung zwischen Kinderlastenausgleich und Alterslastenausgleich besteht; diese beiden Bestandteile eines Drei-Generationen-Vertrages können gemeinsam, aber auch getrennt und auf viele Einzelregelungen aufgeteilt, konstruiert werden. Probleme tauchen jedoch dann auf, wenn sie nicht miteinander koordiniert sind, etwa wenn die Kinderlasten voll oder zum großen Teil privatisiert, d.h. den Eltern zur Tragung überlassen bleiben, während die Alterslast auf gesellschaftlicher Ebene von der gesamten mittleren Generation übernommen wird.

4. Rechtfertigung und Ausgestaltung des Drei-Generationen-Vertrags

Die Vorstellung eines verbindlichen Drei-Generationen-Vertrags als eines der Fundamente eines modernen Sozialstaats ist keineswegs allgemein anerkannt. Dies kann damit zusammenhängen, daß wenig bestrittene Fakten und geltende rechtliche Regelungen nicht in der Terminologie der philosophischen

Vertragstheorie diskutiert werden; es kann aber auch damit zusammenhängen, daß den Stellungnahmen von Diskussionsteilnehmern Elemente einer anderen philosophischen Grundposition zugrunde liegen.[18] Welcher Erklärung größeres Gewicht zukommt, kann hier offen bleiben. In diesem Abschnitt soll zunächst lediglich auf einige in der Rechtsordnung verfestigte Traditionen hingewiesen werden, die im Sinne eines bestehenden und weithin anerkannten Drei-Generationen-Vertrags interpretiert werden können. Anschließend wird dann kurz der vertragstheoretische Begründungsversuch von *Rawls* skizziert, dessen Überlegungen bei Ökonomen und Staatstheoretikern auf große Resonanz gestoßen sind.

4.1 In der Rechtsordnung verfestigte Traditionen

Als Beispiel für in der Rechtsordnung verfestigte Traditionen, die auf die implizite Anerkennung eines Drei-Generationen-Vertrags hindeuten, wird wieder die deutsche Rechtslage herangezogen.

Im deutschen Familienrecht ist eine Unterhaltspflicht gegenüber Blutsverwandten in aufsteigender und absteigender Linie verankert. Dies bedeutet, daß die Eltern gegenüber ihren Kindern ohne Altersbegrenzung und die Kinder gegenüber ihren Eltern unterhaltspflichtig sind, sofern deren eigenes Einkommen nicht zum Lebensunterhalt ausreicht. Das deutsche Familienrecht besagt aber auch, daß gegebenenfalls sogar die Großeltern für den Unterhalt ihrer Enkel und die Enkel für ihre Großeltern aufkommen müssen. Diese privatrechtliche Regelung schlägt in jenen Fällen, in denen bedürftigkeitsgeprüfte Leistungen gewährt werden, auch auf das Sozialrecht durch. Das wichtigste Beispiel ist dabei die Sozialhilfe, bei der Unterhaltsansprüche des Empfängers gegenüber seinen Eltern und Kindern angerechnet werden bzw. eine Kostenerstattung erzwungen wird. Der privatrechtlich mögliche Rückgriff auf die Großeltern bzw. Enkel der Empfänger ist allerdings im deutschen Sozialhilferecht seit 1974 abgeschafft worden. Diese Regelungen kann man dahingehend interpretieren, daß zumindest auf der Ebene der Familie ein verpflichtender, aber auf direkte Nachkommen eingeschränkter Drei-Generationen-Vertrag anerkannt ist. Auch in Bezug auf das Sozialrecht kann man konstatieren, daß im Hinblick auf die bestehenden Regelungen zur Alterssicherung, zum Familienlastenausgleich und zur Mindestsicherung, die alle auf dem Umlageverfahren beruhen, der Drei-Generationen-Vertrag grundsätzlich akzeptiert ist. Durch jüngere Verfassungsgerichtsurteile[19] wurde auch die innerfamiliale Unterhalts-verpflichtung im

---

18 Vgl. die Abgrenzung von *Rawls* gegenüber den Positionen des Utilitarismus oder des extremen Liberalismus, *Rawls* (1975), Kap. 1. Vgl. auch die Darstellung verschiedener staatsphilosophischer Positionen bei *Barr* (1993), Kap. 3.

19 Durch jüngere Urteile des Bundesverfassungsgerichts wurde auch im Steuerrecht die Freistellung des Unterhalts für Ehegatte und Kinder in Höhe eines sozio-kulturellen Existenzminimums von der Einkommensteuer sowie neuerdings auch eines Kinderbetreuungsbetrages (BVerfGE vom 25.9.1992 und 10. 11 1998) vorgeschrieben.

Steuerrecht stärker anerkannt. Hiervon ausgehende Bestrebungen zur Verstärkung des Kinderlastenausgleichs deuten sogar auf eine Stärkung des Drei-Generationen-Vertrages durch eine weitere Verlagerung der intrafamilialen Umverteilung in den gesellschaftlichen Bereich hin.

4.2 Eine Skizze einiger Überlegungen von Rawls zum Generationenvertrag

„Nach Rawls ist eine Gesellschaft dann und nur dann gerecht, wenn die Verteilung der Vorteile und Lasten sozialer Kooperation in ihr Grundsätzen entspricht, die freie und gleiche Personen unter fairen Bedingungen selbst für ihre Gesellschaft wählen würden".[20] Diese Grundsätze, über die in einem gedachten Urzustand entschieden wird, sollen den Kern einer Verfassung bilden, an dem sich die übrigen gesetzlichen Vorschriften zu orientieren haben. Um zu erreichen, daß die zur Entscheidung über diese Grundsätze bestimmten, als vernünftig und risikoavers unterstellten Personen bei dieser Entscheidung nicht von ihrer sozialen Stellung beeinflußt werden, führt Rawls einen „Schleier der Unwissenheit" ein. Die gedachten Personen wissen weder, welche persönlichen Präferenzen und Fähigkeiten sie haben, noch welche sozialen Positionen sie einnehmen werden. Da sie risikoavers sind, werden sie Grundsätze wählen, die selbst dann noch zu einer akzeptablen Lebenslage führen würden, wenn sie selbst die schlechtestmögliche Position in der Gesellschaft einnähmen. Diese Überlegungen führen zu folgenden beiden Grundsätzen der Gesellschaftsgestaltung (zitiert in enger Anlehnung an Hinsch).[21]

1. Jede Person hat das gleiche Recht auf ein völlig adäquates System gleicher Grundfreiheiten, das mit einem ähnlichen System von Freiheiten für alle vereinbar ist. Dies ist der Freiheitsgrundsatz.
2. Soziale und ökonomische Ungleichheiten müssen zwei Bedingungen genügen:
   a. Sie müssen mit Ämtern und Positionen verbunden sein, die allen unter Bedingungen fairer Chancengleichheit offenstehen. Dies ist der Grundsatz fairer Chancengleichheit.
   b. Sie müssen zum größtmöglichen Vorteil der am wenigstens begünstigten Gesellschaftsmitglieder wirken. Dies ist das Differenzprinzip.

Dabei wird dem ersten Grundsatz ein absoluter Vorrang vor den beiden Teilen des zweiten zuerkannt, und innerhalb des zweiten Grundsatzes hat das Prinzip der fairen Chancengleichheit einen absoluten Vorrang vor dem Differenzprinzip.

---

[20] *Hinsch* (1997), S. 21.

[21] Vgl. *Hinsch* (1997), S. 23 f.

Dabei ist faire Chancengleichheit nicht schon dann verwirklicht, wenn nach der Gesetzeslage formale Chancengleichheit besteht; vielmehr erfordert sie sozialpolitische Programme, die die materiellen Bedingungen dafür schaffen, daß alle bei gleichen Begabungen ähnliche Lebenschancen haben. Dies spricht für einen stark ausgebauten Kinderlastenausgleich. Das Differenzprinzip läßt zwar Ungleichheiten der Einkommens- und Vermögensverteilung zu, begrenzt diese jedoch bis zu dem Punkt, an dem aus einer Zunahme der Ungleichheit kein Vorteil mehr für die am wenigsten Begünstigten entsteht. Vorteile können aufgrund der Leistungsanreizeffekte einer stärker ungleichen Einkommens- und Vermögensverteilung dann entstehen, wenn es hierdurch zu einem höheren Sozialprodukt kommt, das auch für die am wenigsten begünstigten Gesellschaftsmitglieder, die lediglich das soziokulturelle Existenzminimum erhalten, noch eine Verbesserung mit sich bringt. Ohne daß dies hier im einzelnen ausgeführt werden kann, dürfte ersichtlich sein, daß eine solche vertragstheoretische Begründung eines Sozialstaats auch intragenerationale Umverteilungen rechtfertigt. Zumindest in Hinblick auf die Herstellung fairer Chancengleichheit wurden damit jedoch auch bereits intergenerationale Umverteilungen zugunsten der jungen Generation gerechtfertigt.

Die Frage der Gerechtigkeit zwischen den Generationen ist damit jedoch noch nicht vollständig beantwortet; denn bei der Anwendung des Differenzprinzips muß man die langfristigen Aussichten der am wenigsten Begünstigten unter Einschluß der späteren Generationen betrachten. Solange noch kein Zustand einer weitgehenden Bedürfnisbefriedigung für alle erreicht ist - wobei hierbei nicht nur die materiellen Bedürfnisse, sondern auch die von *Rawls* genannten sozialen Grundgüter[22] gemeint sind - muß jede Generation nicht nur die Errungenschaften der Kultur und Zivilisation und die erreichten gerechten Institutionen bewahren, sondern stets auch eine angemessene Kapitalakkumulation betreiben, sei es in Form von Sachkapitalinvestitionen, sei es in Form von Humankapitalinvestitionen, so daß ein vergrößerter Bestand weitergegeben werden kann. Um dies zu gewährleisten bedarf es eines Grundsatzes über das gerechte Ausmaß der Ersparnis und Kapitalbildung, d.h. eines gerechten Spargrundsatzes. Auch dieser muß Bestandteil des Komplexes der grundlegenden Prinzipien sein. Wenn auch eine präzise Bestimmung unmöglich ist, so gibt der „Schleier der Unwissenheit“ doch wieder eine Hilfestellung. Wenn die im Urzustand über die Grundsätze entscheidenden Personen nicht wissen, welcher Generation innerhalb einer Gesellschaft sie angehören werden, dann werden sie auf einen Ausgleich zwischen den Generationen hinstreben. Es soll zwar in jeder Generation gespart werden, aber die dadurch bedingten Konsumeinschränkungen der früheren Generationen dürfen nicht zu kraß werden und etwa gar die am wenigsten Begünstigten unter das jeweilige Existenzminimum drücken. Es wird sich also weder eine Regel ergeben, die eine extreme Konsumeinschränkung der früheren Generationen zugunsten der späteren verlangt, noch eine Regel, die das Wohlergehen der

---

22 Vgl. *Hinsch* (1998), S.23.

späteren Generationen unbeachtet läßt und sogar einen Kapitalverzehr oder zumindest eine Konstanz des Kapitalbestandes i.w.S.[23] rechtfertigen würde. Bezieht man diese Aussage auf die Frage, welches Gesamterbe eine Generation der nächsten hinterlassen sollte, so kann man zumindest sagen: Es sollte in seiner Gesamtheit größer sein als das Erbe, das diese Generation ihrerseits von ihrer Vorgängergeneration erhalten hat. Welches Ausmaß dieser Zuwachs habe sollte, ist offen; jedoch gibt es zwei Grenzen: Eine Grenze wird durch das Prinzip der Nachhaltigkeit begründet, das die weitestgehende Schonung der nicht erneuerbaren natürlichen Ressourcen fordert; die zweite Grenze ergibt sich aus dem Differenzprinzip, nach dem die Ersparnis i.w.S., d.h. die angestrebte Zunahme des Generationenerbes, nicht so groß sein darf, daß dabei die am wenigsten Begünstigten einen Rückgang ihres Konsums hinnehmen müssen.

5. Einige Schlußfolgerungen

Die zu erwartende Zunahme des Altenanteils in den Bevölkerungen der meisten Länder, die in der eingangs erwähnten Weltbank-Studie prognostiziert wird, stellt eine externe Verschlechterung der Rahmenbedingungen der Systeme der sozialen Sicherung dar, die zu zusätzlichen Belastungen führen wird. Diese Belastungen müssen aufgefangen und auf die drei Generationen verteilt werden. Für diese Lastverteilung sollte der beschriebene Drei-Generationen-Vertrag eine Richtschnur bilden. Wenn man an die Urform des Drei-Generationen-Vertrages in der Großfamilie denkt, dann kann man mit hoher Wahrscheinlichkeit vermuten, daß erforderliche Einschränkungen ausgewogen auf alle drei Generationen verteilt worden wären, wobei aber das Existenzminimum jeder Generation gewahrt geblieben wäre.[24] Man kann daraus folgern, daß in modernen Sozialstaaten die erforderlichen Anpassungen ihrer Systeme der sozialer Sicherung in ähnlicher Weise vorgenommen werden sollten. Dies bedeutet zunächst einmal, daß weder das Prinzip eines „contribution-defined system“ noch jenes eines „benefit-defined system“ in Reinform durchgesetzt werden sollte. Weder kann es auf lange Sicht bei ungünstiger werdenden Rahmenbedingungen einen unbedingten Werterhalt von früher geleisteten Beiträgen geben, noch kann das „Risiko“ einer verlängerten durchschnittlichen Lebenserwartung allein der mittleren Generation aufgebürdet werden. Auch sollte sich eine Generation, die in ihrer mittleren Lebensphase keine zum Erhalt einer stationären Bevölkerung ausreichende Kinderzahl hervorgebracht und damit einen zu geringen Kinderlastenausgleich geleistet hat, nicht wundern, wenn auch der Alterslastenausgleich entsprechend magerer ausfällt.

---

23 Vgl. *Rawls* (1975), S. 319 f.

24 Der Extremfall, daß eine Generation geopfert werden muß, damit die anderen weiterleben können, ist zwar aus der Geschichte bekannt, aber in unserem Zusammenhang für moderne Sozialstaaten ohne Bedeutung.

Dies gilt um so mehr, wenn sich gleichzeitig die Altersphase verlängert, für die ein Alterslastenausgleich erforderlich ist. Letztlich führen derartige Überlegungen zu der Schlußfolgerung, daß bei der sich abzeichnenden, demographisch bedingten Verschlechterung der externen Rahmenbedingungen eine Anpassung der staatlichen Sozialleistungssysteme in Richtung auf die unbedingte Gewährleistung eines sozio-kulturellen Existenzminimums für Kinder und Alte und eine Kürzung der darüber hinausgehenden Sozialleistungen vorgenommen werden sollte.[25] Ob sich eine solche Tendenz politisch durchsetzt oder ob sich etablierte soziale Ansprüche zu Lasten der mittleren und jungen Generation und unter Vernachlässigung einer angemessenen Mindestsicherung behaupten werden, ist allerdings eine offene Frage.

6. Abschließende Bemerkungen

Die bisherigen Überlegungen über einen Drei-Generationen-Vertrag als eines der Fundamente des Sozialstaats gingen von der impliziten Annahme aus, daß eine geschlossene Gesellschaft in einem definierten Staatsgebiet vorliegt. Mögliche Wanderungen über die Staatsgrenzen blieben unbeachtet. Damit erhebt sich die Frage, wie der Drei-Generationen-Vertrag und die genannten Grundsätze zu modifizieren wären, wenn ein bestimmtes Maß an dauerhafter Zuwanderung in die betrachtete Gesellschaft akzeptiert wird und wenn auch dauerhafte Abwanderung nicht verhindert werden soll. Dies ist ein äußerst dorniges Problem, das erst dann voll sichtbar wird, wenn man die aufnehmende und die abgebende Gesellschaft gleichzeitig betrachtet; denn ein Zuwanderer tritt nicht nur in den Drei-Generationen-Vertrag der aufnehmenden Gesellschaft ein - je nach Lebensalter nur in einen Teil des Vertrages - sondern er verläßt auch den Drei-Generationen-Vertrag, der in der abgebenden Gesellschaft besteht. Da sich die Rechte und Pflichten nur im gesamten Lebenslauf einigermaßen ausgleichen, wird Arbitrage möglich. Dieses Problem ist nur dann von zweitrangiger Größenordnung, wenn Zuwanderungs- und Abwanderungsströme eine ähnliche Alters- und Qualifikationsstruktur aufweisen, und wenn sie sich zahlenmäßig einigermaßen ausgleichen, so daß die Nettozu- oder -abwanderung gering ist. Was aber, wenn man auf Nettozuwanderung junger Leute baut, um - wie es häufig zu hören ist - die Renten zu sichern, oder um hochqualifizierte Spezialisten ins Land zu holen, anstatt selbst eine ausreichende Geburtenrate zu sichern oder die hohen Ausbildungskosten aufzubringen. Diese Zuwanderer fehlen dort, wo sie ihren Teil des Drei-Generationen-Vertrags erfüllen müßten. Es gibt natürlich auch den umgekehrten Fall, daß die Zuwanderung zu einer zusätzlichen Belastung des Drei-Generationen-Vertrages in der aufnehmenden Gesellschaft und zu einer

---

[25] Vgl. für eine umfassendere Diskussion von Anpassungsproblemen auch *Hauser* (1988).

Entlastung in der abgebenden Gesellschaft führt. Wie die Prinzipien, die einen Generationenvertrag konstituieren und die damit auch die Ausgestaltung des Sozialstaates anleiten, für offene Gesellschaften umformuliert werden müßten, damit in einer Periode zunehmender Globalisierung dieser Drei-Generationen-Vertrag in jeder Gesellschaft weiterhin Anerkennung findet, das dürfte eine der drängenden Fragen für den Sozialstaat nach der Jahrtausendwende sein.

Literatur

Barr, N. (1993): The Economics of the Welfare State, 2nd ed., Stanford/California.

Barr, N. (1998): The Economics of the Welfare State, 3rd ed., Oxford.

Blaschke, S., Döring, D. (Hrsg.) (1998): Sozialpolitik und Gerechtigkeit, Frankfurt/Main - New York.

Bundesministerium für Arbeit und Sozialordnung (1999a): Statistisches Taschenbuch '99, Bonn.

Bundesministerium für Arbeit und Sozialordnung (1998b): Übersicht über das Sozialrecht, Bonn.

Eitenmüller, St., Hain W. (1998): Potentiele Effizienzvorteile kontra Übergangskosten, in: Verband Deutscher Rentenversicherungsträger (Hrsg.), Deutsche Rentenversicherung, Heft 9-10, S. 634-654.

Hauser, R. (1988): Zum Problem der staatlichen Produktion von Verläßlichkeit bei langen Zeiträumen - Möglichkeiten und Grenzen der Gewährleistung sozialer Sicherheit bei schwankendem Wirtschafts- und Bevölkerungswachstum, in: Rolf, G., Spahn, P. B., Wagner, G. (Hrsg.): Sozialvertrag und Sicherung. Zur ökonomischen Theorie staatlicher Versicherungs- und Umverteilungssysteme, Frankfurt/Main, S. 147-194.

Hauser, R. (1997): Beratung ohne Auftrag zum Abbau des Sozialstaats - Zu den sozialpolitischen Reformvorstellungen des Sachverständigenrates, in: Hamburger Jahrbuch für Wirtschafts- und Gesellschaftspolitik, 42. Jg., Tübingen, S. 159-182.

Hinsch, W. (1997): Zur Idee des politischen Liberalismus - John Rawls in der Diskussion, Frankfurt/Main.

Hinsch, W. (1998): Rawls' Differenzprinzip und seine sozialpolitischen Implikationen, in: Blasche, S., Döring, D. (Hrsg): Sozialpolitik und Gerechtigkeit, Frankfurt/Main, S. 17-74.

Lampert, H. (1998a): Lehrbuch der Sozialpolitik, 5. Aufl., Berlin - Heidelberg.

Lampert, H. (1998b): Der Generationenvertrag in der Bewährung, in: Katholische Sozialwissenschaftliche Zentralstelle Mönchengladbach (Hrsg.): Reihe Kirche und Gesellschaft, Nr. 253, Mönchengladbach.

Rawls, J. (1975): Eine Theorie der Gerechtigkeit, Frankfurt/Main.

Rolf, G., Spahn, P. B., Wagner, G. (Hrsg.), (1988): Sozialvertrag und Sicherung - Zur ökonomischen Theorie staatlicher Versicherungs- und Umverteilungssysteme, Frankfurt/Main - New York.

v. Maydell, B., Kannengießer, W. (Hrsg.), (1988): Handbuch Sozialpolitik, Pfullingen.

Schreiber, W. (1971): Existenzsicherheit in der industriellen Gesellschaft, in: Külp. B., Schreiber, W. (Hrsg.): Soziale Sicherheit, Köln - Berlin, S. 276-309.

Vogt, M. (1999a): Art. Grundelemente der Gerechtigkeit, in: Handbuch der Wirtschaftsethik. Bd. 1, Gütersloh, S. 289-309.

Vogt, M. (1999b): Art. Das neue Sozialprinzip „Nachhaltigkeit" als Antwort auf die ökologische Herausforderung, in: Handbuch der Wirtschaftsethik. Bd. 1, Gütersloh, S. 237-257.

Werding, M. (1998): Zur Rekonstruktion des Generationenvertrages, Tübingen 1998.

World Bank (1994): Averting the Old Age Crisis - Policies to Protect the Old and to Promote Growth, Oxford.

Soziale Absicherung im Portfolio persönlicher Aktiva: Wie kann die soziale Sicherung Teufelskreise verhindern?

Peter Zweifel
Hansjörg Lehmann

Zusammenfassung: *Eine wesentliche Funktion privater und öffentlicher Absicherungssysteme ist ihre Fähigkeit, Teufelskreise in der sozioökonomischen Lage von Individuen (Haushalten) und damit Spiralen, die in die Armut führen, zu vermeiden. Diese Teufelskreise können sich aus zwei positiven Korrelationen ergeben. Erstens sind die drei wesentlichen ökonomischen Aktiva von Individuen, nämlich individuelle Fähigkeiten, Gesundheit und Real- bzw. Geldvermögen miteinander positiv korreliert. Zweitens sind jene negativen Impulse, die auf diese Aktiva einwirken (z.B. Krankheit, Invalidität, Unfall, Alter, etc.), zumindest teilweise positiv miteinander korreliert. Aufgabe des nachfolgenden Beitrages ist es, erstens diese Zusammenhänge empirisch zu belegen und zweitens aufzuzeigen, ob und wie es den privaten und sozialen Absicherungssystemen in ausgewählten Ländern (Deutschland, Österreich, Schweiz) gelingt, zur Verminderung dieser positiven Korrelationen und damit zum Abbau der Gefahr von sozioökonomischen Teufelskreisen beizutragen.*

1. Einleitung

Die wirtschaftswissenschaftliche Forschung beschäftigt sich schon seit langem mit den Wirkungen und Nebenwirkungen von Versicherung. Bevorzugter Gegenstand ist dabei die Sozialversicherung, weil einerseits ihr Deckungsumfang nicht frei gewählt werden kann, während sie andererseits die ganze Bevölkerung gleichgerichteten Anreizen aussetzt. In einem frühen, einflußreichen Beitrag machte *Feldstein*[1] geltend, daß in Folge der negativen Auswirkungen der sozialen Altersvorsorge auf private Ersparnis und Arbeitsangebot der Kapitalbestand in den USA 50% niedriger sei als er ohne diese Sicherung wäre. Ein solches Ergebnis führt zu einer ungünstigen Einschätzung der Effizienz der "Social Secu-

---

1 Vgl. *Feldstein* (1974).

rity". Dagegen prüften *Atkinson/Micklewright* [2] die möglichen Anreizwirkungen der Arbeitslosenversicherung und kamen zum Schluß, daß viele der befürchteten Nebenwirkungen empirisch nicht nachgewiesen werden können oder vergleichsweise schwach ausfallen. Ihr Urteil bezüglich der Effizienz der Arbeitslosenversicherung fällt entsprechend günstiger aus.

Bislang ist es allerdings noch kaum zu einem Versuch gekommen, die Effizienz der Sozialversicherung und schon gar nicht das gesamten Sicherungssystems zu prüfen. Dies ist um so erstaunlicher, als die Sicherungssysteme in den EU-Ländern rd. 30% des Arbeitseinkommens beanspruchen.[3] Der nachstehende Beitrag stellt deshalb den Versuch dar, die Effizienz der Versicherungssysteme Deutschlands, Österreichs und der Schweiz zu prüfen und Indizien für Verbesserungsmöglichkeiten zu finden.

Im 2. Abschnitt wird zunächst dargelegt, daß jedes Individuum mehrfachen Risiken ausgesetzt ist, was Konsequenzen für seine Nachfrage nach Versicherungsschutz hat. Unter gewissen Vereinfachungen läßt sich daraus auch eine Anforderung an ein optimales Versicherungssystem herleiten: Abweichungen der effektiven Versicherungsleistungen von ihrem zu erwartenden Wert sollten über die verschiedenen Zweige hinweg möglichst negativ korreliert sein. Der 3. Abschnitt enthält die Antwort auf die Frage, ob in den drei deutschsprachigen Industrieländern die tatsächlichen Abweichungen eines gegebenen Jahres positiv oder negativ korreliert sind. Betrachtet werden jeweils zunächst die Zweige der Privatversicherung, dann diejenigen der Sozialversicherung, und schließlich wird das Zusammenspiel zwischen Privat- und Sozialversicherung untersucht. Im 4. Abschnitt erfolgt der Übergang zu einer längerfristigen Perspektive. Eine sog. Kointegrationsanalyse soll Auskunft darüber geben, ob die gefundenen Korrelationen Ausdruck von Trends sind, also auch langfristig Bestand haben dürften. Daraus lassen sich im 5. Abschnitt einige Konsequenzen insbesondere für die Privatversicherung ableiten, denn sie könnte den Ergebnissen des 3. Abschnitts zufolge vermehrt zur Effizienzsteigerung herangezogen werden. Der 6. Abschnitt präsentiert eine Zusammenfassung sowie die Schlußfolgerungen.

---

2 Vgl. *Atkinson/Micklewright* (1991).

3 Vgl. *Yfantopoulos* (1991).

2. Mehrfach-Risiken und die Nachfrage nach Versicherungsschutz

2.1 Mehrfach-Risiken in der versicherungsökonomischen Literatur

Die nun schon klassische Literatur zur Versicherungsnachfrage von *Arrow*[4] und *Mossin*[5] geht davon aus, daß Versicherungsdeckung gegen Schäden gesucht wird, die aus einer einzigen Risiko-Quelle stammen. Könnten die tatsächlichen finanziellen Schäden unabhängig von ihrer Ursache zusammengefaßt werden, dann würden es die Individuen idealerweise vorziehen, sich gegen dieses einzige aggregierte Risiko zu versichern. Aber selbstverständlich erlauben Hindernisse in der realen Welt keine Versicherung gegen dieses aggregierte Risiko, ausgenommen vielleicht eine Jahresüberschadenversicherung, wie sie die Rückversicherung kennt. Solche Hindernisse sind Informations- und Transaktionskosten, Marktunvollkommenheiten, Regulierung u.a. Das Ergebnis dieser Hindernisse ist, daß die Versicherungsmärkte unvollständig sind.[6] Typischerweise deckt ein Versicherungsvertrag eine Schadenquelle, und die Versicherungsleistung ist nur eine Funktion der realisierten Schäden aus dieser Quelle (im folgenden auch Impuls genannt). Folglich ist die Versicherungsleistung aufgrund von zwei Schäden typischerweise die Summe zweier individueller Leistungen, wobei die Entschädigung jedes Schadens unabhängig von derjenigen des anderen Schadens berechnet wird.

Die Vorstellung, daß unabhängige Versicherungsleistungen vom Standpunkt des Individuums optimal sind, wenn die Schäden selbst unabhängig voneinander sind, leuchtet ein. Aber wie *Doherty/Schlesinger*[7] und *Eeckhout/Kimball*[8] gezeigt haben, hält sie einer näheren Prüfung nicht stand. Selbst bei unabhängigen Risiken ziehen die Individuen aufeinander bezogene Versicherungsleistungen vor. Selbstverständlich ist diese erwünschte Abhängigkeit der Entschädigungen noch stärker ausgeprägt, wenn die Schäden selbst nicht unabhängig voneinander sind. Insbesondere führt eine positive Korrelation der Risiken zu einer verstärkten Nachfrage nach Versicherungsschutz dort, wo er angeboten wird. Formal wurde dies von *Doherty/Schlesinger*[9] für ein Modell gezeigt, in welchem die Korrelati-

---

4 Vgl. *Arrow* (1971).

5 Vgl. *Mossin* (1968) und *Zweifel/Eisen* (2000), Kap. 3.7.

6 Vgl. *Doherty/Schlesinger* (1983a); *Mayers/Smith* (1983); *Schlesinger/Doherty* (1985); sowie *Gollier/Schlesinger* (1995) zur Diskussion der Marktunvollständigkeit; vgl. *Raviv* (1979) hinsichtlich der optimalen Gesamtschadenpolice.

7 Vgl. *Doherty/Schlesinger* (1983a).

8 Vgl. *Eeckhout/Kimball* (1992).

9 Vgl. *Doherty/Schlesinger* (1983b).

on ein hinreichend genaues Maß der gegenseitigen Abhängigkeit zwischen den Risiken ist.

Folgerung 1:
Individuen, die positiv korrelierten Risiken ausgesetzt sind, haben eine besonders ausgeprägte Nachfrage nach Versicherungsschutz.

Versicherer, die mehrere Versicherungszweige betreiben, werden es ihrerseits vorziehen, Versicherungsdeckungen anzubieten, deren Schäden negativ korreliert sind, sodaß über das Normale hinausgehende Schäden in einem Zweig tendenziell durch unter dem Normalen liegende Schäden in einem anderen Zweig ausgeglichen werden.[10] Andererseits entwickelt ein Individuum, dessen Risiken teilweise negativ korreliert sind, eine reduzierte Versicherungsnachfrage, da die negative Beziehung als eine natürliche Absicherung (hedge) wirkt und den Gesamtschaden des Individuums etwas glättet. Die Interessen von Versicherungsnachfrager und Versicherungsunternehmen stehen dennoch in einem gewissen Konflikt; im Abschnitt 4.2 wird jedoch eine Möglichkeit vorgestellt, diesen Konflikt zu entschärfen. Folglich ist die Versicherungsnachfrage höher für Risiken, die positiv mit anderen Risiken des Individuums korrelieren.

2.2 Wie sind die Risiken tatsächlich korreliert?

Jedes Individuum besitzt drei Vermögenswerte, die es optimal gestalten muß; Gesundheit, geistiges Vermögen (Fähigkeiten) und Finanzvermögen („health, wealth and wisdom").[11] Diese Vermögensteile unterliegen verschiedenen Impulsen, die zu Schwankungen in den Vermögenswerten führen. Diese Impulse wiederum entsprechen Ereignissen wie Krankheit, Tod, Unfall oder Arbeitslosigkeit.

Tabelle 1 zeigt die vermuteten Korrelationen zwischen den Impulsen. Die Eintragung (I2, I1) z.B. ist wie folgt zu interpretieren. Gegeben, daß jemand krank im Bett liegt, wird er kaum einen Unfall verursachen; diese Überlegung spricht für eine negative Korrelation zwischen den beiden Impulsen. Doch umgekehrt könnte das Vorliegen einer Krankheit einen Unfall (z.B. im Straßenverkehr) begünstigen. Die resultierende Korrelation ist wahrscheinlich immer noch negativ, weil der erste Effekt überwiegen dürfte.

---

[10] Offensichtlich kann es bei mehr als zwei Versicherungszweigen nicht zwischen allen eine negative Korrelation geben. Also kommt es darauf an, daß zwischen einigen Versicherungszweigen eine gewisse negative Korrelation besteht, so daß die Variabilität der Schäden etwas geglättet wird.

[11] Vgl. *Muurinen* (1982) und *Williams* (1988).

Tabelle 1: Vermutete Korrelationen zwischen den Impulsen

	I1	I2	I3	I4	I5	I6	I7
I1: Krankheit							
I2: Unfall	–?						
I3: Invalidität	–	+					
I4: Alter	+	+	+?				
I5: Arbeitslosigkeit	+	+?	+?	+?			
I6: Familienzuwachs	+?	0	0	–	+?		
I7: Tod des Familienoberhauptes	–	–	–	+	0?	0	

Legende: +: Positive Korrelation, 0: Keine Korrelation,
-: Negative Korrelation, ?: Unklare Korrelation

Die Tabelle 2 zeigt den Zusammenhang zwischen den sieben Impulsen und den drei Aktiva des Individuums. Das Alter (I4) hat - zumindest nach der Pensionierung - kaum mehr einen Einfluss auf das Finanzvermögen, weil die Rentner ihre Pension in etwa konsumieren.

Tabelle 2: Abhängigkeiten zwischen Impulsen und Aktiva des Individuums

	Finanzvermögen	Gesundheit	Fähigkeiten
I1: Krankheit	++	++	++
I2: Unfall	++	++	++
I3: Invalidität	++	++	++
I4: Alter	0	++	0
I5: Arbeitslosigkeit	++	++	+
I6: Familienzuwachs	++	++	+
I7: Tod des Familienoberhauptes	++	+	0

Legende: ++: Starke Auswirkung, +: Schwache Auswirkung,
0: keine Auswirkung

Verbindet man die Eintragungen der beiden Tabellen, ergibt sich, daß die drei Vermögenskomponenten sehr wahrscheinlich positiv korreliert sind. Tatsächlich gibt es empirische Untersuchungen, die auf positive Korrelationen im Wert der drei Aktiva hinweisen. So finden *Bartel/Taubmann,*[12] *Mitchell*[13] und *Ettner*[14] positive Korrelationen zwischen Gesundheit und Finanzvermögen [für die Schweiz vgl. auch *Leu/Frey*][15]. *Rosen/Taubmann*[16] und *Ashenfelter/Rouse*[17] kommen zum Schluß, daß Finanzvermögen und Fähigkeitskapital positiv korreliert sind. Schließlich besteht den Untersuchungen von *Grossman*[18] und *Kenkel*[19] zu Folge einige empirische Evidenz, dass auch Gesundheitskapital und Fähigkeitskapital positiv korrelieren.
Eine positive Korrelation zwischen den drei Vermögenskomponenten kann jedoch zu einem Teufelskreis führen: Erleidet jemand beispielsweise eine Gesundheitseinbuße, so verpaßt er auch Gelegenheiten zur Weiterbildung (Verlust an geistigen Fähigkeiten), was früher oder später Auswirkungen auf das Einkommen und damit (ceteris paribus) auf das Finanzvermögen hat. Ein optimal gestaltetes Sicherungssystem sollte dazu beitragen, solche Teufelskreise zu verhindern.

Folgerung 2:
Theoretische Überlegungen sowie empirische Untersuchungen stützen die Vermutung positiver Korrelationen zwischen allen drei Komponenten des Vermögens, Gesundheitskapital, Finanzvermögen und Fähigkeitskapital.

2.3 Anforderungen an ein optimales Sicherungssystem

In diesem Abschnitt kommt ein Grundgedanke zur Anwendung, der erstmals von *Markowitz,*[20] dem Begründer der Portfoliotheorie, formuliert wurde. Für ein risikoaverses Individuum sind die erwartete Rendite μ sowie die Volatilität (oft durch die Streuung σ gemessen) seines Portefeuilles von Bedeutung. Im (μ,σ)-Raum existiert eine effiziente Grenze derart, daß für eine vorgegebene erwartete Rendite die kleinst mögliche Streuung im Wert des Portefeuilles erreicht wird.

Das Halten von Ansprüchen und Verpflichtungen gegenüber der Privat- wie auch der Sozialversicherung, läßt sich als ein Portefeuille des Individuums auffassen. Im Folgenden sollen die Zahlungen der Prämien und Beiträge an das

---

12 Vgl. *Bartel/Taubmann* (1979).
13 Vgl. *Mitchell* (1990).
14 Vgl. *Ettner* (1996).
15 Vgl. *Leu/Frey* (1988).
16 Vgl. *Rosen/Taubmann* (1981).
17 Vgl. *Ashenfelter/Rouse* (1998).
18 Vgl. *Grossman* (1975).
19 Vgl. *Kenkel* (1991).
20 Vgl. *Markowitz* (1959).

Sicherungssystem ausgeblendet werden, weil sie kaum stochastischen Charakter haben (ihre Volatilität ist praktisch Null). Hingegen weisen die Leistungen sowohl der privaten wie der sozialen Versicherung ein stochastisches Element auf: Entgegen den vom Versicherten gehegten Erwartungen mag der Privatversicherer auf Kleingedrucktes im Vertrag verweisen, das eine Kürzung der Leistungen begründet; auch bei der Sozialversicherung können sich überraschend gewisse Bedingungen (Alter, Beitragsjahre, Wohnsitz, Zahl der Kinder, Höhe des Einkommens und Vermögens) als nicht erfüllt herausstellen. Umgekehrt können beide Typen von Versicherern Kulanz walten lassen, mit der Folge, daß ihre Leistungen höher als erwartet ausfallen. Die Ansprüche an die private wie auch die soziale Versicherung bilden mithin risikobehaftete Aktiva im Portefeuille der Individuen.

Tabelle 3: Vergleich der nominellen Renditen, in %

Land	1960 – 1990		1974 – 1979	
	r_f	L_w	r_f	L_w
USA	7.3	5.4	7.4	8.6
Japan[a)]	6.7	9.1	8.0	11.8
Deutschland	7.5	6.9	7.9	7.2

Bemerkungen: r_f = Risikofreier Zinssatz (Rendite von Staatspapieren)
L_w = Veränderung der Stundenlohnsätze in der Industrie, in %
a) 1968 - 1990 statt 1960 – 1990
Quelle: *OECD* (1992), Tabellen 10.9, 9.1

Zur Vereinfachung soll von hier an der Aspekt „erwartete Rendite“ (μ) ausgeblendet werden. Denn die nominellen Renditen (vor Steuern) unterscheiden sich zwischen Privat- und Sozialversicherung nicht systematisch. Seit dem Beitrag von *Samuelson*[21] ist bekannt, daß die „Rendite“ von lohnfinanzierten Sozialversicherungen durch das Wachstum der Lohnsumme gegeben ist. Dies trifft unmittelbar auf die Altersvorsorge zu, wo die Rentner davon profitieren, wenn die Zahl der Beschäftigten und/oder das Lohneinkommen je Beschäftigten ansteigt. Aber auch die lohnfinanzierten sozialen Krankenversicherungen Deutschlands und Österreichs passen ihre Leistungen den Beitragseinnahmen an, die sich ihrerseits mit der Lohnsumme verändern.

Aus der Tabelle 3 geht hervor, daß die Stundenlohnsätze in der Industrie (als Ersatzvariable für die Lohnsumme) in den USA im Zeitraum 1960-90 mit

21 Vgl. *Samuelson* (1958).

durchschnittlich 5.4% jährlich zunahmen. Die Rendite einer risikolosen Kapitalanlage, welche die Rendite von Ansprüchen an die Privatversicherung nähern soll, war mit 7.3% höher. Doch während der 70-Jahre gab es eine längere Phase, die von einer Umkehr der Relationen gekennzeichnet war, indem Ansprüche an die Sozialversicherung höhere Erträge abwarfen (8.6%) als Ansprüche an die Privatversicherung (7.4%). In Japan lag die Rendite der Sozialversicherung in beiden Zeiträumen höher als diejenige der Privatversicherung, und in Deutschland ist kein systematischer Unterschied zwischen den beiden zu erkennen. Von daher erscheint es gerechtfertigt, die erwartete Rendite von Ansprüchen an die private und die soziale Versicherung als gleich hoch anzunehmen.

Bei gegebener erwarteter Rendite μ trägt demzufolge ein Sicherungssystem dann zum Wohlstand der Individuen bei, wenn es die Volatilität der Aktiva möglichst minimiert. Ein vollkommenes System müsste so gestaltet sein, daß (1) seine *erwarteten* Entschädigungen die Schwankungen der Aktiva möglichst ausgleichen und (2) die *zufälligen* Abweichungen von den erwarteten Entschädigungen die Streuung im Wert der Aktiva nach Versicherungsleistung nicht verschärfen. Faßt man die Werte zweier Aktiva X und Y einfachheitshalber mit den erwarteten Versicherungsleistungen zu X^a und Y^a zusammen und berechnet die zufälligen Abweichungen der Entschädigungen von ihren Sollwerten mit x und y, so gilt auf Grund der Varianzformel für die Varianz der in monetären Grössen ausgedrückten Summe der Aktiva

$$(1)\; Var(X^a + x + Y^a + y)$$

$$= \underset{(+)}{Var(X^a)} + \underset{(+)}{Var(x)} + \underset{(+)}{Var(Y^a)}$$

$$+ \underset{(+)}{Var(y)} + \underset{(0)}{2Cov(X^a, x)}$$

$$+ \underset{(+)}{2Cov(X^a, Y^a)} + \underset{(0)}{2Cov(X^a, y)}$$

$$+ \underset{(0)}{2Cov(Y^a, y)} + \underset{(0)}{2Cov(Y^a, x)} + \underset{(?)}{2Cov(x, y)}$$

In dieser Formel können einige Kovarianzen auf Null gesetzt werden. So gilt $Cov(X^a,x) = 0$, $Cov(Y^a,y) = 0$, weil von der Gestaltung des Versicherungsschutzes her mindestens tendenziell versucht wird, der oben genannten Bedingung (1) zu genügen, dh. den Wert der Aktiva nach Versicherung stabil (also nichtstochastisch) zu halten. Zusätzlich trifft $Cov(X^a,y) = 0$, $Cov(Y^a,x) = 0$ zu, da ein Schaden, der X betrifft, grundsätzlich keine Entschädigung vom Typ Y auslöst. Soweit umgekehrt Schäden nicht voll gedeckt sind bzw. Kostenbeteiligungen vorliegen, bleiben jedoch die oben genannten positiven Korrelationen zwischen den Aktiva bestehen, so dass $Cov(X^a,Y^a) > 0$.

Für den Betrag der Streuung der Aktiva insgesamt ist somit der Betrag und das Vorzeichen von $Cov(x,y)$, also der Kovarianz bzw. Korrelation zwischen den unerwarteten Abweichungen der Versicherungsleistungen in den beiden Zweigen X und Y, entscheidend. Sind diese Abweichungen negativ korreliert [$Cov(x,y) < 0$], so trägt das Sicherungssystem zur Minderung der Volatilität der Aktiva insgesamt bei. Sind sie dagegen positiv korreliert [$Cov(x,y) > 0$], so erhöht das Sicherungssystem die Volatilität der Aktiva; es setzt das Individuum somit einem unnötig hohen Risiko aus. Das Individuum erreicht dann seine Effizienzgrenze im (μ,σ)-Raum nicht; die Effizienz des Sicherungssystems kann verbessert werden.

Folgerung 3:
Positive Korrelationen von Abweichungen der Versicherungsleistungen von ihrem Sollwert in den verschiedenen Zweigen lassen auf Ineffizienz des Sicherungssystems als Ganzem schliessen.

Diese Folgerung bildet die Grundlage der empirischen Tests, die für Deutschland, Österreich und die Schweiz in kurzfristiger (3. Abschnitt) wie auch in langfristiger (4. Abschnitt) Perspektive durchgeführt werden sollen.

3. Test auf Effizienz: Kurzfristige Perspektive

Jahresdaten über Versicherungsleistungen (bezahlte Schäden) werden für Deutschland, Österreich und die Schweiz für verschiedene Zweige der privaten und sozialen Versicherung erhoben. Als Daten werden wir die jährlichen Leistungen (Schadenzahlungen) der Jahre 1975-1993 für Deutschland, der Jahre 1980-1998 für Österreich und der Jahre 1970-1990 für die Schweiz verwenden.[22] Erwartungsgemäss steigen die Leistungen aller Versicherungszweige im Laufe der Zeit infolge der Inflation. Deshalb werden die erwarteten Leistungen der

---

[22] Unsere Datenquellen sind für Deutschland die jährlichen Geschäftsberichte des *Bundesaufsichtsamtes für das Versicherungswesen* (BAV); für Österreich: *Verband der Versicherungsunernehmen* Österreichs *und Hauptverband der österreichischen Sozialversicherungsträger*; für die Schweiz die *privaten Versicherungseinrichtungen* der Schweiz des *Bundesamtes für Privatversicherungswesen* und der Zahlenspiegel der Sozialen Sicherheit der Schweiz des *Bundesamtes für Sozialversicherung*.

verschiedenen Versicherungszweige S_{it} auf Grund eines quadratischen Trends ermittelt, der mit Hilfe der gewöhnlichen Methode der kleinsten Quadrate geschätzt wird. Die Abweichungen e_{it} vom Trendwert werden sodann als unerwartete Abweichungen vom Sollwert der Schadenzahlungen interpretiert. Die zu schätzende Regressionsgleichung lautet somit:

$$(2)\ S_{it} = \alpha + \beta_i \cdot T + y_i \cdot T^2 + e_{it}$$

wobei:

$S_{it} \equiv$ bezahlte Schäden in Versicherungszweig i im Jahr t

$T \equiv$ Jahresindex, $T = 1,2,...,N$

$e_{it} \equiv$ (stochastische) Abweichung vom Trend für Zweig i im Jahr t.

Für die Zeitreihe der privaten Lebensversicherung in Deutschland erhält man z.B. folgende Trendschätzung:

$$(3)\ S_{PLV} = 11.834.933 + 1.445.655 \cdot T + 77.044 \cdot T^2 + \hat{e}_{PLV}$$

mit $$R^2 = 0{,}99 \cdot \sigma_e = 273.577 \cdot DW = 1{,}27$$

Die Trendgleichung und die tatsächlichen bezahlten Schäden zeigt Abbildung 1.

Abbildung 1: Leistungen der Privaten Lebensversicherung Deutschlands, Tatsächliche Ausgaben und Trendwerte 1975 - 1993

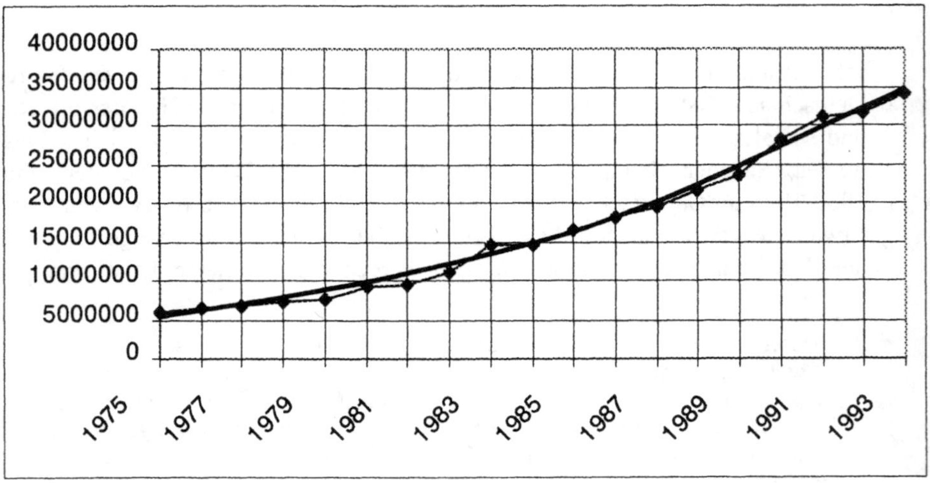

Diese Trendberechnung wird für alle Versicherungszweige Deutschlands, Österreichs und der Schweiz durchgeführt. Dann wird der Korrelationskoeffizient für die Abweichungsterme jeweils zweier Versicherungszweige geschätzt: Sind die Versicherungszweige *i* und *j* positiv korreliert, dann übersteigen in Jahren, in denen die Schadenzahlungen in Zweig *i* über dem Trend lagen, sehr wahrscheinlich auch die Schadenzahlungen in Zweig *j* den Trend. Und umgekehrt: Eine negative Korrelation bedeutet, daß die Leistungen in Zweig *j* sehr wahrscheinlich unter dem erwarteten Wert in den Jahren liegen, in denen sie in Zweig *i* darüber liegen.

Die Analyse wurde für folgende Zweige der Privatversicherung durchgeführt. Im Falle Deutschlands sind es die Lebensversicherung, Krankenversicherung, Unfallversicherung und allgemeine Haftpflichtversicherung. Im Falle Österreichs gliedert sich die Lebensversicherung in die Sparten Todesfall und Invalidität sowie Leibrenten; dazu kommen Krankheit, Unfall und Haftpflicht. Im Falle der Schweiz werden Lebensversicherung, Krankenversicherung, Unfallversicherung und Invalidenversicherung unterschieden.

Die Ergebnisse der Korrelationsanalyse zeigt Tabelle 4. Nicht nur sind die signifikanten Korrelationskoeffizienten [mit einer Ausnahme im Falle Österreichs, Element (1,3)] positiv, sondern sie nehmen mit Werten zwischen 0.44 und 0.81 auch wirtschaftlich bedeutsame Größenordnungen an.
Im Bereich der Sozialversicherung sind im Falle Deutschlands die jährlichen Leistungen der Gesetzlichen Rentenversicherung, der Gesetzlichen Krankenversicherung, der Gesetzlichen Unfallversicherung und der Arbeitslosenversicherung Gegenstand der Untersuchung. Im Falle Österreichs handelt es sich um die Krankenversicherung, Pensionsversicherung und Arbeitslosenversicherung. Im Falle der Schweiz heißt die staatliche Säule Alters- und Hinterbliebenenverscherung (AHV), und die Eintragungen für die Arbeitslosenversicherung fehlen, weil dieser Zweig erst 1978 geschaffen wurde, so daß keine genügend lange Zeitreihe vorliegt. Die Ergänzungsleistungen werden gezielt an arme Bezieher von AHV-Leistungen ausgerichtet.

Die Ergebnisse (vgl. Tabelle 5) sind fast noch deutlicher als für die privaten Versicherungen: Fast alle Korrelationen sind statistisch auf dem 5 Prozent-Niveau signifikant und positiv, mit je einer Ausnahme Deutschlands und Österreichs, wo die Korrelationskoeffizienten (6,1) mit 0.45 und (7,1) mit 0.41 die statistische Signifikanz nicht erreichen. Lediglich die schweizerischen Ergänzungsleistungen zur AHV werden offenbar weitgehend unabhängig von den anderen Leistungen der Sozialversicherung ausgerichtet, was ihrer Zweckbestimmung entspricht. Wiederum gilt wie innerhalb der privaten und gesetzlichen Versicherungszweige, daß die signifikanten Korrelationen relativ bedeutend sind; sie schwanken zwischen 0.47 und 0.92 mit der möglichen Ausnahme Österreichs, wo immerhin 5 von 16 Korelationskoeffizienten nicht von Null unterschieden werden können, darf man nicht davon ausgehen, daß die Privatversicherung Lücken und Unterdeckungen der Sozialversicherung ausfüllt.[23]

Weil Privat- und Sozialversicherung häufig in ihrer Deckung überlappen, muß man bei der Interpretation der Korrelationen zwischen privaten und gesetzlichen Versicherungszweigen Vorsicht üben. Doch die Ergebnisse sind eindeutig (vgl. Tabelle 5): Die Mehrzahl der Korrelationen fällt signifikant positiv aus.

Faßt man diese Analyse zusammen, so ergibt sich

Folgerung 4:
In den drei deutschsprachigen Ländern erreicht weder die Privat- noch die Sozialversicherung die volle Effizienz. Darüber hinaus erscheint das Zusammenspiel der beiden Komponenten (außer ansatzweise in Österreich) wenig zur Risikodiversifikation beizutragen, so daß die Effizienz der drei Sicherungssysteme erheblich verbessert werden könnte.

4. Test auf Effizienz: langfristiger Aspekt

4.1 Begründung langfristiger Versicherungszyklen

In diesem Abschnitt steht die langfristige Perspektive im Mittelpunkt und damit jene Impulse und Ausbreitungsmechanismen, die zu Zyklen führen. Die Grundidee dabei ist, daß Zyklen nichts anderes sind als partiell positiv korrelierte Prozesse.

Zu den Impulsen zählen hier einerseits Veränderungen im Gesellschafts- und Wirtschaftssystem, deren Auswirkungen auf das Unternehmen zu kumulativen Prozessen in verschiedenen Richtungen führen können - oder sich neutralisieren! Zu denken ist hier neben demographischen Entwicklungen (wie dem Geburtenrückgang und den von hier ausgehenden demographischen Wellen - Schüler, Studenten, Arbeitnehmer, Heiraten, Scheidungen) auch an rechtliche Veränderungen (wie die Liberalisierung der Märkte in der EU, nicht zuletzt die Deregulierung der Versicherungsmärkte). Bezüglich der Deregulierung der Versicherungsmärkte ist hier vor allem die schrittweise Aufhebung der sogenannten Spartentrennung hervorzuheben. Darunter ist das (in Deutschland bis 1994 rechtsgültige) Verbot zu verstehen, andere Produkte als Lebens- und Krankenversicherung in Kombination anzubieten.

---

[23] Für die Möglichkeiten einer verbesserten Arbeitsteilung zwischen Privat- und Sozialversicherung vgl. *Zweifel* (1996).

Tabelle 4: Korrelationen der Trendabweichungen in den Leistungen der Privatversicherung*

(a) Deutschland, 1975 - 1993

		PLV (1)	PKV (2)	PUV (3)	PHV (4)
Lebensversicherung	(1)	1			
Krankenversicherung	(2)	0.37	1		
Unfallversicherung	(3)	-0.19	-0.41	1	
Allg. Haftpflichtversicherung	(4)	0.54*	0.76*	-0.4*	1

(b) Österreich, 1980-1998

		PLV (1)	PKV (2)	PUV (3)	PHV (4)
Lebensversicherung a)	(1)	1			
Krankenversicherung	(2)	-0.59*	1		
Unfallversicherung	(3)	-0.06	0.55*	1	
Haftpflichtversicherung	(4)	-0.43	0.12	-0.05*	1

(c) Schweiz, 1970 – 1990

		PLV (1)	PKV (2)	PIV (3)	PHV (4)
Lebensversicherung	(1)	1			
Krankenversicherung	(2)	0.81*	1		
Invalidenversicherung	(3)	0.44*	0.05*	1	
Allg. Haftpflichtversicherung	(4)	0.69*	0.77*	0.09	1

Legende: a) Invalidität mit eingeschlossen

* Signifikant von Null verschieden mit Irrtumswahrscheinlichkeit von 5% oder weniger

Tabelle 5: Korrelationen der Trendabweichungen in den Leistungen der Sozialversicherung*

(a) Deutschland, 1975 - 1993

	GRV (5)	GKV (6)	GUV (7)	ALV (8)
Gesetzl. Rentenversicherung (5)	1			
Gesetzl. Krankenversicherung (6)	0.45	1		
Gesetzl. Unfallversicherung (7)	0.91*	0.67*	1	
Arbeitslosenversicherung (8)	0.76*	0.65*	0.83*	1

(b) Österreich, 1980-1998

	SPV (5)	SKV (6)	SUV (7)	ALV (8)
Soziale Pensionsversicherung [a)] (5)	1			
Soziale Krankenversicherung (6)	0.48*	1		
Soziale Unfallversicherung (7)	0.52*	0.63*	1	
Arbeitslosenversicherung (8)	0.41	0.68*	0.72*	1

(c) Schweiz, 1970 – 1990

	AHV (5)	SKV (6)	SUVA (7)	IV (8)	EL (9)
Alters- und Hinterblieb.vers. (5)	1				
Soziale Krankenversicherung (6)	0.75*	1			
Soziale Unfallversicherung (7)	0.61*	0.84*	1		
Invalidenversicherung (8)	0.97*	0.84*	0.62*	1	
Ergänzungsleistungen (9)	-0.09	0.42	0.42	0.05	1

Legende: a) Invalidität mit eingeschlossen

* Signifikant von Null verschieden mit Irrtumswahrscheinlichkeit von 5% oder weniger

Tabelle 6: Korrelationen der Trendabweichungen zwischen Privat- und Sozialversicherung

(a) Deutschland, 1975 – 1993 [a,b]

		GRV (5)	GKV (6)	GUV (7)	ALV (8)
PLV	(1)	0.27	0.26	0.39	0.25
PKV	(2)	0.79*	0.56*	0.92*	0.63*
PUV	(3)	-0.41*	-0.15	-0.41	-0.26
PHV	(4)	0.43	0.16	-0.54*	0.08

(b) Österreich, 1980-1998 [a,c]

		SPV (5)	SKV (6)	SUV (7)	ALV (8)
PLV	(1)	-0.56*	-0.52*	-0.35*	-0.09
PKV	(2)	0.52*	0.94*	0.72*	0.76*
PUV	(3)	0.10	0.61*	0.61*	0.60*
PHV	(4)	0.19	0.17	-0.06	-0.08

(c) Schweiz, 1970 – 1990 [a,d]

		AHV (5)	SKV (6)	SUVA (7)	IV (8)	EL (9)
PLV	(1)	0.68*	0.89*	0.78*	0.78*	0.44*
PKV	(2)	0.72*	0.86*	0.86*	0.76*	0.36
PUV	(3)	0.28*	0.28	-0.03	0.41	0.33
PHV	(4)	0.49*	0.75*	0.66*	0.56*	-0.01

Legende:

a) PLV = (Private) Lebensversicherung, PKV = Krankenversicherung, PUV = Unfallversicherung, PHV = (Allgemeine) Haftpflichtversicherung.

b) GRV = (Gesetzliche) Rentenversicherung, GKV = Krankenversicherung, GUV = Unfallversicherung, ALV = Arbeitslosenversicherung.

c) SPV = (Soziale) Pensionsversicherung, SKV = Krankenversicherung, SUV = Unfallversicherung.

d) AHV = Alters- und Hinterbliebenenversicherung, SUVA = (Soziale) Unfallversicherung, IV = Invaliditätsversicherung, EL = Ergänzungsleistungen.

Nach Aufhebung dieses Verbots stellt sich aber die Frage, welche Kombination von Deckungen in Zukunft gebildet werden sollen. Für die Beantwortung dieser Frage genügt die Betrachtung von auf ein Jahr bezogenen Abweichungen vom Trend und ihrer Korrelationen nicht. Das Versicherungsunternehmen bzw. der Sozialversicherungsträger muß vielmehr wissen, ob seine Verpflichtungen unter einem Titel im Verlauf von zehn Jahren durch Entlastungen unter einem anderen Titel tendenziell neutralisiert werden oder nicht. Diese Veränderungen verlaufen nun in den verschiedenen Ländern der EU sicherlich nicht synchron, was sich schon alleine daraus ergibt, daß die Liberalisierungsgesetze nicht gleichzeitig verabschiedet wurden. Sie könnten sich dadurch aufschaukeln oder neutralisieren.

Andererseits zeigen verschiedene Untersuchungen, daß durch Regulierung des Versicherungswesens eine weitere zyklische Komponente ins Spiel kommt; nämlich die Ausrichtung der Regulierung an der Veränderung der Gewinne zu zwei verschiedenen Zeitpunkten.[24] Da diese Komponente aber auch länderspezifische Phasen und Amplituden aufweist und wiederum nicht synchron verläuft, wird es in Zukunft zu den Aufgaben der Versicherungsunternehmung gehören, mit einer EU-internen oder weltweiten Streuung des Zeichnungs- und Anlagegeschäfts zu begegnen.

4.2 Kointegrationsanalyse zur Erfassung langfristiger gemeinsamer Trends

In den letzten Jahren hat sich die sog. Kointegrationsanalyse als Instrument zur Identifikation gemeinsamer langfristiger Trends in Zeitreihen durchgesetzt.[25] Die Grundidee ist die folgende: Die meisten Zeitreihen sind nichtstationär, d.h. sie weisen einen meist positiven Trend auf, so wie beispielsweise die Leistungen der Privaten Lebensversicherung. Demgegenüber besteht die Möglichkeit, daß eine geeignete Linearkombination mit einer anderen nichtstationären Zeitreihe Stationarität aufweist. Dieser Gedanke liegt der traditionellen Trendbereinigung zugrunde. Hier wird er insofern verwendet, als sämtliche Versicherungsleistungen mit dem Konsumentenpreisindex bereinigt werden, um den gemeinsamen Inflationstrend zu neutralisieren.

Bevor zwei Zeitreihen miteinander in Verbindung gebracht werden, sollte grundsätzlich jede von ihnen auf Stationarität geprüft werden. Üblicherweise geschieht dies durch eine Regression auf die Werte einer oder mehrerer Vorperioden. Die Zahl der notwendigen Vorperioden zur Erreichung von Stationarität ist die sog. Integrationsordnung. Nur zwei Zeitreihen der gleichen Integrationsordnung können die Bedingungen der Kointegration erfüllen. Kointegration heißt, daß eine Linearkombination zwischen zwei Zeitreihen (wie sie beispielsweise durch eine lineare Regression hergestellt wird) selbst stationär wird.

---

[24] Vgl. *Blankart/Finsinger* (1986); *Cummins/Outreville* (1987); *Winter* (1988).

[25] *Greene* (1993), Kap. 19.6.

Als Gegenvariable bietet sich einfachheitshalber das (reale) Bruttoinlandsprodukt (BIP) an. Leider erweist sich das BIP selbst sowohl in Deutschland wie auch in Österreich und der Schweiz als nichtstationär. Strenggenommen sind damit die Bedingungen der Kointegration von vorne herein nicht erfüllt. *Dikkey/Fuller* [26] schlagen deshalb vor, im Sinne eines Näherungsverfahrens dennoch die Niveaugrössen zweier nichtstationärer Zeitreihen in die Regression einzubringen und dann mit Hilfe des sog. Augmented Dickey-Fuller-Tests die Residuen dieser Regression zu analysieren. Weisen diese Residuen bestimmte Stationaritätseigenschaften auf, so darf der Rückschluss gewagt werden, die beiden betrachteten Reihen seien kointegriert, d.h. durch einen gemeinsamen Trend verbunden.

Im Falle z.B. der Privaten Lebensversicherung wurde demnach für die drei Länder je die Regressiongleichung

$$(4)\ PLV_t = a_0 + a_1 \cdot BIP_t + u_t$$

geschätzt. Aus den Abweichungen zwischen den beobachteten und den aus der Regressionsgleichung ermittelten Werten ergeben sich die Residuen $\hat{u}_t$. Der Augmented Dickey-Fuller-Test (in der Version ohne Trendvariable) basiert auf der zusätzlichen Regression

$$(5)\ \left(\hat{u}_t - \hat{u}_{t-1}\right) = b_0 + b_1 \cdot \hat{u}_{t-1} + b_2 \cdot \left(\hat{u}_{t-1} - \hat{u}_{t-2}\right) + \varepsilon_t$$

Die Ergebnisse dieser Testregression erscheinen in der Tabelle 7. Sie zeigen, daß die Leistungen der vier wichtigsten Zweige der privaten Personenversicherung Deutschlands nicht kointegriert sind, d.h. keinen gemeinsamen Trend mit dem BIP aufweisen. Demgegenüber entwickeln sich vier von fünf Zweigen der Sozialversicherung parallel zum BIP. Damit muß die deutsche Privatversicherung keine risikotheoretischen Hindernisse bei der Schaffung neuer Verträge mit kombinierter Deckung der Risiken Leben, Krankheit, Unfall und Haftpflicht fürchten. Außerdem eignet sie sich langfristig durchaus als Ergänzung einer Sozialversicherung, deren Leistungen überwiegend mit dem BIP schwanken.

Ähnlich sieht es bei der privaten Personenversicherung Österreichs aus, sind doch drei der vier wichtigsten Zweige der Privatversicherung ebenfalls nicht kointegriert. Einzig im Bereich der Haftpflicht entwickelt sich die Privatversicherung parallel zum BIP. Insofern eignen sich zumindest die Risiken Leben, Krankheit und Unfall für eine kombinierte Deckung. Im Gegensatz zu Deutschland präsentiert sich auch das Bild für die Sozialversicherung in Österreich günstig, weist doch kein einziger ihrer Zweige einen Trend auf, der mit demjenigen des BIP korreliert.

---

[26] Vgl. *Dickey/Fuller* (1979); *Dickey/Fuller* (1981).

Etwas ungünstiger gestaltet sich das Bild für die schweizerische Privatversicherung, besteht doch bei zwei ihrer Zweige (Lebensversicherung, Invaliditätsversicherung) zumindest der Verdacht der Kointegration, also der langfristigen Verbundenheit mit dem BIP. Demgegenüber ist die Sozialversicherung gerade im Bereich Leben (Alters- und Hinterbliebenenversicherung AHV) und Invalidität (IV) nicht mit dem BIP kointegriert. Die schweizerische Bevölkerung hätte demnach Grund, hier die Sozialversicherung als Hedge der Privatversicherung einzusetzen - statt umgekehrt!

Schließlich weist Tabelle 7 aber auch auf Möglichkeiten der internationalen Portefeuillediversifikation hin. Zwar schwankt das BIP in allen drei Ländern weitgehend parallel. Doch die Private Krankenversicherung (PKV) wie auch die Private Unfallversicherung (PUV) ist in allen drei Ländern nicht mit dem BIP kointegriert, entwickelt sich also zumindest langfristig autonom. Damit eröffnet sich für die Privatversicherer in den drei Ländern die Möglichkeit einer Kombination dieser beiden Risikoportefeuilles. Allerdings sollte in zukünftigen Untersuchungen noch unmittelbar auf (Abwesenheit von) Kointegration der Leistungen von deutscher, österreichischer und schweizerischer PKV und PUV geprüft werden.

Folgerung 5:
Die analysierten Leistungen der Privatversicherung Deutschlands sind in keinem langfristigen Trend mit dem Bruttoinlandsprodukt verbunden und eignen sich für eine kombinierte Deckung. Diese Aussage gilt für Österreich lediglich für die Zweige Leben, Krankheit und Unfall, in der Schweiz gar nur für die Zweige Krankheit und Unfall. Diese beiden Zweige bleiben für eine länderübergreifende Zusammenfassung im Interesse der Risikodiversifikation übrig.

5. Konsequenzen aus den Untersuchungsergebnissen

Aus den Überlegungen des 2. Abschnitts geht hervor, dass die potentiellen Versicherungskäufer sehr an Verträgen interessiert sein dürften, welche die positiven Korrelationen zwischen ihren drei Aktiva Gesundheit, Fähigkeiten und Vermögen brechen. Andererseits hat aber das Versicherungsunternehmung ein Interesse daran, sein Portefeuille von Versicherungsverträgen so zusammenzustellen, dass sich negative statt positive Korrelationen zwischen den Leistungen ergeben. Analysiert man jedoch die Leistungsströme der letzten zwanzig Jahre, so findet man keine langfristigen Korrelationen zwischen jenen Zweigen in Deutschland, die für die Aufnahme in kombinierten Verträgen in Frage kommen würden. Problematischer erscheinen die Verhältnisse in Österreich im Bereich „Haftpflicht“ und in der Schweiz in den Zweigen “Leben” und “Invalidität”. Dort scheint sich zwischen den Präferenzen der Versicherungsnachfrager und Versicherungsanbieter ein Widerspruch aufzutun: Die Nachfrager möchten gerne positiv korrelierte Risiken in Kombination gedeckt sehen, die Anbieter hin-gegen positiv korrelierte Risiken tunlichst vermeiden, um ihre Reserven für die Solvenzsicherung niedrig zu halten.

Tabelle 7: Ergebnisse von Kointegrationstests bezüglich der Leistungen der Privat- und Sozialversicherung

	Deutschland, 1975-1993		Österreich, 1980-1998		Schweiz, 1970 - 1990	
	b_1 (t-Wert)	Kointegriert?	b_1 (t-Wert)	Kointegriert?	b_1 (t-Wert)	Kointegriert?
PLV	-0.489 (-1.676)	Nein	-0.058 (-0.308)	Nein	-0.871 (-2.978)	Ja*
PKV	-0.842 (-2.293)	Nein	-0.229 (-0.820)	Nein	-0.490 (-2.161)	Nein
PUV	-0.568 (-2.558)	Nein	-0.385 (-1.850)	Nein	-0.248 (-2.127)	Nein
PHV	-0.277 (-0.911)	Nein	-0.614 (-2.709)	Ja*	--	--
PIV	--	--	--	--	-0.855 (-3.464)	Ja
GRV, AHV	-0.546 (-2.089)	Nein	-0.300 (-1.824)	Nein	-0.313 (-2.248)	Nein
GKV, SKV	-1.226 (-4.057)	Ja	-0.305 (-2.128)	Nein	-0.351 (-2.577)	Nein
GUV, SUVA	-0.459 (-3.027)	Ja	-0.474 (-1.824)	Nein	-0.419 (-2.082)	Nein
ALV	-0.647 (-4.587)	Ja	-0.324 (-1.715)	Nein	--	--
IV	--	--	--	--	-0.289 (-2.332)	Nein
EL	--	--	--	--	-0.688 (-3.859)	Ja

Legende: *) mit Irrtumswahrscheinlichkeit von 10 % statt 5 %

Dieser Widerspruch lässt sich durch die Risikozeichnungspolitik des Versicherungsunternehmung auflösen. Denn das Versicherungsunternehmung hat die Möglichkeit, zusätzliche Portefeuille-Mischung zu betreiben, indem es einer-seits im einen Markt positiv korrelierte Risiken hereinnimmt, andererseits aber darauf achtet, daß diese Risiken gegenläufig mit gleichartigen (oder anders-artigen) Risiken in einem anderen Markt schwanken. Für eine solche länderübergreifende Risikodiversifikation bieten sich Deutschland, Österreich und die Schweiz in den Zweigen "Krankheit" und Unfall" an, obschon die wirtschaftliche Entwicklung in den beiden Ländern weitgehend parallel verläuft. Vielleicht gibt es aber Länderkombinationen, die sich für die Zusammenfassung dieser und anderer Risikoportefeuilles noch besser eignen.

Folgerung 6:
Die zukünftige Herausforderung für die Versicherungsunternehmen der drei deutschsprachigen Länder besteht darin, zusätzliche länderübergreifende Versicherungsportefeuilles zu identifizieren, welche als Hedges für positiv korrelierte, in Kombination gedeckte Risiken dienen können.

6. Zusammenfassung und Schlussfolgerungen

Produktinnovationen in der Versicherung werden vermutlich die Deckung mehrerer Risiken in kombinierten Verträgen zum Gegenstand haben, da die Spartentrennung zumindest im EU-Raum in absehbarer Zeit aufgehoben wird. Die ökonomische Theorie der Versicherungsnachfrage läßt denn auch erwarten, daß die Zahlungsbereitschaft für solche kombinierte Versicherungsverträge erheblich sein wird, insbesondere wenn die gedeckten Risiken auf positiv korrelierte Impulse zurückgehen, die sich nicht neutralisieren (Folgerung 1). In der Personenversicherung geht es für den potentiellen Versicherungskäufer darum, seine Aktiva Gesundheit, Vermögen und Fähigkeiten optimal zu sichern. Dabei zeigt es sich, daß diese drei Aktiva wahrscheinlich gleichläufig schwanken, was ein Interesse an ausgleichenden, d.h. negativ korrelierten Versicherungsleistungen begründet. (Folgerung 2). Die empirische Untersuchung von kurzfristigen, jährlichen Schwankungen der aggregierten Leistungen verschiedener Zweige der Privaten Versicherung in Deutschland und in der Schweiz fördert jedoch fast ausschließlich positive Korrelationen zutage (Folgerung 3). Dasselbe gilt auch für die Leistungen der Sozialversicherung der drei deutsch-sprachigen Länder. Schließlich stellt man fest, daß (mit Ausnahme im Falle Österreichs) die Sozialversicherungssysteme Schwankungen im Bereich der Privatversicherung nicht etwa ausgleichen, sondern tendenziell verstärken (Folgerung 4).

Für die langfristige Betrachtung wurde eine sog. Kointegrationsanalyse durchgeführt. Sie ergibt, daß die Versicherungsleistungen in keinem der untersuchten Zweige der deutschen Privatversicherung mit dem Bruttoinlandsprodukt (BIP) kointegriert sind, also einen mit dem BIP gemeinsamen Trend aufweisen. Etwas weniger günstig lauten die Ergebnisse für die österreichische Privatversicherung im Bereich „Haftpflicht“ und für die schweizerische Privatversicherung in den Zweigen "Leben" und "Invalidität" (Folgerung 5). Für ein Versicherungsunternehmen, das seine Reserven für die Solvenzsicherung niedrig halten will, spricht demnach in Deutschland nichts gegen die Kombination der betrachteten Risiken in einem kombinierten Vertrag (Folgerung 6). Zusätzlich kann die Versicherungswirtschaft ihre Risikodiversifikation dahingehend verallgemeinern, daß ein bestimmtes Portefeuille von Verträgen im einen Markt als Hedge für andere Portfeuilles im Markt eines anderen Landes verwendet wird.

In Zukunft könnten demnach die privaten Versicherungsunternehmen vermehrt „Versicherungsdeckung aus einer Hand" anbieten und so zur Effizienzsteigerung der Sicherungssysteme der drei deutschsprachigen Länder beitragen. Ob sie damit am Markt Erfolg haben werden, ist allerdings eine offene Frage. Manche Versicherungskäufer mögen aus mindestens zwei Gründen zögern, auf ein solches Angebot einzugehen. Zum einen sind die differenzierten Produkte der Privatversicherung mit Vertriebskosten belastet, die bei der Sozialversicherung nicht anfallen. Zum anderen zeichnete sich die Versicherungswirtschaft in den drei betrachteten Ländern im Bereich der Personenversicherung bis vor kurzem kaum durch besondere Wettbewerbsintensität aus, so daß potentielle Käufer Bedenken haben könnten, sich einem privaten Monopolisten auszuliefern. Beide Argumente dürften jedoch in Zukunft an Bedeutung verlieren, weil der beschleunigte wirtschaftliche Wandel die Nachfrage nach maßgeschneiderten Versicherungsprodukten verstärken wird, während zugleich die Liberalisierungsprogramme der EU vermehrt dem Wettbewerb zum Durchbruch verhelfen werden.

Literatur

Arrow, K. (1971): Essays in the Theory of Risk Bearing, Amsterdam.

Ashenfelter, O., Rouse, C., (1998): Income schooling, and ability: Evidence from a new sample of identical twins, Quarterly Journal of Economics, Vol. 113, No. 1, S. 253-284.

Atkinson, A.B., Micklewright, J. (1991): Unemployment compensation and labour market transitions: a critical review, Journal of Economic Literature, Vol. 29, S. 1679-1727.

Bartel, A., Taubman, P. (1979): Health and labour market success: The role of various diseases, Review of Economics and Statistics, Vol. 61, No. 1, S. 1-8.

Blankart, C.B., Finsinger, J. (1986): Regulation-induced price instability in Swiss motor car liability insurance, in: Finsinger, J. und Pauly, M.V. (Hrsg.): The Economics of Insurance Regulation, London, S. 200-211.

Cummins, J.D., Outreville, J.F. (1987): An international analysis of underwriting cycles in property-liability insurance, Journal of Risk and Insurance, Vol. 54, No. 2, S. 246-262.

Dickey, D.A., Fuller, W.A. (1979): Distribution of the estimators for autoregressive time series with a unit root, Journal of the American Statistical Association, Vol. 74, No. 366, S. 427-431.

Dickey, D.A., Fuller, W.A. (1981): Likelihood ratio tests for autoregressive time series with a unit root, Econometrica, Vol. 49, S. 1057-1072.

Doherty, N.A., Schlesinger, H. (1983a): Optimal insurance in incomplete markets, Journal of Political Economy, Vol. 91, S. 1045-1054.

Doherty, N.A., Schlesinger, H. (1983b): The optimal deductible for an insurance policy when initial wealth is random, Journal of Business, Vol. 56, S. 555-565.

Eeckhoudt. L., Kimball, M. (1992): Background risk prudence and the demand for insurance, in: Dionne, G., (Hrsg.): Contributions to Insurance Economics, Boston, S. 239-254.

Eisen, R., Müller, W., Zweifel, P. (1990): Unternehmerische Versicherungswirtschaft, Wiesbaden.

Ettner, S.L. (1996): New evidence on the relationship between income and health, Journal of Health Economics, Vol. 15, S. 67-85.

Feldstein, M.S. (1974): Social security, induced retirement, and aggregate capital accumulation, Journal of Political Economy, Vol. 82, No. 5, S. 906-926.

Gollier, C., Schlesinger, H. (1995): Second-best insurance contract design in an incomplement market, Scandinavian Journal of Economics, Vol. 97, S. 123-135.

Greene, W.H. (1993): Econometric Analysis, New York.

Grossman, M. (1975): The correlation between health and schooling, in: Terleckyj, N.E. (Hrsg.): Household Production and Consumption, New York.

Kenkel, D. (1991) Health behavior, health knowledge, and schooling, Journal of Political Economy, Vol. 99, S. 287-305.

Kimball, M.S. (1993): Standard risk aversion, Econometrica, Vol. 61, S. 589-611.

Leu, R.E., Frey, R.L. (1988): Gesundheitswesen: Wer zahlt seine Gesundheitskosten selber?, in: Frei, R.L. und Leu, R.E. (Hrsg.): Der Sozialstaat unter der Lupe, Basel, S. 259-275.

Markowitz, H.M. (1959): Portfolio Selection - Efficient Diversification of Investments, New Haven - London.

Mayers, D., Smith, C. (1983): The interdependence of individual portfolio decisions and the demand for insurance, Journal of Political Economy, Vol. 91, S. 304-311.

Mitchell, J. (1990): The effect of chronic disease on work behavior over the life cycle, Southern Economic Journal, Vol. 56, S. 928-942.

Mossin, J. (1968): Aspects of rational insurance purchasing, Journal of Political Economy, Vol. 76, S. 533-568.

Muurinen, J.-M. (1982): Demand for health: A generalised Grossman model, Journal of Health Economics, Vol. 1, No. 1, S. 5-28.

OECD (1992): Economic Outlook, Historical Statistics, Paris.

Raviv, A. (1979): The design of an optimal insurance policy, American Economic Review, Vol. 69, S. 84-96.

Rosen, S., Taubman, P. (1981): Changes in life-cycle earnings: What do social security data show?, Journal of Human Resources, Vol. 17, Nr. 3, S. 321-338.

Samuelson, P.A. (1958): An exact consumption-loan model of interest with or without the contrivance of money, Journal of Political Economy, Vol. 66, S. 467-482.

Schlesinger, H., Doherty, N.A, (1985): Incomplete Markets for Insurence: An Overwiew, Journal of Risk and Insurance, Vol. 52, No. 3, S. 402-423.

Williams, A. (1988): Makes a man healthy, wealthy and wise! (or from folklore to system science), in: Duru, G. et al. (Hrsg.): System Science in Health Care, Vol. 2, Paris, S. 57-60.

Winter, R.A. (1988): The liability crisis and the dynamics of competitive insurance markets, Yale Journal on Regulation, Vol. 5, No. 2, S. 455-499.

Yfantopoulos, J. (1991): Financing of social security in the E.C., in: Pieters, D. (Hrsg.): Social Security in Europe, Miscellanea of the Erasmus Programme of Studies Relating to Social Security in the European Communities, Brussels, S. 217-237.

Zweifel, P. (1996): Konzepte und Kriterien für eine Arbeitsteilung zwischen staatlicher und privater Versicherung, Zeitschrift für die Gesamte Versicherungswissenschaft, Nr. 2/3, S. 245-266.

Zweifel, P., Eisen, R. (2000): Versicherungsökonomie, Heidelberg.

Eine vergleichende Analyse des Wohlfahrtsstaates in ausgewählten OECD-Ländern

Willem Adema[1]

Zusammenfassung: *Dieser Beitrag faßt wichtige Trends in der Entwicklung der Sozialausgaben und der Besteuerung in ausgewählten OECD-Staaten zusammen. Ausgangspunkt der Betrachtung ist die Tatsache, daß die normalerweise vorgelegten Informationen über die Ausgaben für soziale Zwecke nur ein unvollständiges Bild über das Ausmaß der sozialen Absicherung geben und damit den Vergleich unterschiedlicher Länder verfälschen. Dies ist aus zwei Gründen der Fall. Erstens bilden Staatsausgaben die Auswirkungen des Steuersystems nur unzureichend ab. Regierungen können soziale Ziele nämlich auch durch Steuerbegünstigungen anstreben (z.B. Kinderfreibeträge); sie können zudem Geldleistungen und den daraus getätigten Konsum besteuern, so daß der Nettowert des Transfers niedriger ist als dessen Bruttowert. Zweitens berücksichtigen öffentliche Budgets keine privaten Transfers, die zwar nicht von der Regierung geleistet werden, die aber als "sozial" eingestuft werden können. Diese privaten Programme enthalten insoweit ein Element der interpersonellen Umverteilung als die Regierung deren Einrichtung gesetzlich vorschreibt oder durch finanzielle Anreize fördert. In diesem Beitrag werden Informationen über die Auswirkungen dieser Modifikationen präsentiert. Es wird im weiteren gezeigt, daß die Anwendung eines umfassenderen Maßes für die Sozialausgaben auf eine markante Konvergenz der Absicherungsniveaus im Ländervergleich hinweist.*

1 Der Autor arbeitet in der *Social Policy Division* der *OECD* und kann in diesem Beitrag auf eine umfangreiche Palette von Arbeiten der *OECD* zur Sozialpolitik und Steuerstatistik zurückgreifen. Der Autor dankt *Mark Pearson* und *Peter Scherer* für Kommentare zu einer früheren Fassung dieses Beitrages. Die Ansichten, die in diesem Beitrag vertreten werden, drücken nicht die Meinung der *OECD* oder ihrer Mitgliedsstaaten aus. Sie liegen in der persönlichen Verantwortung des Autors. Er trägt damit auch die Verantwortung für etwaige Irrtümer und Fehler. Der in englischer Sprache vorgelegte Beitrag "A Comparative Analysis of the Welfare State in Selected OECD Countries" wurde vom Herausgeber dieses Bandes *Engelbert Theurl* übersetzt.

1. Einleitung

Der Wohlfahrtsstaat hat sich seit Beginn der 60-Jahre in vielen OECD-Staaten ausgehend von einer lückenhaften Basis rasch ausgeweitet. Trotzdem existiert kein OECD-Modell oder gar ein Europäisches Modell des Wohlfahrtsstaates. Die sozialen Absicherungssysteme in den Staaten des OECD-Raumes unterscheiden sich vielmehr deutlich in ihrer Größe, in ihrer institutionellen Ausgestaltung und in ihrem redistributiven Gehalt.[2] Viele Länder wie z.B. Österreich und Deutschland haben wohlfahrtsstaatliche Regime entwickelt, in denen die Leistungsansprüche auf den Beiträgen der Beschäftigten beruhen. In diesen Ländern hängen die Unterstützungsniveaus daher hochgradig von den Beschäftigungs- und Beitragsbiographien im Lebenszyklus ab. Gleichzeitig ist die interpersonelle Umverteilungswirkung des Sozialsystems gering. In einigen anderen Ländern stellen die Unterstützungszahlungen pauschale Zahlungen dar. Diese sind von der familiären Situation aber nicht von den geleisteten Beiträgen abhängig und für Personen mit hohem Einkommen und Vermögen niedrig. Beispiele dafür sind Australien und Großbritannien.[3] Die öffentlichen Sozialausgaben sind in diesen Ländern daher wesentlich niedriger als in Österreich und Deutschland. Selbstverständlich ändert sich das Ausmaß der öffentlichen Ausgaben im Zeitablauf in Abhängigkeit von Entwicklungen auf dem Arbeitsmarkt und der demographischen Struktur. Ihr Gesamtniveau ist eine Funktion des Ausmaßes an öffentlichen Leistungsangeboten in der Altersvorsorge, in der Arbeitslosenunterstützung und im Gesundheitswesen.[4]

Ganz allgemein gesprochen, richten sich die Sozialpolitik(en) und damit die sozialpolitischen Bemühungen darauf, Einkommensersatz im Notfall zu leisten, Einkommen über den Lebenszyklus umzuverteilen, Armut zu lindern und Gesundheitsleistungen anzubieten.[5] Die sozialpolitischen Anstrengungen werden im Ländervergleich zumeist so gemessen, daß alle Formen von öffentlichen Sozialausgaben zusammengezählt und auf das BIP bezogen werden. Dabei gilt es allerdings zu berücksichtigen, daß die institutionelle Struktur, die konkreten sozialen Absicherungsangeboten zu Grunde liegt, zwischen den Ländern beträchtlich variiert und ausgeprägte Unterschiede im Hinblick auf die Bedeutung des Individu-

---

2 Vgl. *Barr* (1998); *Esping-Andersen* (1990).

3 Vgl. *OECD* (1998).

4 *OECD* (1994); *OECD* (1999); *OECD* (1999a); *OECD* (2000).

5 Die *OECD* definiert Sozialausgaben folgendermaßen: "The provision by public and private institutions of benefits to, and financial contributions targeted at, households and individuals in order to provide support during circumstances which adversely affect their welfare. Provided that the provision of the benefits and financial contributions constitutes neither direct payment for a particular good of service nor an individual contract of transfer. Such benefits can be cash transfers, or can be the direct (in-kind) provision of goods and services. Since only benefits provided by institutions are included, transfers between households - albeit of a social nature - are not (...)". *OECD* (1999a), S. 10.

ums, der Familie, des Arbeitgebers, gemeinschaftlicher Arrangements (z.B. Nachbarschaftshilfe) und des Staates innerhalb der nationalen Absicherungssysteme bestehen.[6] Soziale Absicherung kann durch ein Spektrum von öffentlichen und privaten Arrangements, die vielfach voneinander abhängig sind, angegangen werden. Diese Mischung privater und öffentlicher sozialer Absicherung unterscheidet sich zwischen den Ländern deutlich. In den meisten westlichen Ländern von Kontinentaleuropa und in den nordischen Staaten wird soziale Absicherung hauptsächlich durch staatliche Systeme bereitgestellt, während in anderen Industriestaaten wie z.B. den USA die private Absicherungsangebote eine größere Bedeutung haben. In einem Land wie Korea spiegelt die Sozialpolitik immer noch die traditionelle Bindung der Absicherung an die (erweiterte) Familie wider.[7] Daher sollte ein Vergleich der Absicherungsaktivitäten nicht nur eine Bestandsaufnahme der öffentlichen Maßnahmen beinhalten. Sie muß auch einen umfassenden Überblick darüber geben, welche privaten Alternativen zu staatlichen Sozialausgaben verfügbar sind.

Die Unterschiede in der Ausgestaltung und im Ausmaß der öffentlichen Absicherungssysteme hängen eng mit den Finanzierungsmodalitäten zusammen. Die budgetären Engpässe und die Befürchtungen über die große Steuerlast auf den Produktionsfaktor Arbeit haben die Richtung der Politik in den letzten Jahren, nämlich die wohlfahrtstaatlichen Ausgaben zu kürzen, bestimmt.[8] Der Einfluß des Steuersystems auf den sozialen Schutz beschränkt sich aber nicht auf Finanzierungsaspekte. Er beeinflußt auch das Ausmaß, in dem die Daten über die Höhe der Bruttosozialausgaben (Sozialausgaben vor Steuern) tatsächlich das Ausmaß der sozialen Aktivitäten in einer Gesellschaft widerspiegeln. Ein Vergleich der Größe des Wohlfahrtsstaates, der auf dem Anteil der Bruttosozialleistungen am BIP beruht, kann irreführend sein, da ein solcher Vergleich die nachfolgenden Punkte unberücksichtigt läßt:

1. Das Ausmaß, in dem Transfereinkommen und der Konsum aus dem Transfereinkommen besteuert werden.

2. Das Ausmaß, in welchem Regierungen steuerliche Vergünstigungen mit sozialpolitischen Zielsetzungen für Arbeitgeber und Individuen vorsehen.

Die Berücksichtigung der Auswirkungen des Steuersystems ist wichtig, um den Umverteilungseffekt herauszuarbeiten und um damit einen umfassenden Eindruck von den sozialpolitischen Aktivitäten in einer Gesellschaft und zwischen den Gesellschaften zu bekommen. Die empirische Evidenz in diesem Beitrag zeigt, daß in einer gesamthaften Betrachtung der Wirkung dieser fiskalischen (steuerlichen) Maßnahmen und privat organisierter Absicherungsleistungen große Unterschiede in den öffentlichen Sozialausgaben im Ländervergleich nicht automatisch zu ebenso großen Unterschieden in den sozialpolitischen Aktivitätsniveaus führen müssen.

---

6 Vgl. *OECD* (1999); *Saraceno* (1997).

7 Vgl. *OECD* (2000a).

8 Vgl. *OECD* (1999).

Am Beginn dieses Beitrags steht ein kurzer Überblick über die verschiedenen Muster in der Entwicklung des Wohlfahrtsstaates. Dazu werden die Entwicklungen in den USA und Indikatoren, die die durchschnittliche Entwicklung in den 15-EU-Staaten abbilden, herangezogen. Diese Vorgangsweise zeigt einen holzschnittartigen Gegensatz, sie ist aber nicht in der Lage die Bandbreite der unterschiedlichen Erfahrungen und Entwicklungen in den OECD-Staaten, und schon gar nicht in Europa, wieder zu geben. Die Abschnitte 3 und 4 beziehen sich auf jene 6 OECD-Staaten, für die ein vollständiger Datensatz verfügbar ist: Australien, Dänemark, Deutschland, Großbritannien, Niederlande, USA und wo möglich, Österreich.[9] Die Rolle privat organisierter sozialer Leistungen und das Ausmaß, in welchem Staaten Sozialpolitik mit Hilfe des Steuersystems betreiben, ist in diesen Ländern hinreichend unterschiedlich, um deren Bedeutung für die Analyse der sozialen Absicherungssysteme im Ländervergleich zu illustrieren. Der abschließende Abschnitt 5 faßt die wesentlichen Ergebnisse zusammen und weist auf wichtige zukünftige Herausforderungen der Sozialpolitik hin.

2. Die Entwicklung des Wohlfahrtsstaates in der jüngsten Geschichte

In den OECD-Staaten herrscht seit den 60-Jahren ein beinahe ununterbrochenes Wohlstandswachstum. Obwohl die Pro-Kopf-Wachstumsraten des BIP in den 60-Jahren besonders hoch waren, wuchs das Pro-Kopf-BIP auch in den Folgejahren in bisher nicht beobachteten Größenordnungen: Das Pro-Kopf-BIP betrug in den USA 1995 26,727 $ und im Durchschnitt der 12 EU-Staaten, für die eine vollständige Zeitreihe verfügbar ist, 23,368 $ (Vgl. dazu Abbildung 1).[10] Von 1960 bis 1995 hat die Staatsausgabenquote (Staatsausgaben/BIP) in den 15 heutigen EU-Staaten kontinuierlich von 32 % auf 52,9% zugenommen. In den USA ist die Staatsausgabenquote im gleichen Zeitraum von 26.8 % auf 35.7% gestiegen.[11]

---

9 Sowohl die OECD Social Expenditure Database wie auch der Datensatz über die Nettosozialausgaben werden derzeit um die Daten aus 1997 aktualisiert. Die aktualisierten Datensätze werden im August 2000 verfügbar sein. Daher beschränkt sich diese Analyse auf das Jahr 1995. 1995 ist das letzte Jahr, für das vollständige Informationen verfügbar sind. Um den jeweils neuesten Stand abrufen zu können, werden interessierte Leser auf die nachfolgende Homepage der OECD verwiesen: (http://www.oecd.org//els/spd/socx/index.htm).

10 Dieser Vergleich verschleiert die großen Unterschiede in der Entwicklung des Pro-Kopf-BIP. So weisen beispielsweise die meisten Staaten seit 1980 mit Ausnahme von Irland bescheidene Wachstumsraten auf. Am Beginn der 90-Jahre wiesen einige Länder - wie z.B. Finnland und Schweden - Jahre mit negativen Wachstumsraten auf. Vgl. *OECD* (1999b).

11 Vgl. *OECD* (1999c).

Abbildung 1: Öffentliche Sozialausgaben und Pro-Kopf-BIP, 1960 - 1995

(a) Durchschnitt EU[12]

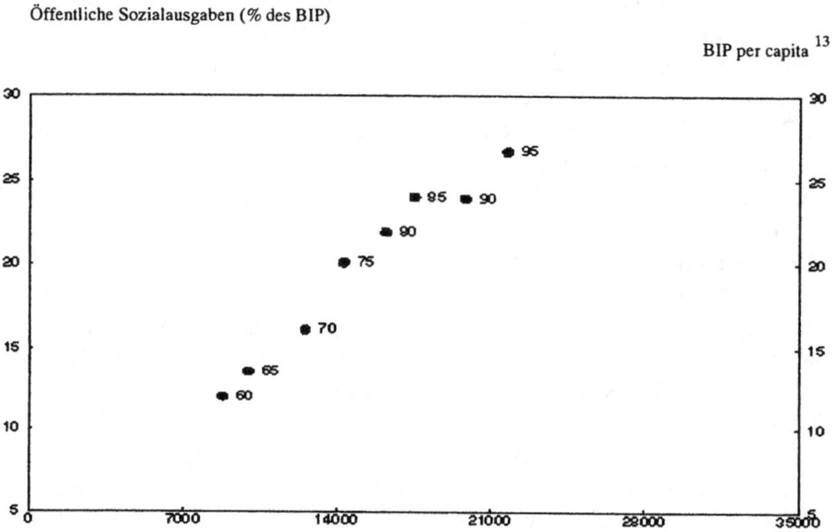

(b) USA

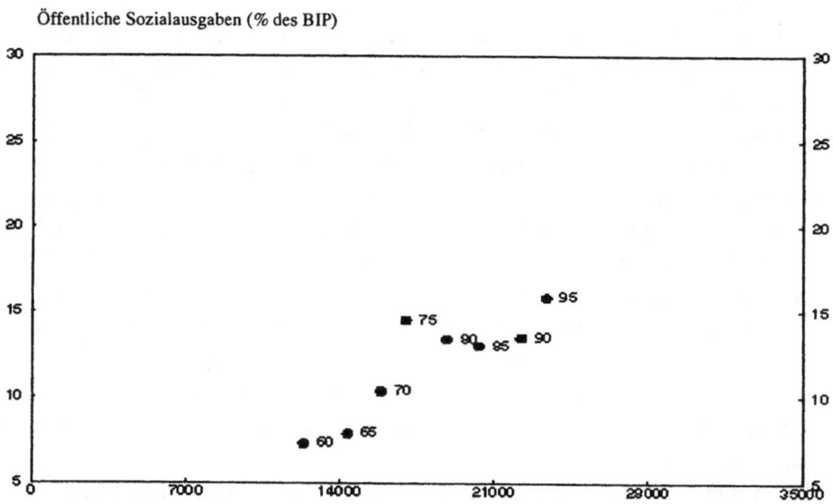

Quelle: *OECD* (1994), *OECD* (1999a), *OECD* (1999b) BIP per capita 12

---

12 Durchschnitt der 12 Länder der EU. Informationen über öffentliche Sozialausgaben für Luxemburg, Portugal und Spanien waren für die Periode 1960–1980 nicht verfügbar Für die Jahre 1980-1995 sind die öffentlichen Sozialausgaben aller 15 EU-Staaten annähernd gleich den 12 hier beschriebenen 12 EU-Staaten.

13 Zur Berechnung der BIP wurden durchgehend die Preise von 1990 verwendet. Wechselkurse waren für die 60-Jahre nicht verfügbar.

Die europäischen Staaten haben die ökonomische Prosperität in einem stärkeren Ausmaß als die USA zur Finanzierung eines umfassenden Wohlfahrtsstaates verwendet. Mit dem wachsenden Wohlstand in den 60- und 70-Jahren erhöhten sich die Großzügigkeit, die Dauer und die Verbreitung der Leistungen im Falle sozialer Notlagen wie Arbeitslosigkeit, Behinderung und Krankheit wesentlich. Bereits im Jahre 1980 betrugen die staatlichen Ausgaben für Soziale Absicherung als Anteil am BIP im Durchschnitt der EU-Staaten 25 %. Dies ist deutlich über der Quote in den nicht-europäischen OECD-Staaten, die bei 15 % lag. 1995 betrugen die öffentlichen Ausgaben für soziale Absicherung in den USA 16 % des BIP (bzw. 44 % der Staatsausgaben). Im Vergleich dazu gaben die EU-Staaten 25.5 % ihres BIP für die öffentliche soziale Absicherung aus (bzw. fast 50 % der Staatsausgaben). Dazu kommt, daß in den USA im Zeitraum 1975 - 1990 das Wachstum in den Sozialausgaben rückläufig war. In den EU-Staaten als Ganzes haben die Sozialausgaben fast ununterbrochen zugenommen, wenngleich die Entwicklungen in den einzelnen Ländern seit 1990 unterschiedlich waren.[14]

Um den Anstieg der Staatsausgaben zu finanzieren, der in den USA 1995 zu 43 % und in der EU zu 48 % aus Sozialausgaben bestand, wurden insbesondere in den EU-Staaten die Steuern (inklusive der Sozialversicherungsbeiträge) angehoben. In den USA stieg die Steuerquote von 25 % im Jahr 1965 auf fast 30 % im Jahr 1997.[15] [16] Im Gegensatz dazu stieg die Steuerquote in den EU-Staaten im Zeitraum 1965 bis zum Ende der 80-Jahre sehr rasch von 28 % auf ungefähr 40 %. Seit 1990 ist die Steuerquote in den Staaten der EU allerdings nur mehr um 1.25 %-Punkte gestiegen. Im Zeitraum 1980 - 1995 hat sich die Staatsausgabenquote in den EU-Staaten um 4.5 %-Punkte erhöht, während die Steuerquote im gleichen Zeitraum um 3.5 %-Punkte gestiegen ist. In den 70- und 80-Jahren explodierten die staatlichen Defizite. Die Bemühungen der Regierungen ausgeglichene Budgets zu erreichen und den Maastricht-Kriterien für die Europäische Wirtschafts- und Währungsunion zu genügen, war für die Staaten der EU ein starker Antrieb für eine straffe Budgetpolitik.[17] Und tatsächlich besteht der Eindruck, daß die OECD-Staaten erstmals seit den frühen 70-Jahren die Staatsfinanzen einigermaßen geordnet haben. Die allgemeinen Budgetdefizite wurden reduziert und wenn man die Zahlungen zur Bedienung der Staatsschuld unberücksichtigt läßt, dann weisen 1999 alle OECD-Staaten mit Ausnahme von Japan und Korea einen Überschuß in der Primärrechnung auf.[18] Trotzdem ist die durchschnittliche Steuerbelastung in

---

14 1995 war der Anteil der Sozialausgaben am BIP in Österreich, Dänemark, Deutschland, Großbritannien und USA um zwei %-Punkte höher als 1990. In den Niederlanden sank die Quote im Vergleichszeitzeitraum.

15 Vgl. *OECD* (1999d).

16 Die *OECD* Revenue Statistics enthalten einen kompletten Überblick über international vergleichbare Steuerstatistiken, die Erfahrungen und Entwicklungen in den einzelnen Ländern und die methodischen Probleme (z.B. des internationalen Vergleichs von Steuerquoten). Unterschiedliche Methoden der Messung der Steuerbelastung finden sich in *OECD* (2000b).

17 Vgl. *Kalisch et al.* (1998).

18 Vgl. *OECD* (1999d).

der EU größer als in anderen Wirtschaftsräumen. Der Unterschied in der Steuerquote (ca. 11 %-Punkte des BIP) zwischen der EU und den USA entspricht ungefähr dem durchschnittlichen Unterschied in den öffentlichen Sozialausgaben (brutto). Anders ausgedrückt: Das relativ hohe Niveau der Sozialausgaben in der EU ist eng mit den hohen Steuersätzen eben dort verknüpft.

Abbildung 2: Steuerquote und Steuerstruktur im Zeitraum 1965 – 1997, in % des BIP

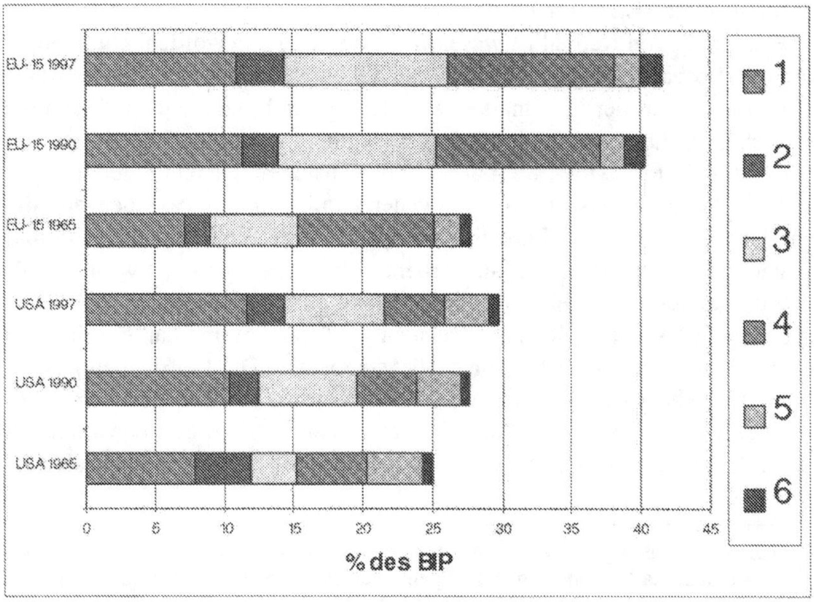

Legende: 1=Persönliche Einkommensteuer
2=Körperschaftsteuer
3=Sozialversicherung
4=Konsumsteuer
5=Vermögensteuer
6=Andere Steuern

Neben den Unterschieden in den Besteuerungsniveaus bestehen in den OECD-Staaten auch beträchtliche Abweichungen in der Steuerstruktur und in der Entwicklung steuerlicher Kennziffern.[19] Aus Abbildung 2 ist ersichtlich, daß das Aufkommen aus der persönlichen Einkommensteuer als Anteil am BIP sowohl in den USA als auch in der EU ungefähr 11 % beträgt. Dabei ist es wichtig zu betonen, daß die Einkommensteuer in den USA die wichtigste staatliche Steuerquelle

[19] Vgl. *OECD* (1999e).

ist. Während allerdings die Bedeutung der persönlichen Einkommensteuer in den USA zunimmt, geht ihre Bedeutung in den EU-Staaten seit 1990 leicht zurück. Im Gegensatz dazu hat in den USA die Bedeutung der Konsumsteuern in den letzten drei Jahrzehnten abgenommen, während sie sich im EU-Raum mit fast 12 % des BIP im Jahre 1997 zur wichtigsten Steuerquelle herauskristallisiert haben.[20] Eine vergleichsweise geringe Rolle spielen die Vermögensteuern, wenngleich sie in den USA mit einem Aufkommen von 3.2 % des BIP bedeutsamer als in der EU mit 1.8 % des BIP sind. Schließlich waren die Beiträge zu den Systemen der Sozialen Sicherheit im Jahre 1997 in den EU-Staaten mit 11.8 % des BIP im Durchschnitt bedeutender als in den USA mit 7.2 % des BIP.

Die Besteuerung von Kapital ist wesentlich schwieriger geworden. Die Gründe dafür sind: die Globalisierung der Märkte, die höhere Mobilität des Faktors Kapital, Beschränkungen in der Informationsweitergabe durch nationale Regierungen und unternehmerische Steueroptimierungsstrategien.[21] Und tatsächlich ist die Besteuerung des Faktors Arbeit die traditionelle Finanzierungsquelle der Budgets für Soziale Sicherheit. Diese erfolgt entweder explizit durch Abgaben auf die Lohn- und Gehaltssumme oder implizit durch persönliche Einkommensteuern und durch Steuern auf den Konsum, der aus Arbeitseinkommen finanziert wird. Abbildung 3 zeigt, daß der Steuerkeil[22] für den "average production worker" (APW) in Österreich, Dänemark und in den Niederlanden 45 % beträgt und daß er mit 52 % des Bruttoverdienstes in Deutschland am höchsten ist.[23] [24] Die Beiträge zu gesetzlichen Sozialversicherungssystemen und besonders jene, die von den Arbeitnehmern getragen werden, sind in Österreich, Deutschland und in den Niederlanden am höchsten.[25] Im Gegensatz dazu ist die Bedeutung der Beiträge zu Sozialversi-

---

20 Der allgemeine Anstieg des Aufkommens aus Konsumsteuern im Zeitraum 1965 - 1997 ist auf den starken Anstieg der allgemeinen Konsumsteuern (insbesondere der Mehrwertsteuer) zurückzuführen, der den Rückgang der speziellen Konsumsteuern - Verbrauchsteuern und Importzölle - überkompensiert hat. Vgl. *OECD* (1999d).

21 Vgl. *OECD* (1998b).

22 Die Daten in Abbildung 3 spiegeln den Steuerkeil für ein einzelne Arbeiter mit einem durchschnittlichen Einkommensniveau wider. Er ist definiert als Summe aus der persönlichen Einkommensteuer und der Sozialversicherungsbeiträge als Prozentsatz der Arbeitskosten. Diese Abgrenzung beinhaltet nicht die Ausgaben für private Leistungen, z.B. die Beiträge des Arbeitgebers zu den privaten Versicherungsplänen in den USA.

23 Vgl. *OECD* (2000e).

24 Wichtige Fragen, wie etwaige negative Effekte der Besteuerung des Faktors Arbeit auf die Ergebnisse des Arbeitsmarktes, sind nicht Gegenstand dieses Beitrages. Sie werden aber in vielen Arbeiten der OECD behandelt. Vgl. beispielsweise *OECD* (1994a); *OECD* (1997); *OECD* (2000d).

25 Die Steuerlast nach dem formalen Inzidenzkonzept, wie sie in Abbildung 3 dargestellt ist, sagt nichts über die ökonomische Inzidenz der Steuern auf Arbeitseinkommen aus. So können Arbeitgeber ihre Steuerlast an die Arbeitnehmer überwälzen. Es kann gezeigt werden, daß unter bestimmten Bedingungen – insbesondere in kleinen offenen Volkswirtschaften - alle Steuern auf Arbeit langfristig von den Arbeitnehmern getragen werden.

cherungssystemen in Dänemark gering. In Australien können sie überhaupt vernachlässigt werden, da die Sozialleistungen, die auf Basis von Einkommens- und Vermögensprüfungen gewährt werden, in erste Linie aus allgemeinen Steuermitteln finanziert werden.[26]

Abbildung 3: Der Steuerkeil und seine Struktur im Jahre 1998, in % der Arbeitskosten

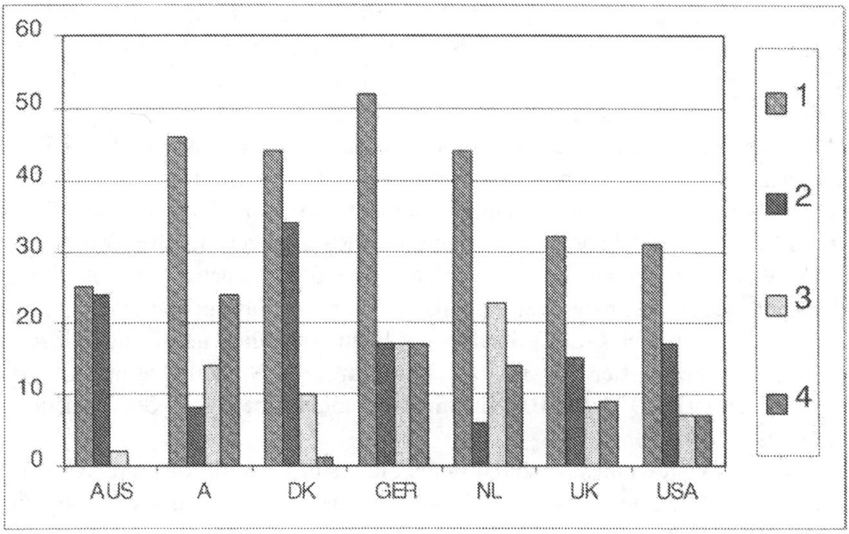

Quelle: *OECD* (2000c).

Legende: 1=Gesamt
2=Einkommensteuer
3=Arbeitnehmerbeitrag zur Sozialversicherung
4=Arbeitgeberbeitrag zur Sozialversicherung

Diese Unterschiede im Steuerkeil und in den Steuerquoten spiegeln Unterschiede in den staatlichen Sozialausgaben (brutto) zwischen den Ländern wider. In welchem Ausmaß dies auch Unterschiede in der Verbreitung von privat organisierten Sozialleistungen abbildet, wird im nächsten Abschnitt behandelt. Auch weist die Steuerstruktur und die Zusammensetzung des Steuerkeils zwischen den Ländern erhebliche Unterschiede auf. Diese Unterschiede sind, wie in Abschnitt 4 gezeigt wird, von den Unterschieden in der Behandlung der Transfereinkommen in den einzelnen Ländern, abhängig.

---

[26] Die verpflichtenden Beiträge zu den persönlichen Pensionsversicherungsplänen betragen in Australien im Jahr 2000 9 % der Lohnsumme und werden nicht als Steuer klassifiziert. Auch die Finanzierung der "Workers Compensation"-Leistungen durch die Arbeitgeber ist in Abbildung 3 nicht enthalten. Vgl. *ISSA* (2000).

3. Die Bedeutung verschiedener Sozialleistungen

3.1 Öffentliche Angebote von Sozialleistungen

Im Vergleich der 7 ausgewählten OECD-Staaten spiegeln die Unterschiede in den öffentlichen Sozialausgaben die Unterschiede in der Steuerbelastung wider. In den Staaten Kontinentaleuropas betragen die öffentlichen Sozialausgaben 27 % des BIP während andererseits die öffentlichen Sozialausgaben in Australien und in den USA um rund 10 %-Punkte unter diesem Niveau liegen. (Vgl. Tabelle 1). Trotz dieser Unterschiede in den Niveaus der öffentlichen Sozialausgaben generell sind die öffentlichen Ausgaben für Gesundheitsleistungen mit rund 6 % des BIP sehr ähnlich. Deutschland weicht hier mit 8.1 % des BIP deutlich ab. Die im Vergleich zu anderen Ländern relativ hohe Quote in Deutschland kann mit dem Einbezug der Ausgaben für Langzeitpflege und den Rückgängen im BIP-Wachstum nach der Wiedervereinigung erklärt werden.[27] Die öffentlichen Sozialausgaben, die nicht mit Gesundheit bzw. Gesundheitsleistungen in Verbindung stehen, sind in den nicht-europäischen OECD-Staaten - z. B. in Australien und in den USA - niedriger als in den meisten EU-Staaten: Dänemark, die Niederlande und Österreich geben mehr als 20 % des BIP für nicht-gesundheitsbezogene Sozialleistungen aus (Vgl. Tabelle 1).

In Österreich werden diese Sozialausgaben in erster Linie für die Altersversorgung verwendet: Mit einem Anteil der diesbezüglichen öffentlichen Ausgaben von 14 % des BIP kann der österreichische Sozialstaat als "Pensioner State" bezeichnet werden. In Dänemark und Deutschland haben die demographischen Verschiebungen in Kombination mit dem zunehmenden Ausreifungsgrad der einkommensbezogenen öffentlichen Pensionssysteme ebenfalls hohe nichtgesundheitsbezogene Sozialleistungen für die Pensionisten zur Folge. Deren Anteil am BIP liegt bei ca. 11 % des BIP.[28] Die Dynamik der Bevölkerungsalterung wird auch in Hinkunft erheblichen Druck erzeugen, um die öffentlichen Mittel für die soziale Absicherung durch die Erwerbsbevölkerung sicherzustellen. In Australien, Großbritannien, den Niederlanden und den USA resultierte aus den relativ weniger großzügigen Ausgestaltungsformen des Pensionssystems und den damit relativ geringeren öffentlichen Ausgabenniveaus im Laufe der Jahre ein Anstieg der Ausgaben für private Altersvorsorge.[29]

---

27 Ein kompletter Überblick von Indikatoren über Gesundheit und das Gesundheitswesen und die Trends im OECD-Raum findet sich in *OECD* (2000).

28 Die Situation in Dänemark muß im Lichte der Steuerreform von 1994 gesehen werden. Siehe dazu auch die Ausführungen in Gliederungspunkt 4.2.

29 Vgl. dazu die weiteren Ausführungen in Gliederungspunkt 3.2.

Tabelle 1: Sozialausgaben (brutto) in ausgewählten OECD-Staaten im Jahre 1995, in % des BIP

	AUS	A	DK	GER	NL	UK	USA
Öffentliche Sozialausgaben	**17,8**	**26,2**	**32,2**	**27,1**	**26,8**	**22,4**	**15,8**
Gesundheitsleistungen	5,7	5,8	5,3	8,1	6,7	5,7	6,3
Altersversorgung	5,1	13,7	10,8	11,4	8,5	7,8	6,4
Erwerbsbevölkerung	7,0	6,6	16,0	7,6	11,7	8,8	3,1
Arbeitslosigkeit	1,2	1,4	4,6	1,5	3,1	0,9	0,4
Krankheit und Invalidität	2,0	1,8	2,7	1,5	5,3	2,8	1,1
Familienbeihilfe	2,6	2,3	4,1	2,0	1,4	2,4	0,6
Private Sozialausgaben	**3,9**	**1,6**	**1,4**	**2,5**	**5,2**	**4,6**	**8,4**
Obligatorische Leistungen	1,1	0,9	0,5	1,6	0,8	0,4	0,5
Freiwillige Leistungen	2,8	0,7	0,9	0,9	4,4	4,2	7,9
Gesamtsozialausgaben	**21,7**	**27,8**	**33,6**	**29,6**	**32,0**	**27,0**	**24,2**
Relation Öffentl.-/Gesamtausgaben	*0,82*	*0,94*	*0,96*	*0,92*	*0,84*	*0,83*	*0,66*
Relation Privat-/Gesamtausgaben	*0,18*	*0,06*	*0,04*	*0,08*	*0,16*	*0,17*	*0,34*

Quelle: *Adema* (1999); *OECD* (1999a).

Die Sozialausgaben in Australien, Dänemark, Großbritannien und Niederlanden sind im Vergleich zu denen in Deutschland, Österreich und den USA stärker darauf ausgerichtet die Bevölkerung im Erwerbsalter zu unterstützen.[30] Es ist einsichtig, daß das Volumen an Einkommensfortzahlungen an die Bevölkerung im Erwerbsalter und die Ausgaben für Arbeitslosenunterstützung im besonderen von den Entwicklungen auf dem Arbeitsmarkt beeinflußt sind und umgekehrt. Die Ausgaben für Arbeitslosenunterstützung sind in den letzten Jahren gesunken,[31] aber bis Mitte der 90-Jahre war das Wachstum der Beschäftigung in vielen OECD-Staaten nicht ausreichend, um einen markanten Anstieg der Arbeitslosigkeit und Nichtbeschäftigung zu vermeiden. So läßt sich in Australien, Dänemark,

30 Unterstützungszahlungen ohne Zweckbindung spielen im Rahmen der staatlichen Maßnahmen zur sozialen Absicherung kein große Rolle. Mit Ausnahme von Dänemark und Kanada übersteigt der Anteil dieser Ausgaben am BIP nicht 1 %. Vgl. *OECD* (1999a). Trotz eines Rückgangs der Sozialhilfefälle in Kanada und in den USA deutet der generelle Trend in der Entwicklung der Empfänger von Sozialhilfe in den meisten Staaten nach oben. Vgl. *OECD* (1999f); *OECD* (1999g).

31 Vgl. *OECD* (1999h).

Großbritannien und den Niederlanden eine steigende Inanspruchnahme von Leistungen wegen fehlender Beschäftigung konstatieren.[32] Insbesondere die Zunahme der Nichtbeschäftigung unter älteren Arbeitnehmern hat die Akzeptanz für ein früheres Ausscheiden aus dem Arbeitskräftepotential erhöht. Im weiteren wurden einige Programme, die der Einkommensunterstützung dienen, dazu herangezogen, um Wechselfälle des Lebens abzudecken, für die sie ursprünglich nicht gedacht waren. So haben insbesondere Programme für Behinderte zum Ausscheiden aus dem Arbeitskräftepotential beigetragen, weil teilweise die Situation am Arbeitsmarkt bei der Einschätzung der Behinderung bzw. deren Konsequenzen herangezogen wurden. Nachfolgende Länder haben einen erheblichen Anstieg der Ausgaben bei Leistungen für Behinderte zu verzeichnen: Australien, Deutschland, Großbritannien, die Niederlande, Österreich. Ingesamt blieb der Anteil der Erwerbspersonen, die Krankengeld erhielten in den 80- und 90-Jahren relativ stabil. In einigen Ländern hat es einen Rückgang bei den staatlichen Ausgaben für Krankengeld gegeben. Dieser Rückgang ist teilweise auf eine Verlagerung der Finanzierungsverantwortlichkeit in den ersten Tagen der Krankheit weg von öffentlichen Institutionen hin zu den Arbeitgebern zurückzuführen. Beispiele dafür sind Dänemark und die Niederlande.

Unter den OECD-Staaten geben die staatlichen Instanzen in den nordischen Staaten am meisten für die Unterstützung von Familien aus (Geldleistungen und Sachleistungen). Dies zeigt sich am Beispiel Dänemark (Siehe Tabelle 1). Dort liegt der Anteil der staatlichen Sachleistungen an die Familien (z.B. das Angebot von Kinderbetreuungseinrichtungen) bei mehr als 2 % des BIP. Die Zunahme der Doppel-Verdienerhaushalte wird auch in Zukunft Druck auf die Ausweitung dieser Kinderbetreuungseinrichtungen ausüben. Diese Angaben berücksichtigen natürlich nicht die Unterstützung von Familien mit Kindern durch steuerliche Begünstigungen, wie sie in einigen OECD-Staaten üblich ist.[33]

3.2 Die steigende Bedeutung privater Sozialleistungen

Aus einer Vielzahl von Gründen hat die Bedeutung der privaten Sozialleistungen in vielen OECD-Staaten zugenommen. In einzelnen Fällen sind private Leistungen Substitute für öffentliche Programme. Effizienzüberlegungen[34] und straffe Bud-

---

32 Vgl. *OECD* (1999).

33 Vgl. die weiteren Ausführungen in diesem Beitrag.

34 Es wurde ein größeres Augenmerk darauf gelegt die Zieleffektivität der Sozialprogramme zu steigern und in einzelnen Fällen beinhalteten diese Reformen eine Verlagerung der Verantwortlichkeit von öffentlichen auf private Institutionen. Die öffentlichen Arbeitsmarkteinrichtungen in Australien und den Niederlanden sind Beispiele dafür. Vgl. *OECD* (1998); *OECD* (1998c). Die institutionelle Struktur des Arbeitsmarktes und der Sozialpolitik wurden in den 90-Jahren in den Niederlanden einer grundlegenden Reform unterzogen. Ein wesentliches Ziel war es, die Effektivität aller Maßnahmen zur Reintegration der Leistungsbezieher in den Arbeitsmarkt zu erhöhen. Vgl. *Adema/Pilat* (1999). Die finanzielle Verantwortlichkeit der verschie-

getvorgaben haben die Regierungen in einigen Ländern auf die Idee gebracht nach Wegen und Mitteln zu suchen, andere Institutionen für soziale Programme in die Pflicht zu nehmen. Eine bevorzugte Strategie war dabei die Betonung der Verantwortung der Arbeitgeber, Maßnahmen zum Schutz gegen soziale Risiken für ihre Belegschaft zu initiieren. Hand in Hand mit dieser Entwicklung hat der eingeschränkte Zugang zu öffentlichen Programmen gekoppelt mit niedrigeren Leistungsniveaus[35] einerseits Gruppen von Beschäftigten dazu animiert betriebliche soziale Absicherung in Rahmen von Kollektivvereinbarungen zu verhandeln. Andererseits könnte diese Entwicklung Individuen mit bestimmten Risikoprofilen dazu gezwungen haben, umfassenderen Schutz außerhalb der staatlichen Einflußsphäre zu suchen.

Private Sozialleistungen können aber auch komplementär zu öffentlichen Leistungen sein und ein Anstieg der privaten Ausgaben muß nicht notwendigerweise bedeuten, daß die öffentliche Absicherung zurückgeht. So steigt beispielsweise die Bedeutung der privaten Pensionsleistungen in den Niederlanden kontinuierlich, obwohl sich in den Usancen der Leistungsgewährung im öffentlichen Pensionsversicherungssystem nichts geändert hat. Die privaten Leistungen können bei gleichbleibender oder steigender Großzügigkeit bei den öffentlichen Leistungen auch deswegen steigen, weil der steigende ökonomische Wohlstand (Vgl. Abbildung 1) den Individuen mehr Möglichkeiten gibt, ihre Präferenzen für (soziale) Absicherung zu befriedigen. Und in einzelnen Fällen ermutigen die staatlichen Instanzen Individuen und Arbeitgeber private Formen der sozialen Absicherung zu starten. (Vgl. Box 1).

---

denen gebietskörperschaftlichen Ebenen wurden neu definiert. Dadurch sollten die Gemeinden, die für die Reintegration der Sozialhilfeempfänger verantwortlich waren, finanziellen Anreize erhalten. Zusätzlich wurde das Öffentliche Arbeitsmarktservice (PES) reformiert, um für die Mitarbeiter mehr Einflußmöglichkeiten auf die Arbeitsmarktmaßnahmen für ihre Klienten zu schaffen. Mitte der 90-Jahre war das PES-Budget in zwei Teile aufgespalten: Ein "Basisbudget" (für Arbeitsvermittlung) und ein "Leistungsbudget", das für die Reintegration von Leistungsbeziehern zweckgebunden war. In der zweiten Hälfte der 90-Jahre wurde das "Leistungsbudget" vom Öffentlichen Arbeitsmarktservice auf jene öffentliche Institutionen, die für die Sozialversicherung verantwortlich sind, und auf die Gemeinden umgeschichtet. Bis zum 1. Jänner 2000 waren diese Gemeinden und die Sozialversicherungsinstitutionen verpflichtet Reintegrationsleistungen beim Öffentlichen Arbeitsmarktservice zu kaufen. Seit Beginn dieses Jahres ist es den Gemeinden und den Trägern der Sozialversicherung freigestellt, öffentliche oder private Anbieter von Reintegrationsleistungen in den Arbeitsmarkt für ihre Klientel auszuwählen.

35 Vgl. *OECD* (1999i).

Schaukasten 1: Was sind private Sozialleistungen?

Auf den ersten Blick könnte der Ausdruck "Private Sozialleistungen" wie ein Oxymoron erscheinen, da das, was als "privat" bezeichnet wird als Gegensatz zu "sozial" bezeichnet werden könnte. Aber in der Terminologie existiert eine hierarchische Beziehung. Erstens wird das, was als "sozial "bzw. als "nicht-sozial" bezeichnet wird durch die Zielsetzungen der Leistungen und durch das Vorhandensein von Elementen der interpersonellen Umverteilung im Absicherungsangebot bestimmt. Im weiteren existiert eine Abgrenzung basierend auf der Anwort auf die Frage, wer die jeweiligen finanziellen Ströme kontrolliert: öffentliche Institutionen oder private Körperschaften. In dieser Interpretation ist "privat" nicht der Gegensatz zu "sozial", sondern der Gegensatz zu "öffentlich". Diese Unterscheidung zwischen "privat" und "öffentlich" entspricht auch den Konventionen der Volkswirtschaftlichen Gesamtrechnung.[36] In unserem Kontext ist der Gegensatz zu "sozial" "rein privat". Definitionsgemäß sind daher Leistungen, die kein Element der interpersonellen Umverteilung enthalten, wie z.B. eine Versicherung, die auf Basis der bestehenden Marktpreise und Risikoprofile gekauft wird, nicht sozial. Insgesamt weist das Konzept der sozialen Absicherung einige, aber nicht alle privaten Ausgaben der sozialen Sphäre zu.

Damit ein Programm als "sozial" bezeichnet wird, muß es eine sozialpolitische Zielsetzung erfüllen und ein Element der interpersonellen Umverteilung beinhalten. Nur unter der Voraussetzung, daß ein privater Versicherungsplan ausschließlich vom individuellen Risikoprofil abhängt, wird er nicht als sozial bezeichnet. Um diesen Punkt klar zu machen betrachten wir den Fall, daß die Regierung durch finanzielle Maßnahmen die private Pensionsvorsorge mit einer degressiven Rate unterstützt. Das Individuum zahlt seine ersten 1000 Einheiten in seinen individuellen Pensionsplan. Die Regierung gewährt dafür einen finanziellen Abzug von 200 Einheiten. Für die zweiten 1000 Einheiten, die das Individuum zahlt, gewährt die Regierung einen Abzug von 100 Einheiten. Über einer Beitragsleistungen von mehr als 2000 Einheiten gewährt die Regierung keinen Abzug mehr. In diesem Fall können Leistungen, die auf Beiträge über der Grenze von 2000 Einheiten zurückzuführen sind, nicht als "sozial" bezeichnet werden, da sie keine bevorzugte steuerliche Behandlung erfahren. Man könnte argumentieren, daß allein der Wert der finanziellen Intervention zu Gunsten der Leistung als "sozial" zu bezeichnen wäre. Aber die relevanten finanziellen Maßnahmen verteilen Einkommen nur bis zu jenem Niveau, bei dem die steuerlichen Vorteile nicht mehr zutreffen. Und daher sind alle Leistungen, die auf diese Beiträge zurückgehen, einbezogen. Theoretisch bedeutet diese Richtschnur eine klare Unterscheidung zwischen Regelungen, die als "sozial" bezeichnet werden können und Regelungen, denen diese Eigenschaft nicht zukommt.

[36] Vgl. *SNA* (1993).

Die Beispiele Australien und Schweiz zeigen allerdings, daß es schwer ist innerhalb der relevanten Programme zu entscheiden, welche Leistungen auf verpflichtenden, freiwilligen, oder manchmal rein privaten Pensionsbeiträgen beruhen.
Im Gesundheitswesen wird die Abgrenzung des Ausmaßes privat bereitgestellter Sozialleistungen durch die Existenz der individuellen Kostenbeteiligung erschwert. Grundsätzlich sind alle Zahlungen, die auf Basis eines individuellen Risikoprofils und auf Basis der individuellen Präferenzen zu herrschenden Marktpreisen geleistet werden, nicht als "sozial" zu klassifizieren. Aber nehmen wir beispielsweise den Fall an, daß ein Individuum durch einen einheitlichen öffentlichen Krankenversicherungsplan und durch einen ergänzenden betrieblichen und steuerlich begünstigten privaten Versicherungsplan abgedeckt ist. Für eine bestimmte medizinische Leistung zahlt die Krankenversicherung 90 % der Kosten und überläßt die restlichen 10 % dem Individuum. Um die daraus resultierende individuelle Zahlung als "sozial" zu bezeichnen, müssen zwei Bedingungen erfüllt sein: Erstens muß die medizinische Intervention auf einer medizinischen Notwendigkeit beruhen. Zweitens muß der Staat durch Subventionen oder durch regulierende Maßnahmen die Preise der medizinischen Leistungen verändert haben. Tatsächlich führen Regierungen oft Kostenbeteiligungen - wie klein auch immer - ein, um die Nachfrage nach Gesundheitsleistungen zu dämpfen. Dies läßt die Vermutung zu, daß Regierungen die Nachfrage nach Gesundheitsleistungen in ähnlicher Weise unterstützen oder steuern wollen, wie sie dies tun, wenn sie Pensionsversicherungsprogramme unterstützen wollen. Ausgaben für bestimmte medizinische Eingriffe werden nicht als "sozial" bezeichnet. Beispielsweise wird bei rein kosmetischer Chirurgie im Gegensatz zu wiederherstellender Chirurgie nicht davon ausgegangen, daß damit ein medizinischer Bedarf abgedeckt wird. Solche Eingriffe werden auch selten von öffentlichen oder privaten Krankenversicherungsprogrammen abgedeckt. Die Datenlage ermöglicht derzeit keine vollständige Erfassung der individuellen Kostenbeteiligung. Deswegen wird sie in dieser Arbeit nicht einbezogen.[37]

[37] Für eine weitergehende Diskussion vgl. *Adema* (1999).

Der Anteil der öffentlichen an den gesamten Sozialausgaben liegt in Europa immer noch bei über 90 %. Ausnahmen davon sind Großbritannien und die Niederlande. In den USA machen dagegen private Sozialleistungen rund ein Drittel der gesamten Sozialleistungen aus (Vgl. Tabelle 1). Es wichtig in diesem Zusammenhang zu betonen, daß die Verbreitung privat finanzierter und organisierter Sozialleistungen in hohem Ausmaß vom Verhalten der staatlichen Institutionen abhängt. Oder anders ausgedrückt: Staatliche Eingriffe mit rechtlichen und fiskalischen Instrumenten (z.B. Steuerbefreiungen mit einer sozialpolitischen Zielsetzung) bestimmen das Ausmaß der privaten sozialen Unterstützung.[38] Dies ist deswegen der Fall, weil die Regierung durch rechtliche und finanzpolitische Eingriffe in private Versicherungspläne letztlich ein Element der interpersonellen Umverteilung schafft. Im Falle verpflichtender Leistungen sind Arbeitgeber bzw. Individuen gezwungen Vorsorgemaßnahmen unabhängig von ihren Risikoprofilen und den herrschenden Marktpreisen zu treffen. Öffentliche Eingriffe, die mit Hilfe finanzpolitischer Instrumente private Aktivitäten auf einer kollektiven oder individuellen Basis anregen sollen, führen dazu, daß diese Entscheidung nicht ausschließlich vom individuellen Risikoprofil und den herrschenden Marktpreisen abhängt. Ähnliches gilt für soziale Leistungen, die aus Kollektivvereinbarungen abgeleitet werden. Es gibt daher eine große Ähnlichkeit zwischen freiwilligen privaten Leistungen und rechtlich verpflichtenden privaten Arrangements. Zudem ergänzen freiwillige private Leistungen (die häufig in Kollektivvereinbarungen verlangt werden) oft öffentliche und gesetzlich vorgeschriebene private Leistungen. Vereinzelt ersetzen sie auch Letztere. Wie die Beispiele aus den Niederlanden, Großbritannien und den USA zeigen, betreffen diese Leistungen häufig den Bereich der Pensionen und des Krankengeldes.

Auf gesetzlichen Auflagen und auf Zwangsbasis beruhende private Sozialleistungen betreffen oft Lohnfortzahlungen der Arbeitgeber im Krankheitsfall und privat finanzierte Leistungen, die aus gesetzlichen Regelungen von Berufsunfällen und Berufskrankheiten abgeleitet werden. Vom Arbeitgeber auf Zwangsbasis angebotene Leistungen im Krankheitsfall haben in Deutschland die größte Bedeutung. Sie beliefen sich im Jahre 1995 auf 1,5 % des BIP. Sie existieren aber auch in Australien, Dänemark, den Niederlanden, Österreich und in 6 Staaten der USA. In Dänemark und in den Niederlanden hat die Verpflichtung der Arbeitgeber Leistungen im Krankheitsfall zu erbringen in den 90-Jahren zu einem Wachstum der privaten Ausgaben geführt (Vgl. Abb. 4). Gesetzliche Leistungen können auch auf die gesetzlich vorgesehenen Beiträgen zu arbeitgeberfinanzierten

---

[38] Neben den rechtlich geforderten und den durch finanzielle Maßnahmen geförderten privaten Leistungen wird private soziale Unterstützung auch durch nichtkommerzielle nichtstaatliche Institutionen angeboten. Diese NGO`s werden oft durch Spenden von Haushalten und Arbeitgebern unterstützt. Sie erhalten aber auch erhebliche staatliche Subventionen und steuerliche Begünstigungen. Obwohl diese Institutionen in der Volkswirtschaftlichen Gesamtrechnung erfaßt sind, gibt es umfassende Informationen über die Leistungen dieser NGO`s, die mit der detaillierten Information aus der OECD Social Expenditure Database vergleichbar wäre, derzeit nicht. Daher sind diese Leistungen in diesem Abschnitt nicht erfaßt.

und/oder individuellen Pensionsplänen zurückgeführt werden. Dies ist in Australien und Großbritannien der Fall.

Beispiele für freiwillige private Pensionen sind die betrieblichen Pensionsleistungen, die in allen 7 Staaten gezahlt werden. Darunter können aber auch Leistungen, die von individuellen und steuerlich begünstigten privaten Pensionsbeiträgen stammen, subsumiert werden. Dies ist in Australien, Dänemark, Großbritannien und den USA der Fall. 1995 waren die Zahlungen aus privaten Pensionsversicherungsfonds mit 2 % des BIP in Australien und Schweden bereits beachtlich. In den USA und den Niederlanden betrug der Anteil ca. 3 % des BIP. Mit 4 % des BIP war deren Bedeutung in Großbritannien am größten. Zusätzlich ist zu berücksichtigen, daß die Größenordnung der privaten Pensionsleistungen mit steigendem Ausreifungsgrad zunehmen wird.[39]

Abbildung 4: Die steigende Bedeutung privater Sozialleistungen, 1980 – 1995, in % des BIP

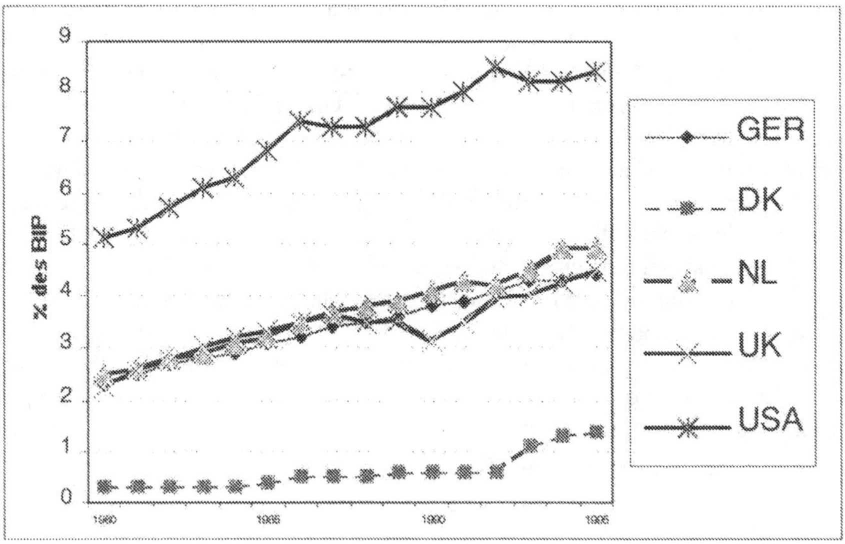

Quelle: *Adema* (1999); *OECD* (1999a).

Im Gesundheitswesen sind private Sozialleistungen unter den betrachteten 7 Ländern in den USA mit einem Ausgabenanteil von 5 % des BIP am stärksten verbreitet. Dies bedeutet, daß dort alle privaten Sozialleistungen ca. 8 % des BIP ausmachen und damit ungefähr ein Drittel aller Sozialleistungen darstellen (Vgl. Tabelle 1). In Analogie zu anderen privaten Leistungen umfassen private Sozial-

39 Vgl. *Adema/Einerhand* (1998).

leistungen im Gesundheitswesen jenen Teil der privaten Gesundheitsleistungen von privaten Krankenversicherungsplänen, die ein Element der interpersonellen Umverteilung beinhalten. In den USA wird die Umverteilung in privaten Krankenversicherungsplänen durch die erhebliche öffentliche Unterstützung, die diese Programme erhalten, ausgelöst: Bei der Absenz eines einheitliches Absicherungssystem setzt die amerikanische Regierung Steuervergünstigungen in einem Ausmaß von fast 1 % des BIP ein, um betriebliche Krankenversicherungspläne zu finanzieren und zu unterstützen. Die hohen privaten Sozialausgaben im Gesundheitsbereich hängen in den USA auch mit den hohen Gesamtkosten dieses Sektors zusammen. Die Pro-Kopf-Gesundheitsausgaben (ausgedrückt in US Dollar) sind in den USA doppelt so hoch wie in den meisten anderen OECD-Staaten.[40] Diese relativ hohen Gesundheitskosten in den USA ergeben sich aus einer Vielzahl von Faktoren: relativ hohe Faktorkosten (hohe Löhne und die Verwendung von moderner und kostenintensiver Technologie); ein relativ großzügiges Güter- und Leistungsangebot; relativ hohe Organisationskosten des amerikanischen Gesundheitswesens. Insgesamt belaufen sich in den USA die öffentlichen und privaten Sozialleistungen im Gesundheitswesen auf ca. 11.5 % des BIP. Das ist mehr als 3 %-Punkte über der Quote in Deutschland, dem Land mit dem zweithöchsten relativen Ausgabeniveau.

Die zunehmende Zahl der Doppel-Verdiener-Haushalte dürfte die Ausweitung der Kinderbetreuungseinrichtungen und andere Maßnahmen, die der Vereinbarkeit von Arbeit und Familienleben dienen, weiter begünstigen. Angesichts der Beschränkungen der öffentlichen Budgets und dem Druck, der von der Dynamik alternder Populationen um öffentliche Unterstützung durch die Beschäftigtengeneration ausgeht, suchen die staatlichen Entscheidungsträger - mit Ausnahme vielleicht der nordischen Staaten - nach Wegen und Mitteln die Rolle der Arbeitgeber bei der Bereitstellung dieser familienfördernden Maßnahmen zu stärken. Andererseits könnten Arbeitgeber durchaus auch selbst daran interessiert sein solche Angebote zu machen, um qualifizierte Arbeitskräfte anzuziehen bzw. zu halten und um die Produktivität der Arbeitskräfte zu steigern. In jedem Fall wird die steigende Nachfrage nach Maßnahmen, die es erlauben Beruf und Familie zu vereinbaren, die Bedeutung privater sozialer Leistungen ansteigen lassen.

4. Die Sozialausgaben in einer Nettobetrachtung

Die Indikatoren, die bislang zur Beschreibung der Sozialausgaben verwendet wurden, beruhen auf einer Bruttobetrachtung (d. h. Sozialausgaben vor Steuern). Sie zeigen erhebliche Unterschiede in der Struktur der Wohlfahrtsstaaten in den OECD-Staaten und im EU-Raum. Aber diese Indikatoren haben den Nachteil, daß sie den Einfluß des Steuersystems auf die Sozialausgaben unberücksichtigt lassen.

---

[40] Vgl. *OECD* (2000).

Schlußfolgerungen hinsichtlich des Umfanges sozialer Absicherungssysteme ohne Berücksichtigung dieser fiskalischen Maßnahmen sind daher irreführend. Um daher ein richtiges Bild von den sozialpolitischen Aktivitäten in einem Land und im Vergleich von unterschiedlichen Ländern zu bekommen, müssen folgende steuerliche Regelungen berücksichtigt werden:

1. *Direkte Steuern, inklusive Sozialversicherungsbeiträge, die vom Transfereinkommen erhoben werden:* Regierungen belasten Geldleistungsbezieher mit einer Einkommensteuer oder mit Sozialversicherungsbeiträgen. Daher ist die soziale Umverteilung der Ressourcen kleiner als dies durch die Bruttogrößen angezeigt wird.

2. *Indirekte Steuern auf die Verwendung (den Konsum) des Transfereinkommens:* Die Leistungsempfänger verwenden ihr Transfereinkommen um den Konsum von Gütern und Dienstleistungen zu finanzieren und diese indirekten Steuern fließen an den Fiskus zurück.

3. *Steuerbefreiungen mit sozialpolitischen Zielsetzungen:* Fiskalische Maßnahmen mit sozialpolitischen Wirkungen sind solche, die Geldleistungen ersetzen können (z.B. Kinderfreibeträge) oder die private Leistungsbereitstellung fördern sollen (z.B. Steuerbegünstigungen bei der Bereitstellung privater Kinderbetreuungseinrichtungen).

Die folgenden Unterkapitel erfassen den Einfluß jeder dieser drei Komponenten.

4.1 Die direkte Besteuerung des öffentlichen Transfereinkommens

Die Unterschiede in der Besteuerungshöhe in den verschiedenen Staaten spiegeln sich in den Leistungsniveaus (brutto) und daher in den Sozialausgaben insgesamt wider. Da aber Regierungen vereinzelt auch Geldleistungen an die Leistungsempfänger als Bemessungsgrundlage für die Einkommensteuer und die Sozialversicherungsbeiträge heranziehen, ist das sozialpolitische Aktivitätsniveau und die Umverteilung von Ressourcen geringer als die Ausgabeindikatoren in ihrer Bruttoversion vermuten lassen würde. Dieser Effekt ist allerdings von Land zu Land unterschiedlich. In einigen OECD-Staaten werden fast alle Leistungen ohne Steuer ausbezahlt; in anderen werden sie in gleicher Weise wie Arbeitseinkommen besteuert. So hat beispielsweise in Österreich der Empfänger von Arbeitslosengeld, dessen letztes Einkommen dem Durchschnitt eines "average production worker" (APW) entsprach, und der in einem Alleinverdienerhaushalt mit zwei Kindern lebt im Jahre 1997 ein Arbeitslosengeld von umgerechnet 15,991 \$ bekommen, das steuerfrei war. Im Gegensatz dazu hat die gleiche Person in den Niederlanden Arbeitslosengeld von jährlich 25,717 \$ bekommen, dafür aber 6,295 \$ an Einkommensteuer und Sozialversicherungsbeiträgen bezahlt, so daß sein Transfereinkommen (netto) 18,423 \$ betrug.[41] Im Endeffekt ist das Nettoeinkommen für Ar-

[41] Vgl. *OECD* (1999i).

beitslose in der Niederlande höher als in Österreich, die Unterschiede sind aber nicht so groß wie ein Vergleich der Zahlungen (brutto) vermuten lassen würde. Insgesamt bedeutet dies, daß Länder, die Transfereinkommen ziemlich hoch besteuern, dadurch einen erheblichen Teil des Transfereinkommens in die "coffers of the treasury" umleiten. Daher sind die Sozialausgaben für Arbeitslosenunterstützung in der Niederlande deutlich unter jenem Niveau, das die budgetären Indikatoren vermuten lassen würden.

Um für das Ausmaß der direkten Besteuerung der Geldleistungen zu korrigieren, werden "average itemised tax rates" (AITR) berechnet. Dies geschieht auf Basis von Informationen, die von den nationalen Behörden zur Verfügung gestellt wurden. Diese AITRs sind eine Schätzung der durchschnittlichen Steuer (inklusive Sozialversicherungsbeiträge), die von einem bestimmten Ausgabeposten bezahlt wird (z.B. die durchschnittliche Steuer, die von öffentlichen Pensionseinkommen bezahlt wird.). Die AITRs wurden auf Basis unterschiedlicher Datenquellen berechnet: Angaben der Steuerverwaltung, basierend auf den Steuererklärungen, Mikro-Datensätze und/oder "Mikrosimulations-Modelle".[42] Schließlich wurden diese AITRs auf Ausgabeposten insgesamt (brutto), wie sie in der OECD Social Expenditure Database ausgewiesen werden, angewandt.

Nimmt man diese Korrekturen vor, dann ergibt sich, daß Großbritannien und die USA Länder sind, in denen die Differenz zwischen den Leistungen in einer Brutto- und Nettobetrachtung relativ gering ist, da das Steueraufkommen von Transfereinkommen mit weniger als 0.5 % des BIP relativ niedrig ist. Ähnlich ist die Situation in Australien und Deutschland, wo die direkten Einnahmen aus der Besteuerung von Transfereinkommen bei 1 % des BIP liegen.[43] Im Gegensatz dazu belaufen sich die Einnahmen aus der direkten Besteuerung von Transfereinkommen in Dänemark und den Niederlanden auf ungefähr 5 % des BIP. Dies ist zehnmal höher als in Großbritannien und den USA (Vgl. Abb. 5). Daher ist in diesen Ländern (Dänemark, Niederlande) das tatsächliche sozialpolitische Aktivitätsniveau wesentlich geringer als dies die Bruttoindikatoren vermuten lassen würden.

---

42 Vgl. *Adema* (1999).

43 Aus der Lohnsteuerstatistik 1995 für Österreich ergibt sich, daß die Steuern und Sozialversicherungsbeiträge von Pensionisten 46 Mrd. ATS oder ca. 2 % des BIP ausmachen. Dies dürfte allerdings eine Überschätzung der Besteuerung von Transfereinkommen sein, da auch die Löhne und andere Einkommensquellen der Pensionisten durch die Steuer erfaßt werden. Da die Belastung anderer öffentlicher Leistungen mit direkten Steuern niedrig ist, dürfte die Belastung des Transfereinkommens durch direkte Steuern in Österreich ungefähr die Hälfte der steuerlichen Belastung der Leistungsbezieher in den Niederlanden sein. (Vgl. Abbildung 5)

Abbildung 5: Aufkommen an direkten Steuern und Sozialversicherungsbeiträgen von Leistungsbeziehern, in % des BIP

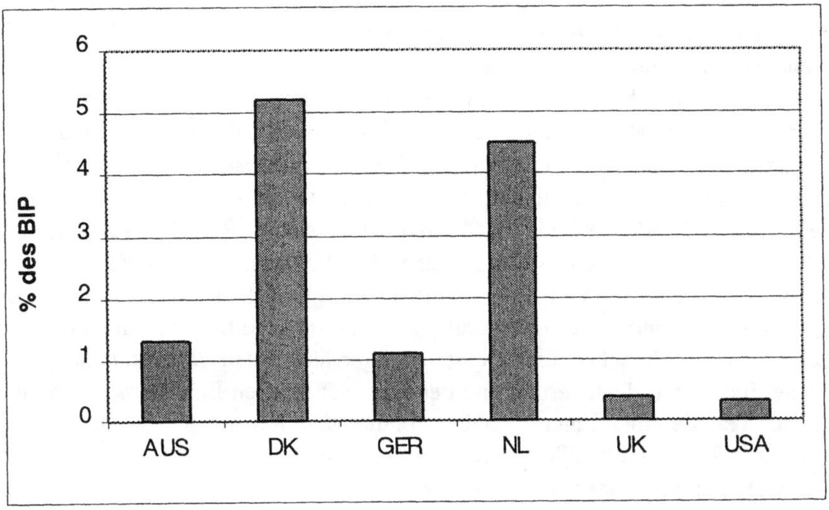

Quelle: *Adema* (1999).

Diese (hoch-)aggregierten Indikatoren verdecken die erheblichen Unterschiede in Art wie verschiedene Sozialleistungen besteuert werden. So sind z.B. Leistungen, denen eine Prüfung der ökonomischen Verhältnisse vorausgeht, im allgemeinen nicht besteuerbar. In gleicher Weise sind viele Familienleistungen (mit Ausnahme der Leistungen von Arbeitgebern) von der Besteuerung ausgeschlossen. Auf der anderen Seite zählen Geldleistungen an Beamte und andere Beschäftigte im öffentlichen Sektor in allen Staaten zu den am stärksten besteuerten Geldleistungen. Läßt man diese Leistungen außer Betracht, dann machen die Steuern und Sozialversicherungsbeiträge auf öffentliche Geldleistungen im Alter, Hinterbliebenenpensionen, Geldleistungen für Behinderte und Geldleistungen für Opfer von Berufsunfällen in Australien, Deutschland, Großbritannien, USA weniger als 4 % der Gesamtausgaben für diese Leistungen aus. Die Besteuerung des Arbeitslosengeldes ist in diesen Staaten ebenfalls relativ niedrig. Diese tiefen Niveaus der Besteuerung resultieren aus der Tatsache, daß die Empfänger dieser Leistungen niedrige Einkommen haben. Dies gilt insbesondere dort, wo der Leistungsgewährung an die Prüfung der Einkommens- und Vermögenssituation geknüpft ist, wie dies in Australien und Großbritannien der Fall ist. In Deutschland ergibt sich die Beschränkung der Besteuerung von Transfereinkommen aus einem Erkenntnis des Bundesverfassungsgerichtshofes.

4.2 Indirekte Besteuerung des Konsum der Empfänger von Transfereinkommen

Die indirekte Besteuerung berührt das sozialpolitische Aktivitätsniveau in der selben Weise und Richtung wie die direkte Besteuerung. Empfänger von Sozialleistungen verwenden ihr Einkommen im allgemeinen, um den Konsum von Gütern und Dienstleistungen wie Wohnen, Kleidung, etc. zu finanzieren. Konsumsteuern reduzieren daher den realen Wert des Konsums, der von einem gegebenen Leistungsniveau finanziert werden kann und bewirken - ähnlich wie die direkten Steuern auf Geldleistungen - einen Steuerrückfluß zum Fiskus. Um beispielsweise einen Bezieher einer Sozialleistung mit einem Nettoeinkommen von 100 auszustatten, braucht Land A mit einem Mehrwertsteuersatz von 10 % eine Bruttozahlung von ca. 111 Einheiten, während Land B mit einem Mehrwertsteuersatz von 20 % eine Bruttozahlung von 125 Einheiten benötigt. Offensichtlich ist der Rückfluß, der durch die indirekte Besteuerung entsteht, in Land B wesentlich größer als in Land A. Die politischen Entscheidungsträger haben den Zusammenhang zwischen der indirekten Besteuerung und der Lage der unteren Einkommensschichten sowie der Transfereinkommensbezieher erkannt. Die Reform der indirekten Steuern in Australien im Juli 2000 sieht beispielsweise die Einführung einer Güter- und Dienstleistungssteuer von 10 % vor. Güter, die der Befriedigung lebensnotwendiger Bedürfnisse dienen - wie z.B. Nahrungsmittel - sollen nicht besteuert werden. Darüber hinaus soll im Rahmen der direkten Besteuerung und durch Leistungsausweitungen ein Paket kompensierender Maßnahmen für die Empfänger von Sozialversicherungsleistungen, Pensionisten und Bezieher niedriger Einkommen eingeführt werden.

Auf Grund verschiedener Probleme in der Datenverfügbarkeit, soll hier ein impliziter durchschnittlicher Steuersatz berechnet werden. Er ist definiert als das Verhältnis des Aufkommens aus allgemeinen Konsum- und Verbrauchsteuern und einer breit definierten Konsumsteuerbemessungsgrundlage. Letztere schließt den privaten und öffentlichen Konsum abzüglich der Löhne, die der Staat zahlt, ein. Dieser einfache Ansatz ist zwar nur eine Annäherung, aber klar und transparent.[44] Es zeigt sich, daß der implizite durchschnittliche Steuersatz in Australien (8.2 %) und in den USA (5.3 %) am niedrigsten ist. In Deutschland, der Niederlande und in Großbritannien liegt der gleiche Wert bei 15 %. Am höchsten waren die impliziten durchschnittlichen Steuersätze in Dänemark. Wie weiter unten gezeigt wird, haben sie sich durch die Steuerreform 1994 ebendort weiter erhöht. Daraus folgt, daß der Rückfluß des Transfereinkommens durch die indirekte Besteuerung in Dänemark (beinahe 7 % des BIP im Jahre 1995) weit höher ist als in den USA (0,8 % des BIP). Dies hat offensichtliche Auswirkungen auf das Ausmaß, in dem Ausgabeindikatoren (in einer Bruttobetrachtung) das sozialpolitische Aktivitätsniveau widerspiegeln.

---

44 Vgl. *Adema et al.* (1996).

4.3 Steuerbefreiungen mit sozialpolitischen Zielsetzungen

In den beiden vorangegangenen Unterkapiteln wurde die begünstigte Besteuerung einzelner Einkommensquellen, Güter und Dienstleistungen und Haushaltstypen diskutiert. Steuervergünstigungen (wie beispielsweise die altersabhängige Abzugsmöglichkeit für Rentner in Großbritannien) sind eine Veränderung der direkten Besteuerung gleich zu halten und daher bereits im Rahmen des Abschnitts über die direkte Besteuerung berücksichtigt. Um Doppelzählungen zu vermeiden, werden die ermittelten Werte solcher Steuervorteile nicht noch einmal berücksichtigt. Aber es gibt noch andere Steuervorteile, die nicht in den vorangegangenen Abschnitten abgedeckt wurden. Regierungen praktizieren auch Steuerbefreiungen, die als Verkürzungen, Ausnahmen, Abzüge und Aufschübe von Steuern definiert werden können, die a) dieselbe sozialpolitische Funktion wie Transferzahlungen und die, falls sie existieren würden, als Sozialausgaben klassifiziert würden, oder die b) darauf gerichtet sind private Angebote von Leistungen zu fördern. Solche Steuerbefreiungen können Haushalten, Arbeitgebern und privaten Fonds gegeben werden, die soziale Dienstleistungen anbieten, z.B. Pensionsfonds nach dem Kapitaldeckungsverfahren und NGO`s. Diese Steuerbefreiungen mit sozialpolitischer Zielsetzung (TBSP)[45] können in die nachfolgenden Kategorien eingeteilt werden:

1. *Steuerbefreiungen, die in der Wirkung Geldleistungen entsprechen:* Die Bedeutung dieser fiskalischen Maßnahmen kann in einzelnen Ländern beachtlich sein. So beläuft sich beispielsweise 1995 in Deutschland der Wert der Steuerbefreiungen für Familien mit Kindern auf ungefähr 14.6 Mrd. \$.[46] Der "Earned Income Tax Credit" (EITC) in den USA betont den Zusammenhang von direkten Geldleistungen und Steuerbefreiungen mit sozialpolitischer Zielsetzung. 1995 beliefen sich die Kosten dieses Programms auf beinahe 26.0 Mrd. \$. Davon wurden 5.2 Mrd. \$ in Form von Steuerbefreiungen gegeben (und fallen damit in diese Kategorie), während 20.8 Mrd. \$ Steuerbefreiungen waren, die die Steuerverpflichtungen der Empfänger überstiegen. Diese rückzahlbaren Steuerkredite stellen Transferzahlungen der Regierung an den Empfänger dar und werden als steuerfreie direkte Sozialausgaben betrachtet.

2. *Steuerbefreiungen auf "laufende" private Sozialleistungen:* Diese Steuerbefreiungen sollen den Abschluß privaten Versicherungsschutzes fördern und können im selben Jahr zu Leistungen führen. So ist beispielsweise in den

45 Im folgenden wird im Text für diese Kategorie die englische Abkürzung TBSP für "Tax breaks for social purposes" verwendet.

46 TBSPs beinhalten nicht die steuerlichen Vorteile von Verheirateten, die im Jahr 1995 für Deutschland mit 1 % des BIP angegeben wurden. Diese werden als Teil der grundlegenden Steuerstruktur angesehen und nicht als "tax expenditures" betrachtet. In ähnlicher Weise wird im Falle des "quotient familiale" in Frankreich nur der Wert der Leistungen für die Kinder berücksichtigt, falls er abgrenzbar wäre. Die Steuernachlässe für die verheirateten Personen werden ausgeklammert. Der "quotient familiale" betrug 1994 ungefähr 1 % des BIP. Vgl. *OECD* (1996).

USA der Wert der Steuervorteile für die von den Arbeitgebern bezahlten Krankenversicherungen und Gesundheitsausgaben erheblich und lag 1995 bei über 0.8 % des BIP. Diese Ausgabe ist Teil der hohen Gesamtkosten des Gesundheitswesens in den USA.

3. *Steuerbefreiungen für Pensionen:* Diese TBSP sollen den Abschluß private Pensionsversicherungen fördern. Sie beinhalten Steuerbefreiungen für Beiträge zu privaten Pensionen und Steuererleichterungen für das Einkommen aus der Veranlagung bei kapitalfundierten Pensionsfonds. Wir verfügen über kein vergleichbares Datenmaterial hinsichtlich des Wertes der TBSP. Die Methoden zur Erhebung des Wertes der Besteuerung bzw. von steuerlichen Erleichterungen auf den verschiedenen Stufen dieses Spar- bzw. Entsparvorganges variieren nämlich beträchtlich. Daher sind diese Schätzungen in den Gesamtberechnungen des nächsten Kapitels nicht berücksichtigt. Trotzdem ist es klar, daß der Wert dieser TBSP in den Ländern, in denen wir über Angaben verfügen, beträchtlich ist: Das Ausmaß der steuerlichen Begünstigung privater Pensionsvorsorge beträgt zwischen 1 % und 2.4 % des BIP. Die aufsteigende Ordnung der Länder lautet: USA, Australien, Niederlande, Großbritannien.[47] Das sind im übrigen auch die Länder, in denen private Pensionsleistungen am wichtigsten sind.[48]

Im allgemeinen unterscheidet sich der interpersonelle Umverteilungscharakter von privaten Sozialleistungen deutlich von dem sozialer Unterstützungsprogramme. Dies muß allerdings für die interpersonelle Umverteilung von privaten Pensionssystemen im Vergleich zu öffentlichen Pensionssystemen für Beamte oder andere einkommensabhängige Pensionsleistungen, die weitgehend von der Beitragsleistung des Leistungsempfängers abhängen, nicht gelten. Trotzdem ist der Schluß zulässig, daß die Unterstützung privater Pensionsprogramme über Steuererleichterungen eher den oberen Einkommensschichten zu Gute kommen dürfte.

4.4 Die Nettosozialausgaben im Ländervergleich

Um einen internationalen Vergleich der Ausgabeindikatoren zu ermöglichen, wurden die Angaben über Bruttoleistungen und die Steuern, wie sie oben erörtert wurden, in einen Rahmen integriert, aus dem sich die Nettosozialausgaben ableiten lassen.[49] Die Indikatoren werden jeweils auf das BIP zu Faktorkosten und nicht auf das BIP zu Marktpreisen, den zumeist gewählten Indikator für die Größe einer Wirtschaft, bezogen. Der Grund dafür ist die Korrektur der Leistungen um die indirekte Besteuerung. Deswegen muß auch der Nenner (BIP) entsprechend angepaßt werden. Da das BIP zu Faktorkosten die indirekten Steuern und die staatlichen Transfers an private Unternehmen und öffentliche Körperschaften nicht enthält, erscheint es der geeignete Indikator für internationale Vergleiche.

---

47 Vgl. *Adema* (1999).

48 Vgl. die Ausführungen im vorhergehenden Abschnitt.

49 Für die genaue Berechnung sei auf Anhang 1 verwiesen.

Auf Basis der vorangegangenen Ausführungen ergeben sich die folgenden stilisierten Fakten:

- Die Indikatoren über die öffentlichen Bruttosozialausgaben lassen uns glauben, daß der Wohlfahrtsstaat in Dänemark, Deutschland und den Niederlanden am umfassendsten ist: Die Sozialausgabenquote übersteigt jene in Australien und in den USA um 10 - 15 %-Punkte.
- Die direkte Besteuerung und die Sozialversicherungsbeiträge stellen in Dänemark und in den Niederlanden eine wesentlich größere Last auf das Transfereinkommen dar als dies in anderen Ländern der Fall ist.
- Der Wert des Transfereinkommens, das über Konsumsteuern wieder an den Fiskus zurückfließt ist in den europäischen Ländern sehr viel größer als in Australien und den USA.
- Steuerbefreiungen für sozialpolitische Zwecke (ohne Pensionen) sind in Deutschland und in den USA besonders verbreitet. Sie haben in Ländern mit einer hohen direkten Besteuerung auf Transfereinkommen (Dänemark, Niederlande) die geringste Bedeutung.

Um Angaben über die Nettosozialausgaben zu erhalten, wird der Wert aller direkten Steuern, die wieder an den Fiskus zurückfließen und der imputierte Wert der indirekten Steuern auf transferfinanzierte Güter von den Bruttogrößen abgezogen.[50] Im nächsten Schritt wird der Wert der Steuerbefreiungen mit sozialpolitischer Zielsetzung (ohne Pensionen) dazu addiert, um die laufenden Nettosozialausgaben zu erhalten. Aus der Sicht der Regierung geben die Nettosozialausgaben einen besseren Eindruck von den öffentlichen budgetären Anstrengungen auf dem Gebiet der Sozialpolitik und jenem Teil des sozialen Outputs (netto), der für Leistungsbezieher umgeschichtet wurde.

Abbildung 6 zeigt, daß unter Berücksichtigung der Besteuerung die Größe des Wohlfahrtsstaates im Ländervergleich beträchtlich konvergiert, da einige Länder mit hohen Sozialausgaben gleichzeitig die Transfereinkommen sehr stark besteuern. In einer gesamthaften Betrachtung holen sich Regierungen mehr Geld durch die direkte und indirekte Besteuerung der öffentlichen Leistungen wieder zurück als sie an steuerlichen Vorteilen mit sozialpolitischen Zielsetzungen gewähren. Daher sind die öffentlichen Nettosozialausgaben geringer als die Bruttoindikatoren vermuten lassen würden. Eine Ausnahme stellt die USA dar, wo der Wert dieser TBSP größer ist als die Steuerlast auf Transfereinkommen. Dort unterschätzen die Indikatoren der öffentlichen Bruttoausgaben das öffentliche sozialpolitische Aktivitätsniveau.

---

50 Vgl. dazu Anhang 1.

Abbildung 6: Öffentliche Sozialausgaben im Jahr 1995 für ausgewählte OECD-Staaten, in % des BIP zu Faktorkosten

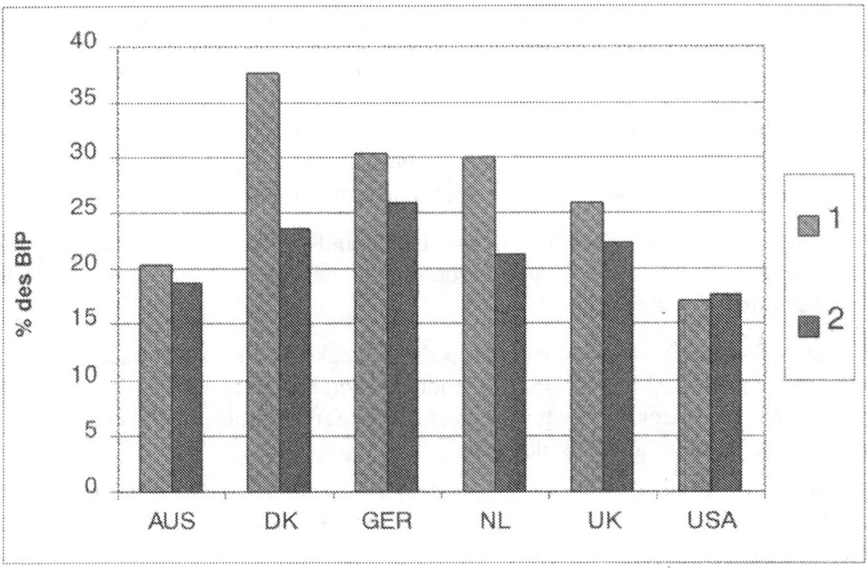

Quelle: Adema (1999).

Legende: 1 =Brutto
2 = Netto

4.4.1 Private Nettosozialausgaben

Aus der Analyse der privaten Nettosozialleistungen lassen sich folgende Unterschiede zwischen den 6 Staaten ableiten:

- Auf gesetzlichen Verpflichtungen beruhende private Leistungen haben in Australien und Deutschland die größte Bedeutung.
- Freiwillige private Sozialleistungen - Gesundheitsleistungen eingeschlossen - haben in einige Ländern eine große Bedeutung. Sie sind in den USA besonders bedeutsam. Mit Einschränkungen gilt dies auch für Australien, die Niederlande und Großbritannien.
- Private Pensionsleistungen werden in Dänemark und in der Niederlande hoch besteuert. In den anderen Ländern ist die Steuerlast auf diese Leistungen moderat.
- Leistungen im Krankheitsfall, die von Arbeitgebern angeboten werden, sind in Deutschland, Dänemark, der Niederlande und in Großbritannien am stärksten verbreitet. Diese Leistungen werden zumeist wie Lohneinkünfte besteu-

ert. Die diesbezüglichen Steuersätze sind in Australien und in Großbritannien im Vergleich zu den anderen drei Staaten am niedrigsten.

Um das Ausmaß der sozialen Unterstützung, das unter staatlicher Kontrolle bereitgestellt wird, zu erfassen, werden die öffentlichen Nettoausgaben und die verpflichtenden privaten Leistungen gemeinsam betrachtet: auf gesetzlicher Verpflichtung beruhende Sozialausgaben. Diese sind mit 26.9 % des BIP zu Faktorkosten in Deutschland am höchsten. Allerdings scheint es keinen Zusammenhang zwischen den auf gesetzlicher Verpflichtung beruhenden privaten Ausgaben und dem Niveau der öffentlichen Ausgaben zu geben. Wenn man beide Kategorien zusammen betrachtet, dann zeigt sich auf Grund der relativ niedrigen Besteuerung in Australien, daß die privaten Nettosozialausgaben in Australien, den Niederlanden und in Großbritannien ungefähr gleich hoch sind (Vgl. Tabelle 2).

Tabelle 2: Indikatoren für Sozialausgaben im Jahr 1995 für ausgewählte OECD-Staaten, in % des BIP zu Faktorkosten

Indikator	AUS	DK	GER	NL	UK	USA
Öffentliche Bruttosozialausgaben	20,3	37,6	30,4	30,1	25,9	17,1
Öffentliche Nettosozialausgaben	18,7	23,6	25,9	21,1	22,3	17,5
Verpflichtende private Nettosozialausgaben	1,0	0,3	1,0	0,5	0,3	0,5
Verpflichtende öffentliche Nettosozialausgaben	19,0	23,9	26,9	21,6	22,6	18,0
Freiwillige private Nettosozialausgaben	2,7	0,5	0,8	3,4	3,6	7,8
Private Nettosozialausgaben	3,7	0,8	1,8	3,8	3,9	8,3
Gesamtnettosozialausgaben	**21,6**	**24,4**	**27,7**	**25,0**	**26,0**	**24,5**

Quelle: Siehe Anhang.

4.4.2 Gesamtnettosozialausgaben

Die Berücksichtigung öffentlich und privat angebotener Sozialleistungen in Verbindung mit den Unterschieden in den relevanten Steuersätzen ermöglicht die Identifikation jenes Teils der Inlandsproduktion einer Wirtschaft, auf die Bezieher von Sozialleistungen einen Anspruch haben: Die gesamten Sozialausgaben in einer Nettobetrachtung. Aus Abbildung 7 und Tabelle 2 ist ersichtlich, daß die Berücksichtigung aller Sozialleistungen und der relevanten steuerlichen Tatbestände eine weitere Konvergenz der Sozialausgaben herbeiführt: Mit einer Größenordnung von ca 25 % des BIP zu Faktorkosten sind die gesamten Nettosozialausgaben in Dänemark der Niederlande, Großbritannien und USA ähnlich. Am niedrigsten ist der Anteil in Australien (22.4 %), am höchsten in Deutschland

(27.7 %). Es zeigt sich auch, daß Länder mit niedrigen öffentlichen Ausgaben (brutto) die Leistungen nur gering besteuern. Der Umkehrschluß ist aber nicht zulässig: Einige Länder - so z.B. Deutschland - mit hohen öffentlichen Sozialausgaben erheben nicht immer auch hohe Steuern auf diese Leistungen.

Abbildung 7: Die Gesamtsozialausgaben im Jahr 1995 für ausgewählte OECD-Staaten, in % des BIP zu Faktorkosten

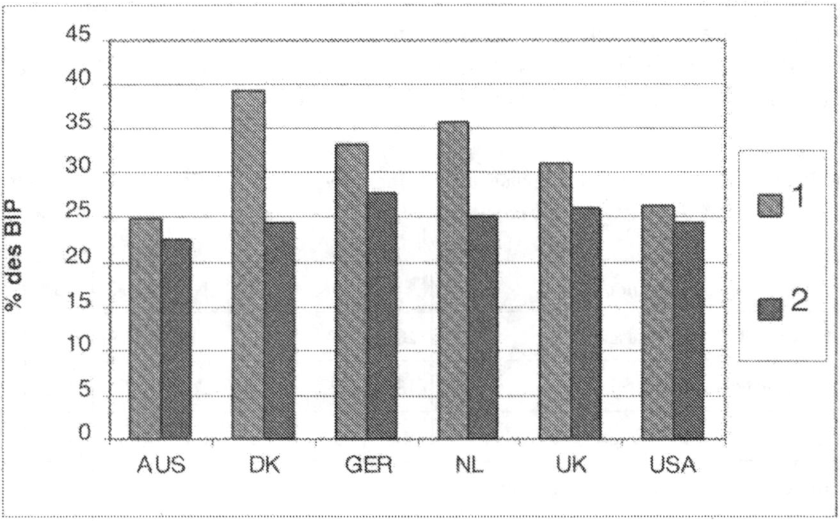

Quelle: *Adema* (1999).

Legende: 1 = Brutto
2 = Netto

Die Berücksichtigung der Steuern und der Sozialversicherungsbeiträge, die von sozialen Transfers gezahlt werden, ermöglicht nicht nur den internationalen Vergleich, sondern gibt auch einen besseren Eindruck von den sozialpolitischen Anstrengungen im Zeitablauf. Dies zeigt das Beispiel der Steuerreform in Dänemark, die das Steueraufkommen aus der direkten und indirekten Besteuerung gesteigert hat. 1994 wurden Alterspensionen und Sozialhilfeleistungen steuerpflichtig. Gleichzeitig wurden die Bruttoleistungsniveaus angehoben, um das Nettoleistungsniveau zu halten. Die Ausgaben für Sozialhilfeleistungen nahmen um ungefähr 0.8 Mrd. $ zu. Bestimmte Steuerbefreiungen für Pensionisten wurden abgeschafft und gleichzeitig die Leistungen im selben Ausmaß angehoben: Die Bruttoausgaben nahmen um 2.5 Mrd. $ zu. Insgesamt stiegen die öffentlichen Ausgaben für die Pensionistengeneration von 9 % des BIP 1993 auf 10.8 % im Jahre 1995.

Im gleichen Zeitraum nahm das Verhältnis Steuer/Bruttoausgaben von öffentlichen Geldleistungen von 19.4 % auf 24.1 % zu.[51] Allerdings wird aus Abbildung 8 klar, das der Nettoeffekt dieser Veränderung ziemlich gering war. Zwischen 1993 und 1995 hat der Anteil der öffentlichen Bruttoausgaben um 2.3 % des BIP zu Faktorkosten zugenommen, während gleichzeitig die öffentlichen Nettoausgaben um 0.2 % gestiegen sind. Daher sind Zeitreihen- und Querschnittsbetrachtungen der Sozialausgabeniveaus von Staaten, die die privaten Sozialausgaben und den Einfluß des Steuersystems unberücksichtigt lassen, dazu prädestiniert in die Irre zu führen.

Abbildung 8: Der Einfluß der Steuerreform 1994 in Dänemark, Sozialausgaben in % des BIP zu Faktorkosten

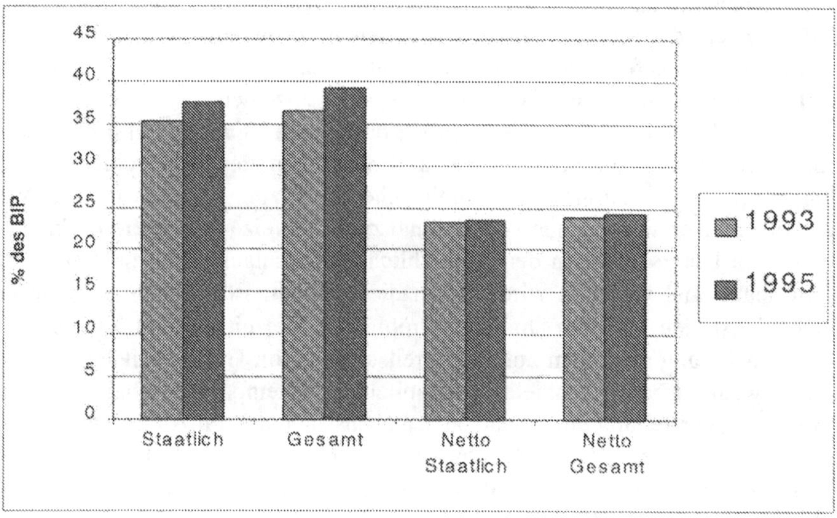

Quelle: Adema (1999).

5. Schlußfolgerungen

Dieser Beitrag verbindet Informationen über Geldleistungen, Sachleistungen und Steuersysteme von 6 Staaten und ermöglicht dadurch eine umfassende Betrachtung der gesamten (öffentlich und privat) sozialen Unterstützung. Das Ergebnis der Analyse ist eine ausgeprägte Konvergenz der Sozialausgabenniveaus der betrachteten Länder. Diese Konvergenz wird durch zwei Faktoren herbeigeführt: a)

51 Vgl. *Adema* (1999).

die Einbeziehung der privaten Sozialleistungen und b) den Einfluß des Steuersystems. Vor allem die Steuersysteme in Dänemark und den Niederlanden beeinflussen das Ausmaß in dem die Ausgaben das tatsächliche sozialpolitische Aktivitätsniveau widerspiegeln. Normalerweise holen sich die Regierungen mehr Geld durch die direkte und indirekte Besteuerung von öffentlichen Sozialleistungen zurück als die Steuervergünstigungen für sozialpolitische Zwecke ausmachen. Deswegen sind die öffentlichen Sozialausgaben in einer Nettobetrachtung geringer als das Ausgabenniveau (brutto). Eine Ausnahme stellt hier die USA dar. Wenn man die privaten Sozialleistungen mitberücksichtigt, die in den USA eine besondere Bedeutung haben, und wenn man die Steuersätze einbezieht, dann erhält man Angaben über jenen Anteil an der heimischen Produktion einer Wirtschaft, auf die die Empfänger von Sozialleistungen einen Anspruch haben: die Gesamtnettosozialausgaben. Wie die empirische Analyse ergeben hat, führen die direkte Besteuerung der Transfereinkommen und die indirekte Besteuerung von Gütern und Dienstleistungen, die mit dem Transfereinkommen finanziert werden dazu, daß das verfügbare Transfereinkommen der privaten Haushalte in einigen Ländern wesentlich geringer ist als dies die Bruttoindikatoren anzeigen.

Es zeigt sich auch, daß die offensichtlich bestehenden großen Unterschiede in den direkten öffentlichen Sozialausgaben (brutto) von der Unterschiedlichkeit abhängen, mit der Regierungen sozialpolitische Zielsetzungen durch private Angebote rechtlich erzwingen oder durch finanzielle Anreize stimulieren. Und da deswegen die Unterschiede in den "tatsächlichen" Sozialausgaben nicht so groß sind wie manchmal vermutet wird, stehen die wohlfahrtsstaatlichen Systeme in der industrialisierten Welt vor ähnlichen Problemen. Derzeit konzentriert sich die soziale Absicherung vor allem auf die Bereitstellung von Gesundheitsleistungen, auf die Gewährung von finanzielle Unterstützung für temporäre Arbeitslosigkeit und auf die Sicherstellung eines adäquaten Lebensstandards im Alter. Unter sonst gleichen Verhältnissen wird die Zunahme des Durchschnittsalters in der Bevölkerung und die daraus folgende Zunahme der Altenlastquote die Sozialausgaben - gerechnet als Anteil am BIP - in den meisten OECD-Staaten erhöhen, wenngleich dieser Entwicklung durch die Anhebung des tatsächlichen Pensionsalters entgegen gesteuert wird.

Der Spielraum für eine Steigerung des Steueraufkommens ist begrenzt: Die Steuerquoten sind bereits hoch und die Belastung des Faktors Arbeit durch Steuern ist in vielen OECD-Staaten für beinahe alle Lohnniveaus bereits erheblich. Dazu kommt, daß die Besteuerung von Kapital zunehmend schwierig wird und daß es keine geeigneten Bemessungsgrundlage gibt die eine Alternative zur Besteuerung des Faktors Arbeit darstellen könnte. Daher wird der Druck die öffentlichen Sozialausgaben einzuschränken weiter anhalten. Die Regierungen werden versuchen Politikvarianten zu verfolgen, die die existierenden Programme durch eine Optimierung der Bereitstellungsformen effektiver machen. Zudem werden sie versuchen passive Einkommensersatzprogramme in Programme mit einer stärker aktiven Stoßrichtung (z.B. Aktive Arbeitsmarktverwaltung) umzuwandeln. Es ist gleichzeitig nicht unwahrscheinlich, daß die Regierungen aus budgetären Gründen

Wege und Mittel erkunden werden, die Kosten sozialpolitischer Programme auf die Arbeitgeber und die Bürger zu überwälzen.
In der Tat haben in den 90-Jahren bereits einige europäische Länder vereinzelt Sozialprogramme privatisiert indem sie die Arbeitgeber für die Leistung von Krankengeld verantwortlich gemacht haben. Mit der Erhöhung des Ausreifungsgrades privater Programme werden auch die privaten Sozialleistungen zunehmen. Veränderungen auf dem Arbeitsmarkt und Veränderungen in den familiären Beziehungen haben zum Auftreten von Nachfrage nach Leistungen, die Arbeit und Familie in Übereinstimmung bringen, geführt. Angesichts der verschiedenen Beschränkungen der öffentlichen Budgets und der Dynamik alternder Gesellschaften, die das Ausmaß der Unterstützung für die Erwerbsbevölkerung reduzieren, verfolgen einige Regierungen die Strategie die Arbeitgeber zur Unterstützung der Kinderbetreuung zu verpflichten. Unabhängig davon, in welchem Ausmaß die Sozialprogramme in den einzelnen Ländern öffentlich oder privat angeboten werden, werden sich angesichts der Änderungen auf dem Arbeitsmarkt, in den familiären Beziehungen und in den demograpischen Strukturen die Sozialsysteme den geänderten Bedürfnissen der zukünftigen Bürger anpassen müssen.

Anhang 1: Ein konzeptioneller Rahmen zur Berechnung von Indikatoren für Nettosozialausgaben

Um internationale Vergleiche von Ausgabeindikatoren zu ermöglichen, wurden Angaben über Bruttoleistungen, direkte und indirekte Steuern auf Transfereinkommen sowie Steuerbefreiungen mit sozialpolitischen Zielsetzungen in einen konzeptionellen Rahmen eingebracht, innerhalb dessen Indikatoren für Nettosozialausgaben ableitbar sind. Diese sind in Tabelle 3 dargestellt. Die Zahlen in Klammer in den weiteren Ausführungen nehmen jeweils auf die entsprechende Zeile in Tabelle 3 Bezug. Um einen internationalen Vergleich der sozialpolitischen Nettoaktivitätsniveaus zu ermöglichen, wurden die Indikatoren auf das BIP zu Faktorkosten und nicht auf das BIP zu Marktpreisen bezogen. Da die Indikatoren um den Wert der indirekten Besteuerung korrigiert werden, erscheint das BIP zu Faktorkosten als der geeignete Nenner.

In einem ersten Schritt werden die direkten Steuern, die sich der Fiskus wieder zurückholt und der imputierte Wert der indirekten Steuern auf transferfinanzierte Güter von den öffentlichen Bruttosozialausgaben abgezogen (1). In einem nächsten Schritt wird der Wert der Steuerbefreiungen für sozialpolitische Zwecke (ohne Pensionen) addiert, um die öffentlichen Nettosozialausgaben zu erhalten (4). Aus der Perspektive der Regierung ergeben die öffentlichen Nettosozialausgaben ein genaueres Bild von den budgetären Anstrengungen auf dem Gebiet der Sozialpolitik und vom Anteil des "net social output", der zu Leistungsempfängern umgeschichtet wird.

Für die Messung der sozialen Unterstützung, die unter der Kontrolle der Regierung bereitgestellt wird, müssen die privaten Leistungen, die auf einer gesetzlichen Verpflichtung beruhen (z.B. Leistungen im Krankheitsfalle durch den Arbeitgeber), einbezogen werden. Im weiteren ist zu berücksichtigen, daß diese Leistungen ebenfalls der direkten und indirekten Besteuerung unterliegen (Vgl. die Zeilen (5) und (6)). Die staatlich kontrollierten Nettosozialausgaben werden unter dem Stichwort öffentlich verpflichtende Nettosozialausgaben zusammengefaßt (7). In einem letzten Schritt werden die freiwilligen privaten Sozialleistungen (brutto) um die direkte und indirekte Besteuerung korrigiert und man erhält: direkte private Nettosozialausgaben (10).

Addiert man diese Nettogrößen der öffentlichen, der auf gesetzlicher Verpflichtung beruhenden privaten und der freiwilligen privaten Leistungen, dann erhält man einen Indikator für die Gesamtnettosozialausgaben (11). Diese geben jenen Teil der inländischen Produktion einer Wirtschaft an, die für die Bezieher von Sozialleistungen zur Verfügung stehen. Allerdings laufen einige Steuerbefreiungen mit sozialpolitischer Zielsetzung, die unter dem Stichwort "Öffentliche Nettosozialausgaben" (4) figurieren, auf eine Finanzierung privater Sozialleistungen hinaus. Dies gilt beispielsweise für Steuerbefreiungen von Beiträgen zu Krankenversicherungsplänen, die von Arbeitgebern angeboten werden. Sie stellen eine

Finanzierung privater Krankenversicherungen dar. Während allerdings diese Steuerbefreiungen mit sozialpolitischen Zielsetzungen eine öffentliche Ausgabeposition sind, dienen sie der Finanzierung privater Leistungen. Eine reine Hinzurechnung der öffentlichen Nettosozialausgaben zu den privaten Nettosozialausgaben würde die Unterstützung der Haushalte überschätzen. Daher werden die Gesamtnettosozialausgaben (11) wie folgt definiert: Summe der öffentlichen Nettosozialausgaben (4) und der direkten privaten Nettosozialausgaben (10) abzüglich der Steuerbefreiungen mit sozialpolitischer Zielsetzung zu Gunsten laufender privater Sozialausgaben (3b).

In budgetären Größen gerechnet ist das staatliche Nettoaktivitätsniveau gemessen durch die laufenden öffentlichen Nettosozialausgaben (4) in Deutschland mit 25 % des BIP zu Faktorkosten am höchsten. Es reicht von 21.2 % bis 23.5 % des BIP zu Faktorkosten in der Niederlande, in Großbritannien und Dänemark. Mit Ausnahme von Australien und den USA liegen die staatlich kontrollierten sozialpolitischen Aktivitätsniveaus - gemessen durch den Indikator Direkte öffentlich verpflichtende Nettosozialausgaben (7) erheblich niedriger als die Bruttobudgetzahlen vermuten lassen würden (Vg. Dazu die Zeilen (1) und (7) in der Tabelle 3). Für Dänemark und die Niederlande reduzieren die Korrekturen die Bruttosozialausgaben zwischen 9 und 14 %-Punkte. Die Betrachtung der Gesamtnettosozialausgaben (11) zeigt, daß Empfänger von Sozialleistungen in Dänemark, der Niederlande, Großbritannien und der USA Anspruch auf ein Viertel der Inlandsproduktion der Wirtschaft haben.

Der geringste Anteil ergibt sich in Australien (22.4 %). Am höchsten ist der Anteil in Deutschland (27.7 %).

Tabelle 3: Indikatoren für Nettosozialausgaben für ausgewählte OECD-Staaten im Jahre 1995, in % des BIP zu Faktorkosten

Kategorie	AUS	DK	GER	NL	GB	USA
Öffentliche Bruttosozialausgaben (1)	**20.3**	**37.6**	**30.4**	**30.1**	**25.9**	**17.1**
- Direkte Steuern und Sozialversicherungsbeiträge auf öffentliche Geldleistungen		6.1	1.2	5.1	0.4	0.3
Direkte öffentliche Nettosozialausgaben (nur Geldleistungen) (2)	20.0	31.5	29.2	25.0	25.5	16.8
- Indirekte Steuern	1.6	8.0	4.2	3.9	3.7	0.9
Direkte öffentliche Nettosozialausgaben (3)	18.4	23.5	25.0	21.1	21.7	15.9
+ TBSP, die mit Geldleist. identisch sind (3a)	0.3	0.1	0.9	0.1	0.4	0.3
+ TBSP für laufende priv. Sozialleistungen (3b)	0.0	0.0	0.0	0.0	0.2	1.3
Öffentliche Nettosozialausgaben (4)	**18.7**	**23.6**	**25.9**	**21.3**	**22.3**	**17.5**
Verpflichtende private Bruttosozialausgaben (5)	1.1	0.6	1.8	0.8	0.4	0.5
- Direkte Steuern und Sozialversicherungsbeiträge aus verpflichtenden privaten Geldleistungen	0.2	0.2	0.6	0.3	0.1	0.0
- Indirekte Steuern	0.1	0.1	0.2	0.1	0.1	0.0
Öffentlich verpflichtende direkte (Private Nettosozialausgaben) (6)	1.0	0.3	1.0	0.5	0.3	0.5
Öffentlich verpflichtende Nettosozialausgaben [4+6] (7)	**19.0**	**23.9**	**26.9**	**21.6**	**22.6**	**18.0**
Privat-freiwillige Bruttosozialausgaben [2] (8)	3.2	1.0	1.0	4.9	4.8	8.6
- Direkte Steuern und Sozialversicherungsbeiträge auf privat-freiwillige Geldleistungen[3]	0.3	0.3	0.1	0.9	0.6	0.4
- Indirekte Steuern	0.2	0.2	0.1	0.6	0.6	0.4
Direkte privat-freiwillige Nettosozialausgaben (9)	2.7	0.5	0.8	3.4	3.6	7.8
Direkte private Nettosozialausgaben [6+9] (10)	3.0	0.8	1.8	3.8	3.9	8.3
Gesamtnettosozialausgaben [4+10-3b] [4] (11)	**22.4**	**24.4**	**27.7**	**25.0**	**26.0**	**24.5**
Erinnerungsposition						
TBSP für Pensionen	1.9	--	0.1	2.1	2.8	1.0

Quelle: Adema (1999).

Legende:

Die Ziffern in eckigen Klammern beziehen sich auf die Zeilenziffern in der zweiten Spalte; "--" bedeutet, daß die keine Angaben verfügbar sind; grau schraffierte Bereiche bezeichnen steuerliche Korrekturen, die durch die direkte und indirekte Besteuerung des Transfereinkommens und durch Steuerbefreiungen für sozialpolitische Ziele verursacht sind.

Anmerkungen zur Tabelle 3:

1 Deutschland : Die TBSP enthalten nicht die wichtigen Steuervorteile für Verheiratete (u. a. aus dem Splittingverfahren). Sie belaufen sich auf ca. 1 % des BIP. Für die Niederlande beziehen sich die TBSP-Daten auf 1994.

2 Die Angaben beinhalten freiwillige private Geldleistungen und freiwillige private Gesundheitsleistungen mit sozialer Komponente (Vgl. die Fussnoten 3 und 4). Diese Angaben beinhalten nicht Leistungen von Non-Profit-Organisationen; Informationen über die Größenordnung der relevanten Ausgabekategorien sind auf einer vergleichbaren Basis nicht verfügbar.

3 Die Angaben über die Besteuerung privater Sozialleistungen decken den Wert der Beiträge der Pensionisten zu der Krankenversicherung ab.

4 Um Doppelzählungen zu vermeiden wird der Wert der TBSP für laufende private Sozialleistungen (z.B. Steuerbefreiungen für Beiträge zu Krankenversicherungsplänen, die von Arbeitgebern angeboten werden) bei der Berechnung der Gesamtnettosozialausgaben nicht berücksichtigt.

Literatur

Adema, W. (1999): Net Social Expenditure, Labour Market and Occasional Papers, No. 39, OECD, Paris.

Adema, W., Einerhand M. (1998): The Growing Role of Private Social Benefits, in: Labour Market and Occasional Papers, No. 32, OECD, Paris.

Adema, W., Einerhand, M., Eklind, B., Lotz, J., Pearson M. (1996): "Net Public Social Expenditure", in: Labour Market and Occasional Papers, No. 19, OECD, Paris.

Adema, W., Pilat, D. (1999): "Structural Reform in the Netherlands and New Zealand: Two Roads to Success?" in: Bergeijk, P. A. G. van, Sinderen, J. van, Vollaard, B. A. (Hrsg.): Structural Reform in Open Economies: A Road to Success?, Cheltenham, S. 65 - 95.

Barr, N. (1998): The Economics of the Welfare State, 3rd Edition, Oxford.

Esping-Andersen, G. (1990): The Three Worlds of Welfare Capitalism, Cambridge.

ISSA (2000): Social Security Worldwide, 2000 Edition 1 (CD-ROM), International Social Security Association, Geneva.

Kalisch, D.W., Aman T., Buchele, L.A. (1998): Social and Health Policies in OECD Countries: A Survey of Current Programmes and Recent Developments", Labour Market and Occasional Papers, No. 33, OECD, Paris.

Kam, C.A. de, Owens, J. (1999): Financing Social Protection in the 21st Century", Finnish Ministry of Social Affairs and Health (Hrsg.): Financing Social Protection in Europe, Helsinki, S. 175 - 203.

OECD (1994): New Orientations for Social Policy, OECD Social Policy Studies, No. 12, Paris.

OECD (1994*a*): The OECD Jobs Study, Paris.

OECD (1996): Tax Expenditures: Recent Experiences, Paris.

OECD (1997): The OECD Jobs Strategy, Making Work Pay, Paris.

OECD (1998): The Battle against Exclusion, Social Assistance in Australia, Finland, Sweden and the United Kingdom, Vol. 1, Paris.

OECD (1998a): Maintaining Prosperity in an Ageing Society, Paris.

OECD (1998b): Harmful Tax Competition, An Emerging Global Issue, Paris.

OECD (1998c): The Battle against Exclusion, Social Assistance in Belgium, the Czech Republic, the Netherlands and Norway, Vol. 2, Paris.

OECD (1999): A Caring World, The New Social Policy Agenda, Paris.

OECD (1999a): Social Expenditure Database, 1980 - 1996, Paris.

OECD (1999b): National Accounts of OECD Countries, Main Aggregates, Vol. 1, 1960-1997, Paris.

OECD (1999c): OECD Historical Statistics, 1960 - 1997, Paris.

OECD (1999d): Revenue Statistics 1965-1998, Paris.

OECD (1999e): Economic Outlook, Vol. 66, December, Paris.

OECD (1999f): The Battle against Exclusion, Social Assistance in Canada and Switzerland, Vol. 3, Paris.

OECD (1999g): The Public Employment Service in the United States, Paris.

OECD (1999h): Employment Outlook, June, Paris.

OECD (1999i): Benefits Systems and Work Incentives, Paris

OECD (2000): OECD Health Data 2000, Paris.

OECD (2000a): Pushing Ahead with Reform: Labour Market and Social Safety-Net Policies in Korea, Paris.

OECD (2000b): Tax Burdens: Alternative Measures, OECD Tax Policy Studies, No. 2, Paris.

OECD (2000c): Taxing Wages, 1998 - 1999, Paris.

OECD (2000d): OECD Economic Studies, No. 31, 2000/2, Paris.

Österreichisches Statistisches Zentralamt (1996): Lohnsteuerstatistik 1995, Wien.

Saraceno, C. (1997): Family Change, Family Policies and the Restructuring of Welfare, in: OECD (Hrsg.): Family Market and Community: Equity and Efficiency in Social Policy, OECD Social Policy Studies No. 21, Paris, S. 81-114.

SNA (1993): System of National Accounts 1993, CEC-EUROSTAT, IMF, OECD, UN and the World Bank, Brussel/Luxembourg, New York, Paris, Washington, DC.

Soziale Dienste als neue Herausforderung für den Sozialstaat

Christoph Badelt

Zusammenfassung: Soziale Dienste spielen im Sozialstaat an der Jahrtausendwende eine wichtige, jedoch keineswegs klar abgegrenzte Rolle. Dies betrifft sowohl die theoretische als auch die angewandte wirtschafts- bzw. sozialpolitische Diskussion. In diesem Beitrag wird deshalb die Problematik der sozialen Dienstleistungen sowohl auf der konzeptuellen Ebene der Sozialstaatsdiskussion (Teil 1.), als auch im Hinblick auf aktuelle Reformbestrebungen konkreter Sozialstaaten in Österreich oder Deutschland (Teil 2.) analysiert.

1. Soziale Dienste und alternative Sozialstaatskonzepte

Der Begriff der sozialen Dienstleistungen ist mit einiger Unschärfe behaftet. Während die volkswirtschaftlichen Lehrbücher klare Abgrenzungen der Dienstleistungen gegenüber den materiellen Produkten bereithalten (insbesondere durch das sogenannte „Uno Actu-Prinzip“, welches für Dienstleistungen generell gilt), wird der Ausdruck „sozial“ naturgemäß in sehr unterschiedlicher Hinsicht verwendet.

In der Soziologie und in der Sozialpädagogik wird die Erstellung von sozialen Dienstleistungen häufig bereits auf der Definitionsebene dem Staat zugeordnet. In diesem Sinn wären soziale Dienste eben jene Dienstleistungen, die der Staat für sozial benachteiligte Bevölkerungsgruppen erbringt. Andere Autoren[1] versuchen eine Negativabgrenzung und definieren dann Leistungen, die etwa von Familien oder Nachbarschaften erbracht werden, aus dem Gegenstandsbereich der sozialen Dienstleistungen hinaus.

Beide Zugänge vereinen eine Denkweise, die aus ökonomischer Sichtweise nicht sinnvoll ist, geht es doch im Sinne der Ökonomik vor allem darum, Dienstleistungen als ökonomische Güter zu betrachten, die in einem produktionstechnischen Sinn auf traditionelle Art und Weise hergestellt werden, indem Inputfaktoren (Sachkapital, Humankapital) kombiniert und zu einem Output – der sozialen Dienstleistung – transformiert werden.[2]

---

1 Vgl. z.B. *Huster* (2000), S. 15; *Johne* (1993), S. 123.

2 Vgl. *Meyer* (1999), S. 24.

Aus pragmatischen Gesichtspunkten ist es daher vorzuziehen, die Abgrenzung der sozialen Dienstleistungen durch Aufzählung vorzunehmen. Deshalb werden in der Folge unter sozialen Dienstleistungen personenbezogene Dienstleistungen im Bereich der Beratung, der Behandlung, der Betreuung und der Pflege verstanden.[3] Diese Begriffsbestimmung hat den Vorteil, daß sie in terminologischer Hinsicht keinerlei Einengung auf eine bestimmte institutionelle Wahlentscheidung[4] vornimmt. Damit erst wird eine wesentliche ökonomische Fragestellung möglich, die eine Diskussion zuläßt, in welcher institutionellen Form soziale Dienste überhaupt hergestellt werden sollen.

Eine Diskussion der Rolle von sozialen Dienstleistungen im Sozialstaat setzt auch zumindest eine Arbeitsdefinition des Sozialstaatsbegriffs[5] voraus. Auch zu dieser begrifflichen Frage gibt es ausführliche, zum Teil nicht mehr fruchtbringende, Auseinandersetzungen. Grob gesprochen kann davon ausgegangen werden, daß Wohlfahrtsstaaten entweder über die in einer Gesellschaft existierenden sozialpolitischen Instrumente, über die in einer Gesellschaft herrschenden sozialökonomischen Grundziele[6] oder aber über die mittels Sozialpolitik erreichten gesellschaftlichen Ergebnisse (z.B. Verteilungszustände) definiert werden.[7] Alle drei Ansätze sind grundsätzlich geeignet, die Thematik der sozialen Dienste im Rahmen des Wohlfahrtsstaates zu beleuchten. Deshalb wird in der Folge die Stellung der sozialen Dienste anhand unterschiedlicher Wohlfahrtsstaatskonzepte illustriert.

1.1 Soziale Dienste im wohlfahrtsstaatlichen Instrumentenbündel

Die Literatur zum Wohlfahrtsstaat hat in den letzten Jahrzehnten verschiedene instrumentenbezogene Klassifikationen des Sozialstaates entwickelt. Grundsätzlich lassen sich drei Typen sozialpolitischer Interventionen identifizieren, die für einen Wohlfahrtsstaat als konstitutiv angesehen werden:

- ein ausreichendes monetäres Transfersystem zur materiellen Absicherung gegen die finanziellen Folgen bedrohlicher Notlagen bzw. Lebensphasen (z.B. Krankheit oder Alter)
- regulierende Schutzmaßnahmen für benachteiligte Gruppen, beispielsweise für Arbeitnehmer, aber auch im Gesundheitswesen oder im Konsumentenschutz
- ein durch die öffentliche Hand organisiertes oder zumindest finanziertes Grundnetz an sozialen Dienstleistungen, insbesondere im Bereich der Bil-

---

3 In Anlehnung an *Braun/Johne* (1993), S. 7; *Meyer* (1999), S. 24.

4 Vgl. *Badelt/Österle* (1998a), S. 98ff.

5 In diesem Beitrag werden der Einfachheit halber die Ausdrücke Sozialstaat und Wohlfahrtsstaat ident gebraucht.

6 Vgl. *Barr* (1999), S. 9ff.

7 Vgl. z.B. *Esping-Andersen* (1990).

dung, des Gesundheitswesens oder anderer persönlicher sozialer Dienstleistungen.

Die Definition eines Wohlfahrtsstaates über diese sozialpolitischen Instrumente läßt noch einen beträchtlichen Spielraum offen, wie intensiv die öffentlichen Interventionen in das privatwirtschaftliche Gesellschaftssystem sein müssen, um eine Gesellschaft als Sozialstaat zu charakterisieren. Unklar ist auch die relative Bedeutung der sozialen Dienstleistungen in einem solchen Konzept. Dies kann an besonders hervorstechenden Beispielen, wie etwa den Bildungs- und Gesundheitswesen, am besten nachvollzogen werden, werden doch Staaten mit beträchtlich unterschiedlichem staatlichen Engagement in diesen Bereichen (wie z.B. Großbritannien, skandinavischen Staaten, Deutschland oder Österreich) alle zu den „Wohlfahrtsstaaten" gezählt, obgleich sich das Ausmaß und die Art der öffentlichen Bereitstellung sozialer Dienste zwischen diesen Ländern beträchtlich unterscheidet.

Die ökonomische Theorie der Sozialpolitik hat zur Frage eines wünschbaren Mischungsverhältnisses zwischen Sach- und Geldleistungen relativ eindeutige Ergebnisse erarbeitet. Durch Anwendung der mikroökonomischen Theorie, insbesondere der Haushaltstheorie, wird schon in den sozialpolitischen Textbüchern aufgezeigt, daß die Erreichung bestimmter Versorgungsziele (insbesondere wünschbare Niveaus an Güterversorgung) mit monetären und realen Transfer zu sehr unterschiedlichen Kosten und Auswirkungen auf die Individuen führt.[8] So führt die Ausschüttung von monetären Transfers zwar zu beträchtlichen Nutzenerhöhungen der Individuen, die Kosten, die mit der Erreichung eines bestimmten Versorgungsniveaus (z.B. mit Gesundheitsdienstleistungen oder mit Wohnungen) verbunden sind, sind jedoch im Vergleich zu jenen von Sachleistungen oder im Vergleich zu Preissubventionen beträchtlich.

Diese Ergebnisse der mikroökonomischen Analyse belegen, daß die Ausschüttung von Geldleistungen in einem Wohlfahrtsstaat aufgrund der damit verbundenen Freiheitsrechte der Konsumenten weniger „treffsicher" ist als die Zurverfügungstellung von Dienstleistungen. Individuen, welche Geldleistungen erhalten, werden u.U. Güter und Dienstleistungen einkaufen, die von den politischen Entscheidungsträgern nicht als wünschenswert oder prioritär angesehen werden.[9]

Die Konsequenzen für die Rolle der sozialen Dienste im Wohlfahrtsstaat werden damit schon in der einfachen mikroökonomischen Analyse deutlich gezeigt: Ob und in welchen Ausmaß reale oder monetäre Transfers zur Verfügung gestellt werden, ist zu allererst eine Frage der politischen Prioritäten, und damit eine Frage der Philosophie, die hinter der Sozialpolitik steht. Detaillierte, auf die Individuen abgestimmte staatliche Interventionen stehen dabei in einem Widerspruch zu der Auszahlung von Geldleistungen; beruhen diese doch im wesentlichen auf der Philosophie, Individuen marktfähig zu machen und dadurch auch an sich benachteiligten Gruppen der Bevölkerung Konsumentensouveränität zu verschaffen.

---

8 Vgl. *Culyer* (1991), S. 71f.; *Zerche/Gründger* (1996), S. 124f.

9 Vgl. *Culyer* (1991), S. 75f.

1.2 Soziale Dienstleistungen und ergebnisbezogene Wohlfahrtsstaatkonzepte

Die sozialpolitische Diskussion von Wohlfahrtsstaatstypen konzentriert sich in der Regel auf eine Beschreibung der Wirkungen sozialstaatlicher Leistungen auf die soziale Schichtung und auf die Rolle von Staat, Familie und Markt. Zu allererst geht es aber auch um die Frage, in welchen Ausmaß sämtliche Gesellschaftsmitglieder über eine wirtschaftliche Grundsicherung verfügen, die im Anschluß an die politikwissenschaftlichen Arbeiten von *Esping-Andersen* mit dem Konzept der „Dekommodifikation" umrissen wird.[10] Darunter ist ein Zustand zu verstehen, in dem ein Individuen vom Markt bzw. vom Verkauf seiner Arbeitsleistung am Markt wirtschaftlich unabhängig ist und dennoch seine lebensnotwendigen Grundbedürfnisse decken kann.

In einem solcherart definierten Wohlfahrtsstaatskonzept ist die Stellung der sozialen Dienste keineswegs trivial.[11] An sich gibt es keinen Grund, warum Zielvorstellungen wie eine ökonomische Mindestsicherung oder der Abbau der ökonomischen Ungleichheit lediglich auf monetäre Dimensionen bezogen werden sollten, nicht aber auch auf soziale Dienstleistungen. Die in der Literatur existierenden Konzepte der ökonomischen Mindestsicherung sind nämlich auf einem hohen Abstraktionsniveau formuliert,[12] sodaß daraus noch keine klare Entscheidung über die Rolle sozialer Dienste abgeleitet werden kann.

In der Praxis konzentriert sich die wissenschaftliche und politische Diskussion über Mindestsicherungsstandards jedoch eher auf materielle Komponenten, insbesondere auf die Einkommensdimensionen.[13] Sowohl absolute als auch relative Armutsmeßkonzepte gehen meistens davon aus, den monetären Wert einer als lebensnotwendig angesehenen Versorgung oder aber die relative Position eines Menschen in der Einkommensverteilung zu spezifizieren, um daraus sozialpolitische Grundziele abzuleiten. Wenn dann z.B. in der sozialpolitischen Diskussion Armutszahlen verglichen, Anti-Armutsprogramme erarbeitet oder neue Armutsmeßkonzepte entwickelt werden,[14] dann beziehen sich die verwendeten Richtzahlen in der Regel auf monetäre Dimensionen.

Dieses Bild wird allerdings durch die jüngere Debatte um das Phänomen der sozialen Ausgrenzung („Social Exclusion") relativiert. Während Armut im allgemeinen eine Benachteiligung von Individuen hinsichtlich der zur Verfügung stehenden Ressourcen beinhaltet, beschreibt soziale Ausgrenzung eine gesellschaftliche Benachteiligung, die sich aus der Desintegration bzw. der Nichtteilnahme am gesellschaftlichen und sozialen Leben ergibt.[15] Die Nichtteilnahme oder Nicht-

---

10 *Esping-Andersen* (1990), S. 21ff.

11 Vgl. *Badelt* (1997a), S. 184ff.

12 Vgl. *Atkinson* (1989), S. 120ff; *Vobruba/Weissel/Schmid et al.* (1991).

13 Vgl. z.B. *Wörister/Schmid* (2000); *Lutz/Wagner/Wolf* (1993), S. 64ff; *Piachaud* (1992), S. 67ff.

14 Vgl. *Lutz/Wagner/Wolf* (1993), S. 90ff.

15 *Badelt/Österle* (1998b), S. 220; *Badelt* (1999d).

inanspruchnahme kodifizierter Rechte, wie z.B. dem Recht auf Bildung oder auch auf gesundheitliche Versorgung, bezieht sich in der Praxis viel häufiger auf soziale Dienstleistungen als dies im Rahmen der traditioneller Armutsmeßkonzepte der Fall ist. Damit wird relativ deutlich, daß die Existenz und die Verteilung von sozialen Diensten auf verschiedene Bevölkerungsgruppen ein Ausdruck des Erreichen oder Nichterreichens sozialstaatlicher Ziele ist. Bildung und Gesundheit sind dafür die prominentesten, keineswegs aber die einzigen Beispiele.

Diese kurze Beschreibung der Stellung sozialer Dienste in Wohlfahrtsstaatskonzepten macht eines klar: ob und inwieweit die öffentliche Bereitstellung von oder die Versorgung bestimmter Bevölkerungsgruppen mit sozialen Diensten als konstitutives Element eines Wohlfahrtsstaates anzusehen ist, ist zwar in qualitativer, nicht aber in quantitativer Hinsicht zweifelsfrei. Mit anderen Worten: Es gibt kaum einen Wohlfahrtsstaat, der nicht auch soziale Dienste bereitstellt; wie groß und wie umfangreich diese Bereitstellung sein soll, ist jedoch auch in der Theorie keineswegs entschieden.

Die Auseinandersetzung um diese Frage wird in der Literatur zur Sozialpolitik eher an Hand der Grundsatzdebatten über die Schwerpunktsetzung der Sozialpolitik geführt. Dabei sind sowohl politische wie wissenschaftlich-disziplinäre Perspektiven zu beachten.

Aus politischer Perspektive stehen liberale Positionen der Rolle der sozialen Dienste grundsätzlich skeptischer gegenüber als sozialdemokratische oder konservative Positionen. Aus liberaler Perspektive werden wohlfahrtsstaatliche Interventionen nicht nur generell mit Vorsicht betrachtet; wenn schon überhaupt notwendig, dann wäre eine monetäre Armutsvorsorge einer „Zwangsbeglückung" durch soziale Dienste vorzuziehen.[16] Eher der linken Seite des politischen Spektrums zugeneigte Positionen gehen hingegen von einer grundlegenden Skepsis aus, sozialpolitische Ziele ausreichend und vollständig durch Geldleistungen erzielen zu können. Es brauche vielmehr eine starke unterstützende Aktivität unterprivilegierter Gruppen durch die öffentliche Hand; und gerade diese werde durch soziale Dienstleistungen erreicht.[17]

Es überrascht nicht, daß die Stellung der sozialen Dienste auch in unterschiedlichen sozialwissenschaftlichen Disziplinen nuanciert betrachtet wird. Die typisch „ökonomische" Position zur Sozialpolitik geht davon aus, Menschen marktfähig zu machen. Darin wird das elementare Ziel der Sozialpolitik gesehen.[18] Wer marktfähig ist, kann seine Bedürfnisse mittels Kauf selbst befriedigen; dies gilt auch für soziale Dienstleistungen, die über Märkte bereit gestellt werden sollten (z.B. Pflegesicherung). Autoren, die von einer soziologischen oder politikwissenschaftlichen Grundlage kommend sozialpolitische Themen untersuchen, sehen diesen Zugang sehr skeptisch. Soziale Ungleichheiten ließen sich nicht nur durch die Ausschüttung von Geldleistungen beseitigen, es bedarf einer aktiven Gesell-

16 Vgl. z.B. *Hayek* (1991), S. 374ff.
17 Vgl. z.B. *Titmuss* (1968).
18 Vgl. *Hayek* (1988), S. 47.

schaftspolitik, zu deren Wesenselementen auch die Bereitstellung von sozialen Diensten gehört (z.B. unentgeltliche Bildung).[19] Die Verhinderung von sozialer Ausgrenzung wird nicht nur durch materielle Unterstützung benachteiligter Bevölkerungsgruppen durch die öffentliche Hand erreicht; es sei vorab schon ein Zeichen sozialer Ausgrenzung, wenn unterprivilegierte Bevölkerungsschichten de facto keinen Zugang zu als zentral angesehenen sozialen Diensten (z.B. Gesundheitsleistungen, Weiterbildungsleistungen) hätten.[20]

Eine explizite Berücksichtigung von sozialen Dienstleistungen im Wohlfahrtsstaatskonzept wird daher umso wichtiger, je größer die Zahl jener Gesellschaftsmitglieder ist, die nicht durch eine rein monetäre Sozialpolitik zu einem gesellschaftlich wünschenswerten Versorgungsniveau oder zu einem gesellschaftlich wünschenswerten politischen Status kommen kann. Die Stellung der sozialen Dienstleistungen wird somit nicht nur zum sichtbaren Zeichen unterschiedlicher theoretischer Konzepte der Sozialpolitik; sie deutet indirekt auch darauf hin, welche Sichtweise von den wichtigsten Problemen sozialer Benachteiligung ein Theoretiker überhaupt hat.

2. Soziale Dienstleistungen und Reformdiskussionen des Sozialstaats

Das politische Diktum von der „Krise" des Wohlfahrtsstaates existiert nun schon seit Jahrzehnten.[21] Wenngleich es in den letzten Jahren im Zuge des europaweiten Trends zur Budgetkonsolidierung zu beträchtlichen Veränderungen und Einschränkungen wohlfahrtsstaatlicher Politik gekommen ist, scheint das Grundkonzept des Sozialstaats jene Prognose zu erfüllen, die für die meisten Totgesagten gilt: Es lebt und entwickelt sich dynamisch weiter.

Im Zuge der Reformdebatte des Wohlfahrtsstaates rücken soziale Dienstleistungen immer stärker in das Zentrum des Interesses.[22] Nicht zuletzt auf Grund des Theoriedefizits, welches im Kapitel 1 beschrieben worden ist, fällt es jedoch nicht immer leicht, auf die in der Politik gestellten Fragen Antworten zu geben. In der Folge sollen nun zwei ausgewählte Themenbereiche näher untersucht werden, die in den Reformdiskussionen des Sozialstaats immer wieder angeschnitten werden und die sich auf soziale Dienstleistungen beziehen: (1) Die Frage nach der Grenze der gesellschaftspolitischen Verantwortung für soziale Dienste und (2) die Möglichkeiten zur Effizienzsteigerung bei der Bereitstellung von sozialen Diensten, womit letztlich eine Effektivitätssteigerung der Sozialpolitik verbunden wäre.

---

19 Vgl. *George/Wilding* (1994), S. 81.

20 Vgl. *Badelt/Österle* (1998b), S. 220f.

21 Siehe z.B. den gleichnamigen Band der OECD aus den 80er Jahren, *OECD* (1981).

22 Siehe z.B. *Huster* (2000).

2.1 Soziale Dienste und der Umfang staatlicher Verantwortung

2.1.1 Unklare politische Zielvorgaben

Die in Teil 1 aufgezeigte Konzentration der Mindestsicherungsdebatte auf die monetäre Dimension bringt es mit sich, daß in der politischen Diskussion die Frage nach den Grenzen der öffentlichen Verantwortung für die Bereitstellung sozialer Dienstleistungen viel zu selten gestellt wird. In der Praxis dominieren politische Pauschalzusagen, wonach z.B. die gesundheitliche Versorgung, die Versorgung mit Pflegeleistungen oder (zumindest in der BRD) die Versorgung mit Betreuungsleistungen für Kleinkinder als öffentliche Verantwortung definiert werden. Bei genauerem Hinsehen zeigt sich allerdings, daß Zusagen dieser Art oft jeglicher materieller, aber auch gesellschaftspolitischer Grundlegung entbehren. Eine intensive theoretische wie normative Diskussion dieser Frage wäre daher dringend von Nöten.

Die ökonomische Theorie diagnostiziert für einen großen Teil sozialer Dienste Marktversagen im allokativen Sinn. Wichtige Beispiele dafür sind externe Effekte z.B. im Bildungs- und Gesundheitswesen, welche es als auch im Dienste des Effizienzzieles erscheinen lassen, die Versorgung mit diesen Diensten nicht völlig den Märkten zu überlassen. Andere soziale Dienste sind insbesondere mit Problemen der Unsicherheit, und hier vor allem der Problematik der asymmetrischen Information konfrontiert. So ist die Existenz asymmetrischer Information ein klassisches Argument für Marktversagen im Gesundheitswesen, weil die Gefahr besteht, daß Anbieter von medizinischen Leistungen ihre Informationsvorteile zu Lasten möglicher Konsumenten ausnützen könnten.[23] Diese im Gesundheitswesen zur Tradition gewordene Argumentation gilt auch für den Bereich der Pflegedienste, aber auch über weite Strecken für Beratungs- und Erziehungsleistungen, welche einen wesentlichen Teil des Angebots an sozialen Diensten bilden.

Es gehört zum Standardwissen der Finanzwissenschaft, aus der Existenz von Marktversagen nicht automatisch auf die Notwendigkeit einer öffentlicher Produktion sozialer Dienste zu schließen, gilt es doch bei ordnungspolitischen Entscheidungen dieser Art stets zwischen dem Produktions- und dem Finanzierungsaspekt zu unterscheiden. Die ökonomische Erkenntnis des Marktversagens gibt somit aus Allokationsgesichtspunkten Hinweise auf die Notwendigkeit öffentlicher Verantwortung zur Finanzierung; sie sagt aber noch nichts darüber aus, in welchem Ausmaß bestimmte Institutionen soziale Dienstleistungen selbst produzieren sollten. Die Beantwortung dieser Frage erfordert eine „institutionelle Wahlentscheidung",[24] welche nach verschiedenen Kriterien getroffen werden kann.

---

23 Vgl. *Arrow* (1963), S. 951.

24 Siehe u. Kapitel 2.2.

Die politische Entscheidung über die Grenzen der öffentlichen Verantwortung für soziale Dienste liegt allerdings in der Regel weniger auf allokativer, sondern mehr auf distributiver Basis. Das öffentliche Engagement im Bereich der sozialen Dienste erfolgt nämlich vor allem im Hinblick auf gesellschaftspolitische Gerechtigkeitsvorstellungen. Die Bereitstellung einer Grundversorgung von Bildung, Pflege oder Gesundheitsleistungen unabhängig vom ökonomischen Status der Bedürftigen zählt zu den mehr oder weniger unbestrittenen gesellschaftspolitischen Zielen eines Sozialstaats. Es gibt darüber hinaus Bereiche, wo die politische Überzeugung, für alle Menschen eine „Vollversorgung" organisieren oder finanzieren zu müssen, weit weniger konkret ist. Ein gutes Beispiel dafür ist die Versorgung mit Kinderbetreuungsleistungen im Vorschulalter, zu der sich in Österreich zwar die meisten politischen Gruppierungen mit Worten bekennen, auf der Handlungsebene gibt es jedoch Differenzen hinsichtlich der Einlösung solcher Versprechen.

Die Problematik pauschaler Zusagen einer „Vollversorgung" ist in den letzten Jahren vor allem am Beispiel des Gesundheits- und Pflegewesens offenkundig geworden. Wie in Fachkreisen allgemein bekannt, gibt es zahlreiche externe Ursachen dafür, daß die Bedürfnisse, Gesundheits- oder Pflegeleistungen zu konsumieren, ständig anwachsen.[25] Diese fälschlicherweise als Dynamik der „Nachfrage" bezeichneten Argumente beginnen mit den sich abzeichnenden demographischen Veränderungen, setzen sich mit Veränderungen im Bereich der Sozialstrukturen (z.B. Familienstrukturen, Haushaltsgrößen, Erwerbstätigkeit der Frau) fort und finden – last but not least – eine starke Begründung in den für die sozialen Dienste typischen „Produktinnovationen". So führen z.B. Erkenntnisse der medizinischen Forschung zu neuen Diagnosen und Therapieverfahren, die dann auch den Wunsch entstehen lassen, diese Erkenntnis in der Praxis anzuwenden. Ähnliches gilt auch für andere Bereiche der sozialen Dienste, wie Beratung, Therapie- oder Erziehungsleistungen.[26] Die gesundheitsökonomische Literatur hat die damit verbundenen Effekte treffend als „anbieterinduzierte Nachfrage" bezeichnet.

An sich ist eine marktwirtschaftliche Wirtschaftsordnung stets durch Wandlungsprozesse in den Nachfrage- und Bedürfnisstrukturen gekennzeichnet. Gäbe es daher nicht die politische Pauschalzusage, nach dem Stand des medizinischen Wissens die gesamte Bevölkerung unentgeltlich mit einer Vollversorgung zu versehen, dann wären die skizzierten Strukturwandlungen nichts anderes als alltägliche Verschiebungen in den Nachfragestrukturen einer Wirtschaft, wie sie in vielen anderen Branchen zum Alltag gehören. Tatsache ist jedoch, daß die Politik durch ihre pauschalen Ankündigungen einer Vollversorgung in ein Dilemma kommt, das sie kurzfristig durch gesundheitspolitisch zweifelhafte Befreiungsschläge wie z.B. Deckelungen bei den Gesundheitsausgaben[27] oder auch durch partielle Abgabenerhöhungen zu kompensieren versucht.

---

[25] Vgl. *OECD* (1999); *Badelt/Holzmann/Matul/Österle* (1996), S. 12f.

[26] *Badelt/Österle* (1998a), S. 105.

[27] Vgl. die jüngsten Vorschläge im Regierungsprogramm der österreichischen Koalitionsregierung.

Es ist allerdings fraglich, ob mit diesen kurzfristigen Lösungsversuchen das Problem an seinen Wurzeln beseitigt oder zufriedenstellend gelöst werden kann. Erfahrungsgemäß ist die Inflation der Erwartungen dynamischer als die Möglichkeiten der Politik, diese Erwartungen auf den Boden der Realität zurückzuführen. Ein gutes Beispiel dafür ist die Organisation und Finanzierung von Pflege- und Betreuungsleistungen für ältere Menschen: einerseits wurde hier in den letzten Jahren mit gutem Recht intensiv in den Aufbau ambulanter Betreuungsstrukturen investiert, was nicht nur aus inhaltlichen, sondern auch aus ökonomischen Gründen sinnvoll ist. Andererseits wird die Frage nach den Grenzen der öffentlichen und familiären Verantwortung für die Übernahme von Pflegeleistungen in den nächsten Jahrzehnten mit einer Intensität die sozialpolitische Auseinandersetzung prägen, die die Probleme mit der Spitalsfinanzierung noch weit in den Schatten stellen wird.

Bei allen berechtigten Versuchen, das sich abzeichnende Dilemma durch Reorganisationen und Produktivitätssteigerungen zu lösen, steht doch fest, daß derartige Lösungsversuche lediglich zu einer Verlangsamung oder Verkleinerung des Grundsatzproblems führen können. Und dieses läuft letztlich darauf hinaus, die Grenzen der öffentlichen Verantwortung zu klären und sich für eine von zwei politisch keineswegs attraktiven Alternativen zu entscheiden: Entweder die Pauschalverantwortung für die „Vollversorgung" aufrecht zu erhalten und damit zwangsläufig Abgabensteigerungen hinzunehmen – was im Widerspruch zum politischen Zeitgeist der Begrenzung der Steuerlasten steht – oder aber Abschied von den politischen Versprechungen zu nehmen und damit auf die Suche nach ökonomisch ausreichenden und ethisch vertretbaren Rationierungsprinzipien zu gehen.

2.1.2 Orientierungslosigkeit hinsichtlich möglicher Rationierungsstrategien

Grenzen der öffentlicher Verantwortung müssen für einzelne Typen sozialer Dienstleistungen getrennt festgelegt werden. In der Regel liegt die Entscheidung an der Schnittstelle von ökonomischen, fachspezifischen und ethischen Perspektiven. Die Diskussion wird im Augenblick durch den Trend zur gesellschaftspolitischen Polarisierung wesentlich erschwert.

Im Gesundheitswesen leugnet die offizielle Politik bislang meist die Notwendigkeit von Rationierungsentscheidungen. Dennoch wurden auch in Österreich in den letzten Jahren immer mehr Entscheidungen dieser Art getroffen. So hat die Deckelung der Ausgaben der Krankenversicherungen für das Spitalswesen den ersten Schritt zu einer einschlägigen Rationierung gebracht, die dann vollständig wird, wenn auch die Gebietskörperschaften analoge Ausgabenbeschränkungen einführen. Gerade dies scheint – wenn auch nicht spezifisch für das Spitalswesen – in diesen Tagen durch die Pläne der neuen Bundesregierung zu erfolgen, die sich festgelegt hat, Defizite der Krankenversicherungsanstalten nicht mehr zuzulassen und auch nicht durch zusätzliche Budgetmittel abzudecken. Anstelle dessen wird den Krankenkassen das Recht eingeräumt, Selbstbehalte einzuheben.

Ökonomisch gesehen bewirken Ausgabendeckelungen dieser Art grundsätzlich Rationierungsentscheidungen, die allerdings nicht von der Politik, sondern auf der Ebene der Kassen und später auf der Ebene der einzelner Anbieter medizinischer Leistungen zu vollziehen sind. In einer makroökonomischen Perspektive bedeutet diese Politik schlichtweg, daß bei Anwachsen des Bedarfes an medizinischen Leistungen der Pro-Kopf-Anteil öffentlicher Mittel für die Befriedigung dieses Bedarfes kleiner wird. Man mag dieses als notwendige Konsequenz des in der Gesellschaft real vorhandenen Knappheitsprinzips interpretieren oder als Strategie einer effizienten Finanzpolitik, Knappheitsentscheidungen an untere Ebenen der politischen Hierarchie zu delegieren. Der Effekt ist jedenfalls, daß das politische Versprechen der „Vollversorgung" für jedermann früher oder später nicht mehr gehalten werden kann.

Für einige Pflichtleistungen der Krankenversicherungen, die relativ jüngeren Datums sind – wie insbesondere die medizinische Hauskrankenpflege und die Psychotherapie – hat dieses Prinzip der Rationierung in den letzten Jahren schon offenkundig gegolten. Während die Politik die Einführung einer „Pflichtleistung" als politischen Fortschritt feierte, wurde die Umsetzung der de facto Rationierung an einzelne Krankenkassenbedienstete delegiert, welche Vorgaben zu einem maximalen Ausgabevolumen erhielten. Ob diese Art der Rationierungsentscheidungen den Gesichtspunkten der Effizienz und der Gerechtigkeit entspricht, ist jedoch fraglich.

Der Trend der öffentlichen Politik, die Rationierungsentscheidungen offiziell zu leugnen und de facto von der Ebene der politischen Entscheidungsträger wegzuschieben, ist nachvollziehbar; allerdings dient er nicht der Realisierung sozialstaatlicher Prinzipien. Besser wäre es, solche Entscheidungen offensiv vorzubereiten und in einem Dialog zwischen Ökonomen und Fachleuten Kriterien zu entwickeln, die nicht von den Zufälligkeiten des Alltags in lokal agierenden Institutionen abhängig sind. Daß solche Kriterien nie widerspruchsfrei bleiben werden, ist offenkundig. Es ist allerdings auch fraglich, ob sichtbare Widersprüche und Mängel nicht besser sind als solche, die jenseits des Blickwinkels der öffentlichen Politik ausgetragen werden.

Ein anderes Beispiel für die Machtlosigkeit der Politik hinsichtlich der Rationierungsentscheidungen liegt in der Problematik der Kinderbetreuung. Hier wird eine rationale Entscheidungsfindung weniger aufgrund der schwierigen ethischen Situation als vielmehr durch komplexe ideologische Verdeckungsstrategien erschwert.[28] Aus ökonomischer Sicht ließe sich etwa die Frage, ob das gesellschaftspolitische Anliegen einer öffentlich finanzierten Vorschulerziehung eher durch eine Geld- oder durch eine Sachleistung befriedigt werde soll, relativ leicht klären. Vieles spricht für eine Geldleistung, die dazu verwendet wird, daß Eltern eine maßgeschneiderte Form der Kinderbetreuung selbst finanzieren könnten.

---

28 Vgl. *Merkle* (1994), S. 78f; *Spieß* (1998); *Denk/Schattovits* (1995), S. 12ff.

Auch ist bei der Dienstleistung "Kinderbetreuung" das Marktversagen relativ zu anderen sozialen Diensten gering, weshalb auf die Entwicklung eines kommerziellen Marktes mit einschlägigen Qualitätskriterien vertraut werden könnte, wenn durch die Politik ausreichende kaufkräftige Nachfrage geschaffen wird.

De facto ist die Etablierung einer ökonomisch sinnvollen Lösung auf diesem Gebiet durch die komplexe politische Lage weitgehend unmöglich gemacht. Wenn politische Gruppierungen, denen man zu Recht oder Unrecht die Werthaltung unterstellt, Mütter „an den Herd binden zu wollen", sich für bestimmte Geldleistungen stark machen (Schlagwort „Kinderbetreuungsscheck"), dann besiegt die politische Emotion jegliche ökonomische Rationalität. Die wirklich kontrovers zu führende Debatte, in welchem Ausmaß die öffentliche Hand überhaupt für die Finanzierung von Vorschulerziehung und -betreuung Mittel aufbringen soll, tritt im Verhältnis dazu in den Hintergrund.

Das Ergebnis einer solchen Debatte ist in jeder Hinsicht schlecht. Es werden teure, ökonomisch ineffiziente Lösungen realisiert, die überdies von lokalen politischen Präferenzen abhängig sind und die de facto zu einer Verteilung des Zugangs zur Kinderbetreuung führen, die eine soziale Schichtung mit sich bringt, welche jeglicher sozialstaatlicher Politik zur Verhinderung von sozialer Ausgrenzung oder zur Emanzipation von Frauen Hohn spricht.

Mindestens ebenso ideologiegefährdet, aber noch nicht offen aufgebrochen ist die Diskussion über die Rationierungsstrategien im Bereich der Altenpflege. Empirische Untersuchungen[29] haben aufgezeigt, daß trotz Ausbau der sozialen Dienste durch die Kommunen und Länder fast zwei Drittel der Betreuungsleistungen an älteren Menschen nach wie vor innerhalb des Familienverbandes, und hier zu mehr als 80% von Frauen erbracht werden. Die Auszahlung einer Geldleistung (Pflegegeld in Österreich) bzw. die Bereitstellung einer Sachleistung anstelle einer geringeren Geldleistung (Pflegegeldsicherungssystem in der BRD) ist als Versuch zu verstehen, eine öffentliche Teilverantwortung für die finanziellen Folgen des Pflegerisikos zu etablieren.

Langfristprognosen über die weitere Entwicklung des Problems der Pflege- und Betreuungsbedürftigkeit zeigen jedoch,[30] daß diese Form der Verantwortungsübernahme durch die öffentliche Hand keineswegs ausreichen wird, um den sich abzeichnenden Rückgang der privaten Pflege zu kompensieren. In den nächsten Jahren wird daher die Frage nach der Grenze der öffentlichen Verantwortung im Bereich der Pflege mit noch größere Vehemenz gestellt werden als gegenwärtig. Dabei werden die gesellschaftspolitischen Konflikte die aktuellen Diskussionen über die Kinderbetreuung bei weitem in den Schatten stellen, geht es doch in der Praxis bei der sogenannten familiären Pflege vor allem um eine Belastung der Frauen, welche die überwiegende Last der Pflegearbeit tragen und dafür keinerlei soziale Absicherung finden. Die politische Sprengkraft dieses Themas ist nicht zu unterschätzen. Die Notwendigkeit, an der Schnittstelle von Ökonomie, Gesell-

---

29 *Badelt/Holzmann-Jenkins/Matul/Österle* (1997), S. 105ff.

30 *Badelt/Holzmann/Matul/Österle* (1996), S. 129ff.

schaftspolitik und privater Lebensvorsorge Lösungen für diese Problematik zu finden, steht außer Zweifel.[31]

2.2 Soziale Dienste und die Forderung nach Effizienzsteigerungen

Die Probleme der wachsenden Inanspruchnahme der öffentlichen Verantwortung für soziale Dienstleistungen führt immer wieder zu der Forderung, soziale Dienste müßten eben "effizienter" als bisher produziert werden. Nur dadurch ließe sich die Schere zwischen steigenden Kosten, wachsenden Ansprüchen und budgetären Restriktionen lösen.

In den gegenwärtigen Anbieterstrukturen sozialer Dienste ist Effizienz zweifellos nicht immer gewährleistet. Wenn auch der Ruf nach mehr Effizienz im Sozialwesen oft als Pauschalverunglimpfung oder Ausdruck eines Unverständnisses der Spezifika des Sozialwesens zurückgewiesen wird, dann stellt die aufgestellte Forderung an sich dennoch ein berechtigtes Anliegen dar. Es gehört wohl zu den größten Herausforderungen des künftigen Sozialstaates, die Möglichkeiten und Grenzen einer Effizienzsteigerung im Sozialbereich auszuloten und mit der gebotenen Behutsamkeit auch umzusetzen. In der Folge sollen drei wichtige Dimensionen dieser Problematik angerissen werden.

2.2.1 Die Mikroebene: das Anliegen des Sozialmanagements

Unter "Sozialmanagement" wird üblicherweise die Übertragung wirtschaftlicher Denk- und Handlungsprinzipien auf den Bereich der sozialen Dienstleistungen verstanden.[32] Die politisch leichthin aufgestellte Forderung, Effizienzdenken im Sozialbereich einzuführen, muß aber einer sorgfältigen Prüfung auf Umsetzbarkeit unterzogen werden. Eine Übertragung macht nur Sinn, wenn es zwischen den wirtschaftlichen Produktionsprozessen und der Herstellung sozialer Dienstleistungen Gemeinsamkeiten gibt. Diese sind in mancher Hinsicht vorhanden, basiert doch auch die Produktion sozialer Dienstleistungen auf elementarsten ökonomischen Prinzipien.

Diese wirtschaftliche Trivialität wird bei den Vertretern des Sozialbereichs keineswegs als unbestreitbar betrachtet. Die formale Ähnlichkeit zwischen der Produktion sozialer Dienstleistungen und der Herstellung anderer Güter darf nämlich nicht darüber hinwegtäuschen, daß mit der Produktion sozialer Dienste auch Besonderheiten verbunden sind, die die Möglichkeit der Übertragung wirtschaftlichen Denkens relativieren.

Wie bereits oben erwähnt kommt es bei sozialen Diensten fast immer zum Phänomen der asymmetrischen Information. Davon abgesehen ist der Output sozialer Dienste selten in objektivierbarer Form meßbar; ein Phänomen, das zwar

[31] Siehe auch *Zweig* (1997), S. 107.
[32] Vgl. *Badelt* (1997b), S. 326.

auch bei anderen Dienstleistungen (z.B. im Kultur- oder Vergnügungsbereich) existiert, im Sozialwesen aber aufgrund der bekannten Marktkonstellationen zu besonderen Problemen führt. In weiten Bereichen des Sozialwesens existiert nämlich eine Dreiecksbeziehung zwischen Konsument, Financier und Produzent. Wenn aber der Konsument nicht mit der wirtschaftlichen Macht versehen ist, sich gegen versteckte Qualitätsverschlechterungen zu wehren, dann kann in einer Welt der asymmetrischen Information der Druck auf Produktivitätssteigerung de facto durch Qualitätsverschlechterungen gelöst werden.

Aus diesem Grund wird im Sozialwesen immer wieder eine „objektive" – in der Praxis heißt dies politische – Definition von minimalen Qualitätsstandards gefordert.[33] Damit wird ein Regulierungsbedarf für die öffentliche Hand definiert, der außerhalb des Sozialbereichs nur selten in vergleichbarer Art vorzufinden ist. Überdies wird aus dieser Konstellation oft die Schlußfolgerung gezogen, die Versorgung mit sozialen Diensten eher über Geldleistungen als über die direkte Bereitstellung von Sachleistungen zu organisieren. Dadurch würde das Dreieck zwischen Konsument, Financier und Produzent der Leistung durchbrochen; der „mündige Konsument" würde auch die Fähigkeit haben, sich mit seiner Zahlungskraft von qualitativ schlechten Anbietern abzuwenden. Daß dies bei manchen sozialen Problemen möglich, bei anderen aber unmöglich ist, zeigt, wie in wichtigen Fragen der sozialen Dienste eine fachliche Differenzierung der Argumentationslinie dringend geboten ist.

Das Beispiel der Qualitätsproblematik zeigt die Grenzen der Übertragung des Effizienzdenkens in den Sozialbereich. Andere Spezifika der Produktion sozialer Dienstleistungen unterstreichen hingegen die Notwendigkeit, durch Verstärkung des betriebswirtschaftlichen Denkens wenigstens einen Teil der anstehenden Finanzierungsprobleme in den Griff zu bekommen. So wird bei typischen Anbietern sozialer Leistungen (z.B. bei großen Wohlfahrtsverbänden) immer wieder ein internes und externes Kontrollversagen diagnostiziert, das auf Mängel in der Organisation der internen Steuerung und des Controlling, aber auch auf Defizite in den gesetzlichen Publizitätsvorschriften (wie sie z.B. durch das Vereinsrecht gegeben sind) zurückgeführt wird.[34]

Die kritische Diagnose von *Meyer* bezieht sich auf die deutschen Wohlfahrtsverbände und läßt sich nicht generalisieren. Dennoch gibt es hinreichende Evidenz, wonach nicht alle Produzenten sozialer Dienste die elementarsten Standards des betriebswirtschaftlichen Know How kennen oder einsetzen, wenngleich in diesem Bereich in den letzten Jahren ein großer Trend zur Professionalisierung festzustellen ist.[35] Dennoch ist ein Nachholbedarf unleugbar.

Die stärkere betriebswirtschaftliche Orientierung von Wohlfahrtsverbänden und anderen Produzenten sozialer Dienste kann allerdings auch eine Eigendynamik mit sich bringen, die zu negativen Rückwirkungen auf das Anliegen sozialer

---

33 Vgl. als Überblick *Badelt* (1996).

34 Vgl. *Meyer* (1999), S. 98ff.

35 Vgl. *Horak/Heimerl-Wagner* (1999), S. 142f.

Organisationen führen können. So besteht eine gewisse Tendenz, die Leistungsinhalte eher an jenen Kriterien zu orientieren, die für ein externes Dokumentations- und Rechnungswesen von größerer Wichtigkeit sind. Bestimmte Prozeßelemente der Erstellung sozialer Dienste (wie z.B. die „menschliche" Zuwendung an einen Pflegepatienten, der in erster Linie Zeit benötigt) könnten dadurch auf der Strecke bleiben. Die Suche nach Kompromissen zwischen ökonomischen und sozialen Anliegen wird damit zu einer Schlüsselfrage des Sozialmanagements, insgesamt aber auch zu einer Schlüsselfrage der Neukonzeptualisierung des Sozialstaats.

2.2.2 Die Makroebene: Institutionelle Wahlentscheidungen zu Gunsten des Nonprofit-Sektors?

Ob und in welchem Ausmaß die Produktion von sozialen Dienstleistungen durch die öffentliche Hand selbst oder aber durch private Organisationen oder den informellen Sektor erfolgen soll, ist Ausdruck einer institutioneller Wahlentscheidung, deren befriedigende Lösung zu den Schlüsselfragen der künftigen Sozialstaatsdebatte gehören wird.

Die ökonomische Theorie des Nonprofit-Sektors hat eine Reihe von Argumenten entwickelt, die die Vorteilhaftigkeit der Nonprofit-Organisationen für die Bereitstellung sozialer Dienste belegen sollen.[36] Im Zentrum steht dabei die These, wonach die öffentliche Hand aus politischen und ökonomischen Gründen zu einer quantitativen oder qualitativen Unterversorgung der Bevölkerung mit sozialen Diensten neigt. Dafür sei einerseits die geringe Popularität mancher sozialer Dienste verantwortlich, andererseits liege der Grund auch im notwendigen Zentralisationsgrad der öffentliche Bereitstellung von sozialen Diensten. Darüber hinaus wird immer wieder argumentiert, daß Nonprofit Organisationen qualitativ höherwertig und billiger produzieren könnten als ihre staatlichen Gegenüber.

Empirisch läßt sich nachweisen, daß Kostenvorteile der NPOs vor allem durch den Zugang privater Wohlfahrtsverbände zu Spenden und zu ehrenamtlicher Arbeit zu erklären sind. Davon abgesehen existiert aber keine systematische Evidenz für die ökonomische Vorteilhaftigkeit von Nonprofit Organisationen.[37] Die Inanspruchnahme von Spenden und ehrenamtlicher Arbeit ist zwar aus sozial- und gesellschaftspolitischen Gründen über weite Strecken wünschenswert, hat aber auch problematische Verteilungs- und Allokationswirkungen. Auf die damit verbundenen Ineffizienzen wird in der jüngeren ökonomischen Kritik am Nonprofit Sektor immer wieder hingewiesen.[38] Die verteilungspolitischen Aspekte ergeben sich insbesondere bei der ehrenamtlichen Arbeit, weil die Gefahr besteht, daß Verbilligungen einer öffentlichen Bereitstellung von sozialen Diensten zu Lasten der Ehrenamtlichen (meistens von Frauen) geht.[39]

---

36 Vgl. z.B. *Badelt* (1997a), S. 205f; *Heitzmann* (2000), S. 26ff.

37 Vgl. *Badelt* (1999b), S. 111 und S. 115f.

38 Vgl. *Meyer* (1999), S. 81ff.

39 Vgl. *Badelt* (1999c), S. 459f.

Insgesamt ist die Frage, ob durch eine Aufwertung des Nonprofit Sektors eine signifikante Produktivitätssteigerung bei der Bereitstellung sozialer Dienste erreicht werden kann, daher noch ungeklärt. Das wachsende Interesse der wissenschaftlichen und politischen Diskussion an dieser Frage wird mit hoher Wahrscheinlichkeit in den nächsten Jahren neue theoretische und empirische Evidenz zu diesem Thema hervorbringen.

2.2.3 Effizienz und der ordnungspolitische Rahmen der Erstellung sozialer Dienste

Produktivitätssteigerungen bei der Erstellung sozialer Dienste können nicht nur durch Verbesserungen auf der betrieblichen Ebene und durch eine effizienzorientierte institutionelle Wahlentscheidung erreicht werden; sie sind darüber hinaus auch wesentlich durch den ordnungspolitischen Rahmen bestimmt, innerhalb derer die Anbieter sozialer Dienste agieren. Dieser ordnungspolitische Rahmen ist in jüngster Zeit mehrfach in das Zentrum der Kritik von Wissenschaftern und Praktikern gekommen.[40] In wesentlichen lautete der Vorwurf an die Produzenten der sozialen Dienste, sie hätten ihren gemeinnützigen Status und ihre Nähe zur Politik dahingehend ausgenutzt, so daß ein Wohlfahrtskartell entstanden sei, das nicht nur den eigentlichen sozialen Zielen der Verbände widerspricht, sondern auch grobe Ungerechtigkeiten und ökonomische Ineffizienzen produziere. Daß derartige Vorwürfe bei den betroffenen Verbänden auf heftigsten Widerstand stoßen, ist nicht verwunderlich. Wie stets in solchen Kontroversen ist jedoch eine differenzierte Diskussion notwendig.

Unter dem ordnungspolitischen Rahmen werden im wesentlichen die politischen und rechtlichen Rahmenbedingungen des Agierens der sozialpolitischen Träger verstanden. Rechtlich gesehen gibt es verschiedene Normen, die das gesellschaftspolitische Prinzip der Subsidiarität nicht nur als abstraktes politisches Programm begreifen, sondern zu einem rechtlich verbindlichen Organisationsprinzip konkretisieren. Dies ist in Deutschland vor allem durch das Bundessozialhilfegesetz geschehen, welches allerdings in den letzten Jahren beispielweise durch das Pflegeversicherungsgesetz und das Krankenhausfinanzierungsgesetz in gewisser Weise eingeschränkt worden ist.[41] Dennoch sind in Deutschland die Träger der freien Wohlfahrtspflege grosso modo gegenüber der staatlichen Bereitstellung von Sozialen Diensten bevorzugt. In Österreich existiert eine derartige formale Präferenz nur in relativ kleinen Bereichen, wie insbesondere im Jugendwohlfahrtsrecht. Auf der politischen Ebene allerdings ist eine solche Bevorzugung öfter zu beobachten; explizit oder implizit wird von der öffentlichen Sozialpolitik immer wieder das Prinzip vertreten, mit den Anliegen sozialer Dienste sollte kein Profit gemacht werden, weshalb unabhängig von ökonomischen Effizienzüberlegungen eine Be-

---

[40] Vgl. als Überblick *Meyer* (1999).

[41] Vgl. *Brauns* (2000), S. 46.

vorzugung privater Nonprofit Organisationen gegenüber kommerziellen Unternehmen zu beobachten ist.

Diese Interpretationen des Subsidiaritätsprinzip vermischen allerdings streng genommen zwei Fragen: die mögliche Priorisierung der privaten vor der öffentlichen Produktion und die Bevorzugung von Nonprofit Organisationen gegenüber kommerziellen Anbietern. Der erstgenannte Aspekt entspricht zweifellos dem Subsidiaritätsprinzip, der zweite stellt eine sehr spezifische Interpretation dieses Prinzips dar, welche wohl zu Recht als Wettbewerbsverzerrung gegenüber den kommerziellen Anbietern beklagt wird. Es ist gerade jene Wettbewerbsverzerrung, für die es in der Zwischenzeit wachsende Indizien ihrer EU-Rechtswidrigkeit gibt. Die großen deutschen Wohlfahrtsverbände sind sich dieses Problems längst bewusst und bereiten in der Zwischenzeit auf der EU-Ebene ihre Gegenreaktionen vor.[42] Ob die Auseinandersetzung letztlich zu mehr Wettbewerbsfreiheit bei gleichzeitig gesicherter Qualität führen wird, ist im Augenblick noch ungeklärt. Es ist jedoch damit zweifellos eine der wesentlichsten Zukunftsfragen der Sozialstaaten angesprochen.

Die Diskussion des ordnungspolitischen Rahmens privater Wohlfahrtsverbände sollte jedoch nicht nur auf die Aktivitäten zentraler Organisationen des privaten Wohlfahrtswesens beschränkt bleiben.[43] Während etwa in Deutschland die Spitzenverbände der freien Wohlfahrtsverbände oft vereinfacht als Oligopol bezeichnet werden, besteht auf der lokalen Ebene oft eine wesentliche heterogenere Situation, die sich aus der großen Zahl selbständiger Teilverbände ergibt. So sind alleine im Deutschen Paritätischen Wohlfahrtsverband ca. 9000 rechtlich selbständige Mitgliedsorganisationen vertreten. Dieses konkurrenzieren einander oft auch auf der lokalen Ebene. Die Situation ist in Österreich nicht in selben Ausmaß, wohl aber tentativ ähnlich, weil zumindest auf der Landesebene die meisten Wohlfahrtsverbände weitgehend autonom agieren.

Andererseits wird gerade in der wissenschaftlichen Diskussion mit Recht zunehmend auch für Österreich der Vorwurf eines dicht vernetzten korporatistischen Beziehungsgeflechts zwischen Politik und Wohlfahrtsverbänden erhoben. Die politische Nähe großer Nonprofit Organisationen zu Parteien und anderen Machtträgern der Gesellschaft (Sozialpartnern und Kirchen) ist evident.[44] Daß daraus auch eine gewisse politische Bevorzugung entsteht, kann kaum geleugnet werden. Insofern ist der Einfluß privater Wohlfahrtsverbände auf politische Entscheidungsträger, Marktbedingungen und Regulierungsprinzipien im Interesse der Großverbände zu setzen, eine latente Gefahr, vor allem für den Aufbau einer an Effizienz orientierten Marktordnung.

Diese möglichen Quellen von Ineffizienzen dürfen nicht mit den in der ökonomischen Theorie zu Recht erarbeiteten Problemen des Marktversagens verwechselt werden, wie sie sich z.B. aus der Informationsproblematik ableiten.

---

42 Vgl. *Brovetto* (1999), S. 514; *Bauer* (1992).

43 Vgl. *Brauns* (2000), S. 43.

44 *Badelt* (1999a), S. 63ff.

Vielmehr liegt der Verdacht nahe, daß Anbieter sozialer Dienstleistungen den ordnungspolitischen Rahmen ihres Wirkens einseitig in ihrem unternehmerischen Interesse beeinflussen und prägen können, was zu Wettbewerbsverzerrungen gegenüber den kommerziellen Konkurrenten führen könnte.

Die These möglicher Wettbewerbsverzerrungen gewinnt im Hinblick auf die Marktanteile der privaten Wohlfahrtsträger in Österreich und Deutschland besonderes Gewicht. So schätzt *Brauns* den Marktanteil der gemeinnützigen Träger im Bereich der Krankenhäuser mit 38%, in der Altenhilfe mit 61%, in der Behindertenhilfe mit 80% und in der Jugendhilfe mit 69%.[45] In Österreich wird der Anteil des Nonprofit Sektors im Bereich der Vorschulerziehung mit rund 25%, bei den Krankenanstalten (Basiszahl Betten) mit 20%, im Bereich der Senioren-, Alten- und Pflegeheime (Bezugnahme Wohnbetten) mit bis zu 45% geschätzt.[46] Sollten daher Wettbewerbsverzerrungen bestehen – was z.B. im Hinblick auf die steuerliche Begünstigung gemeinnütziger Unternehmen unbestreitbar ist – so hätten diese beträchtliche Auswirkungen auf die volkswirtschaftliche Effizienz der Gesamtbranche.

Gegenwärtig steht die Untersuchung der Wechselwirkungen zwischen Effizienz und ordnungspolitischen Rahmenbedingungen noch am Beginn. Eine vertiefte Auseinandersetzung mit dieser Problematik wird in den nächsten Jahren zweifellos notwendig werden, wozu nicht nur der äußere Druck des EU-Rechts beiträgt, sondern auch das Interesse der kommerziellen Wirtschaft, immer stärker in den Bereich der sozialen Dienstleistungsproduktion hinein zuwachsen. Politik und Wissenschaft werden daher gefragt sein, an der Schnittstelle zwischen ökonomischen und sozialen Anliegen neue Lösungsmodelle zu erarbeiten. Aus diesem Grund wird in einem bisher noch wenig beachteten Themenfeld eine neue Grundsatzdiskussion über die zukünftigen Strukturen des Sozialstaates notwendig werden.

Literatur

Arrow, K. J. (1963): Uncertainty and The Welfare Economics of Medical Care, American Economic Review, Vol. 53, No. 5, S. 941-973.

Atkinson, A. B. (1989): Poverty and Social Security, New York-London et al.

Badelt, Ch. (1996): Qualitätssicherung aus gesamtwirtschaftlicher und sozialpolitischer Perspektive, in: Maelicke, B. (Hrsg.): Qualitätsmanagement in sozialen Betrieben und Unternehmen, Baden-Baden, S. 9-23.

---

45 *Meyer* (1999), S. 64.

46 *Badelt* (1999a), S. 80f.

Badelt, Ch. (1997a): Soziale Dienstleistungen und der Umbau des Sozialstaats, in: Hauser, R. (Hrsg.): Reform des Sozialstaates I: Arbeitsmarkt, soziale Sicherung und soziale Dienstleistungen, Schriften des Vereins für Socialpolitik, Neue Folge, Band 251/I, Berlin, S. 181-220.

Badelt, Ch. (1997b): Sozialmanagement – Ein kontroverses Konzept zur Integration von wirtschaftlichem und sozialem Denken?, Soziale Arbeit 10-11, S. 326-337.

Badelt, Ch. (1999a): Der Nonprofit Sektor in Österreich, in: Badelt, Ch. (Hrsg.): Handbuch der Nonprofit Organisation: Strukturen und Management, 2. Auflage, Stuttgart, S. 61-83.

Badelt, Ch. (1999b): Zwischen Marktversagen und Staatsversagen? Nonprofit Organisationen aus sozioökonomischer Sicht, in: Badelt, Ch. (Hrsg.): Handbuch der Nonprofit Organisation: Strukturen und Management, 2. Auflage, Stuttgart, S. 97-118.

Badelt, Ch. (1999c): Ehrenamtliche Arbeit im Nonprofit Sektor, in: Badelt, Ch. (Hrsg.): Handbuch der Nonprofit Organisation: Strukturen und Management, 2. Auflage, Stuttgart, S. 433-462.

Badelt, Ch. (1999d): The Role of NPOs in Policies to Combat Social Exclusion. Social Protection Discussion Paper No. 9912, The World Bank, Washington, D.C.

Badelt, Ch., Holzmann, A., Matul, Ch., Österle, A. (1996): Kosten der Pflegesicherung: Strukturen und Entwicklungstrends der Altenbetreuung, 2. Auflage, Wien.

Badelt, Ch., Holzmann-Jenkins, A., Matul, Ch., Österle, A. (1997): Analyse der Auswirkungen des Pflegevorsorgesystems. Forschungsbericht im Auftrag des Bundesministeriums für Arbeit, Gesundheit und Soziales, Wien.

Badelt, Ch., Österle, A. (1998a): Grundzüge der Sozialpolitik – Allgemeiner Teil: Sozialökonomische Grundlagen, Wien.

Badelt, Ch., Österle, A. (1998b): Grundzüge der Sozialpolitik – Spezieller Teil: Sozialpolitik in Österreich, Wien.

Barr, N. (1999): The Economics of the Welfare State, 3rd Edition, Oxford - New York.

Bauer, R. (1992): Sozialstaat und Wohlfahrtsverbände zwischen EG-Binnenmarkt und Beitrittsländern, in: Bauer, R. (Hrsg.): Sozialpolitik in deutscher und europäischer Sicht, Rolle und Zukunft der Freien Wohlfahrtspflege zwischen EG-Binnenmarkt und Beitrittsländern, Weinheim, S. 158-177.

Braun, H., Johne, G. (1993): Einleitung, in: Braun, H., Johne, G. (Hrsg.): Die Rolle sozialer Dienste in der Sozialpolitik, Frankfurt/Main - New York, S. 7-9.

Brauns, H.-J. (2000): Wohlfahrtsverbände: Gemeinnützige Oligopole oder Wettbewerber am Markt?, Soziale Arbeit, Heft 2, S. 42-48.

Brovetto, P. R. (1999): Nonprofit Organisationen und die Europäische Union, in: Badelt, Ch. (Hrsg.): Handbuch der Nonprofit Organisation: Strukturen und Management, 2. Auflage, Stuttgart, S. 493-516.

Culyer, A. J. (1991): The Political Economy of Social Policy, Aldershot.

Denk, G, Schattovits, H. (1995): Teilzeitbetreuung von Kindern in Österreich – Eine Bestandsaufnahme zur Orientierung über Formen, Kosten und Finanzierung. Österreichisches Institut für Familienforschung (ÖIF): Wien.

Esping-Andersen, G. (1990): The Three Worlds of Welfare Capitalism, Cambridge.

George, V., Wilding, P. (1994): Welfare and Ideology, New York - London et al.

Hayek, F. A. von (1988): The Fatal Conceit, London.

Hayek, F. A. von (1991): Die Verfassung der Freiheit, 3. Auflage, Tübingen.

Heitzmann, K. (2000): Dimensionen, Strukturen und Bedeutung des Nonprofit Sektors – Eine theoretisch-konzeptionelle und empirische Analyse für Österreich. Dissertation an der Wirtschaftsuniversität Wien, Wien.

Horak, Ch., Heimerl-Wagner, P. (1999): Management von NPOs – Eine Einführung, in: Badelt, Ch. (Hrsg.): Handbuch der Nonprofit Organisation: Strukturen und Management, 2. Auflage, Stuttgart, S. 139-152.

Huster, E.-U. (2000): Sozialer und wirtschaftlicher Wandel verlangt einen Umbau des Sozialstaates – Nationale und globale Trends erfordern eine neue strategische Ausrichtung sozialer Dienstleistungen, Blätter der Wohlfahrtspflege, Heft 1+2, S. 13-16.

Johne, G. (1993): Soziale Dienste als Forschungsgegenstand: Konzepte und Perspektiven, in: Braun, H., Johne, G. (Hrsg.): Die Rolle sozialer Dienste in der Sozialpolitik, Frankfurt/Main - New York, S. 117-134.

Lutz, H., Wagner, M., Wolf, W. (1993): Von Ausgrenzung bedroht – Struktur und Umfang der materiellen Armutsgefährdung im österreichischen Wohlfahrtsstaat der achtziger Jahre, Forschungsberichte aus Sozial- und Arbeitsmarktpolitik Nr. 50, Bundesministerium für Arbeit, Gesundheit und Soziales, Wien.

Merkle, L. E. (1994): Frauenerwerbstätigkeit und Kinderbetreuung – Eine theoretische und empirische Analyse für die Bundesrepublik Deutschland, Heidelberg.

Meyer, D. (1999): Wettbewerbliche Neuorientierung der Freien Wohlfahrtspflege. Volkswirtschaftliche Schriften, Heft 486, Berlin.

OECD (1981): The Welfare State in Crisis, OECD, Paris.

OECD (1999): OECD-Health Data (CD-ROM): OECD, Paris.

Piachaud, D. (1992): Wie mißt man Armut? in: Leibfried, S., Voges, W. (Hrsg.): Armut im modernen Wohlfahrtsstaat, Opladen, S. 63-87.

Spieß, C. K. (1998): Staatliche Eingriffe in Märkte für Kinderbetreuung – Theorie und Empirie im deutsch-amerikanischen Vergleich, Frankfurt/Main - New York.

Titmuss, R. M. (1968): Commitment to Welfare, London.

Vobruba, G., Weissel, E., Schmid, T. et al. (1991): Grundeinkommen zwischen Gesellschaftsveränderung, sozialpolitischer Resignation und Verteilungskonflikt, Kurswechsel, Heft 1.

Wörister, K., Schmid, G. (2000): Sozialstaatliche Mindestsicherung im europäischen Vergleich. Studie im Auftrag des Bundesministeriums für Arbeit, Gesundheit und Soziales, Wien.

Zerche, J., Gründger, F. (1996): Sozialpolitik – Einführung in die ökonomische Theorie der Sozialpolitik, 2. Auflage, Düsseldorf.

Zweig, G. (1997): Zur Finanzierbarkeit sozialer Dienstleistungen. Sozialer Fortschritt, Heft 5, S. 107-110.

Die österreichische Gesundheitspolitik der letzten Jahre im Lichte der internationalen Entwicklung

Engelbert Theurl

***Zusammenfassung**: Eine Analyse der einzelnen Sektoren des Sozialstaates in den etablierten Industriestaaten zeigt, daß die Gesundheitssysteme eine sehr dynamische Leistungs- und Kostenentwicklung aufweisen. Dies hat anfänglich systemextern, in den letzten Jahren aber auch verstärkt systemintern, den Ruf nach grundlegenden Reformen im Gesundheitswesen verstärkt. Die Gesundheitspolitik der einzelnen Staaten basiert auf unterschiedlichen institutionellen Settings und divergierenden sozialpolitischen Traditionen. Trotzdem läßt sich die verstärkte Steuerung des Gesundheitswesens durch die Finanzierungsträger, die unter dem Stichwort "Managed Care" figuriert, als gemeinsame international beobachtbare Reformstrategie ausmachen. Im folgenden Beitrag soll in einem ersten Schritt das Konzept von "Managed Care" kurz vorgestellt und empirisch evaluiert werden. In einem zweiten Schritt sollen verschiedene europäische "Hebel" zur Implementierung von Managed Care dargestellt werden. In einem dritten Schritt wird die österreichische Gesundheitspolitik im Lichte der internationalen Entwicklung kurz dargestellt und eingeordnet.*

1. Problemstellung

Die Gesundheitspolitik[1] der europäischen Industriestaaten nach dem 2. Weltkrieg kann vereinfacht in drei Phasen unterteilt werden:

- In einer ersten Phase wurde der öffentliche Krankenversicherungsschutz auf die Gesamtheit der Bevölkerung ausgeweitet und dadurch ein zweistufiges Absicherungssystem bestehend aus staatlicher oder parafiskalische Basisabsicherung und privater Zusatzabsicherung geschaffen. Diese Ausweitung erfolgte in den Gesundheitssystemen vom Sozialversicherungstyp (z.B. Deutschland, Österreich, Frankreich) inkrementalistisch. Dabei lösten sich die Länder schrittweise von der ursprünglich dominierenden Beschäftigungsorientierung ihrer sozialen Absicherungssysteme im Krankheitsfall. Hand in

1 Zur historischen Entwicklung der Systeme der Sozialen Sicherung generell vgl. auch den Beitrag von *Prisching* in diesem Band.

Hand mit der Ausweitung der Absicherung erfolgte damit auch der Übergang vom Kausalprinzip zum Finalprinzip in der Leistungsgewährung. (Vorläufig) abgeschlossen wurde diese Entwicklungsphase zumindest in Österreich (1993) und Deutschland (1995) erst in den 90-Jahren mit der Neuordnung der Absicherung des Risikos der Pflegebedürftigkeit.[2] Andere Länder (z.B. Großbritannien, Italien, Portugal, Spanien, Griechenland) substitutierten ihre lükkenhaften privaten bzw. öffentlichen Gesundheitssysteme in 'Big-bang'-Reformen durch direktstaatliche Absicherungssysteme, in denen die Anspruchsberechtigung an den Staatsbürgerstatus geknüpft wurde.

- Das Schwergewicht der Gesundheitsreformen in der zweiten Phase (ca. 1974 - 1990) lag - insbesondere - in den Gesundheitssystemen vom Sozialversicherungstyp im Ziel der Kostendämpfung und Beitragssatzstabilisierung. Diese Ziele wurden vor allem polit-ökonomisch und makroökonomisch, also systemextern, begründet. Da die Beiträge in Form von Zwangsabgaben erhoben werden, reagierte die Politik auf den Unmut der Wähler gegen eine hohe Abgabenlast. Zudem legten die negativen Rückwirkungen steigender Lohnnebenkosten auf stabilitätspolitische Ziele einer Kostendämpfungspolitik nahe. Die Maßnahmen dieser Kostendämpfungspolitik bestanden überwiegend in dirigistischen und punktuellen Eingriffen des Staates mit umstrittenen Effekten.

- Die dritte Phase der Gesundheitspolitik (seit etwa 1990) ist durch Gesundheitsreformen gekennzeichnet, die als "ordnungspolitisch fundiert" und "effizienzorientiert" beschrieben werden können. Neben die systemextern legitimierte Kostendämpfung ist gleichwertig das Ziel einer Effizienzsteigerung im Gesundheitswesen getreten. Maßnahmen, die auf die Steuerung makroökonomische Aggregate zielen, wurden durch Reformen, die zu einer Veränderung der Mikroanreizstruktur des Gesundheitswesens führen, ergänzt bzw. teilweise substituiert. Ein erheblicher Teil von Beobachtern sprechen deswegen von einer Phase der Konvergenz der Gesundheitssysteme.

Diese Konvergenzthese wird durch bestimmte Argumente und Entwicklungen gestützt, durch andere aber in Frage gestellt. Ein gleichgerichteter externe Druck auf das Gesundheitswesen, der sich aus makroökonomischen Benchmarks ergibt (z.B. Konvergenzkriterien des Vertrag von Maastricht), die internationale Verbreitung medizin-technischer und organisatorischer Neuerungen, der Einfluß bzw. die Harmonisierungsbemühungen internationaler gesundheitspolitischer Institutionen wie z.B. WHO, EU, die Liberalisierung von Arbeits-, Güter- und Kapitalmärkten und gleichlaufende sozioökonomische Entwicklungen wie z.B. die Ver-

---

[2] Das Spezifikum der deutsch-österreichische Problematik der Absicherung des Pflegefallrisikos entsprang der gewählten Definition von Krankheit, die der Leistungspflicht des gesetzlichen Krankenversicherungssystems zugrunde lag bzw. liegt. Demnach wird Krankheit als ein heilbarer oder verbesserungsfähiger Zustand angesehen. Behinderung war/ist daher aus der Leistungspflicht ausgeschlossen und durch andere Sicherungssysteme (Rentenversicherung, Sozialhilfe, Unfallversicherung) erfaßt. Vgl. ausführlich dazu *Badelt* (1997).

änderung der Haushalts-, Beschäftigungs- und Altersstruktur oder Entwicklungssprünge in der Informationstechnologie werden als konvergenzfördernde Faktoren genannt. Historisch gewachsene und/oder unterschiedliche institutionelle Ausgangskonstellationen, unterschiedliche Bilder und Traditionen der Konfliktregelung und unterschiedliche sozioökonomische Entwicklungsstandards werden als konvergenzhemmende Faktoren angeführt. Der empirische Befund dazu ist nicht eindeutig. So weist z.B. *Comas-Herrera*[3] am Beispiel der EU-Staaten mit Hilfe des Indikators 'Öffentliche Gesundheitsausgaben/BIP' für die steuerfinanzierte Gesundheitssysteme eine Konvergenztendenz nach, während für die Gesundheitssysteme, in denen die Finanzierung schwerpunktmäßig über Beiträge erfolgt, eine solche Entwicklung nicht konstatiert werden kann.

Der nachfolgende Beitrag widmet sich einem Aspekt dieser Konvergenzdebatte. Zumindest in einer oberflächlichen Betrachtung gewinnt man den Eindruck, daß die österreichische Gesundheitspolitik in den letzten Jahren einen eigenständigen Weg gegangen ist. Wichtige Reformstrategien, die die Reformdiskussionen in anderen Ländern dominiert haben, wurden in Österreich nur am Rande thematisiert. Inwieweit - aus dieser Beobachtung abgeleitet - tatsächlich von einem "österreichischen Sonderweg" gesprochen werden kann, ist Gegenstand der nachfolgenden Ausführungen. Der Beitrag ist wie folgt aufgebaut: Die Identifikation eines "Sonderweges" setzt die Feststellung eines "Normalweges" voraus. Daher soll in einem ersten Schritt der Versuch unternommen werden, gemeinsame Merkmale der Gesundheitsreformen in den Industriestaaten herauszuarbeiten. Als solches gemeinsames Merkmal wird jenes Bündel von Maßnahmen, welches unter dem Schlagwort "Managed Care" subsumiert wird, heraus gearbeitet. Managed Care wurde ursprünglich in den USA entwickelt. Einzelne Maßnahmen von Managed Care haben aber in Europa mittlerweile eine relativ weite Verbreitung gefunden. Daher sollen in einem zweiten Schritt europäische "Hebel" zur Implementierung von Managed Care diskutiert werden. In einem dritten Schritt sollen das österreichische Gesundheitswesen im Lichte von Managed Care charakterisiert und die Gesundheitsreformen der letzten Jahre in diesen Kontext eingeordnet werden.

Vordringliches Ziel des nachfolgenden Beitrages ist die Identifikation von ordnungspolitischen Strukturen und deren Entwicklung im Gesundheitswesen. Dies ist in einem durch viele Stakeholders beeinflußten, stark regulierten und zersplitterten Sektor wie dem Gesundheitswesen ein äußerst anspruchsvolles Unterfangen. Die Beurteilung der ordnungspolitischen Strukturen auf Basis gesundheitsökonomischer Erkenntnisse theoretischer und empirischer Natur kann und wird nur punktuell erfolgen.

---

[3] Vgl. *Comas-Herrera* (1999).

2. Managed Care als gemeinsames Merkmal der gesundheitspolitischen Reformen

2.1 Zur Identifikation von Managed Care

"If you have seen one managed care plan, you have seen one managed care plan." Dieses anonyme, aber oft gebrauchte Zitat eines Beobachters der Entwicklung von Managed Care in den USA zeigt sehr pointiert die Problematik der Identifikation jener Merkmale, die für Managed Care charakteristisch sind. Es ist daher für die Abgrenzung sehr hilfreich, Managed Care Modelle mit den traditionellen Versicherungs- und Versorgungsmodellen in den USA zu vergleichen.[4] Dieses traditionelle System kann folgendermaßen umrissen werden: Absicherung gegen Krankheitsrisiken und die Versorgung mit Gesundheitsleistungen waren/sind zwei voneinander getrennte Systeme. Die Finanzierung von Gesundheitsleistungen erfolgte im ambulanten Sektor überwiegend auf Basis der Einzelleistungsvergütung. Stationären Leistungen wurden einerseits über (prospektive) Tagespauschalen oder über ein System der (retrospektiven) Kostenerstattung finanziert. Krankenversicherungschutz wurde im hohen Ausmaß von den Arbeitgebern für ihre Beschäftigten gekauft, wobei die Auswahlmöglichkeit für die Beschäftigten stark eingeschränkt war. Daneben existierten die großen staatlichen Programme Medicare und Medicaid.[5] Die Beschränkung der Nachfrage sollte durch verschiedene Formen einer nachfragebezogenen Kostenbeteiligung sichergestellt werden. Sowohl die staatlichen Versicherungsprogramme als auch die privaten Versicherer hatten wenig Anreize eine aktive Einkaufspolitik zu betreiben. Die Leistungspreise wurden in Verhandlungen zwischen den Finanzierungsträgern und den Anbietern vereinbart, wobei zumeist keine Differenzierung nach Leistungsanbietern (Absenz von selektiven Kontrakten) vorgenommen wurde. Dieses System reduzierte sowohl für die Finanzierungsträger als auch für die Leistungsanbieter den Anreiz schlechte Risiken zu eliminieren. Viele Gründe sprechen dafür, daß die Preise für medizinische Leistungen deutlich über den Wettbewerbspreisen lagen. Dies wiederum war für die Leistungsanbieter bei schlecht informierten Patienten ein Anreiz zur Überversorgung. Betrachtet man die Leistungsanbieter (Arzt, Krankenhaus) als Doppelagenten, die gleichzeitig die Interessen des Prinzipals "Patient" und des Prinzipals "Finanzierungsträger" wahrzunehmen haben, dann läßt sich

4 Vgl. z.B. *Newhouse* (1996).

5 Lt. Angaben von *Cutler/Zeckhauser* (1999) sind derzeit 24 % der amerikanischen Bevölkerung öffentlich abgesichert (13 % über Medicare, 10 % über Medicaid, 1 % über militärische Absicherungssysteme). 62 % der Bevölkerung sind privat abgesichert (56 % durch betriebliche und -arbeitgeberunterstützte Versicherungen, 6 % über private Versicherungen). 16 % der Bevölkerung sind ohne öffentlichen oder privaten Krankenversicherungsschutz, wobei deren Anteil im Zeitablauf deutlich zugenommen hat. Vgl. auch *Glied* (1997), S. 4.

konstatieren, daß in den traditionellen Systemen die Interessen des Prinzipals "Finanzierungsträger" und damit letztlich die Interessen des Versicherungskollektivs ingesamt weitgehend vernachlässigt wurden.[6]

Managed Care hat dieses Übergewicht der Patient/Leistungsanbieter-Beziehung im Dreiecksverhältnis "Patient-Leistungsanbieter-Finanzierungsträger" nach-haltig zu Gunsten einer Stärkung der "Leistungsanbieter/Finanzierungsträger-Beziehung" verschoben. Dies geschah durch ein Bündel von unterschiedlichen Maßnahmen. Gerade der unterschiedliche Mix dieser Maßnahmen erschwert es, Managed Care allgemein zu charakterisieren und die Bedeutung der einzelnen Instrumente für die Effektivität der Organisationsform zu bestimmen. Unter Berücksichtigung dieser Einschränkung sollen im folgenden typische Merkmale von Managed Care Modellen beschrieben werden:[7]

- **Der Umfang der Absicherung gegen Krankheitsrisiken**

  Managed Care Modelle haben im allgemeinen einen umfassenderen Leistungskatalog als traditionelle Versicherungspläne in den USA. Dies gilt insbesondere für präventive Leistungen und Mutterschaftsleistungen.[8]

- **Der Stellenwert der nachfragebezogenen Selbstbeteiligung**

  In Versicherungsplänen vom Managed Care Typ hat Selbstbeteiligung einen geringeren Stellenwert als in traditionellen Versicherungsplänen. Die meisten dieser Versicherungspläne sehen eine geringe Kostenbeteiligung der Patienten für kurative Routineleistungen vor. Selbstbeteiligung wird darüber hinaus als Instrument verwendet, um den Versicherten anzuregen, die Leistungen innerhalb des eigenen Leistungsnetzwerkes zu nutzen und sich damit an vorgegebenen Behandlungspfaden zu orientieren.

- **Die Auswahl und Finanzierung der Leistungsanbieter**

  Der geringe Stellenwert nachfragebezogener Selbstbeteiligung in Versicherungsplänen vom Managed Care Typ führt dazu, daß die Finanzierungsträger einen hohen Anteil des Morbiditäts- und Verhaltensrisikos übernehmen. Dies führt dazu, daß der Versicherungsträger einen Anreiz zu einer optimalen Auswahl der Leistungsanbieter hat. Dies gilt sowohl für Kostenunterschiede unterschiedlicher Leistungsanbieter wie auch im Hinblick auf das Leistungsspektrum. Dabei haben sich unterschiedliche vertragliche Regelungen heraus-

---

6 Vgl. zu dieser Doppelfunktion *Blomquist* (1997).

7 Vgl. *Glied* (1999); *Newhouse* (1996).

8 Eine überzeugende Erklärung für diese stärkere präventive Ausrichtung von Managed Care Modellen konnte bislang nicht gefunden werden. Wenn man berücksichtigt, daß nur wenige präventive Leistungen tatsächlich kostensparend wirken und diese Effekte langfristig und auf Grund der Möglichkeit des Wechsels des Versicherungsplanes bei anderen Versicherungen anfallen kann, dann ist der Anreiz für solche Angebote für die Finanzierungsträger gering. Dagegen kann ins Treffen geführt werden, daß eine stärker präventive Ausrichtung ein Signal für die relativ gesünderen Bevölkerungsschichten sein kann, so daß eine stärkere präventive Orientierung als Instrument zur Risikoselektion Verwendung finden könnte. Vgl. *Glied* (1999), S. 6.

gebildet (z.B. Kontrakte mit Ärzten, die auch in traditionellen Versicherungssystemen tätig sind; Kontrakte mit Ärzten, die nur in Managed Care Modellen tätig sind;). Im Gegensatz zu den traditionellen Versicherungsplänen, die in erster Linie auf einer Einzelleistungsvergütung aufbauen, verwenden Managed Care Organisationen eine breite Palette von Honorierungsformen, wobei allerdings drei wichtige Bausteine ausgemacht werden können: Honorierung auf einer Lohnbasis, Honorierung auf Basis von Einzelleistungen, Kopfpauschalen.

- **Überprüfung und Steuerung des Leistungsgeschehens durch administrative Eingriffe**

  Ergänzend zu den finanziellen Anreizsystemen werden verschiedene direkte Instrumente der Steuerung und Überprüfung des Leistungsgeschehens eingesetzt. So werden Versicherte angehalten ein bestimmtes Procedere der Inanspruchnahme des Gesundheitswesen einzuhalten (Gatekeeper-Modell). Im weiteren verwenden fast alle Managed Care Organisationen Instrumente der Qualitätssicherung, wie z.B. Qualitätssicherungsanleitungen bzw. -komitees und Beschwerdeverfahren für Patienten. Weitere Elemente einer administrativen Steuerung sind Behandlungsrichtlinien oder -leitlinien, und die Bewertung der eingesetzten Technologien (Health Technology Assessment, Evidence Based Medicine).

2.2 Managed Care und Marktversagen - Ausgewählte Aspekte der Beurteilung

Versicherungspläne vom Managed Care Typ haben in den letzten Jahren in den USA erhebliche Marktanteile gewonnen, obwohl sich die rechtlichen Voraussetzungen, die die Entwicklung von Managed Care lange Zeit hemmten, nicht wesentlich verändert haben. So hat sich die Zahl der Versicherten in Health Maintenance Organizations (HMOs) von 28. 6 Mill. im Jahre 1987 auf ca. 60 Millionen im Jahre 1995 erhöht. Die Mitgliedschaft in Preferred Provider Organizations (PPOs) ist im gleichen Zeitraum von 12 Mill. auf 91 Mill. angestiegen.[9] Diese Entwicklung ist ein Indiz, aber kein ausreichender Beweis dafür, daß Managed Care Organisationen geeignet sind, bestimmte Ziele des Gesundheitswesens besser zu erreichen als traditionelle Versicherungspläne. Nur ein Indiz deswegen, weil ungeeignete ordnungspolitische Weichenstellungen zu einem Abweichen der

---

9 Dabei darf nicht übersehen werden, daß die Durchdringungsrate mit Managed Care Organisationen regional sehr unterschiedlich ist. *Dranove/Simon/White* kommen auf Basis von Daten aus dem Socieconomic Monitoring System (SMS) der American Medical Association (AMA) zum Ergebnis, daß in Regionen mit höherem Bildungsniveau, mit größeren Unternehmen und auf konzentrierten Märkten für Gesundheitsleistungen bei steigender Angebotsdichte die Durchdringungsrate mit Managed Care Organisationen höher ist. Vgl. ausführlich dazu *Dranove/Simon/White* (1998), S. 729 ff.

tatsächlichen von den effizienten Entwicklungspfaden von Organisationsstrukturen führen können und damit neben dem Kriterium der Transaktionseffizienz in der Institutionenwahl das Kriterium der Politischen Opportunität Raum gewinnen kann.[10] Deswegen soll in diesem Abschnitt an Hand von ausgewählten Bereichen untersucht werden, wo die komparativen Vorteile dieser Organisationsform liegen könnten. Dabei stehen Probleme der Informationsasymmetrie im Gesundheitswesen im Vordergrund der Betrachtung.

2.2.1 Managed Care und Adverse Selektion

Ein Grundproblem wettbewerblich organisierter Krankenversicherungsmärkte ist, daß Individuen mehr Information über ihre Krankheitsrisiken haben (können) als die Versicherer. Diese Informationasymmetrien verhindern die Herausbildung von effizienten Versicherungsmärkten und können letztlich zu einem Versagen von Krankenversicherungsmärkten führen. Entscheidend ist nun, ob Managed Care Modelle diesem Problem effizienter begegnen können als traditionelle (wettbewerbliche) Versicherungspläne. Konventionelle Krankenversicherungen versuchen durch Screeningaktivitäten und über das Angebot von differenzierten Arrangements der Kostenbeteiligung beim Versicherten einen Prozeß der "Self Selection" auszulösen, um damit diese Informationsasymmetrie zu überwinden. Einige Autoren[11] argumentieren, daß Managed Care Modelle zusätzliche Möglichkeiten der Differenzierung haben. Dazu Glied: "By designing packages that appeal to some consumers and not others, managed care organisations can make consumers reveal information about their expected use of health services and encourage consumers with lower expected use to choose different plans than consumers with higher expected use. Differences in cost-sharing rules under indemnity insurance can have the same effect, but the multiplicity of managed care mechanisms may lead to more market segmentation than under indemnity insurance. Managed care plans can use both explicit prices (consumer cost-sharing rules) and implicit prices (provider selection and incentives) to set different shadow prices for different services."[12]

2.2.2 Managed Care und die Bewältigung von Moral Hazard

Moral Hazard, also die versicherungsbedingte Ausweitung der Inanspruchnahme von Gesundheitsleistungen, die aber von der Versicherung nicht als solche beobachtet und eingestuft werden kann, führt dazu, daß die wohlfahrtsteigernden Effekte der Versicherung bei risikoaversen Individuen reduziert werden.[13] Traditio-

[10] Vgl. *Theurl* (1996).

[11] Vgl. *Glied* (1999), S. 16.

[12] *Glied* (1999).

[13] Diese Schlußfolgerung beruht auf relativ starken Annahmen hinsichtlich der Rationalität der individuellen Nachfrageentscheidungen, ein Problem, das aber hier nicht weiter erörtert werden soll. Verwiesen sei nur auf die ausführliche Diskussion dieser

nelle Versicherungspläne versuchen diese Wohlfahrtseinbußen mit Hilfe unterschiedlicher Formen einer nachfragebezogenen Selbstbeteiligung abzuschwächen, während Managed Care Organisationen den diesbezüglichen Problemen stärker mit Maßnahmen einer direkten Kapazitätssteuerung und angebotsbezogener Formen der Kostenbeteiligung[14] zu begegnen versuchen. Wesentliche Vorteile der angebotsbezogener Formen der Kostenbeteiligung liegen in den Grenzen (Nachteilen) der nachfrageorientierten Kostenbeteiligung. Es ist empirisch weitgehend unbestritten, daß die Nutzung von Gesundheitseinrichtungen mit steigenden Selbstbeteiligungssätzen zurückgeht und damit wohlfahrtssteigernde Effekte auftreten.[15] Dieser Tatsache können allerdings gravierende Argumente entgegen gehalten werden. Eine Erhöhung der Kostenbeteiligung bei den Nachfragern reduziert den wohlfahrtssteigernden Effekt der Versicherung in einem hohen Ausmaß. Zudem ist nicht ganz klar, ob die Reduktion der Leistungsinanspruchnahme tatsächlich Effizienzüberlegungen genügt. So wurde beispielsweise in der Studie der *Rand Corporation* untersucht, welche Wirkung die nachfragebezogenen Kostenbeteiligung auf die Art der Nutzung von Gesundheitsleistungen hat, wobei die beiden Dimensionen der Angemessenheit und der Effektivität der Versorgung herangezogen wurden. Die Angemessenheit der Versorgung wurde an Hand des "Appropriateness Evaluation Protocol" (AEP) definiert. Unabhängige ärztliche Gutachter kamen zum Ergebnis, daß eine Zunahme der Selbstbeteiligung die Inanspruchnahme von Gesundheitsleistungen reduziert, daß aber sowohl angemessene als auch nicht angemessene Formen der Versorgung gleichermaßen reduziert wurden.

Ähnlich waren die Ergebnisse im Hinblick auf die Wahl der Versorgungsformen nach ihrer Effektivität. Die Rand-Studie zeigt, daß wiederum die Inanspruchnah-

---

Frage im Rahmen der Diskussion der angebotsinduzierten Nachfrage. Vgl. z.B. *Breyer/Zweifel* (1999), S. 241 ff. Zudem ist auch zu berücksichtigen, daß die individuelle Nachfrage als Ausgangspunkt der Betrachtung insofern problematisch ist, als die individuelle Nachfrage sehr wesentlich vom Einkommen bestimmt wird. Eine Versicherung ermöglicht es im Extremfall auch Leistungen zu konsumieren, deren Kosten über das Lebenseinkommen hinaus gehen, ein Umstand, der (noch) nicht als Moral Hazard gedeutet werden kann.

14 Angebotsbezogene Formen der Kostenbeteiligung können wie folgt definiert werden: Der Erlös eines Anbieters von Gesundheitsleistungen kann prinzipiell aus zwei Komponenten bestehen: Einem Teil, der prospektiv und unabhängig von den anfallenden Kosten bezahlt wird. Einem Teil, der die tatsächlich anfallenden Kosten widerspiegelt. R sei der kostenunabhängige Erlös, x die anfallenden Kosten, r der Anteil der Kosten, die vergütet werden ist. Dann ist die angebotsbezogene Kostenbeteiligung $s=(1-r)$. Unterschiedliche Finanzierungsysteme können mit Hilfe dieser Parameter klassifiziert werden. Der Erlös eines Leistungsanbieters ist allgemein: $E=R+(1-s)x$. Wenn $R>0$ und $r=0$, dann ist $s=1$ und das Honorierungssystem ist vollkommen prospektiv und von den anfallenden Kosten unabhängig. Wenn $R=0$ und $r=1$, dann ist $s=0$ und das Finanzierungssystem entspricht dem Prinzip der Kostenerstattung. Für gemischte Systeme gilt: $R>0$; $0<s<1$. Vgl. ausführlich dazu auch *Ellis/McGuire*, 1993, S. 140.

15 Vgl. zu den Ergebnisse des Health Insurance Experiment der Rand Corporation, *Newhouse* (1997).

me aller Versorgungsformen mit steigender Selbstbeteiligungsrate zurückgeht, dass aber nachfragebezogene Modelle der Selbstbeteiligung zu keiner Steigerung der Effektivität der Versorgung führen. Dies bestätigt die Ergebnisse der neueren gesundheitsökonomischen Forschung, die die Nutzung von Gesundheitseinrichtungen als komplexen Prozeß der Interaktion von Anbietern und Nachfragern sieht. Berücksichtigt man die Informationsasymmetrie zwischen Leistungserbringern und Patienten, dann erscheint es eine sinnvolle Alternative nachfrage- und angebotsbezogene Formen der Kostenbeteiligung miteinander zu kombinieren, wobei angebotsbezogene Formen der Kostenbeteiligung in erster Linie zur Erreichung der angestrebten Ziele einer effektiven Inanspruchnahme des Gesundheitswesens eingesetzt werden sollen.
Diese Arbeitsteilung erscheint auch vor dem Hintergrund, daß Anbieter leichter in der Lage sind Risiken zu streuen als dies für Patienten möglich ist, sinnvoll. Die Möglichkeit eines Abfangens der Unsicherheit, die durch nachfragebezogene Selbstbeteiligung entsteht, sind nämlich vor allem für die unteren Einkommensschichten begrenzt. Wenn das Ziel eines gleichen Zugangs zu Gesundheitsleistungen eine hohe gesundheitspolitische Priorität hat, dann sind angebotsbezogene Formen der Kostenbeteiligung nachfragenbezogenen Formen der Kostenbeteiligung überlegen. Für eine Mischform zwischen prospektiver und retrospektiver Honorierung von Leistungsanbietern sprechen (wiederum) Argumente einer fairen Behandlung der Leistungsanbieter und die Gefahr des Rosinenpickens durch ebendiese. Die Qualität prospektiver Finanzierungssysteme hängt entscheidend von der Qualität der Vorausschätzung der erwarteten Kosten ab. Mischformen in der Finanzierung reduzieren den Vorteil der Leistungsanbieter aus der Anwerbung von Patientengruppen mit niedrigen (überschätzten) Kosten und mindern den Verlust von Patientengruppen mit hohen (unterschätzten) Kosten.
Die bisherige Argumentation erfolgte im wesentlichen in einem statischen Kontext. Viele empirische Untersuchungen betonen aber die mittel- und langfristige Bedeutung der Einführung und Verbreitung neuer Technologien für die Entwicklung der Strukturen des Gesundheitswesens. Nachfrageseitigen Formen der Kostenbeteiligung kann durchaus attestiert werden, daß sie die Dominanz der Qualitätsorientierung in der Arzt-Patientenbeziehung bei der Einführung neuer Technologien abzubauen in der Lage sind und daß damit neben (qualitätsfördernden) Produktinnovationen auch (kostensenkende) Prozeßinnovationen implementiert werden. Doch dies geht zu Lasten einer Risikoerhöhung für den Versicherten. Dieser Effekt der Risikoerhöhung kann durch eine angebotsbezogene Kostenbeteiligung gemindert werden. Zusätzlich ist zu berücksichtigen, daß die Anbieter einen Informationsvorsprung in der Evaluierung neuer medizinischer Technologien haben.

2.2.3 Managed Care und die Einschätzung der Leistungsqualität

Für den Patienten ist die Evaluierung der Qualität der erbrachten Leistungen auf Grund der hohen Informationskosten und der bestehenden Informationsasymmetrie zwischen Anbieter und Nachfrager schwierig, so daß sich im Gesundheitswesen zahlreiche (ergänzende) Mechanismen und Institutionen der Qualitätsinformation herausgebildet haben. Glied führt Gründe an, die den Schluß zulassen, daß Managed Care Organisationen konventionellen Versicherungsplänen in dieser Hinsicht überlegen sind.[16] "While information about the quality of services provided by specific physicians and hospitals could be generated under indemnity insurance, the use of restrictive panes and defined populations allows managed care plans to generate information both about the process of care and about the outcomes experienced by those enrollees who did and did not receive specific services (e. g., population level hospitalisation rates). Plans, in turn, can use their control over provider patterns and practice guidelines to improve their performance on these quality measures, although it is not yet clear to what extent they actually do this."[17] Managed Care Organisationen sparen für die Versicherten zudem Informationskosten durch die Entwicklung von Markennamen. Während das Angebot von Gesundheitsleistungen überwiegend eine lokale Angelegenheit ist, können solche Organisationen nationale Reputation erlangen und dadurch für den (mobilen) Nachfrager Informationskosten sparen.

2.3 Zur Evaluation von Managed Care - Ausgewählte empirische Ergebnisse

Managed Care Modelle in den USA spüren derzeit einen erheblichen gesundheitspolitischen Gegenwind. So haben eine Reihe von Bundesstaaten gesetzliche Regelungen verabschiedet, die Managed Care Modellen bestimmte Praktikern der Kostensenkung verbieten. Beispielsweise haben bis zum Jahre 1997 28 Staaten durch gesetzliche Intervention Untergrenzen in der Krankenhausverweildauer im Falle der Mutterschaft eingeführt. Auf Bundesebene verabschiedete der amerikanische Senat im Jahre 1999 eine "Patient Bill of Rights", die u.a. ein Einspruchsrecht der Patienten im Falle einer Leistungsverweigerung durch die Versicherer beinhaltet. Neben den gesetzlichen Initiativen zur Einschränkung der Praktiken von Managed Care Organisationen sind diese auch zunehmend Gegenstand gerichtlicher Auseinandersetzungen. So hat beispielsweise im Jahre 1998 Staatsanwalt *Dan Morales* von Texas sechs Health Maintenance Organisations (HMO) mit der Begründung eingeklagt, sie seien gegen Ärzte vorgegangen, die sich nicht an die Leistungslimiten der HMO gehalten hätten. ""Wir können die Entscheidung über die medizinische Versorgung der Patienten nicht den Buchhaltern und Anwälten der HMO überlassen" gab ein entrüsteter Morales zu Protokoll."[18] Diese negativen Reaktionen provozieren unwillkürlich die Frage zu welcher Einschätzung wissenschaftliche Evaluationen von Managed Care Modellen kommen.

---

16 Vgl. *Glied* (1999), S. 20.

17 *Glied* (1999), S. 20.

18 Zitiert nach: Neue Zürcher Zeitung vom 13./14. Februar 1999, S. 15.

Die empirische Evaluation von Managed Care Organisationen ist mit zwei wichtigen Problemen konfrontiert. Erstens wurde bereits darauf hingewiesen, daß diese Organisationsmodelle unterschiedliche Steuerungsmechanismen miteinander kombinieren und eine Identifikation von einzelnen Plantypen daher relativ schwer möglich ist. Zweitens erschweren die unterschiedlichen Eigenschaften von Versicherten in konventionellen Versicherungsplänen und von Versicherten in Managed Care Organisationen den Vergleich von Indikatoren über deren Performance. In den weiteren Ausführungen sollen wichtige Ergebnisse von empirischer Untersuchungen über verschiedene Dimensionen von Managed Care Organisationen referiert werden, um zumindest ein grober Bild über deren Performance zu erhalten.

Ein beträchtlicher Teil der Literatur setzt sich mit der Frage von Risikounterschieden zwischen Versicherten in Managed Care Systemen und Versicherten in konventionellen Versicherungsplänen auseinander. *Glied* kommt in ihrer Auswertung von 24 empirischen Studien, die im Zeitraum 1977 - 1995 durchgeführt wurden zu folgendem Ergebnis: "Overall, the results of selection studies suggest that managed care plans in the private sector tend to enjoy a 20-30 % prior utilisation advantage over conventional indemnity plans while Medicare plans enjoy a similar advantage over traditional Medicare. The degree to which managed care plans attract healthier people will depend, of course, on the generosity of the conventional insurance alternative and the stringency of managed care limitation on use. Selection may be more severe (or less severe) as the price differential faced by consumers increases. (...) While less clear, the selection studies also suggest that differences in health outcomes between managed care and conventional insurance enrollees may also depend on the underlying characteristics of these populations. The wide range of estimates and the complicated nature of selection between managed care and non-managed care suggests caution in interpreting the results of non-randomised studies of managed care utilisation and quality."[19]

Zahlreiche Studien wurden zu den Auswirkung von Managed Care auf die Inanspruchnahme von Gesundheitsleistungen vorgelegt. So hat *Luft*[20] bereits im Jahre 1981 einen Überblick über die diesbezügliche Literatur im Zeitraum 1959 - 1975 gegeben. *Luft* kommt zum Ergebnis, daß Managed Care Organisationen die Einweisungsraten in stationäre Versorgungseinrichtungen reduzieren, daß die Effekte auf die Verweildauer nicht eindeutig sind und daß insgesamt die Kosten in der stationären Versorgung reduziert werden. Die Gesamtkosten in der Gesundheitsversorgung sind gegenüber konventionellen Versicherungsplänen im Durchschnitt niedriger, wobei allerdings eine große Streuung in den Ergebnissen in Abhängigkeit vom Managed Care Typ auffällt. Die Ergebnisse der Studie von *Luft* werden durch das Rand Health Insurance Experiment, innerhalb dessen auch die Option einer Health Maintenance Organisation vorgesehen war, im wesentlichen bestätigt. Auch *Glied* kommt in ihrer Auswertung von 39 neueren empirischen

19 *Glied* (1999) S. 24 f.

20 *Luft* (1981).

Studien zum Inanspruchnahmeverhalten zu einer Bestätigung der früheren Ergebnisse, wobei allerdings die große Streuung in den Ergebnissen betont wird. Die Auswirkungen auf die Versorgungsqualität sind nicht eindeutig. Während Studien, die die Versorgungsqualität durch "objektive" Indikatoren (z.B. Gesundheitszustand) messen, keine signifikanten Unterschiede feststellen, zeigen Untersuchungen, die auf "subjektiven" Qualitätsindikatoren und auf der Patientenzufriedenheit aufbauen, einen Vorteil von konventionellen Versicherungsplänen.[21] Keine eindeutigen Aussagen lassen sich auch über die Auswirkungen von Managed Care Modellen auf die Einführung und Verbreitung des medizinisch-technischen Fortschritts machen. *Baker/Spetz* haben diese Frage mit Hilfe eines "Index of Technology Availability" am Beispiel der Verbreitung des medizinisch-technischen Fortschritts in Krankenhäusern in Agglomerationen untersucht. Sie kommen zum Ergebnis, daß "results (...) suggest that managed care may have helped control the growth rate of new technology availability in the early 1980s, but results form the mid 1980s and early 1990s do not support this conclusion in that technology growth in high and low market share areas was not substantially different."[22]

Eine wichtige Rolle im Rahmen der gesundheitspolitischen Diskussion in den USA spielen mögliche positive oder negative "Spillover Effekte" von Managed Care Modellen. Negative Spillover Effekte können beispielsweise dadurch auftreten, daß Kostensenkungen, die durch Druck auf die Preise fremdbezogener Leistungen lukriert werden, von den Anbietern dieser Leistungen auf andere Finanzierungsträger verschoben werden.[23] *Glied* kommt in ihrer Übersicht über 20 empirischen Studien, die sich mit den Auswirkungen von Managed Care Organisationen auf die Kosten in anderen Versorgungsinstitutionen auseinander setzen, zum Ergebnis, daß sowohl kostensteigernde als auch kostensenkende Effekte beobachtet werden können.[24]

Die neueste Metastudie zur Performance von Managed Care Modellen wurde von *Robinson* vorgelegt.[25] Sie deckt 24 Studien im Zeitraum Jänner 1997 bis April 1999 ab und beinhaltet 139 Beobachtungen für wichtige Dimensionen der Performance von Managed Care Organisationen. Die Ergebnisse dieser Studie sind in der nachstehenden Tabelle 1 dargestellt.

---

21 Vgl. *Miller/Luft* (1997).

22 *Baker/Spetz* (1999), S. 20.

23 Dranove hat am Beispiel eines Krankenhauses mit HMO-Patienten und Patienten aus konventionellen Versicherungsplänen die Bedingungen spezifiziert, unter denen eine solcher Kostenverschiebung möglich ist. Vgl. *Dranove*, 1988.

24 *Glied* 1999, S. 36 ff.

25 *Robinson* (2000), S. 1 ff.

Tabelle 1: Relative Leistungsfähigkeit von Managed Care Modellen (MCM)

Beurteilungskriterium	MCM vorteilhaft	MCM nachteilig	Keine signifikanten Unterschiede
Inanspruchnahme	9	24	38
Krankenhaushäufigkeit	1	2	3
Verweildauer	0	5	5
Pflegetage	0	5	5
Arztbesuche	2	6	6
Medikamentenverschreibung	5	8	8
Ermessensleistungen	1	11	11
Früherkennungsmaßnahmen	9	15	15
Patientenzufriedenheit	k. A.	k. A.	k. A.
Versorgungsqualität	8	5	30
Prozessqualität	7	5	15
Ergebnisqualität	1	0	15

Quelle: Robinson (2000), S. 3.

Tabelle 1 zeigt, daß die Inanspruchnahme von Gesundheitsleistungen in Managed Care Modellen tendenziell niedriger ist als in konventionellen Versicherungsplänen. Bestätigt wurde das Ergebnis anderer Studien, daß Managed Care Organisationen erhebliche Anstrengungen im Bereich der Früherkennung von Krankheiten unternehmen. Schließlich deuten die Ergebnisse der Studie nicht darauf hin, daß Managed Care Modelle systematisch eine schlechtere Versorgungsqualität aufweisen.

3. Europäische "Hebel" zur Implementierung von Managed Care

3.1 Einleitende Bemerkungen

Die Entwicklung von Managed Care in den USA erfolgte vor dem Hintergrund eines spezifischen ordnungspolitischen Settings und vor dem Hintergrund spezifischer Wertvorstellungen. Sowohl das ordnungspolitische Setting als auch die Wertvorstellungen unterscheiden sich in den europäischen Gesundheitssystemen deutlich vom us-amerikanischen Gesundheitssystem. Es erscheint daher klar, daß Ausgangspunkt und Rahmenbedingungen der Gesundheitsreformen in Europa differenziert zu diskutieren sind, wobei sich innerhalb der europäischen Gesundheitssysteme wiederum unterschiedliche Gegebenheiten zeigen. Es ist evident, dass bestimmte Elemente der gegenwärtigen Gesundheitsreformdiskussion in allen Gesundheitssystemen auftauchen. Es ist aber gleichzeitig offensichtlich, daß die Hebel für die Implementierung von Elementen von Managed Care in den einzelnen Gesundheitssystemtypen unterschiedlich sind. Dabei lassen sich - trotz einer erheblichen Streuung in der Entwicklung - im wesentlichen zwei Wege zur Implementation von Managed Care Elementen unterscheiden: der Weg, den einzelne Gesundheitssysteme vom Beveridge-Typ eingeschlagen haben einerseits und der Weg, den einzelne Gesundheitssysteme vom Bismarck-Typ gewählt haben. Im folgenden sollen diese beiden Wege kurz charakterisiert werden. Dabei wird bei den Beveridge Systemen nur auf die Reformen im britischen Gesundheitswesen eingegangen.[26]

3.2 Der Weg der Beveridge Systeme

Gesundheitssysteme vom Beveridge-Typ sind dadurch gekennzeichnet, daß der Grad der Bindung der individuellen Leistungsansprüche an die Bedingungen/Ergebnisse des Arbeitsmarktes gering ist (Hoher Grad der Dekommodifikation). Die individuellen Leistungsansprüche ergeben sich als Staatsbürgerrecht und nicht als aus der Beschäftigung abgeleitetes Recht. Die Ansprüche im Leistungsfall orientieren sich am konkreten Bedarf (Finalprinzip) und nicht an der Ursache bzw. an der Art der Absicherung (Kausalprinzip). Die staatliche Bereitstellung von Versorgungsleistungen wird nicht als ergänzende und korrigierende Institution für Marktversagen sondern als genuin staatliche Aufgabe ohne besondere Rechtfertigung gesehen. Die Steuerung des Gesundheitssektors erfolgt direkt über das politische System und nicht indirekt über das Verbändesystem. Diese direkte politische Steuerung ist gekoppelt mit Finanzierung der Gesundheitsleistungen aus

---

26 Für eine detaillierte Darstellung der Reformen in den skandinavischen Staaten vgl. *Alban/Christiansen* (1995). Ein wesentlicher Schwerpunkt der Gesundheitsreform in Dänemark war die Verstärkung des regulierten Wettbewerbs zwischen den Anbietern durch die Einführung der Wahlfreiheit für den Patienten in der stationären Gesundheitsversorgung und der Übergang von einem Modell der Globalbudgetierung zu einer Steuerung des Leistungsgeschehens im Krankenhaus durch Leistungskonktrakte. In Finnland stand die Verstärkung der regionalen Steuerung der Gesundheitsversorgung im Vordergrund der Reformen. Im Zentrum der Gesundheitsreformen in Schweden standen die Suche nach der optimalen Versorgungsebene in einer territorialen Dimension (Dezentrales Versorgungsmodell über 'County Councils' oder zentrales Versorgungsmodell über eine Pflichtversicherung auf nationaler Ebene) und die Frage der Beziehungen der Finanzierungsträger zu den Leistungserbringern.

allgemeinen Steuermitteln und nicht aus speziellen Beiträgen. Diese sich gegenseitig ergänzenden und bedingenden Systemmerkmale des Beveridge Typs wurden durch die Gesundheitsreformen des letzten Jahrzehntes nicht in Frage gestellt. So wurde in Großbritannien am (staatliche) Monopol in der politischen Bereitstellung von Gesundheitsleistungen und in der politischen Festlegung von Prioritäten nicht gerüttelt. Auch die Finanzierung von Gesundheitsleistungen aus allgemeinen Steuermitteln wurde nicht substantiell in Frage gestellt.[27] [28] Innerhalb dieses ordnungspolitischen Gesamtrahmens (Korsetts) lag der Hebel zur Verwirklichung von Managed Care Konzepten in einer Verstärkung der regionalen Integration der Gesundheitsversorgung in Kombination mit einer Verstärkung des Wettbewerbs zwischen den Leistungsanbietern. Für das Verständnis und die richtige Einschätzung der im weiteren dargestellten Reformschritte in Großbritannien sind zwei Vorbemerkungen notwendig.

Es ist erstens wichtig zu betonen, daß der Ausgangspunkt der Gesundheitsreformen der Administration Thatcher in Großbritannien am Beginn der 90-Jahre nicht darin bestand überproportional steigende Kosten im Gesundheitswesen zu dämpfen. Im Gegenteil: Da in Großbritannien die Gesundheitsausgaben letztlich durch die Zentralregierung finanziert und bestimmt werden, war es möglich über lange Perioden restriktive Budgets für die Gesundheitsausgaben festzulegen. Real gerechnet nahmen die Gesundheitsausgaben weniger stark zu als die altersgewichtete Bevölkerung. Dies hatte zur Konsequenz, daß die altersbereinigten Pro-Kopf-Gesundheitsausgaben Mitte der 80-Jahre sanken. Dies führte zu einer Reihe von "scandals, with children in need of intensive care being unable to gain access to hospitals among other embarrassments. In the UK political context such harsh rationing decisions tend to land at the door of the national politicians who carry the blame. Prime Minister Thatcher was not amused and called for a radical review of the financing of the National Health Service (NHS)."[29] Die in den Gesundheitssystemen in den übrigen Industrieländern im Vordergrund stehende Kostenkontrolle war also in Großbritannien bereits verwirklicht.

Die zweite Vorbemerkung betrifft die Anstrengungen und Maßnahmen zur einer verstärkten Integration von ambulanter und stationärer Versorgung. In diesem Bereich unterscheiden sich nämlich die institutionellen Regelungen und Versorgungsrealitäten in Großbritannien fundamental von denen in den kontinentaleuro-

---

27 So liegt beispielsweise der Anteil der öffentlichen Gesundheitsausgaben an den gesamten Gesundheitsausgaben im Reformzeitraum 1989 - 1997 konstant bei ca. 85 %. Eine Substitution öffentlicher Gesundheitsausgaben durch private Gesundheitsausgaben hat demnach nicht stattgefunden. Moderate Strukturänderung hat es in den Phasen vor dieser Reform gegeben. So ist der Anteil der öffentlichen Gesundheitsausgaben im Zeitraum 1964 bis 1976 von 83 % auf 90 % angewachsen und im Zeitraum 1977 - 1988 von 90 % auf 85 % gefallen. Vgl. *OECD-Health DATA* (1999).

28 Auch eine im Jahr 1992 von der Administration *Thatcher* gestartete "Private Finance Initiative", die gemeinsam mit dem privaten Sektor zusätzliche Mittel aufbringen sollte, um die Leistungen des Nationalen Gesundheitsdienstes weiter auszubauen und zu verbessern, zeigte relativ wenig Auswirkungen. Vgl. *Ferguson/Smith* (1997), S. 89.

29 *Glennerster* (1995), S. 18.

päischen Ländern (Ausnahme: Niederlande). Die für diese Systeme typische Doppelbesetzung der fachärztlichen Versorgung im niedergelassenen und im Krankenhaussektor, die zu spezifischen Integrationsproblemen führen, gab/gibt es in Großbritannien nicht. Fachärztliche Versorgung erfolgte praktisch ausschließlich am Krankenhaus während den niedergelassenen Ärzten die allgemeinärztliche Versorgung vorbehalten war. Die Integration zwischen den beiden Bereichen wurde durch die Gatekeeper-Funktion des freiberuflich tätigen Allgemeinarztes sichergestellt. Die Wurzeln für diese Form der Arbeitsteilung zwischen der Versorgung durch die niedergelassenen Ärzte und das Krankenhaus liegen historisch weit zurück, nämlich in der ärztlichen Standespolitik und in der Politik der sozialen Sicherung in der Mitte des letzten Jahrhunderts.[30]

Im *Metropolitan Poor Act* von 1867 und im *Poor Amendmend Act* von 1868 wurde den ärmeren Einkommensschichten das Recht auf eine freie Behandlung im Krankenhaus eingeräumt, wobei gleichzeitig die Kommunen für den Sicherstellungsauftrag verpflichtet wurden. So entstanden aus karitativen Pflegeinstitutionen Einrichtungen der medizinischen Versorgung, die auf Grund eines sehr heterogenen und breiten Patientenkollektivs in der Lage waren erhebliches diagnostisches und therapeutisches Know How aufzubauen. Dies machte sie auch für die oberen Einkommensschichten interessant. Die niedergelassenen Ärzte reagierten auf diese Herausforderung mit einer Politik der Marktspaltung. Ihr vordringliches Ziel war es, daß in stationären Einrichtungen in erster Linie (nur) Zahlungsunfähige behandelt werden sollen und daß höherwertige medizinische Leistungen (nur) auf Empfehlung der niedergelassenen Ärzte konsumiert werden können.

Unterstützt wurde diese Marktspaltung durch den National Insurance Act im Jahre 1911. Dieser sah für Arbeiter bis zu einem bestimmten Höchsteinkommen die Versicherungspflicht bei freier Wahl des Versicherungsträgers vor. In der Versicherungsrealität hatten die bestehenden Versicherungsvereine auf Gegenseitigkeit, die "friendly societies", große Bedeutung. Diese praktizierten in der Gesundheitsversorgung im ambulanten Bereich ein "panel system", d. h. daß die Versorgung der Versicherten jeweils durch eine Gruppe ausgewählter Ärzte auf vertraglicher Basis sichergestellt wurden. Diesen wurde zumeist die regionale Zuständigkeit übertragen und ihre Vergütung erfolgte mit einer Kopfpauschale. "Mit der Gründung des National Health Service (NHS) im Jahre 1948 wurden die bestehenden Versorgungseinrichtungen zu einem staatlichen Gesundheitssystem integriert. In der dreigliedrigen (tripartite) Verwaltungsstruktur des NHS bilden sich die traditionellen Trennlinien des Versorgungssystems zwischen der kommunalen Verantwortung für sozialmedizinische Dienste, den Krankenhäusern sowie der freiberuflichen Ärzteschaft deutlich ab. Während die Krankenhausärzte die Gründung des NHS als Chance zur Modernisierung der Krankenhäuser und zur Aufbesserung ihrer Einkommen willkommen hießen, wehrten sich die niedergelassenen Ärzte erfolgreich gegen ihre Verstaatlichung."[31]

---

30 Vgl. dazu die Ausführungen *von Stillfried/Jelastopulu* (1997), S. 21f.

31 *von Stillfried/Jelastopulu* (1997), S. 26.

Aufgrund der bereits geschilderten wachsenden Unzufriedenheit mit dem Gesundheitssystem und insbesondere aufgrund der Finanzierungs- und Versorgungskrise im Winter 1987 wurden von der *Administration Thatcher* im Jahre 1989 eine marktorientierte Gesundheitsreform (White Paper, Working for the Patient) gestartet, welche im Jahre 1990 im *NHS and Community Act* mündete und durch zahlreiche Implementierungsschritte in den Folgejahren gekennzeichnet war. Diese Neuorientierung wurde durch die *Administration Blair* nach 1997 modifiziert.

Die wesentlichen Bausteine des *NHS and Community Care Act 1990*, der Ausfluß einer generellen Philosophie der Verstärkung der Marktorientierung in der Versorgung mit öffentlichen Leistungen war, sind:

- Die Beibehaltung der bisherigen Steuerfinanzierung von Gesundheitsleistungen (mit moderaten Selbstbehalten) und die Beibehaltung der Finanzierung der regional zuständigen Gesundheitseinrichtungen über bedarfsorientierte Zuteilungsschlüssel aus dem Budget des Zentralstaates (RAWP - Formel).

- Die Beibehaltung der politischen Definition von Gesundheitsbedarfen und der politischen Prioritätensetzung im National Health Service.

- Die Stärkung der Verantwortung der Regionen bei der Definition von Gesundheitsbedarfen (verstärkter Zwang zur versorgungsstufenübergreifenden Prioritätensetzung, verstärkter Zwang zur Evaluierung von Therapieformen). In diesem Zuge wurden die Health Authorities - insbesondere in England - tiefgreifenden funktionalen und organisatorischen Änderungen unterworfen. Die Zahl der District Health Authorities wurde auf ca. 100 halbiert und dadurch das Versorgungsgebiet deutlich erweitert. Die District Health Authorities wurden zudem mit den Family Health Authorities verschmolzen.

- Die Trennung von Bereitstellungs- und Produktionsaufgabe von Gesundheitsleistungen. Den District Health Authorities kommt in erster Linie die Aufgabe der politischen Prioritätensetzung und der Bedarfsdefinition zu. Damit wurde der bisherige Weg einer hierarchischen Steuerung der Produktion von Gesundheitsleistungen verlassen und zu einem Kontraktmodell in der Sicherstellung des Bereitstellungsauftrages übergegangen. Die Anbieter von Gesundheitsleistungen (inbesondere die Krankenhäuser) verlieren in diesem Umstellungsprozeß ihre (regionale) Monopolstellung und ihre Bestandsgarantie.

- Hand in Hand damit ging eine organisatorische Verselbständigung der stationären Gesundheitsversorgung durch Ausgliederung aus den öffentlichen Haushalten und mit einer Aufwertung der betrieblichen Dispositionsrechte (z.B. Verschuldungsmöglichkeiten am Kapitalmarkt). Im weiteren wurden die Wettbewerbsbedingungen zwischen privaten und öffentlichen Leistungsanbietern angeglichen. Die Leistungsanbieter treten gegenüber zwei Institutionen öffentlich finanzierter Leistungsnachfrager auf, die sich gegenseitig überlappen: Die Health Authorities und die im nächsten Absatz besprochenen General Practice Fundholders.

- Die bisherige Form der Arbeitsteilung zwischen der Gesundheitsversorgung im niedergelassenen Bereich und der Gesundheitsversorgung im stationären Bereich, die durch eine Fokusierung der fachärztlichen Versorgung auf das Krankenhaus und durch die Steuerung des Patienten im Versorgungssystem durch eine starke Stellung der Allgemeinpraktiker als Gatekeeper für die fachärztliche Versorgung gekennzeichnete war, wurde durch die Delegation von abgegrenzten Versorgungsaufgaben an Allgemeinpraktiker bzw. an Gruppen von Allgemeinpraktikern verändert. Diese General Practice Fundholders sind Allgemeinpraktiker, die sich für dieses Versorgungsmodell entscheiden. Sie erhalten ein vorgegebenes Budget mit dem sie ausgewählte Fremdleistungen, insbesondere Krankenhausleistungen (z.B. Ambulante Krankenhausleistungen, ausgewählte chirurgische Eingriffe, Künstliche Hüftgelenke, Bypassoperationen, Pflegeleistungen, psychiatrische Dienstleistungen, Physiotherapie, Laborleistungen, Arzneimittel, etc.) für ihre Patienten kaufen können. Dabei sind die Fundholder frei mit unabhängigen Leistungsanbietern Kontrakte abzuschließen. Ein erheblicher Teil der Versorgungsleistungen (Notfallleistungen, Mutterschaftsleistungen, Krebstherapie, Nierendialyse, etc.) bleibt dabei aber in der Kompetenz der Health Authorities.
- Um eine finanzielle Überforderung der Fundholder zu vermeiden und auch um das Risiko des Rosinenpickers zu vermeiden, werden "teure" Patienten (Patienten mit jährlichen Versorgungskosten von über 6.000.- Pfund) weiterhin durch die 'Health Authorities finanziert. Die Budgetvorgabe der Fundholder orientierte sich beim Start dieses Modells an historischen Ausgabedaten, soll aber schrittweise auf gewichtete Kopfpauschalen umgestellt werden. Zu Beginn des Modells im Jahre 1991 konnten nur Allgemeinpraktiker mit einer Versorgungsbevölkerung von mehr als 11.000 für dieses Modell optieren. Dieses Limit wurde aber schrittweise auf 5.000 Patienten reduziert. Im Jahre 1995 arbeiteten 40 % der Allgemeinpraktiker in England und Wales im Rahmen eines Fundholdermodells und deckten damit rd. 50 % der gesamten Bevölkerung ab. Dabei treten allerdings starke regionale Unterschiede auf. Ein Allgemeinpraktiker in diesem System hat im Durchschnitt ein Budget von 1.7 Mill. Pfund. Das sind umgerechnet etwa 160 Pfund pro eingeschriebenem Patienten. Diese Mittel decken im Durchschnitt etwa 50 % der Family Health Services, aber nur rd. 20 % der Krankenhausausgaben der Patienten.

Dieses Reformpaket, welches ab 1991 schrittweise implementiert wurde und welches eine Reihe von Elementen von Managed Care enthielt, war politisch in jeder Phase umstritten. Der Regierungswechsel im Jahre 1997 brachte Vorschläge und Initiativen für eine Reorganisation des Gesundheitssystems, deren ordnungspolitische Einordnung und deren Wirkungen auf das Versorgungsgeschehen nicht einfach abzuschätzen ist.[32] Die Aufspaltung in Bereitstellungs- und Leistungserbringungsfunktion wurde beibehalten. In der Beziehung zwischen den Finanzierungsträgern als Leistungseinkäufer und den Leistungsanbietern soll aber das wettbewerbliche Element durch ein kooperatives Element abgelöst bzw. ergänzt werden.

[32] Vgl. für eine kurze Einschätzung *Le Grand* (1999), S. 32 ff.

"Purchasers are relabelled as commissioners, contracts as service agreements. More generally, throughout the service, competition is to be replaced by collaboration. Health Improvement Programmes (HimPs), local health and health service strategies, have to be agreed with all relevant parties, including local governments as well as commissioners and trusts. (...) The principal commissioners under the new system are Primary Care Groups (PCGs), led by GP's. PCGs include up to 50 GPs'and cover populations of varying size (from around 30.000 to around 250.000). PCGs hold budgets. (...) GP Fundholders have been absorbed into PCGs. Health Authorities are losing their purchasing role, except for certain highly specialised services."[33] Zudem soll die Laufzeit der Leistungskontrakte mit den Leistungsanbietern verlängert werden.

Die Auswirkungen der Einführung von Managed Care Elementen im National Health Service waren Gegenstand zahlreicher Analysen, deren Ergebnisse aber unterschiedliche Interpretationen zulassen.[34] Es ist wichtig zu betonen, daß trotz der Einführung von Marktelementen die Aktivitäten von Leistungserbringern und Leistungseinkäufern immer noch in einem stark regulierten Sektor stattfinden und den Anpassungsprozessen daher (enge) administrative Grenzen gesetzt sind. Gesamthaft lassen sich aber für das Fundholder Modells folgende Wirkungen ableiten. Der Anstieg der Arzneimittelkosten war in Fundholder Modellen niedriger als bei den Allgemeinpraxen, die nicht als Fundholder organisiert waren.[35] Dies kann u. a. durch den verstärkten Einsatz von Generica erklärt werden. Hinsichtlich der Hospitalisierungsrate lassen sich keine signifikanten Effekte des Fundholder Modells konstatieren. Arztpraxen nach dem Fundholdermodell haben deutlich höhere administrative Kosten als nicht normale Praxen von Allgemeinmedizinern. Sowohl für die Käufer als auch für die Einkäufer sind die Transaktionskosten deutlich angestiegen. Die Wahlmöglichkeiten des Patienten haben sich durch das neue Versorgungsmodell nicht wesentlich verändert. Die vor allem in der Implementierungsphase des Modells diskutierte Gefahr des Rosinenpickens durch Fundholderpraxen konnte empirisch nicht nachgewiesen werden. *Propper et al.*[36] haben sich ausführlich mit der Frage beschäftigt, welche Auswirkungen das Fundholdermodell auf die Preise der angebotenen Leistungen hat. Sie testen inwieweit die tatsächlichen Preise von den nach der Regulierungsregel gesetzten Preisen (Durchschnittskostenpreise) abweichen und weisen nach, daß die tatsächlichen Preise signifikant unter den Preisen, die sich aus der Regulierungsregel ergeben, liegen. Es existiert eine inverse Beziehung zwischen dem Ausmaß an Wettbewerb und den Leistungspreisen. Je geringer der Anteil des Einkommens von Anbietern aus Kontrakten mit Fundholdern an ihrem Gesamteinkommen, umso niedriger ist der Preis für die Fundholder.

---

33 *Le Grand* (1999), S. 32.

34 Vgl. die Zusammenstellungen bei *Le Grand et al.* (1999).

35 Vgl. die Zusammenstellungen bei *Fattori* (1999).

36 Vgl. *Propper et al.* (2000).

Auch die Auswirkungen der Neuorganisation der 'Health Authorities" sind ambivalent. Health Authorities scheinen hinsichtlich der Bedarfsabschätzung und auf Grund ihrer Größe in den Transaktionskosten Vorteile gegenüber dem Fundholder Modell zu haben. Das "Einkaufsverhalten" der Health Authorities zeigt eine sehr große Stabilität. Aus mehreren Gründen (Health Authorities als regionale öffentliche Monopole, hohe Transaktionskosten des Anbieterwechsels, Existenz intensiver sozialer Beziehungen, etc.) bestehen geringe Anreize Leistungskontrakte mit lokalen Anbietern nicht zu verlängern.

Die empirische Evidenz zu den Wirkungen der Ausgliederung der Leistungsanbieter (insbesondere Krankenhäuser) aus den öffentlichen Haushalten und deren Organisation in 'trusts' ist sehr lückenhaft. Es gibt nur einzelne Hinweise darauf, daß diese Rechtsformänderung die Effizienz der Krankenhäuser gesteigert hat. Auch läßt sich eine Intensivierung des Wettbewerbs zwischen den Krankenhäusern kaum beobachten. Die bestehende Anreizstruktur hat vielmehr zur Bildung zahlreicher bilateraler Monopole zwischen Anbietern und Nachfragern geführt. Auf die Gefahr des Rosinenpickens, auf die Qualität der Versorgung und auf die Wahlmöglichkeiten für den Patienten hatte die Rechtsformänderung ebenfalls keine substantiellen Auswirkungen.

Le Grand et al. beschließen ihren Überblick über Gesundheitsreformen im National Health Service Großbritanniens mit einer Bemerkung, die für die Evaluation von Gesundheitsreformen generell gültig erscheint: "Perhaps the most striking conclusion to arise from this survey of the evidence is how little overall measurable change there seems to have been related to the core structures and mechanisms of the internal market. (...) This apparent absence of obvious change attributable to the internal market may be because there was indeed little change. Or it may be because there was change, but the studies concerned either focused on the wrong indicators or focused on the right indicators, but their deficiences of technique were such that they could not pick up the relevant changes in those indicators."[37]

3.3 Der Weg der Bismarck Systeme

Die obige Analyse der Gesundheitsreformen der Beveridge-Systeme hat klar gezeigt, daß diese den (einen) Schwerpunkt ihrer Reform auf die Reorganisation der Beziehung zwischen den Finanzierungsträgern und den Leistungsanbietern legen. Dabei wird an der "solidarischen" Finanzierung der Gesundheitsausgaben über allgemeine Steuermittel und an dem staatlichen Monopol der Prioritätensetzung und der Bedarfsdefinition[38] nicht gerüttelt. Auch wurden die Optionen des Patien-

---

37 *Le Grand et al.* (1998), S. 129.

38 Die politische Definition des Bedarfes ist im Gesundheitswesen selbstverständlich immer relativ, da Leistungskataloge oft nur allgemeine Regeln für den Sicherstellungsauftrag beinhalten bzw. auch explizite Leistungskataloge immer einen entsprechenden

ten in der Wahl von Absicherungsmodellen gegen Krankheitsrisiken nicht nennenswert erweitert, seine Optionen in der Wahl der Leistungsanbieter wurden teilweise erhöht, teilweise aber auch eingeschränkt.

Der "Hebel" einzelner Gesundheitssysteme vom Typ Bismarck[39] zur Implementierung von Managed Care Elementen setzt dagegen bei den Finanzierungsmodellen der Absicherung von Krankheitsrisiken an. Durch Änderung der ordnungspolitischen Strukturen in diesem Bereich sollen wettbewerbliche Anreize entstehen, auf der Ebene der einzelnen Finanzierungsträger Managed Care Modelle zu erproben und einzuführen. Bevor dieser Weg etwas genauer beschrieben wird, sind zwei Vorbemerkungen notwendig. Die Implementierung von Wettbewerbselementen in der Absicherung gegen Krankheitsrisiken ist kennzeichnend für die Gesundheitsreformen in den Niederlanden, in Deutschland und der Schweiz, während andere Länder vom Typ Bismarck nicht diesem Weg gefolgt sind. Dabei ist es erstens notwendig zu betonen, daß das Schweizer System der Absicherung gegen den Krankheitsfall streng genommen nicht dem Typ Bismarck zugeordnet werden kann.[40] Zweitens ist anzumerken, daß die Ausgangspunkte und die Motivation für die Reform des Krankenversicherungsschutzes in den drei Ländern unterschiedlich waren.

Die Absicherung für den Krankheitsfall in der Schweiz beruhte auf dem Kranken- und Unfallversicherungsgesetz von 1911. Dieses war ein politischer Kompromiß aus der Ablehnung der *Forrer*`schen Initiative durch den Volkssouverän.[41] Während im Bereich der Unfallversicherung die *Forrer*`sche Initiative (Pflichtversicherung, Staatliche Versicherungsanstalt) übernommen wurde, beschränkte sich der Gesetzgeber im Bereich der Krankenversicherung darauf, den bereits bestehenden Krankenkassen bestimmte Vorschriften - insbesondere im Bereich der

---

inhaltlichen Auffüllung durch die Leistungsanbieter und durch die Sozialgerichtsbarkeit bedürfen. Vgl. dazu generell für Österreich *Mazal* (1992).

39 Die Charakterisierung des Gesundheitssystems vom Typ Bismarck läßt sich in Abhebung von der Charakterisierung des Gesundheitsystems vom Typ Beveridge aus den Ausführungen in Gliederungspunkt 3.2 ableiten.

40 Die Entwicklung der Absicherung gegen den Krankheitsfall in der Schweiz im ausgehenden 19. Jahrhundert wurde stark durch die Bismarck"sche Sozialgesetzgebung in Deutschland geprägt. Das im Jahre 1899 vom Parlament erlassene Gesetz über die Kranken-, Unfall- und Militärversicherung (benannt nach dem freisinnigen Nationalrat *Forrer* "*Lex Forrer*") sah die Übertragung der deutschen Gesetzgebung zur Kranken- und Unfallversicherung auf die Schweiz vor. Sie inkludierte u. a. eine obligatorische Versicherung für die Arbeitnehmer bis zu einer bestimmten Einkommensgrenze, finanziert durch Lohnabzüge und Arbeitnehmerbeiträge. Die Durchführung der Krankenversicherung sollte durch ein flächendeckendes System von öffentlichen Krankenkassen sichergestellt werden. Diesen Vorstellungen des parlamentarischen Gesetzgebers wurde aber durch ein Volksreferendum eine deutliche Absage erteilt. Getragen wurde diese Ablehnung insbesondere von den bestehenden Krankenkassen, welche nicht nur um ihre Autonomie, sondern mit Blick auf die vorgesehene Einrichtung von territorial organisierten Krankenkassen auch um ihre Existenz fürchteten.

41 Vgl. dazu die Ausführungen in Fußnote 40.

Finanzierung - zu machen und die Versicherungsaufsicht zu verstärken. Im Gegenzug dazu erhielten die Krankenkassen Zuschüsse aus Steuermitteln. In den 60- und 70-Jahren scheiterten mehrere Versuche ordnungspolitisch orientierter Reformen der Krankenversicherung. Im Jahre 1976 wurde der bisherigen Politik einer Alimentierung der steigenden Krankenkasseneinnahmen durch steigende staatliche Zuschüsse ein Ende bereitet, die Subventionen wurden eingefroren. Die Folge war ein Prozeß der Entsolidarisierung. "Auf der einen Seite schlossen sich junge, gesunde Versicherte zu finanziell günstigen Kollektivversicherungen zusammen. Auf der anderen Seite gerieten Krankenkassen mit einer schlechten Risikostruktur in finanzielle Schwierigkeiten. Sie mußten sich auflösen, meist in Form eines Zusammenschlusses mit einer anderen Kasse. Bei dieser Gelegenheit war es nach dem Gesetz möglich, die älteren Versicherten in eine höhere (risikogerechtere) Prämienstufe umzuteilen. Gleichzeitig kam es auch zu Neugründungen von Krankenkassen. (...) Der Prozeß der Entsolidarisierung behinderte Maßnahmen der Krankenkassen zur Eindämmung der Kostenentwicklung. Es war für die Kassen nämlich einfacher, durch Aktionen der Entsolidarisierung das eigene Überleben kurzfristig zu sichern, als durch längerfristig angelegte Konzepte die Kosten in den Griff zu bekommen. Diese offensichtlichen Schwächen des bisherigen Systems waren der Hauptgrund dafür, daß nun die Bereitschaft zu einer Reform der Krankenversicherung wuchs. Insbesondere gewann die Überzeugung an Boden, daß die Probleme nur mit einer obligatorischen Versicherung zu lösen seien.[42]

Die Reform des Gesundheitswesens in den Niederlande wurde im Jahr 1988 begonnen, beruhte auf der Philosophie des *Enthoven Consumer Choice Health Plan*[43] und basierte auf den Empfehlungen der *Dekker Kommission*. Ausgangsbasis der Reform war eine Mängelanalyse der damaligen Mitte-Rechtskoalition, die im wesentlichen vier Schwachstellen ortete[44]:

- Eine zersplitterte und unkoordinierte Finanzierungsstruktur im Gesundheitswesen und zwischen dem Gesundheitswesen und den übrigen Sozialeinrichtungen behindert effiziente Formen der Arbeitsteilung in der Leistungserbringung.

- Die bestehenden Anreizstrukturen (z.B. Finanzierungssysteme) für Produzenten, Konsumenten und Versicherungen belohnen gesundheitspolitisch richtiges Verhalten nur sehr eingeschränkt.

- Der hohe Grad an Regulierung im System führt zu Inflexibilitäten in der notwendigen Anpassung der Versorgungssysteme an geänderte Bedingungen der Leistungserbringung und zu hohen Transaktionskosten.

- In der bestehenden (freiwilligen) Systemen der Absicherung von Krankheitsrisiken bestehen zahlreiche Inkonsistenzen und vielfältige Möglichkeiten des Rosinenpickens. So wurde die Teilung der Krankenversicherung in eine

---

42 *Moser* (1997), S. 33.

43 Zum Anliegen dieses Reformmodells vgl. *Enthoven* (1988).

44 Vgl. dazu ausführlich *Van de Ven/Schut* (1995), S. 96.

Volksversicherung für Langzeitversorgung und eine Sozialversicherung für Akutversorgung als besonders substitutionshemmend angesehen.

Als Ziel für den Umbau des Systems wurde die Schaffung eines Gesundheitssystems festgelegt, welches den sozialen Charakter der Gesundheitsversorgung mit wirkungsvollen Mechanismen des regulierten Wettbewerbs zur Garantie von Kosteneffektivität und Effizienz verbinden sollte.[45]

Während in der Schweiz und den Niederlanden der Ausgangspunkt der Reformen im Gesundheitswesen ein zersplittertes System der Absicherung auf freiwilliger Basis war, war der Ausgangspunkt der Reform im Gesundheitswesen Deutschlands ein System der Versicherungspflicht.

Der Reformweg in diesen drei Ländern kann mit dem Label "Versicherungspflicht mit Wettbewerb zwischen den Versicherungsanbietern und liberalisierten/deregulierten Beziehungen zu den Leistungsanbietern" umschrieben werden. Das Reformkonzept umfaßt folgende Bestandteile:

- Die Einführung der Versicherungspflicht ausgehend von freiwilligen Absicherungssystemen in der Schweiz bzw. in den Niederlanden und der Übergang von der Pflichtversicherung zur Versicherungspflicht in Deutschland. In den Niederlanden war die Zusammenführung der getrennten Versicherungssysteme geplant, ein Unterfangen, das aber letztlich nicht verwirklicht wurde.

- Die Einführung von Wettbewerbsmöglichkeiten zwischen den Versicherten und damit die Kassenwahlfreiheit für die Versicherten gekoppelt mit einer Kontraktpflicht der Versicherung.

- Die Beibehaltung der solidarischen Finanzierung der Krankenversicherung über einkommensabhängige Beiträge. Das Schweizer Modell sieht Kopfprämien in Kombination mit kantonalen Zuschüssen an einkommensschwache Bevölkerungsschichten vor. In den Niederlanden ist der Finanzierungsbeitrag gesplittet. Im Unterschied zu Deutschland unterliegt die Gestaltung des einkommensabhängigen Beitrages nicht der Entscheidung der Selbstverwaltung der Versicherungen, sondern ist für alle Krankenkassen einheitlich und gesetzlich vorgeschrieben. Darüber hinaus soll die einzelne Krankenversicherung eine sogenannte "nominale Prämie" erheben, einen einkommensunabhängigen Beitrag pro erwachsenen Versicherten, der zur Zeit im Durchschnitt 356 Gulden pro Jahr beträgt.[46]

---

[45] Vgl. *Greß* (2000), S. 37.

[46] Vgl. *Müller* (1999), S. 23. Es ist in diesem Zusammenhang darauf zu verweisen, daß in den Niederlanden ein zweistufiges System der Absicherung des Krankheitsrisikos besteht. Die Volksversicherung AWBZ sichert inbesondere ein breit gefächertes Angebot ambulanter und stationärer Pflegeleistungen, die Versorgung von körperlich und geistig behinderten sowie eine Reihe von präventiven Leistungen für alle Einwohner ab. Demgegenüber steht die als Arbeitnehmerversicherung konzipierte soziale Krankenversicherung ZFW, in der rund 64 % der Bevölkerung Leistungen der ambulanten hausärztlichen und fachärztlichen Behandlung, der Krankenhausbehandlung, zahnmedizinischer Versorgung, Arzneimittel, etc.

- Die Verwirklichung eines "fairen" Wettbewerbs zwischen den Versicherungen durch die Einrichtung eines Risikostrukturausgleich. Dieser Risikostrukturausgleich soll die Kombination des Solidarprinzips auf der Finanzierungsseite mit dem Wettbewerbsprinzip auf der Ebene der Krankenversicherungen ermöglichen und damit Rosinenpicken seitens der Krankenversicherungen unattraktiv machen. Der Risikostrukturausgleich zeigt sich hier als konstitutives Element eines funktionsfähigen Wettbewerbs unter spezifischen Rahmenbedingungen und nicht als primär verteilungspolitisch motivierter Ausgleichsmechanismus, wie sie beispielsweise die RAWP-Formel in Großbritannien oder die Finanzausgleichsmechanismen im österreichischen Krankenversicherungssystem darstellen. Der Risikostrukturausgleich soll sicherstellen, daß der Wettbewerbsdruck zwischen den Krankenkassen sich nicht in der Selektion guter Risiken, sondern in der Suche nach Effizienzverbesserungen niederschlägt.
- Der Abbau der Angebotsmonopole auf der Seite der Leistungserbringer (Ärzte, Krankenhäuser) durch die Durchbrechung der Vertragsmonopole auf Seiten der Leistungserbringer.

Eine Evaluation des in den drei Ländern in die Wege geleiteten Reformprozesses erscheint zum derzeitigen Zeitpunkt aus mehreren Gründen verfrüht. Erstens ist es notwendig, konstitutive Elemente des Reformprozesses weiter zu verbessern. Dies gilt beispielsweise für den Risikostrukturausgleich, in dessen Rahmen sich insbesondere die Frage stellt, was adäquate Prädiktoren für die zu erwartenden Gesundheitsausgaben im Versicherungskollektiv sind. Zweitens ist es notwendig, konstitutive Elemente des eingeleiteten Reformprozesses überhaupt erst zu implementieren. Damit zwischen den Krankenversicherungen ein effizienzorientierter Wettbewerb initiiert werden kann, der über die engen Bereiche des Service und Marketings hinausgeht, müssen die Versicherungsinstitutionen in die Lage versetzt werden, auf das Versorgungsgeschehen der Leistungsanbieter in der Vertragsgestaltung einzuwirken und die Leistungsstrukturen mitzubestimmen. Es erscheint klar, daß dieser Wettbewerbsraum durch die gesetzliche Fixierung eines Mindestleistungskataloges, für den es gute ökonomische Gründe gibt, immer beschränkt bleiben wird. Aber selbst im Rahmen eines gesetzlich fixierten Leistungskataloges, besteht für die Krankenversicherungen erheblicher Spielraum für den Einsatz von Wettbewerbsparametern. So läßt es ein gesetzlicher Mindestleistungskatalog durchaus zu, Substitutionsprozesse in der Art und Institution der Leistungserstellung zu initiieren. Auch macht der Kassenwettbewerb die gesetzliche Vorgabe der Vergütungsmodalitäten weitgehend obsolet. Erst die Kombination von Wahlfreiheit des Versicherten und Vertragsfreiheit zwischen den Versicherungsträgern und den Leistungsanbietern drängt die Krankenkassen aus der passiven Rolle einer Finanzierungsinstitution in die Rolle eines "Gesundheitsmanager/Einkäufers" für die Versicherten. Dies umfaßt auch die Suche nach dem kosteneffektivsten Bündel aus ambulanten, stationären und sonstigen Leistungen ein.

Breyer betont, daß Deutschland bei der Umsetzung eines solchen Managed-Care-Ansatzes eher ein Nachzügler unter den Industrieländern ist, nachdem beispielsweise Großbritannien einen radikalen Wandel vom staatlich gelenkten System zu einem Wettbewerbssystem mit den Hausärzten als Gesundheitsmanagern ("GP Fundholders") vollzogen hat.[47] Ein ähnlicher Zwischenbefund wird von *Sommer* für die Schweiz gegeben.[48] Der Implementierung von Managed Care Modellen stellen sich erhebliche Wettbewerbshindernisse entgegen. So bedeutet beispielsweise die 50 %-Subventionierung von Krankenhausleistungen durch die Kantone, daß die Erträge aus einer niedrigeren Hospitalisierungsrate bei Managed Care Modellen nur teilweise von diesen internalisiert werden können und daher diesbezüglich eine verzerrte Anreizstruktur besteht. Auch für die Niederlande ist festzuhalten, daß erstens die im *Dekker-Plan* in Aussicht gestellten Reformen bislang nur teilweise verwirklicht wurden und daß zweitens die Veränderungen in den Anreizstrukturen nur in sehr bescheidenem Ausmaß zu einer Veränderung des Leistungsgeschehens geführt haben.[49]

4. Eine Kurzcharakterisierung des österreichischen Gesundheitswesens im Lichte von Managed Care

4.1 Einleitende Bemerkungen

Die Darstellung der Organisationsmerkmale von Managed Care am Beispiel der USA hat gezeigt, daß Managed Care primär eine Abkehr von der in Privatversicherungssystemen üblichen Trennung von Absicherungsaufgabe und Leistungserbringungsaufgabe bedeutet. Die ordnungspolitische Einordnung von Gesundheitsreformen, die sich Managed Care Ansätzen bedienen, hängt damit ganz entscheidend von der ordnungspolitischen Ausgangssituation ab. So wäre es wohl eine unzulässige Vereinfachung, die Managed Care Bewegung in den USA ausschließlich über das Referenzkriterium einer Verstärkung oder Abschwächung marktwirtschaftlicher Steuerungselemente abzuhandeln und zu beurteilen. *D. Light* macht in seiner Beschreibung der Transformation des us-amerikanischen Gesundheitssystems durch Managed Care deutlich, daß diese Transformation von untergeordneter Bedeutung ist.[50] Zwar haben sich durch die Herausbildung von überregional agierenden Anbietern die Wettbewerbsstrukturen deutlich verändert - von einer Cottage Industry zu einer Corporate Industry - und hat sich der Wettbewerb intensiviert, aber prägender für Managed Care erscheint der Übergang von professionsbezogenen Steuerungssystemen zu ökonomisch-administrativen Steuerungsme-

---

47 *Breyer* (1999), S.

48 *Sommer* (1997), S. 40 ff.

49 Vgl. dazu ausführlich *Greß* (2000), S. 40 f.

50 *Light* (1997), S. 42 ff.

chanismen. Diese sind keinesfalls mit marktwirtschaftlichen Steuerungsmechanismen gleichzusetzen.

Diese Feststellung provoziert die These, ob die - im Vergleich zu den USA - wesentlich stärker regulierten europäischen Gesundheitssysteme nicht schon immer vielfältige Instrumente einer Steuerung des Gesundheitswesens durch den Finanzierungsträger eingesetzt haben, ohne daß diese Systeme deswegen als Managed Care dominierte Systeme bezeichnet worden wären. Wenn diese These zuträfe, dann könnte man die Verbreitung von Managed Care in den USA auch als "Europäisierung" des us-amerikanischen Gesundheitswesens bezeichnen. Ich möchte in diesem Abschnitt diese These am Beispiel des österreichischen Gesundheitswesens analysieren.[51] Dabei orientiere ich mich an der Beschreibung wesentlicher Charakteristika von Managed Care, wie ich sie im Gliederungspunkt 2.1 vorgenommen habe.

4.2 Managed Care Elemente im österreichischen Gesundheitswesen

Die Beantwortung dieser Fragestellung setzt eine kurze Charakterisierung des österreichischen Gesundheitswesens aus ordnungspolitischer Sicht voraus. Das österreichische Gesundheitswesen ist vom Gesichtspunkt der Risikoabsicherung als zweistufiges System konzipiert. Ausgehend von der Einführung einer verpflichtenden Krankenversicherung für Industriearbeiter im Jahre 1887 wurden in einem Prozeß von über achtzig Jahren alle Gruppen der Bevölkerung in ein soziales Absicherungssystem ohne individuelle Wahlmöglichkeit des Versicherungsträgers integriert und gleichzeitig das System homogenisiert. Die Private Krankenversicherung hat aus dieser Sicht ausschließlich eine ergänzende Absicherungsfunktion. Die Aufgabe der Basisabsicherung ist aber nicht ausschließliche Aufgabe der Sozialen Krankenversicherung. Insbesondere im Bereich der Absicherung und Finanzierung von Krankenhausausgaben kommt den drei gebietskörperschaftlichen Ebenen Bund, Länder, Gemeinden eine große Rolle zu.
Die politische Steuerung des Gesundheitswesens erfolgt im wesentlichen über zwei Regelkreise. Der erste Regelkreis, über den die Gesundheitsversorgung durch niedergelassene Ärzte gesteuert wird, stützt sich im wesentlichen auf korporatistische Zwangsordnungen von Leistungsanbietern (Ärztekammer) und Finanzierungsträgern (Soziale Selbstsverwaltung durch Repräsentanten von Arbeitgeber- und Arbeitnehmervertretern). Sie stehen sich als bilaterale Monopole gegenüber und bedienen sich des Allokationsmechanismus der Kollektivverhandlungen. Der zweite Regelkreis, über den die stationäre Gesundheitsversorgung gesteuert

[51] Dabei konzentriere ich mich auf jenen Teil des Gesundheitswesen, der über staatliche bzw. parastaatliche Träger finanziert wird und damit die Basisabsicherung mit Gesundheitsleistungen darstellt. Die im österreichischen System überwiegend komplementär wirkenden Privaten Krankenversicherungen werden aus der Betrachtung ausgeblendet.

wird, stützt sich - aufbauend auf einer komplexen, teilweise höchst dysfunktionalen föderalistischen Arbeitsteilung - auf die territorial abgegrenzten Steuerungsebenen Bund, Länder und Gemeinden. Dabei kommt dem Bund die Grundsatzgesetzgebung, den Ländern die Ausführungsgesetzgebung und der Sicherstellungsauftrag zu. Die Gemeinden werden - länderweise je nach historischer Tradition in einem unterschiedlichem Ausmaß - in die Versorgungsaufgabe eingebunden. Rechtliche Basis dieser Einbindung der Gemeinden ist die Möglichkeit der Kostenverlagerung von Gebietskörperschaften an andere Gebietskörperschaften, wie sie die Finanzverfassung vorsieht.

Eine Kurzcharakterisierung des österreichischen Gesundheitswesens aus der Sicht von Managed Care muß m. E. die nachfolgenden Punkte berücksichtigen:

- Das österreichische Gesundheitswesen hat seit den Anfängen der sozialen Krankenversicherung vor 100 Jahren in erheblichem Ausmaß auf Managed Care Ansätze, also auf Instrumente der direkten Steuerung des Leistungsgeschehens durch den Finanzierungsträger, zurückgegriffen. Dies gilt in relativ hohem Ausmaß für die Gesundheitsversorgung durch niedergelassene Ärzte und eingeschränkt für die Gesundheitsversorgung im stationären Bereich. Dabei dominieren eindeutig die administrativ-bürokratischen Instrumente des Managed Care gegenüber ordnungspolitisch-anreizorientierten Instrumenten. Konkrete Einzelbeispiele für den Einsatz solcher Instrumente sind die Richtlinien für das ökonomische Verhalten von Ärzten, sind administrative Kontrollen der ärztlichen Tätigkeit (z.B. das ärztliche Verschreibungsverhalten)[52], ist die chefärztliche Bewilligungspflicht von ärztlichen Leistungen, ist die Anwendung von Positivlisten im Arzneimittelbereich, etc..
- Neben diesen konkreten Einzelbeispielen von direkten Eingriffen des Finanzierungsträgers in das Leistungsgeschehens, die in den letzten Jahren intensiviert wurden, enthält das österreichische Gesundheitswesen zahlreiche grundlegende Mechanismen, die als "Steuerung des Gesundheitswesens durch den Finanzierungsträger" angesehen werden können. Zu nennen ist hier vor allem die direkte Begrenzung der Zahl der Anbieter[53]

---

52 Zur rechtlichen Analyse dieser Instrumente vgl. *Wachter et al.* (1996).

53 Diese Begrenzung der medizinischen Anbieter durch das Kassenarztrecht wird durch die Existenz des Wahlarztsystems etwas abgeschwächt. Das Wahlarztsystem ist Ergebnis eines interessenpolitischen Kompromisses. Eine ausschließliche Orientierung an einem Sachleistungsprinzip durch Vertragsärzte der gesetzlichen Krankenversicherungen, wie es in Österreich periodisch auch der Fall war, wurde als Asymmetrie in den vertraglichen Beziehungen zu Lasten der Ärzteschaft gedeutet. Das Wahlarztsystem ist ein Kompromiß in diesen interessenpolitischen Auseinandersetzungen. Mit § 131 ASVG kam der Gesetzgeber den Forderungen der Ärzteschaft nach Zulassung aller freiberuflichen Ärzte zur Krankenbehandlung im Rahmen der gesetzlichen Krankenversicherung ein Stück entgegen. Die Regelung sieht vor, daß bei Inanspruchnahme eines Wahlarztes der Versicherte zunächst selbst das Honorar zu zahlen hat und vom Krankenversicherungsträger Kostenersatz in Höhe von 80 % des Honorars begehren kann, der bei Inanspruchnahme eines entsprechenden Vertragsarztes aufzuwenden gewesen wäre. Vgl. aus sozialrechtlicher Sicht zu den

durch das Kassenarztrecht[54] und die Dominanz des Sachleistungsprinzips[55] in der Organisation der Leistungserbringung. Bei der Einordnung des Sachleistungsprinzips als Element von Managed Care steht dabei nicht dessen finanzierungstechnische Seite, sondern dessen Steuerungsfunktion im Vordergrund. Das Sachleistungsprinzip definiert den Leistungskatalog und damit zentrale Elemente der Arzt/Patienten-Beziehung und der Arzt/Finanzierungsträger-Beziehung und stellt damit einen sehr weitgehenden Eingriff des Finanzierungsträgers in das Leistungsgeschehen im Gesundheitswesen dar. Auch ist zu betonen, daß eine Gesamtanalyse der Vertragspartnerbeziehungen zeigt, daß der Gesetzgeber bzw. die zuständige Gerichtsbarkeit um ein gesamtvertragliches Verhandlungsgleichgewicht bemüht sind.[56] Darin unterscheidet sich das österreichische Gesundheitswesen sehr wesentlich von den Gesundheitssystemen von Typ "Nationaler Gesundheitsdienst". Inwieweit diese Bedachtnahme auf eine Symmetrie in den vertraglichen Beziehungen tatsächlich zu effizienten Ergebnissen führt, erscheint allerdings umstritten.[57]

- Angebotsbezogene Formen der Kostenbeteiligung haben - insbesondere in der Gesundheitsversorgung durch die niedergelassenen Ärzte - immer eine große Rolle gespielt. Dies drückt sich dadurch aus, daß das grundsätzlich bestehende System der Vergütung nach Einzelleistungen durch eingebaute Degressionen/Beschränkungen in den Honorierungssystemen[58], durch explizite oder implizite Deckelungen der Honorarsumme und durch Regreßmöglichkeiten beim Überschreiten bestimmter Honorargrenzen[59] ab-

---

verschiedenen Fragen des Wahlarztsystems *Grillberger* (1995), S. 413 f. Inwieweit diese Regelung des Wahlarztsystems als ein Element von Managed Care angesehen werden kann, wäre einer eigenen Untersuchung wert.

54 Vgl. *Mosler* (1995), S. 28 f.

55 Vgl. *Mosler* (1995), S. 28 f.

56 Im sehr umfangreichen und differenzierten Vertragspartnerrecht lassen sich zahlreiche Bestimmungen orten, die auf eine "gleiche Länge der Spieße" in der interessenpolitischen Auseinandersetzung von Ärzteschaft und Krankenversicherungsträgern hindeuten. Anschauliche Beispiele dafür sind die beschränkte Rolle der kasseneigenen Einrichtungen (Ambulatorien), die Existenz des Wahlarztsystems, die "begrenzte" Gültigkeit des Sachleistungsprinzips, etc. Vgl. dazu *Mosler* (1995), S. 28 f.

57 Kritisch zu der Effizienz von Kollektivverhandlungen als Allokationsmechanismus äußert sich generell *Gäfgen* (1988), S. 61 f.

58 Diese eingebauten Beschränkungen sind krankenversicherungsträgerspezifisch angelegt. Bei den Gebietskrankenkassen, die für ca. 80 % der Versorgung der österreichischen Bevölkerung zuständig sind, sind zumeist zwei Beschränkungen eingebaut. Erstens können bestimmte Leistungen pro Quartal (Krankenschein) nur begrenzt abgerechnet werden. Zweitens folgt der Geldwert der in einer Periode erzielten Leistungspunkte einem degressiven Stufensatztarif mit Teilmengenstaffelung. Vgl. ausführlicher dazu *Theurl* (1993), S. 604.

59 Vgl. *Wachter et al.* (1996). Die Berechtigung dieser Regreßmöglichkeiten sind Gegenstand heftiger interessenpolitischer und sozialrechtlicher Auseinandersetzungen. Aus ökonomischer Sicht scheint es notwendig, sich vermehrt Gedanken darüber zu machen, ob die verwendeten Referenzwerte (Durchschnittswerte je Arztgruppe)

geschwächt ist. Die Einschätzung dieser angebotsbezogenen Kostenbeteiligung fällt ambivalent aus. Einerseits erscheint sie - insbesondere bei Leistungen mit geringen variablen Kosten - ein sinnvolles Instrument zu sein, um das "Phänomen der angebotsinduzierten Nachfrage" zu dämpfen. Andererseits führen diese Beschränkungen aber auch zu suboptimalen Substitutionsprozessen.

Diesen Elementen von Managed Care, die sich im österreichischen Gesundheitswesen identifizieren lassen, stehen aber andererseits deutliche Defizite gegenüber. Einige zentrale Voraussetzungen für die Implementierung von Managed Care im österreichischen Gesundheitswesen sind m. E. nämlich nicht erfüllt. In diesem Zusammenhang sind die nachfolgenden Punkte zu nennen:

- Die bereits geschilderte Tatsache, daß die beiden großen Versorgungssektoren im Gesundheitswesen, nämlich die ambulante Versorgung durch die niedergelassene Ärzteschaft und die stationäre Versorgung in den Krankenhäusern, durch zwei getrennte Regelkreise erfolgt, verhindert auf der gesundheitspolitischen Ebene eine integrierte Betrachtung des Versorgungsprozesses.

- Die Finanzierung der Leistungen durch mehrere Finanzierungsträger und die zwischen den Versorgungsstufen stark schwankenden Finanzierungsanteile der einzelnen Finanzierungsträger beinhalten die Gefahr, daß Versorgungsentscheidungen unter stark verzerrten Restriktionen (Preisen) stattfinden.

- Das bilaterale Monopol im Bereich der Versorgung durch die niedergelassenen Ärzte verhindert die Möglichkeit selektiver Leistungskontrakte.

- Der Anreiz für den einzelnen Leistungsanbieter neben der effizienten Organisation seines Leistungsbereiches auch den Gesamtprozeß der Versorgung zu optimieren, ist äußerst gering. Überweisungsentscheidungen von Ärzten bleiben weitgehend ohne direkte budgetäre Konsequenzen für den überweisenden Arzt, wenn man von administrativen Kontrollen einmal absieht.

- Die organisatorische Integration von Versicherungsfunktion und Leistungsfunktion hat - wenn man von den Ambulatorien absieht - einen relativ geringen Stellenwert.

- Verschärft wird das geringe Ausmaß an Anreizen für eine stärker integrierte Gesundheitsversorgung durch ein relativ geringes Ausmaß an Steuerung des Patienten im Versorgungssystem.

---

sinnvoll sind. Es erscheint notwendig bessere Prädiktoren für die Normwerte zu finden. Hier könnte man aus den theoretischen und empirischen Arbeiten zum Risikostrukturausgleich in Deutschland, den Niederlanden und der Schweiz erheblichen Nutzen ziehen.

5. Die Gesundheitsreform 1997 im Lichte von Managed Care

In Österreich haben in den letzten Jahren eine Reihe von kleineren Reformen im Gesundheitswesen stattgefunden, die als inkrementalistisch zu charakterisieren sind.[60] Die zwei Big-Bang-Reformen[61] im österreichischen Gesundheitswesen in den letzten zehn Jahren waren die Neuordnung der Absicherung des Pflegefallrisikos durch das Pflegegeldgesetzt 1993 und die Neuordnung der Krankenhausfinanzierung im Jahre 1997. Im folgenden möchte ich mich ausschließlich auf die Neuordnung der Krankenhausfinanzierung in Österreich beschränken und sie aus der Sicht von Managed Care kurz beurteilen.[62] Als wichtige Bausteine[63] der Neuordnung der Krankenhausfinanzierung lassen sich identifizieren:

- Eine Verstärkung der staatlichen Regulierung der Krankenhauskapazitäten (Betten, Großgeräte). Diese Regulierung bedarf aus kompetenzrechtlichen Gründen des Konsenses von Bund und Ländern.
- Die Beibehaltung der Aufspaltung der Krankenhauseinnahmen in mehrere Entgeldbestandteile. Investitions- und Betriebsausgaben unterliegen auch im Rahmen der Neuregelung einer getrennten Finanzierung.
- Die Beibehaltung der multiplen Krankenhausfinanzierung durch mehrere Finanzierungsträger (Sozialversicherung, Länder, Gemeinden, Bund, Krankenhausträger).
- Die Ablösung des pauschalierten Pflegetages als Entgeldbasis durch die Einführung von diagnoseorientierten Fallpauschalen. Diagnoseorientierte Fallpauschalen wurden - im internationalen Vergleich relativ lückenlos - eingeführt.[64]
- Die Bindung der Krankenhauskostenersätze der Sozialen Krankenversicherung an die Beitragseinnahmen und damit die Übertragung des Mengen- und Preisrisikos auf andere Finanzierungsträger wie Länder, Gemeinden, Krankenhausträger.
- Die Übertragung von Finanzierungsrisiken, aber auch von Entscheidungsautonomie auf die Länderebene und damit die Verstärkung der föderalistischen Komponente in der Gesundheitsversorgung.

---

60 Dazu zähle ich Anpassungen im Bereich der Selbstbeteiligung, Vereinheitlichungen der Leistungskataloge, Ausweitungen der Leistungskataloge.

61 Zweifellos ist auch die Neuordnung der Finanzierung der psychotherapeutischen Versorgung ein wichtiger Reformschritt, der aber hier nicht weiter verfolgt werden soll.

62 Die Neuordnung der Abdeckung des Risikos der Pflegebedürftigkeit ist zweifelsohne ein wichtiger Reformschritt im Lichte von Managed Care. Er bedürfte einer eigenständigen Analyse. Vgl. für eine erste ausführliche Evaluierung *Badelt et al.* (1997).

63 Vgl. ausführlich dazu *Theurl* (1996), S. 26 f.; *Lechner* (1998).

64 Für Details vgl. *Lechner* (1998).

- Die Beibehaltung des Zwei-Säulenprinzips von stationärer Gesundheitsversorgung einerseits und Versorgung durch die niedergelassenen Ärzte anderseits in der Steuerung der Versorgungskapazitäten und vor allem in der Finanzierung der Leistungen. Die Neuordnung enthält zwar einige Bestimmungen, die der besseren Koordination von stationärer und ambulanter Gesundheitsversorgung dienen sollen, doch sind diese Teile der Neuordnung relativ unverbindlich.

Im Lichte von Managed Care können nachfolgende Elemente der Reform als "*Weiterentwicklungen*" gedeutet werden. Die früher weitgehend dominierenden retrospektiven Form der Finanzierung stationärer Leistungen und einer de fakto Kostenerstattung auf der Basis von Ist-Kosten wurden durch eine stärker prospektive Form der Finanzierung ersetzt. Der Grad der Prospektivität ist allerdings länderweise sehr unterschiedlich.[65] Im Zentrum der Reform steht der Übergang von einer stark inputorientierten Finanzierungsform (Pflegetage) zu einer stärker outputorientierten Finanzierungsform, nämlich diagnoseorientierte Krankenhausfälle. Dadurch ist es möglich, jene suboptimalen Substitutionsprozesse, die der ersteren Endgeltform attestiert werden, zu vermeiden. Ohne Zweifel ist das neue Finanzierungssystem auch geeignet verschiedenene Kennzahlen für eine sinnvolle innerbetriebliche und überbetriebliche Steuerung des Leistungsgeschehens zu gewinnen. Ein wesentliches Ziel der Krankenhausreform, nämlich die Einbremsung der Kostendynamik, konnte zumindest mittelfristig erreicht werden. Dies ist aber kein "Verdienst" der geänderten Entgeldform, sondern ergibt sich aus der Einführung einer zumindest partiellen Budgetdeckelung in der Krankenhausfinanzierung.

In verschiedenen Bereichen wurde durch die Reform 1997 der "*Status-Quo*" erhalten. Zu nennen sind in diesem Zusammenhang: die dualististische Finanzierung, die multiple Finanzierungsträgerschaft, die getrennten Regelkreise von stationärer und ambulanter Gesundheitsversorgung, die unterschiedlichen Finanzierungsanteile der einzelnen Finanzierungsträger in den einzelnen Versorgungsbereichen, die fehlenden Möglichkeiten für selektive Kontrakte, die geringe Steuerung des Patienten im Versorgungssystem, das geringe Maß an Integration von Versicherungsfunktion und Leistungsfunktion, etc..

Die Krankenhausreform 1997 enthält im Lichte von Managed Care auch eindeutig "*problematische Elemente*". Ergebnis der Reform war eine "halbherzige" Regionalisierung der Gesundheitsversorgung. Die Möglichkeiten der Einrichtung von Landesfonds als Steuerungsebenen einer integrierten Gesundheitsversorgung auf regionaler Ebene wurden nicht genützt.[66] Die Möglichkeiten der Verwirklichung von Elementen eines wettbewerblichen "Einkäufermodells" im stationären Sektor wurde zu Gunsten einer verstärkten bürokratischen Steuerung der Kapazitäten verwirkt. Die Anreizstrukturen für eine sinnvolle Integration von ambulanter

---

65 Vgl. *Lechner* (1998); *Grebner* (1998), S. 108 f.

66 Für eine ausführlichere Darstellung der Elemente eines solchen Modells vlg. *Theurl* (1996).

und stationärer Versorgung wurden per saldo verschlechtert. Dies ergibt sich zwangsläufig aus der Abkoppelung der Sozialen Krankenversicherung von den Morbiditätsrisiken im Krankenhaus durch die Pauschalierung der Finanzierungsbeitrages dieser Finanzierungsinstitution. Der Grenzpatient (zusätzliche Patient) verursacht für die Soziale Krankenversicherung in der stationären Versorgung keine Grenzkosten, während im Bereich der Versorgung mit niedergelassen Ärzten positive Grenzkosten anfallen. Dies ist ein wesentliches Hindernis für sinnvolle versorgungsstufenübergreifende Versorgungsstrukturen.[67]

6. Schlußfolgerungen

Im vorgelegten Beitrag wurde versucht, die Gesundheitsreformen in den etablierten Industriestaaten unter die gemeinsame Klammer von Managed Care zu stellen. Weder die theoretischen noch die empirischen Ergebnisse zu den relativen Meriten von Managed Care sind eindeutig, wenngleich viele Untersuchungen zu einer überwiegend positiven Einschätzung kommen. Relativiert wird diese Einschätzung durch die Tatsache, daß sie im hohen Ausmaß vom us-amerikanischen Referenzszenario traditioneller Privatversicherungen abhängig ist. Dieser Referenzmaßstab ist zur Abschätzung des Potentials zur Steigerung der Effizienz durch Managed Care im Rahmen europäischer Gesundheitssysteme nur bedingt gültig.

Wie erläutert wurde, praktiziert das österreichische Gesundheitswesen viele Instrumente, die das Managed Care Konzept bereithält. Wo sich Österreich von der Entwicklung in den anderen Ländern deutlich unterscheidet ist der "Hebel" zur Implementierung von Managed Care Konzepten. Im Gegensatz zur Schweiz, Deutschland und den Niederlanden wurde in Österreich das Konzept einer durch Versicherungswettbewerb gestützten Managed Care Konzeption nicht ernsthaft diskutiert. Der polit-ökonomische Grund dürfte verkürzt wohl im wesentlichen darin liegen, daß ein solches Konzept die bisher dominierende sozialpartnerschaftliche Steuerung des Gesundheitswesens relativ rasch aus den Angeln heben würde. Andererseits wurde auch der Weg einer regionalen Integration der Gesundheitsversorgung, wie in die skandinavischen Staaten bzw. Großbritannien verstärkt einschlagen, nur partiell verfolgt.

Der "österreichische Weg" der Begrenzung von Macht im Gesundheitssystem durch zersplitterte Zuständigkeiten, durch die Existenz bilateraler Monopole und durch korporatistische Entscheidungstrukturen hatte in der Vergangenheit ohne Zweifel seine Meriten. Angesichts der weiteren dynamischen Perspektiven des medizinisch-technischen Fortschritts und der zu erwartenden Änderungen in der demographischen Struktur erscheint es wahrscheinlich, daß sich die Frage der grundlegenden ordnungspolitischen Ausgestaltung des österreichischen Gesund-

---

67 Die (ersten) gesundheitspolitischen Reformen der "schwarz-blauen" Koalition werden in dieser Beurteilung ausgeklammert.

heitswesens sehr rasch stellen wird. Dabei ist keineswegs eine schematische Dichotomie von Markt und Staat angesprochen. Vielmehr geht es darum Lösung zu finden, die der Tatsache der hochgradigen Vernetzung und Abhängigkeit der Versorgungsstrukturen im Gesundheitswesen Rechnung tragen können.

Literatur

Alban, A., Christiansen, T. (Hrsg.), (1995): The Nordic Lights - New Initiatives in Health Care Systems, Odense.

Badelt, Chr. et al. (1997): Analyse der Auswirkungen des Pflegevorsorgesystems - Forschungsbericht im Auftrag des Bundesministeriums für Arbeit, Gesundheit und Soziales, Wien.

Baker, L., Spetz, J., (1999): Managed Care and Medical Technology Growth, NBER Working Paper No. 6894, Cambridge.

Blomquist, A. (1991): The doctor as double agent: Information asymmetry, health insurance, and medical care, Journal of Health Economics, Vol. 10, S. 411-432.

Breyer, F., (1999): Zukunftsperspektiven der Gesundheitssicherung, in: Hauser, R., (Hrsg.): Die Zukunft des Sozialstaates, Schriften des Verein für Socialpolitik, Bd. 271, Beiheft 7, Berlin, S. 167-200.

Breyer, F., Zweifel, P. (1999): Gesundheitsökonomie, 3. überarbeitete und erweiterte Auflage, Berlin et al..

Comas-Herrera, A. (1999): Is there convergence in the health expenditures of the EU Member States?, in: Mossialos, E., Le Grand, J. (Hrsg.): Health Care and Cost Containment in the European Union, Brookfield et al., S. 197-218.

Cutler, D. M., Zeckhauser, R. J. (1999): The Anatomy of Health Insurance, NBER Working Paper No. 7176, Cambridge/Mass.

Dranove, D. (1988): Pricing by Non-profit Institutions: Cost Shifting, Journal of Health Economics, Vol. 7, S. 47-57.

Dranove, D., Simon, C. J., White, W. D. (1998): Determinants of Managed Care Penetration, Journal of Health Economics, Vol. 17, S. 729-745.

Ellis, R. R., McGuire, Th. G. (1993): Supply-Side and Demand-Side Cost Sharing in Health Care, Journal of Economic Perspectives, Vol. 7, No. 4, S. 135-151.

Enthoven, A. C. (1988): Theory and Practice of Managed Care Competition in Health Care Finance, Amsterdam.

Ernst, Chr. (2000): Die Rolle betriebswirtschaftlicher Steuerungsinstrumente in Managed Care Organisationen - Theorie und Empirie ungelöster Probleme aus der Sicht der personellen Koordination, Sozialer Fortschritt, Heft 2-3, S. 42-48.

Fattori, F. (1999): Cost Containment and Health Care Reforms in the British NHS, in: Mossialos, E., Le Grand, J. (Hrsg.): Health Care and Cost Containment in the European Union, Brookfield et al., S. 733-782.

Ferguson, B., Smith, P. C. (1997): Großbritannien, in: Stepan, St. (Hrsg.): Finanzierungssysteme im Gesundheitswesen - Ein internationaler Vergleich, Wien, S. 89-110.

Gäfgen, G. (1988): Kollektivverhandlungen als konstitutiver Allokationsmechanismus korporatistischer Ordnungen, in: Gäfgen, G. (Hrsg.): Neokorporatismus und Gesundheitswesen, Baden-Baden, S. 61-90.

Glennerster, H. (1995): Internal Markets: Context and Structure, in: Jerome-Forget, M., White, J., Wiener, J. M. (Hrsg.): Health Care Reform Through Internal Markets - Experience and Proposals, Montreal - Quebec, S. 17-26.

Glennerster. H. (1998): Substance or Rhetoric? The New NHS White Paper, Eurohealth, Vol. 4, No. 4, S. 38-39.

Glied, Sh. (1997): Chronic Condition - Why Health Reform Fails, Cambridge-London.

Glied, Sh. (1999): Managed Care, NBER Working Paper Series, Nr. 7205, Cambridge/Mass.

Grebner, S. (1998): Krankenhausfinanzierung in Österreich - Ökonomische Analyse von Finanzierungsmodellen unter besonderer Berücksichtigung der leistungsorientierten Krankenhausfinanzierung, Diplomarbeit, Innsbruck.

Greß, St. (2000): Regulierter Wettbewerb im Krankenversicherungswesen der Niederlande, Sozialer Fortschritt, Heft 2-3, S. 37-42.

Grillberger, K. (1995): Wahlärzte, in: Strasser, R. (Hrsg.): Arzt und Gesetzliche Krankenversicherung - Eine rechtsdogmatische Untersuchung zum Vertragspartnerrecht, Wien, S. 413-426.

Lechner, J. R. (1998): Die Leistungsorientierte Krankenanstaltenfinanzierung (LKF) - eine Analyse der Anreizeffekte unter besonderer Berücksichtigung der psychiatrischen Versorgung, Dimplomarbeit, Innsbruck.

Le Grand, J. (1999): Reform of the NHS under New Labour, Eurohealth, Vol. 5, No. 3, S. 32-33.

Le Grand, J., Mays, N., Mulligan, J.-A. (1998): Learning from the NHS Internal Market - A review of evidence, London.

Light, D. W., (1997): Gründe für den Kostenanstieg und Kostenkontrolle im Gesundheitswesen: Die Vereinigten Staaten und Managed Care, in: Arnold, M., Lauterbach, K. W., Preuß, K.-J. (Hrsg.): Managed Care - Ursachen Prinzipien, Formen und Effekte, Stuttgart - New York, S. 35-52.

Luft, H. S. (1981): Health Maintenance Organizations, New York.

Maynard, A. (1995): Internal Markets and Health Care: A British Perspective, in: Jerome-Forget, M., White, J., Wiener, J. M. (Hrsg.): Health Care Reform Through Internal Markets - Experience and Proposals, Montreal - Quebec, S. 27-48.

Mazal, W. (1992): Krankheitsbegriff und Risikobegrenzung - Eine Untersuchung zum Leistungsrecht der gesetzlichen Krankenversicherung, Wien 1992.

Miller ,R. H., Luft, H. S. (1997): Does Managed Care Lead to Better or Worse Quality of Care?, Health Affairs, Vol. 16, No. 5, S. 7-25.

Moser, M. (1997): Das neue Krankenversicherungssystem in der Schweiz - Erste Erfahrungen, in: Theurl, E., Dezsy, J. (Hrsg.): Reformen im Gesundheitswesen - Eine Zwischenbilanz, Innsbruck 1997, S. 29-42.

Mosler, R. (1995): Gesamtvertrag und gesetzliche Sachleistungsvorsorge, in: Strasser, R. (Hrsg.): Arzt und Gesetzliche Krankenversicherung - Eine rechtsdogmatische Untersuchung zum Vertragspartnerrecht, Wien, S. 28-97.

Müller, J. (1999): Das niederländische Gesundheitssystem - Modell für Deutschland?, Arbeit und Sozialpolitik, Heft 1-2, S. 20-32.

Newhouse, J. P. (1993): Free for All? - Lessons from the RAND Health Insurance Experiment, Cambridge - London.

Newhouse, J. P. (1996): Reimbursing Health Plans and Health Providers: Efficiency in Production Versus Selection, Journal of Economic Literature, Vol. 34, S. 1236-1236.

OECD (1999): OECD HEALTH DATA 99 - A Comparative Analysis of 29 Countries, Paris.

o.V. (1999): Schlechte Presse für Managed Care in Amerika, Neue Zürcher Zeitung, 13./14. Februar 1999, S. 15.

Propper, C., Wilson, D., Söderlund, N. (1998): The effect of regulation and competition in the NHS internal market: the case of general practice fundholder prices, Journal of Health Economics, Vol. 17, S. 645-673.

Robinson, R. (2000): Managed Care in the United States: A Dilemma for Evidence-Based-Policy, Health Economics, Vol. 9, 1, S. 1-7.

Shortell, St. M. (1997): Die neue Welt von Managed Care: Die Entwicklung organisierter Gesundheitsversorgungssysteme, in: Arnold, M., Lauterbach, K. W.,

Preuß, K.-J. (Hrsg.): Managed Care - Ursachen Prinzipien, Formen und Effekte, Stuttgart - New York, S. 107-122.

Sommer, J. (1997): Managed Care - Erste Erfahrungen in der Schweiz, in: Knappe E. (Hrsg.): Rerformstrategie "Managed Care", Baden-Baden, S. 35-45.

Stillfried, D. von, Jelastopulu, E. (1997): Zu den Hintergründen des Themas "Verzahnung zwischen ambulanter und stationärer Versorgung, in: Arnold, M., Paffrath, D. (Hrsg.): Krankenhausreport '97, Stuttgart et al. S. 21-34.

Stepan, A., Sommersguter-Reichman, M. (1999): Priority-setting in Austria, Health Policy, Vol. 50, S. 91-104.

Theurl, E. (1993): Ärztehonorierung und optimale medizinische Versorgung, Wirtschaftspolitische Blätter, Heft 6, S. 602- 13.

Theurl, E. (1996): Staat und Gesundheitswesen - Analyse historischer Fallbeispiele aus der Sicht der Sicht der Neuen Institutionellen Ökonomik, Wien-Köln-Graz.

Theurl E. (1996): Notwendige Begleitmaßnahmen einer Neuordnung der Krankenhausfinanzierung in Österreich, Österreichische Krankenhauszeitung, Sondernummer zum 40. Kongreß für Krankenhausmanagement, S. 26-34.

Theurl, E. (1999): Some Aspects of the Reform of the Health Care Systems in Austria, Germany and Switzerland, Health Care Analysis, Vol. 7, No. 4, S. 331-354.

Ven, W. P. M. M. van de, Schut, F. T. (1995): The Dutch Experience with Internal Markets, in: Jerome-Forget, M., White, J., Wiener, J. M. (Hrsg.): Health Care Reform Through Internal Markets - Experience and Proposals, Montreal-Quebec, S. 95-118.

Wachter, G., et al. (1996): Ökonomiekontrolle anhand von Durchschnittswerten?, Wien.

Umlagefinanzierte soziale Sicherung: Konzeptionen und Finanzierung

Winfried Schmähl

Zusammenfassung: *Umlageverfahren finden sich in vielen Bereichen, in denen Aufgaben der sozialen Absicherung übernommen wurden bzw. werden. Dazu gehören die in einer historischen Betrachtung dominierenden, heute aber immer noch wichtigen Formen der intrafamiliären Absicherung ebenso wie die in modernen Industriegesellschaften im Vordergrund stehenden staatlichen und parastaatlichen Formen der Absicherung gegen Lebensrisiken durch umlagefinanzierte Systeme. Vor allem in der ökonomischen Diskussion wird die Umlagefinanzierung in aller Regel am Beispiel von Sozialversicherungssysteme, insbesondere der Alterssicherung, diskutiert. Dabei wird zumeist eine Gewichtsverlagerung weg vom Umlageverfahren hin zum Kapitaldeckungsverfahren als unverzichtbarer Schritt bei der Reform sozialer Sicherungssystemen angesehen. Im folgenden Beitrag wird dagegen die Auffassung vertreten, daß es bei der Reformdiskussion im Bereich der sozialen Sicherung auch um Reformen innerhalb umlagefinanzierter Systeme gehen muß und daß hierfür auch ein entsprechendes Reformpotential gegeben ist. Um dies zu verdeutlichen, wird für verschiedene Bereiche, in denen Umlagefinanzierung eine Rolle spielt, Ausgestaltung und Reformpotential erörtert.*

1. Umlagefinanzierte Systeme im Bereich sozialer Sicherung: Gemeinsamkeiten und Unterschiede

Im Bereich der sozialen Sicherung besteht eine Vielzahl unterschiedlich strukturierter umlagefinanzierter Einrichtungen. Umlagefinanzierung wird hier vereinfachend dadurch charakterisiert, daß ohne vorherige Ansammlung von Finanzierungsmitteln die laufenden Ausgaben einer Periode aus den Einnahmen der jeweils gleichen Periode (in der Regel ein Jahr) finanziert werden.[1]

In der sozialpolitischen und speziell auch der ökonomischen wissenschaftlichen Diskussion wird Umlagefinanzierung in aller Regel am Beispiel kollektiver

---

1 Dabei kann es durchaus im begrenzten Sinne Vermögensreserven geben, die als „Puffer" für saisonale oder gar konjunkurelle Schwankungen dienen, um die Finanzierung der laufenden Ausgaben sicherzustellen.

Sozial*versicherungs*systeme diskutiert, vor allem solchen der Alterssicherung. Für sie wird hervorgehoben, daß u.a. aufgrund der demographischen Entwicklung insbesondere ihr Umfang auf den Prüfstand zu stellen sei und sie – mehr oder minder weitreichend – durch kapitalfundierte Sicherungssysteme (also solche mit vorheriger Vermögensakkumulation innerhalb des Systems) abgelöst werden sollten. In wirtschaftswissenschaftlichen Veröffentlichungen wird diese Gewichtsverschiebung geradezu als das primäre und wichtigste Reformvorhaben bezeichnet. Im folgenden Beitrag wird – entgegen dem herrschenden „Zeitgeist" – die Auffassung vertreten, daß es bei der Reformdiskussion im Bereich sozialer Sicherung insbesondere auch um Reformen *innerhalb* umlagefinanzierter Systeme geht und nicht etwa nahezu ausschließlich um den Übergang zu kapitalfundierten Systemen. In diesem Zusammenhang soll das Augenmerk auf unterschiedliche Bereiche, in denen Umlagefinanzierung eine Rolle spielt, gerichtet werden sowie auf unterschiedliche Konzeptionen für deren Gestaltung und die damit in Verbindung stehenden Aufgaben und Instrumente.

Das Umlageverfahren fand und findet sich in vielen Bereichen, in denen Aufgaben sozialer Sicherung (mit) übernommen werden. Dazu gehört die *intrafamiliäre* Sicherung, die vor Einführung staatlicher (und allgemein kollektiver) Einrichtungen eine deutlich größere Rolle spielte als heute. Intrafamiliäre Transfers zwischen den „Generationen" sind aber auch heute noch in vielfältiger Weise anzutreffen, wenngleich das empirische Wissen über ihr Ausmaß nach wie vor begrenzt ist. Intrafamiliäre Transfers können sich in Geld vollziehen, aber auch in der Zuwendung von Waren und Dienstleistungen bestehen. Die Beziehungen sind dabei durchaus nicht „einseitig", sondern vielfach wechselseitig zwischen den Generationen und sind auch im Lebensablauf von unterschiedlichem Gewicht. So wird – entgegen weitverbreiteter Vorstellung – in empirischen Arbeiten, in denen der Versuch einer Aufhellung der quantitativen Zusammenhänge versucht wird, insbesondere auch auf das erhebliche Maß an Transfers hingewiesen, das von den nicht mehr am Erwerbsleben teilnehmenden Familienmitgliedern zu jüngeren Familienmitgliedern erfolgt.[2] Auf Umlagefinanzierung, die auch zwischen privaten Unternehmungen – z.B. im Versicherungsbereich – eine Rolle spielen kann, wird – wie auch auf die intrafamiliären Umverteilungssysteme – im folgenden jedoch nicht näher eingegangen.

Umlagefinanzierung ist aber vor allem anzutreffen in Kollektiveinrichtungen, insbesondere *öffentlichen Haushalten*. Hier ist zum einen hinzuweisen auf die Haushalte der *Gebietskörperschaften* (allgemeine öffentliche Haushalte). Eine Vielzahl unterschiedlicher Maßnahmen sozialer Sicherung wird durch sie auf dem Umlagewege finanziert. Beispiele dafür sind Kindergeld, Sozialhilfe, öffentlicher Gesundheitsdienst. In Deutschland gehört auch das Sondersystem der Beamtenversorgung hierzu.

Im Zentrum der öffentlichen Diskussion stehen allerdings umlagefinanzierte Einrichtungen mit einem separaten Budget, wie dies für die *Sozialversicherungen*

---

2 *Kohli/Künemund* (1998); *Schmähl* (1999a).

typisch ist, so im Zusammenhang mit sozialer Sicherung im Alter, bei Invalidität und für Hinterbliebene,[3] bei Arbeitslosigkeit, Krankheit, Unfall sowie – neuerdings in Deutschland – Pflegebedürftigkeit.

Die Frage nach der Eignung unterschiedlicher Finanzierungsverfahren – bzw. deren Vorteilhaftigkeit in bestimmten Situationen und unter bestimmten Konstellationen – wird vor allem im Bereich der Alterssicherung diskutiert,[4] und zwar seit mehr als einem Jahrhundert. Sie spielte in Deutschland aber auch im Vorfeld der Einführung der gesetzlichen Pflegeversicherung eine wichtige Rolle.[5] Bei den anderen Zweigen der Sozialversicherung ist sie allenfalls noch ein Thema im Zusammenhang mit der Absicherung im Krankheitsfall, wenn die Abgrenzung zwischen der Absicherung in der Sozialversicherung (umlagefinanziert) und in der privaten Krankenversicherung (in bestimmtem Ausmaß kapitalfundiert) diskutiert wird. Über den Bereich der Sozialversicherung hinaus spielt das Thema „Umlageverfahren versus Kapitalfundierung“ kaum eine Rolle, sieht man einmal davon ab, daß in Deutschland für Beamtenpensionen Vorsorgefonds geschaffen werden sollen, um durch deren Auflösung später die Belastung in den Haushalten von Bund und Ländern zu reduzieren.[6]

Für Deutschland ist die quantitative Bedeutung verschiedener umlagefinanzierter Einrichtungen der sozialen Sicherung – auf der Basis des offiziellen, von der Bundesregierung vorgelegten Sozialbudgets – in Tabelle1 zusammengestellt. Dabei werden ausschließlich die Systeme in öffentlich–rechtlicher Trägerschaft (also durch Gebietskörperschaften und Sozialversicherungsträger) berücksichtigt. 1998 erfolgten rund 70 Prozent der über solche öffentliche Haushalte umlagefinanzierten Ausgaben im Bereich sozialer Sicherung durch Sozialversicherungsträger. Bezogen auf das Bruttoinlandsprodukt 1998 erreichten diese umlagefinanzierten Ausgaben mehr als 30 Prozent.

Umlagefinanzierte Sozialversicherungssysteme unterscheiden sich beispielsweise in Deutschland nicht nur hinsichtlich ihrer quantitativen gesamt– und einzelwirtschaftlichen Bedeutung, sondern auch in ihrer Konstruktion. Da in Deutschland durch die Lohnfortzahlung im Krankheitsfall der überwiegende Teil der Geldleistungen der gesetzlichen Krankenversicherung (Krankengeld) verlagert wurde, dominieren seitdem in der gesetzlichen Krankenversicherung die Sachleistungen, deren Höhe vom Einkommen des Leistungsempfängers unabhängig ist.

---

3 In Deutschland u.a. durch die gesetzliche Rentenversicherung, in Österreich als „Pensionsversicherung“ bezeichnet, während in Deutschland der Begriff „Pension“ auf die Beamtenpensionen begrenzt wird.

4 Für einen kurzen Vergleich wichtiger Gemeinsamkeiten und Unterschiede von Finanzierungsverfahren siehe u.a. *Enquete–Kommission demographischer Wandel* (1998); *Krupp* (1997).

5 Vgl. *Schmähl* (1992a).

6 Siehe dazu u.a. das 1998 vom Deutschen Bundestag beschlossene Gesetz über eine Versorgungsrücklage des Bundes. Vgl. auch *Brehm* (1996). Kritisch zum Konzept der Vorsorgefonds *Schmähl* (1996); Vgl. auch *Brügger* (1998) zu den auf Bundes– wie Landesebene geplanten bzw. realisierten Versorgungsrücklagen bzw. Finanzierungsfonds.

Die Finanzierung der gesetzlichen Krankenversicherung erfolgt dagegen durch einkommensabhängige Beiträge, so daß in der deutschen gesetzlichen Krankenversicherung die Beitragsfinanzierung nur dem Grunde, nicht aber der Höhe nach zu einem Leistungsanspruch führt. Ganz anders ist dies in der gesetzlichen Renteversicherung: Den einkommensabhängigen Beiträgen stehen einkommensabhängige Leistungen gegenüber, und durch die Gestaltung des Leistungsrechts erfolgt sogar eine recht enge Verknüpfung zwischen Finanzierungsbeitrag und späterer Rentenleistung. Hier führt also die Beitragszahlung nicht nur dem Grunde, sondern auch der Höhe nach zu einem bestimmten Leistungsanspruch.

Allein dieses Beispiel macht deutlich, daß die umlagefinanzierten Sozialversicherungssysteme – ja allgemein die umlagefinanzierten Systeme im Bereich sozialer Sicherung – differenziert zu betrachten sind.

Tabelle 1: Umlagefinanzierte soziale Sicherung – öffentliche Haushalte – Deutschland 1998 [1)]

Bereich	In v.H. des Bruttoinlandsprodukts
Sozialversicherung	
Gesetzl. Rentenversicherung[2)]	10,8
Gesetzl. Krankenversicherung	6,5
Gesetzl. Pflegeversicherung	0,8
Gesetzl. Unfallversicherung	0,6
Bundesanstalt für Arbeit	3,5
zusammen	22,2
Öffentl. Gebietskörperschaften	
Beamtenrechtliches System	2,4
Entschädigungen	0,4
Soziale Hilfe und Dienste [3)]	2,9
Steuerliche Maßnahmen, einschl. Familienleistungsausgleich	3,3
insgesamt	31,2

Quelle: Bundesministerium für Arbeit und Sozialordnung, Sozialbudget 1998, Tabellenauszug, Bonn 1999, S. 24.

[1)] Vorläufige Werte
[2)] einschließlich Alterssicherung der Landwirte (0,3 v.H. des BIP)
[3)] einschließlich Erziehungsgeld

2. Einflußfaktoren für umlagefinanzierte Systeme – veränderte Umfeldbedingungen und Reformbedarf

Auf die durchschnittliche Höhe der jeweiligen Einnahmen und Ausgaben eines umlagefinanzierten Sozialleistungsträgers wirken viele Faktoren ein, abhängig auch von der Definition der jeweils relevanten einnahme- und ausgabebestimmenden Variablen. Dies kann man anhand der nachfolgenden Gleichungen für ein umlagefinanziertes Sicherungssystem leicht verdeutlichen. Als Bedingungsgleichung im Umlageverfahren[7] wird zugrunde gelegt, daß die Einnahmen (E) den Sozialausgaben (SOZ) im jeweiligen Kalenderjahr entsprechen:

$$(1)\ E = SOZ$$

Die Summe der Einnahmen (E) kann errechnet werden aus dem Abgabesatz (a) – bzw. dessen durchschnittlicher Höhe – sowie der Zahl der zur Finanzierung herangezogenen Personen (ZP) und der Höhe der durchschnittlichen Bemessungsgrundlage, die der Abgabenerhebung zugrunde liegt (AB^d):[8]

$$(1)\ E = a \cdot ZP \cdot AB^d$$

Die Summe der Ausgaben kann zerlegt werden in die Zahl der Leistungsempfänger (ZE) und die durchschnittliche Höhe der Sozialausgaben (SOZ^d):

$$(2)\ SOZ = ZE \cdot SOZ^d$$

$$(3)\ a = \frac{ZP}{ZE} \cdot \frac{SOZ^d}{AB^d}$$

Der zur Finanzierung der Sozialausgaben (SOZ) in einem umlagefinanzierten System erforderliche Abgabesatz (a) (bzw. dessen durchschnittliche Höhe) wird von zwei Relationen bestimmt,

- vom Zahlenverhältnis zwischen Leistungsempfängern (ZP) und den zur Finanzierung herangezogenen Personen (ZE)

---

7 Auf einen Zeitindex wird zur Vereinfachung nachfolgend verzichtet und von Liquiditäts- und Schwankungsreserven abstrahiert.

8 Hier ist also zur Vereinfachung angenommen, daß die Finanzierung nur durch eine Abgabeart erfolgt.

- sowie von der relativen Höhe der Sozialausgaben, ausgedrückt im Verhältnis zwischen den durchschnittlichen Sozialausgaben (SOZ^d) zur durchschnittlichen, der Abgabenerhebung zugrundeliegenden Bemessungsgrundlage (AB^d); siehe Gleichung (4).

Auf diese beiden Relationen und den daraus resultierenden, zum Budgetausgleich erforderlichen Abgabensatz wirken viele Faktoren ein. Dazu zählen politische Entscheidungen, so die Gestaltung des Leistungsrechts und die Abgrenzung des Kreises der in das System als finanzierende und potentielle Leistungsempfänger einbezogenen Personen. Hierzu zählt die ökonomische Entwicklung, vor allem auch die Entwicklung auf dem Arbeitsmarkt, da viele Sozialversicherungssysteme hinsichtlich Finanzierung und Anspruchserwerb am Beschäftigungsverhältnis und Arbeitsentgelt anknüpfen.

Im Zentrum der öffentlichen Diskussionen stehen insbesondere demographische Veränderungen, die aus Änderungen im Fertilitätsverhalten wie der Mortalität resultieren. Hinzu treten demographische Effekte durch Zu– und Abwanderungsprozesse. Wichtig sind aber gleichfalls Änderungen in den Familien– und Haushaltsstrukturen, so im Hinblick auf familiäre Versorgungsmöglichkeiten bei Krankheit und Pflegebedürftigkeit und den daraus mit beeinflußten Bedarf an Einrichtungen und Maßnahmen formeller sozialer Sicherung.

Weitere Einflüsse ergeben sich aus Veränderungen im internationalen Umfeld, und zwar nicht nur durch die bereits erwähnten internationalen Wanderungen, sondern auch durch die viel diskutierte Intensivierung des ökonomischen Wettbewerbs und die Globalisierung der Märkte, die besonders deutlich an den Finanzmärkten erkennbar wird. In den Ländern der Europäischen Union werden zudem von der europäischen Ebene ausgehende Einflüsse zunehmend wichtiger.[9] Zu erinnern ist hier an die Rolle des Europäischen Gerichtshofs, der in jüngster Zeit einige Entscheidungen mit erheblichen Auswirkungen insbesondere für das Gesundheitswesen getroffen hat. Ein weiteres Beispiel sind die auf nationaler Ebene getroffenen Entscheidungen im Vorfeld der Einführung des Euro, um die Maastricht–Konvergenzkriterien zu erfüllen. Dies wird auch weiterhin bedeutsam bleiben. In Abbildung 1 sind für die umlagefinanzierte soziale Sicherung exemplarisch wichtige Arten von Einflußfaktoren aufgeführt.

Zu den bereits genannten Faktoren gehört aber auch die unterschiedliche Interessenlage von Akteuren im nationalen Umfeld sowie deren Handlungsmöglichkeiten. Die Bedeutung der Interessenlagen wird offenkundig im Zusammenhang mit der Alterssicherung, wenn die Forderung nach Reduzierung der Umlagefinanzierung und Ausweitung von Kapitalfundierung erhoben wird, da hierdurch möglicherweise zusätzlich erhebliche Finanzströme über die Finanzmärkte gelenkt würden. Eine Reduzierung beispielsweise des Ausgabenvolumens in der gesetzlichen Rentenversicherung in Deutschland um ein Zehntel bedeutete Ende des 20. Jahrhunderts ein Volumen von rund 30 Milliarden DM. Würde dies beispielsweise

---

9 Vgl. *Schmähl/Rische* (1997).

in vollem Umfang in die deutschen Lebensversicherungsunternehmen (zusätzlich) fließen, so würde das deren Prämieneinnahmen um rund ein Drittel steigern.

Auch die Grenzziehung zwischen gesetzlicher und privater Krankenversicherung durch eine Versicherungspflichtgrenze macht deutlich, daß durch deren Höhe unterschiedliche Interessen berührt werden und je nach Stärke der Akteure ggf. Veränderungen solcher institutioneller Regelungen ausgelöst werden können.

Abbildung 1: Wichtige Einflußfaktoren für Gestaltung und Entwicklung von Einrichtungen sozialer Sicherung

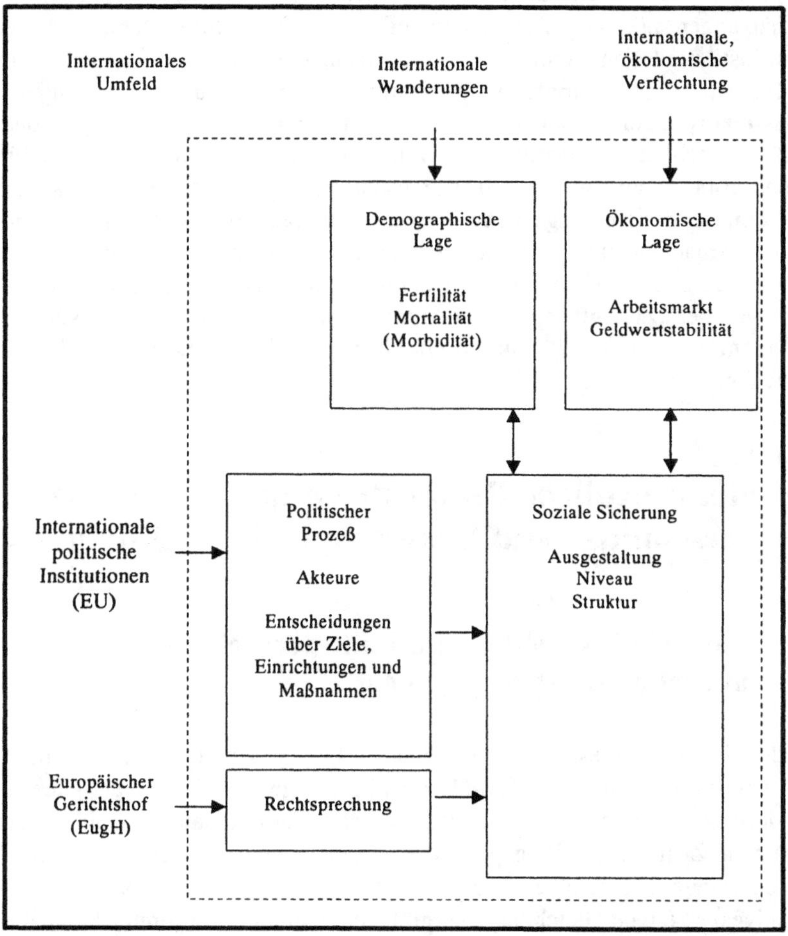

Darüber hinaus ist generell – insbesondere nach dem Zusammenbruch der sozialistischen Gesellschaftssysteme in Mittel- und Osteuropa – eine Intensivierung der

„ordnungspolitischen" Fragestellungen zu verzeichnen. Dies betrifft vor allem die Rolle des Staates: Soll der Staat künftig stärker als Regulierer und nicht mehr so sehr als „Produzent" von Sozialleistungen tätig werden? Auf welche Bereiche sollen sich seine jeweiligen Aktivitäten erstrecken und welches Ausmaß sollen sie haben?
Man erkennt bereits an diesen wenigen Hinweisen, daß für die Entwicklung umlagefinanzierter Systeme ein komplexes Beziehungsgeflecht von Bedeutung ist, wie auch für Entscheidungen über ihr Volumen und ihre Gestaltung.

Schließlich sei daran erinnert, daß sich Entscheidungen auf künftige Bedingungen beziehen und hierbei u.a. von Erwartungen über künftige Entwicklungen ausgegangen wird. Die sich hierauf beziehenden Einschätzungen, wie auch die Einschätzungen möglicher Reaktionen auf – vor allem tiefergreifende – Änderungen im institutionellen Gefüge können unterschiedlich sein und folglich zu unterschiedlichen „Therapieempfehlungen" führen. Dabei ist u.a. zu beachten, daß oftmals relativ kleine Parametervariationen in Simulations– oder Projektionsmodellen zu erheblichen quantitativen Unterschieden in Rechenergebnissen führen können, insbesondere wenn sich Vorausberechnungen auf mehrere Jahrzehnte erstrecken. Bei der Nutzung solcher Berechnungsergebnisse sollte man sich immer wieder klar machen, daß wir nicht wissen, was die Zukunft bringen wird. Treffend hat dies - vor über 1600 Jahren - *Augustinus* zum Ausdruck gebracht, als er nicht einfach von der „Zukunft" sprach, sondern von der „Gegenwart des Zukünftigen", also davon, wie wir *derzeit* Zukunft einschätzen, welches Bild wir uns heute von ihr machen.

3. Unterschiedliche Perspektiven für die Analyse: Querschnitts– und Längsschnittsbetrachtung

3.1 Längsschnitts– und Querschnittsperspektive in umlagefinanzierten Systemen

Vor allem in der Diskussion über die Finanzierung der Umlagesysteme wird in der Regel auf Informationen für jeweils eine eng begrenzte Zeitdauer – meist ein Kalenderjahr – abgestellt. So wird beispielsweise häufig darauf hingewiesen, einer bestimmten Zahl von Beitragspflichtigen stünde eine bestimmte Zahl an Leistungsempfängern gegenüber. Unter Berücksichtigung eines bestimmten „Leistungsniveaus" (siehe Gleichung 4) ergibt sich dann ein bestimmter Finanzbedarf sowie ein zum Budgetausgleich erforderlicher Abgabesatz. Dies ist eine typische Fragestellung, die auf den Querschnitt bezogen ist (siehe Abbildung 3).

Eine andere Sichtweise, die für viele sozial– und verteilungspolitische Fragen wichtig ist, bezieht sich auf Entwicklungen im Zeitablauf für (identische) Personengruppen, z.B. Personen, die im gleichen Kalenderjahr geboren sind (Geburtskohorten). Wie Abbildung 2 verdeutlicht, durchlaufen diese Personen die historische Zeit und zugleich verschiedene Lebensphasen – sie „altern“. Für Alterssicherungssysteme ist beispielsweise die Phase des Erwerbs von Ansprüchen von Bedeutung. Es werden Ansprüche – vor allem auf der Basis von Erwerbstätigkeit, aber auch auf der Grundlage anderer anspruchsbegründender Aktivitäten, wie z.B. Sparentscheidungen, – akkumuliert. Sodann gibt es eine Phase der Realisierung des Anspruchs, wenn Versicherten– und Hinterbliebenenrenten bezogen werden.[10]

Abbildung 2: Umlagefinanziertes Alterssicherungssystem
– Längs- und Querschnittperspektive –

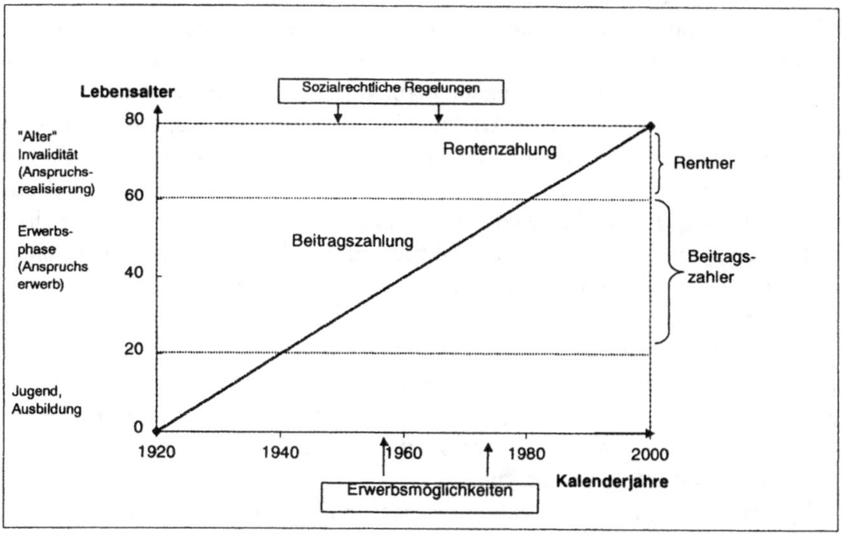

Diese längsschnittorientierte Sichtweise ist auch bei Analysen, die sich auf die Situationen verschiedener Kohorten (oder „Generationen“) beziehen, von großer (verteilungs–)politischer Bedeutung. Das in jüngerer Zeit medienwirksame Thema „Generationenkonflikt“ macht dies gerade im Zusammenhang mit der Alterssicherung und der damit verknüpften „Belastung“ unterschiedlicher „Generationen“ deutlich.

Angehörige unterschiedlicher Kohorten werden von bestimmten Umfeldbedingungen – so auf dem Arbeitsmarkt, durch arbeits– und sozialrechtlichen Re-

10 Nur am Rande sei noch erwähnt, daß die in Abbildung 2 schematisch eingezeichneten Abgrenzungen zwischen den verschiedenen Lebensphasen im Zeitablauf nicht konstant sind, wie am Alter bei Eintritt in das Erwerbsleben sowie bei seiner Beendigung oder auch hinsichtlich der Entwicklung der Lebenserwartung deutlich wird. Hieraus erwachsen beträchtliche Herausforderungen für die umlagefinanzierten Sicherungssysteme – das heißt aber nicht, daß kapitalfundierte Systeme davon nicht berührt würden.

gelungen usw. – in unterschiedlichen Phasen ihres Lebenszyklus und unterschiedlich lange betroffen. So können sich die Konsequenzen erheblich unterscheiden, wenn beispielsweise eine Erwerbsunterbrechung am Anfang oder aber am Ende des Erwerbslebens stattfindet und diese Erwerbsunterbrechung unterschiedlich lang ist. Handelt es sich um registrierte Arbeitslosigkeit, so kommt es u.a. darauf an, welche Ansprüche (aktuell und im Hinblick auf die Alterssicherung) in dieser Zeit bestehen bzw. erworben werden. Ähnliches gilt für rechtliche Regelungen im Hinblick auf Abgaben und generell auf Anspruchserwerb. All dies kann sich auf die Höhe von Einkommen (und Vermögen) im Lebensablauf spürbar auswirken.

Wenn in einem umlagefinanzierten Alterssicherungssystem auf der Basis von in der Erwerbsphase gezahlten Beiträgen Ansprüche auf spätere Rentenzahlungen erworben werden, so ist offenkundig, daß damit auch bei Umlagefinanzierung eine individuelle Vermögensakkumulation (Vorsorgevermögen) verbunden ist und bei Rentenzahlung ein individueller Vermögensabbau stattfindet. Dies betrifft die mikroökonomische Ebene und ist unabhängig von dem zur Anwendung kommenden Finanzierungsverfahren (der Umlagefinanzierung oder Kapitalfundierung). Ansprüche, die in einem umlagefinanzierten System mit enger Beitrags–Leistungs–Verknüpfung erworben werden, sind als Vermögen anzusehen, sind Ansprüche an künftiges Sozialprodukt. Diese Ansprüche werden in der Altersphase präsentiert und „eingelöst", wobei sich ihr jeweiliger Wert nach den dann geltenden rechtlichen Regelungen und ökonomischen Bedingungen richtet.

Das hier Beschriebene hängt allerdings von der Konstruktion des umlagefinanzierten Sicherungssystems ab: Der Argumentation lag das Konzept einer (engen) Beziehung zwischen dem Finanzierungsbeitrag einerseits, den damit erworbenen Ansprüchen andererseits zugrunde. Dies ist in einem *Versicherungssystem*, das folglich eine Form individueller *Vorsorge* darstellt, besonders ausgeprägt.

Anders ist es dagegen, wenn für die Höhe der Leistungen ausschließlich die jeweilige aktuelle Einkommenssituation des Individuums oder des Haushalts maßgebend ist, unabhängig von der Frage, ob und in welchem Ausmaß früher zur Finanzierung in diesem Leistungsbereich überhaupt beigetragen wurde. Dies ist besonders deutlich bei der bedürftigkeitsgeprüften Sozialhilfe. Sie ist ein Musterbeispiel für ein *Steuer–Transfer–System*, das sich grundlegend von einem Versicherungssystem unterscheidet, auch wenn beide umlagefinanziert sind. Ihnen liegt eine unterschiedliche Sichtweise zugrunde. Dominiert im Versicherungssystem die Längsschnittsperspektive, so ist es im Steuer–Transfer–System die Querschnittsperspektive.[11]

---

[11] Siehe zu den Systemkonstruktionen auch *Schmähl* (1982); zur Querschnitts– und Längsschnitts–Analyse *Schmähl* (1983).

3.2 Die Bedeutung unterschiedlicher Sichtweisen für Reformüberlegungen in der gesetzlichen Krankenversicherung

Im Bereich des Gesundheitswesens verlaufen die Ausgaben ausgeprägt altersspezifisch. Angesichts des steigenden Anteils älterer Menschen an der Gesamtbevölkerung wird daraus (ceteris paribus) ein zunehmender Finanzbedarf abgeleitet und die Frage gestellt, wie hierauf reagiert werden soll.

Aus einer primär querschnittsorientierten Betrachtung folgt vielfach folgende Vorstellung: Da ältere Menschen überproportional viele Ausgaben „verursachen“, sollten sie auch in relativ höherem Maße zu deren Finanzierung beitragen. Von Bedeutung ist dabei u.a., daß die Bemessungsgrundlage für die Abgaben bei älteren Menschen im Durchschnitt niedriger ist als bei Personen in der Erwerbsphase. In Deutschland z.B. ist die Beitragsbemessungsgrundlage für die Beitragszahlung der Beschäftigten zur gesetzlichen Krankenversicherung das beitragspflichtige Arbeitsentgelt, für Rentner deren Rente.

Auf diese Tatsache der relativen Höhe von Ausgaben wie Bemessungsgrundlagen könnte recht unterschiedlich reagiert werden, beispielsweise durch höhere Beitragssätze für Ältere oder durch eine Ausweitung der Bemessungsgrundlage für deren Beiträge (z.B. auf die Gesamtheit aller Einkünfte der Person oder gar des Rentnerhaushalts). Daß damit dann aber auch die Frage aufgeworfen werden müßte, warum bei den Erwerbstätigen nur das Arbeitsentgelt die Bemessungsgrundlage für deren Beiträge ist und daß bei einer Ausweitung auf die Gesamtheit des Einkommens faktisch eine zweckgebundene proportionale Einkommensteuer das Finanzierungsinstrument wäre und welche Konsequenzen daraus dann für das System der Krankenversicherung insgesamt zu ziehen wären, dies sei hier nur als Stichworte erwähnt[12].

Ein anderer Ansatz – der z.B. in Japan realisiert ist – besteht darin, für Ältere ein separates Krankenversicherungssystem zu schaffen. Auch in den USA finden wir spezifische Regelungen für Ältere im Gesundheitswesen. Dies – wie auch die oben erwähnten Überlegungen – ist typisch für eine Querschnittsbetrachtung.

Wenn man jedoch auch die gesetzliche Krankenversicherung – ähnlich wie ein Alterssicherungssystem – als eine Einrichtung ansieht, in der über den Lebenszyklus hinweg (also im Längsschnitt) Phasen mit unterdurchschnittlicher Ausgabenintensität, aber zugleich überdurchschnittlichem Finanzierungsbeitrag mit Phasen überdurchschnittlicher Ausgaben, aber unterdurchschnittlicher Finanzierungsbeteiligung abwechseln (vgl. Abbildung 3), so spricht vieles für einen einheitlichen Beitragssatz für „Jung und Alt“. Diese *intertemporale* Sichtweise hat m.E. in einem Krankenversicherungssystem durchaus ihre Berechtigung, führt dann aber auch zu anderen Konsequenzen beispielsweise hinsichtlich der Abgabengestaltung als die querschnittsorientierte Perspektive.

---

12 Siehe hierzu *Schmähl* (1989), insbesondere S. 310 ff.

Abbildung 3: Umlagefinanzierte Krankenversicherung
– Längsschnittperspektive -

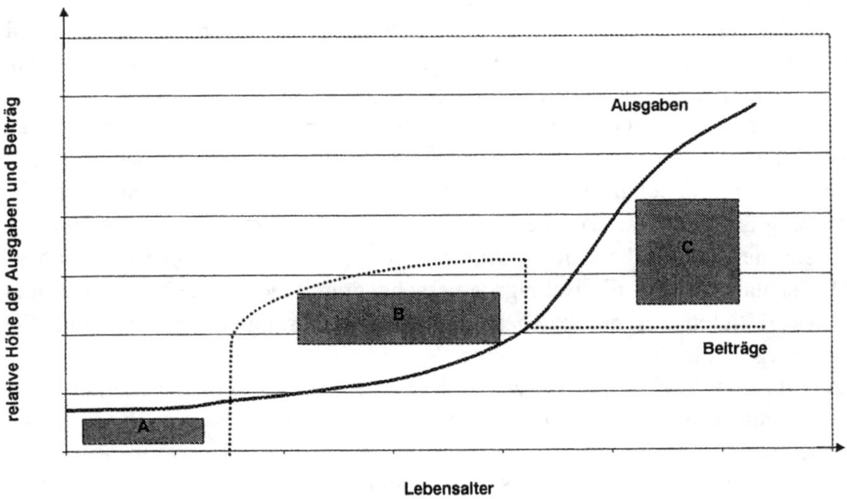

Analog – geradezu noch ausgeprägter – zeigt sich dies, wenn eine gesetzliche Pflegeversicherung besteht, so wie in Deutschland. Auch diese kann als ein intertemporal umverteilendes System gestaltet werden.[13]

4. Umlagefinanzierte Alterssicherung

4.1 Unterschiedliche Konzeptionen und Ziele

In fast allen Ländern existieren im Bereich der Alterssicherung verschiedene Einrichtungen, die unterschiedliche „Schichten" (oft auch als Säulen bezeichnet) des Alterssicherungssystems darstellen bzw. ihnen zugeordnet werden können. Die Basis der Alterssicherung – die erste Schicht – besteht in der Regel aus obligatori-

[13] In Deutschland ergibt sich allerdings daraus, daß Pflegekosten nicht voll durch die Pflegeversicherung gedeckt werden und deren Leistungen (bislang) nicht dynamisiert sind, ein beträchtlicher Finanzbedarf, der von den Pflegebedürftigen selbst oder – bei unzureichendem Einkommen – durch die Sozialhilfe und ggf. unterhaltsverpflichteten Personen zu decken ist. Vgl. *Schmähl* (1999c) und die dort zitierten Untersuchungsergebnisse.

schen Einrichtungen, die jedoch sehr unterschiedlich ausgestaltet sein können. Meistens handelt es sich um staatlich organisierte und durchgeführte umlagefinanzierte Einrichtungen. Es gibt aber auch Ausnahmen, so beispielsweise die obligatorischen privaten Pflichtsysteme in Chile und Kasachstan, die auf vorheriger offener Vermögensakkumulation („Kapitalfundierung") aufbauen. Ein weiteres wichtiges Unterscheidungsmerkmal von Einrichtungen der ersten Schicht ist, ob sie für die Gesamtheit aller Bürger bzw. aller Erwerbspersonen oder aber jeweils (nur) für bestimmte Gruppen organisiert sind.

Ergänzend hierzu bestehen viele unterschiedliche Formen und Einrichtungen der Alterssicherung, die wiederum obligatorischer oder freiwilliger Art sein können und häufig auch steuerlich oder durch Prämien gefördert werden. Zumeist erfolgt die Durchführung aber durch private Träger. Dies können Versicherungen sein (wo also ein versicherungsmäßiger Risikoausgleich stattfindet), es können aber auch reine Sparprodukte zum Zweck ergänzender Alterssicherung sein. Ein weiteres wichtiges Unterscheidungsmerkmal ist, ob die Alterssicherung an den Arbeitgeber bzw. ein Beschäftigungsverhältnis anknüpft oder ob die ergänzende Alterssicherung davon unabhängig ist.

Ende der neunziger Jahre des 20. Jahrhunderts wurden in Deutschland rund 80 Prozent der Alterssicherungsausgaben über umlagefinanzierte Systeme – hauptsächlich die gesetzliche Rentenversicherung – abgewickelt, während etwa 10 Prozent der ergänzenden betrieblichen Alterssicherung (die in Deutschland im Privatsektor bislang weit überwiegend freiwillig, im öffentlichen Sektor tarifvertraglich vereinbart ist) und die restlichen 10 Prozent der zusätzlichen freiwilligen privaten Altersvorsorge zugerechnet werden können.[14]

Hinsichtlich der Struktur der Alterssicherung nach den verschiedenen Formen bestehen zwischen West- und Ostdeutschland erhebliche Unterschiede, da in der DDR sowohl betriebliche Alterssicherung als auch freiwillige private Altersvorsorge faktisch ohne Bedeutung waren. Berücksichtigt man, daß es in kapitalfundierten Formen der Alterssicherung Jahrzehnte dauert, bis hieraus in signifikantem Ausmaß Alterseinkünfte fließen, so wird verständlich, daß die strukturellen Unterschiede zwischen West- und Ostdeutschland sich erst sehr langfristig verändern können und werden.

Die Diskussion über die Alterssicherung rankt sich in Deutschland am Ende des 20. Jahrhunderts vor allem um die Frage, ob die ergänzende Alterssicherung weiterhin weit überwiegend freiwillig erfolgen soll oder ob hierfür obligatorische Wege – kollektivvertraglich vereinbarte oder gesetzlich vorgeschriebene – eingeschlagen werden sollen, sowie, ob dies in der bisherigen „zweiten Schicht" (betriebliche Alterssicherung) erfolgen soll oder aber in der „dritten Schicht", also der

---

14 Allerdings steht die empirische Ermittlung der zusätzlichen freiwilligen Altersvorsorge vor großen Abgrenzungsschwierigkeiten. Es ist jeweils zu prüfen bzw. zu entscheiden, welche der vielen unterschiedlichen Formen des privaten Sparens der Alterssicherung zugerechnet werden sollen. Die obigen Angaben beziehen sich auf Lebensversicherungen, die aber auch nicht vollständig der Alterssicherung dienen (müssen).

privaten Vorsorge. Allerdings verwischt sich die Grenzziehung zwischen der zweiten und dritten Schicht zunehmend. Dies wird exemplarisch deutlich an Formen der „Engeltumwandlung", wobei der Betrieb (der Arbeitgeber) nur noch als „Vermittler" zur Nutzung kostengünstiger Formen der Alterssicherung (z.B. bei Abschluß von Lebensversicherungsverträgen) auftritt, sich selbst jedoch finanziell nicht mehr zugunsten erhöhter Alterssicherung der Beschäftigten engagiert.[15] Entgeltumwandlung führt auch zu einer Reduzierung der Steuerzahllast in der Erwerbsphase, da das zu versteuernde Einkommen niedriger wird. Es ist offensichtlich, daß für das Ausmaß an Arbeitsentgelt, das auf spätere Perioden verlagert wird, Obergrenzen erforderlich werden.

Die Ausgestaltung der ersten Schicht – also vor allem der Sozialversicherung – ist offensichtlich von herausragender Bedeutung für Umfang und Art ergänzender und zusätzlicher Maßnahmen der Alterssicherung. Deshalb werden nachfolgend einige wichtige Konzeptionen, Ziele und Gestaltungselemente umlagefinanzierter Regel–Sicherungssysteme vergleichend dargestellt.

4.1.1 Armutsvermeidung oder Einkommensbezogenheit?

Eine wichtige Weichenstellung für die Gestaltung der obligatorischen Regel–Alterssicherungssysteme besteht darin, ob hierdurch (lediglich) Armut im Alter vermieden werden soll oder ob die Höhe der Leistungen des Alterssicherungssystems von der Höhe des früheren Einkommens bzw. der Vorsorgebeiträge und der Dauer der Vorsorgeaktivitäten abhängen soll. In diesem Fall wird eine Einkommens– und damit auch Konsumverstetigung über die Arbeits– und Rentnerphase hinweg angestrebt. In beiden Fällen gibt es unterschiedliche Formen der Ausgestaltung.

Bekannte Beispiele für auf Armutsvermeidung ausgerichtete Systeme sind steuerfinanzierte Grundrenten – eine typische versorgungsstaatliche Lösung mit ausgeprägten interpersonellen Umverteilungswirkungen. Auch die in Australien auf der Basis einer Einkommensüberprüfung erfolgenden Transferzahlungen im Alter sind ein weiteres Beispiel für ein Steuer–Transfer–System.

Es gibt allerdings auch Vorstellungen, nach denen eine armutsvermeidende Mindestsicherung nach dem Vorsorgekonzept gestaltet werden soll, indem in einem bestimmten Umfang Beitragszahlungen (seien sie pro Kopf einheitlich oder in anderer Hinsicht nach oben limitiert) erhoben werden, die nach einer bestimmten Zahl an Beitragsjahren oder einem bestimmten Umfang an Beitragsentrichtung zu einer Mindestrente im Alter führen. Dieses wäre – wenn es in dieser Form tatsächlich praktiziert würde – ein dem Vorsorgegedanken und damit auch der intertemporalen Einkommensumschichtung verpflichtetes Konzept.[16]

---

[15] Zur Entgeltumwandlung siehe ausführlich *Hanau/Arteaga* (1999).

[16] Einen Überblick über verschiedene Formen der Mindestsicherung im Alter geben die Beiträge in *Schmähl* (1993). Ein frühes Beispiel einer beitragsfinanzierten Mindestsicherung wurde von *Leopold Krug* bereits 1810 vorgelegt. Siehe hierzu *Schmähl* (1992b).

In den meisten Ländern ist jedoch die Vorstellung, was durch *obligatorische* Alterssicherung erreicht werden soll, „anspruchsvoller“, indem nicht primär oder allein die Armutsvermeidung im Zentrum steht, sondern eine einkommensbezogene Absicherung im Alter angestrebt wird. Allerdings bestehen Unterschiede darin, ob die einkommensbezogene Alterssicherung auch durch das umlagefinanzierte Regelsicherungssystem oder erst durch eine Kombination aus umlagefinanzierter Regelsicherung, die z.B. der Armutsvermeidung dienen soll, und obligatorischer, dann zumeist „kapitalfundierter“ ergänzender Alterssicherung erreicht werden soll.

Der empirische Befund unterstreicht eine klare Tendenz: Dort wo die erste Schicht ein niedriges Niveau oder weitgehend einheitliche Leistungen aufweist, wird die Einkommensbezogenheit durch *obligatorische* Formen der Zusatzvorsorge realisiert, während Länder mit einkommensbezogener, am früheren Lebenshaltungsniveau anknüpfender (umlagefinanzierter) erster Schicht *freiwillige* ergänzende Alterssicherung aufweisen.[17]

Nachfolgend einige Hinweise zu einkommensbezogenen Alterssicherungssystemen, die auf Umlagefinanzierung basieren und die Basis der Alterssicherung darstellen.

Die Ausgestaltung einkommensbezogener Sicherungssysteme ist in der Realität recht unterschiedlich. Vor allem geht es dabei wiederum um die Frage, ob und inwieweit intertemporale Einkommensumschichtung im Lebenszyklus erfolgt oder inwieweit (durch die Gestaltung der Versicherungsbedingungen, also ex ante) auch interpersonelle Einkommensumverteilung im Lebensablauf angestrebt wird. Die intertemporale Einkommensumschichtung – die dem Leitgedanken der Vorsorgeorientierung folgt – ist besonders ausgeprägt in einem System, das ähnlich einer privaten Versicherung konzipiert ist: In der Erwerbsphase werden Beiträge gezahlt, denen in der Altersphase (bezogen auf die durchschnittliche fernere Lebenserwartung) eine „äquivalente“ Leistung gegenüber steht – wobei das Kriterium für die Beurteilung und Messung von „Äquivalenz“ allerdings unterschiedlich sein kann.

Einkommensbezogene Sicherungssysteme können allerdings auch stärker mit interpersonellen Umverteilungselementen durchsetzt sein, beispielsweise indem bestimmte Zeiten oder Aktivitäten, in denen kein Beitrag entrichtet wurde, dennoch rentensteigernd wirken. Maßnahmen des Familienlastenausgleichs, die (beitragsfreie) Berücksichtigung von Ausbildungszeiten oder Zeiten der Kriegsgefangenschaft sind einige Beispiele für Ansatzpunkte zur interpersonellen Umverteilung.

Insgesamt kommt es bei den einkommensbezogenen Systemen auf das Mischungsverhältnis zwischen den verschiedenen Formen der Einkommensumver-

---

17 Dieser empirisch recht gut belegbare Befund einer obligatorischen ergänzenden Sicherung angesichts eines vergleichsweise niedrigen Niveaus der „ersten Schicht“ des Alterssicherungssystems wurde exemplarisch gezeigt in *Schmähl* (1990).

teilung an, anders ausgedrückt auf das Mischungsverhältnis von versorgungsstaatlichen Regelungen und der Ausgestaltung gemäß der Vorsorgekonzeption.[18]

Die unterschiedliche konzeptionelle Prägung einkommensbezogener umlagefinanzierter Sicherungssysteme wird in neuerer Zeit exemplarisch an leistungsdefinierten und beitragsdefinierten Systemen deutlich. Diese Unterscheidung – auf die im nächsten Abschnitt eingegangen wird – spielte für die Gestaltung von Betriebsrentensystemen schon lange eine Rolle. Sie hat aber in den neunziger Jahren des 20. Jahrhunderts auch Eingang in die Gestaltung staatlicher Regelsicherungssysteme gefunden.

4.1.2 Leistungs- und beitragsdefinierte Alterssicherungssysteme im Umlageverfahren

Die Grundidee beitragsdefinierter Systeme ist analog der eines Sparvorgangs: Es werden bestimmte Sparbeträge im Laufe des Erwerbslebens akkumuliert. Zum Zeitpunkt des Ausscheidens aus dem Erwerbsleben hängt die Höhe des angesammelten Vermögens zusätzlich von der erreichten Verzinsung ab. Dieser Vermögensbestand kann nun für die Restlebensdauer in eine Annuität umgewandelt werden. Deren Höhe hängt von der ferneren Lebenserwartung und von dem relevanten Zinssatz ab. Während in der Erwerbsphase bestimmte Sparbeträge für das Alter festgelegt werden, bleibt es jedoch offen, welche Leistung zum Zeitpunkt des Überwechselns in die Nacherwerbsphase dadurch erreicht werden kann.

Diese Form „beitragsdefinierter“ Alterssicherung ist typisch für die meisten „kapitalfundierten“ Formen der Alterssicherung, so auch in manchen Betriebsrentensystemen, z.B. als Beitragszusage des Arbeitgebers. Neu ist, daß dieses Konzept nun auch in umlagefinanzierten Sicherungssystemen verwendet wird, wie Reformen, die in jüngerer Zeit beispielsweise in Schweden, Lettland und nun auch Polen realisiert wurden, zeigen.[19] Auch in Italien sind die Weichen in diese Richtung gestellt.[20]

Stark vereinfachend ist nach diesem Konzept die Rente (zum Zeitpunkt der erstmaligen Rentenberechnung) das Ergebnis der akkumulierten absoluten Beitragszahlungen, einer hierauf angewandten „Verzinsung“ sowie der ferneren Lebenserwartung zum Zeitpunkt des Rentenbeginns (siehe 5):

---

18 Einkommensbezogene Systeme sind in der Realität höchst vielfältig ausgestaltet. Unter anderem variieren die der Rentenberechnung zugrundeliegenden einkommensbezogenen Bemessungsgrundlagen, die von einem Anknüpfen an das letzte Arbeitsentgelt (wie in Deutschland in der Beamtenversorgung) bis zum Arbeits-entgelt der gesamten Erwerbsphase (wie in der deutschen gesetzlichen Rentenver-sicherung) reichen. Vgl. zu solchen Ausgestaltungsoptionen *Schmähl* (1981).

19 Zum schwedischen Reformansatz *Palmer* (1999). Zur Entwicklung in Polen und Lettland vgl. die Beiträge in *Schmähl/Horstmann* (2000). In der englischsprachigen Literatur wird dieses Konzept als „notional defined contribution“ System bezeichnet.

20 Vgl. zur Rentenreform in Italien *Gronchi/Aprile* (1998).

$$(4)\ R_{tr} = \frac{BS_{tr}}{LE_{tr}}$$

BS = Summe aufgezinster absoluter Beitragszahlungen
LE = fernere Lebenserwartung im Zeitpunkt des Rentenzugangs (tr)

Was als „Verzinsungsfaktor" verwendet wird, kann sehr unterschiedlich sein, beispielsweise die Zuwachsrate der Lohnsumme oder der Durchschnittslöhne, aber auch ein Kapitalmarktzins.

Zum Zeitpunkt des Rentenzugangs wird also eine Annuität berechnet, indem der „virtuelle" Vermögensbestand durch die fernere Lebenserwartung dividiert wird. Modifikationen durch Anpassungsregelungen usw. sind möglich.

Man könnte dieses – ohne offene Vermögensakkumulation operierende – Konzept als ein Verfahren bezeichnen, das auf „virtuellen" individuellen Sparkonten beruht und auf der Verrentung des auf diesen Konten angesammelten individuellen Vermögensbestandes.

Im Prinzip entspricht dies dem, was oben im Hinblick auf die Mikroebene und die Längsschnittsperspektive für das Umlageverfahren verdeutlicht wurde, daß nämlich aufgrund der Beitragszahlung Ansprüche, die als Vermögen anzusehen sind, entstehen, unbeschadet der Frage, ob das Alterssicherungssystem auf Umlagefinanzierung oder einer vorherigen offenen Vermögensakkumulation („Kapitalfundierung") basiert.

Eines der Ziele beitragsdefinierter umlagefinanzierter Systeme ist, den Beitragssatz über die Zeit konstant zu halten. Die absolute Höhe der individuellen Beiträge richtet sich nach dem der Beitragszahlung zugrundeliegenden Einkommen (in der Regel dem Arbeitsentgelt). Was daraus als Rentenleistung fließen wird, hängt von der Verzinsung der Beiträge in der Erwerbsphase, der Entwicklung der Lebenserwartung und dem für die Annuitätsberechnung herangezogenen Zinssatz ab. In einem leistungsdefinierten System ist – im Unterschied zum beitragsdefinierten System – dagegen ein bestimmtes „Leistungsziel" vorgegeben. Dies sei am Beispiel der deutschen gesetzlichen Rentenversicherung illustriert.

Bei versicherungspflichtiger Erwerbstätigkeit werden in Deutschland Beiträge an die Rentenversicherung abgeführt, deren absolute Höhe auf dem (versicherungspflichtigen) Arbeitsentgelt und dem (jeweiligen) Beitragssatz beruht. Dabei wird jedes Jahr der Beitragszahlung auch bei der späteren Rentenberechnung berücksichtigt. Damit unterscheidet sich die deutsche Rentenformel beispielsweise von der in Österreich verwendeten, wo nur eine begrenzte Zahl von Versicherungsjahren für die Berechnung der Rentenhöhe relevant ist, weitere Jahre, in denen zwar auch Beiträge gezahlt wurden, bei der Rentenberechnung unberücksichtigt bleiben.[21]

---

[21] Darüber hinaus werden in der deutschen Rentenversicherung auch für verschiedene Aktivitäten und Zeiten, in denen vom Versicherten keine Beiträge entrichtet wurden,

Man kann die sich in Deutschland zum Zeitpunkt des Rentenzugangs ergebende Rente als einen bestimmten Prozentsatz des jeweiligen durchschnittlichen Nettoarbeitsentgelts aller Versicherten ausdrücken (siehe Gleichung 6).[22]

$$(5)\ R_{tr} = e \cdot L_{tr}^{dn}$$

e = Prozentsatz, abhängig von der Summe individueller Entgeltpunkte (EP)

L^{dn} = durchschnittliches Nettoarbeitsentgelt

Der Prozentsatz (e) ist abhängig von der Summe der insgesamt akkumulierten sogenannten „Entgeltpunkte“ (EP). Entgeltpunkte drücken nichts anderes aus als die Höhe der individuellen Bruttoarbeitsentgelte (jeweils maximal bis zur Beitragsbemessungsgrenze) in Relation zum durchschnittlichen Bruttoarbeitsentgelt aller im gleichen Jahre versicherungspflichtigen Personen (siehe hierzu Gleichung 7):

$$(6)\ EP_t = \frac{L_t^i}{L_t^d}$$

(für Zeiten versicherungspflichtiger Beschäftigung)

L^i = individuelles Bruttoarbeitsentgelt (im Jahr t)

L^d = durchschnittliches Bruttoarbeitsentgelt aller Versicherten, jeweils im Jahr t

Zum Zeitpunkt der Rentenberechnung wird die Summe dieser Entgeltpunkte ermittelt. Je nach der Höhe der insgesamt akkumulierten (relativen) Rentenansprüche – der Summe der Entgeltpunkte – besteht nach der 1992 eingeführten Rentenformel eine feste Relation zum jeweiligen durchschnittlichen Nettoarbeitsentgelt. Für den Fall, daß der Versicherte 45 Entgeltpunkte besitzt, war ein Zielwert für die Rente von 70 Prozent des durchschnittlichen Nettoarbeitsentgelts vorgesehen (siehe Gleichung 8).

Rentenansprüche angerechnet, die somit gleichfalls die Höhe der Rente beeinflussen. Darauf soll hier jedoch nicht näher eingegangen werden.

22 Hier ist zunächst unterstellt, die Rente wird erst zu dem Zeitpunkt in Anspruch genommen, zu dem die sogenannte „Regelaltersgrenze“ (demnächst 65 Jahre) erreicht wird.

$$(7)\ e = f\left(\sum_{t=1}^{h} EP_t\right)$$

h = Zahl der Versicherungsjahre

Zielwert für $\sum EP = 45 \quad e = 0{,}7$

Ein Rentenfall, der auf 45 Entgeltpunkten basiert, wird in der deutschen sozialpolitischen Diskussion häufig als „Eckrente" bezeichnet. Diese „Eckrente", ihre Entwicklung und ihre Relation zum durchschnittlichen Nettoarbeitsentgelt spielt in der deutschen sozialpolitischen Diskussion als Indikator für die „Verteilung zwischen Generationen" und das Leistungsniveau der gesetzlichen Rentenversicherung eine große Rolle.[23]

Die absolute Höhe der Rente in DM wird ermittelt, indem die Summe der Entgeltpunkte multipliziert wird mit einem Faktor, der den DM–Betrag für einen Entgeltpunkt (im Monat) ausdrückt (ARW). Am Beispiel der Eckrente lautet dies folglich (Gleichung 9):

$$(8)\ R_{tr}^{E} = 45 \cdot ARW_{tr} = 0{,}7 \cdot L_t^{dn}$$

R^E = Eckrente, basierend auf 45 EP

ARW = „aktueller Rentenwert" (in DM) für einen Entgeltpunkt pro Monat

ARW wurde also so gewählt, daß der Zielwert von 70 Prozent des durchschnittlichen Nettoarbeitsentgelts für den Eckrentner erreicht wird. Dies illustriert deutlich den Charakter der deutschen gesetzlichen Rentenversicherung als „leistungsdefiniertes" System.

Für Rentner, die eine von 45 abweichende Summe an Entgeltpunkten haben, beträgt folglich die Rente (proportional) mehr oder weniger als 70 Prozent des durchschnittlichen Nettoarbeitsentgelts, beispielsweise bei 40 Entgeltpunkten 62 Prozent (Gleichung 10):

$$(9)\ R = \frac{40}{45} \cdot L_t^{dn} = 0{,}62 \cdot L_t^{dn}$$

[23] Zur Aussagefähigkeit der Eckrente und des entsprechend definierten Niveaus siehe bereits *Schmähl* (1975).

Solange sich die Rentenanpassung gleichfalls an der Entwicklung des durchschnittlichen Nettoarbeitsentgelts orientiert – was gleichfalls 1992 eingeführt wurde –, bleibt folglich während der gesamten Rentenlaufzeit die Relation der individuellen Rente zum jeweiligen aktuellen durchschnittlichen Nettoarbeitsentgelt konstant (und damit auch das „Rentenniveau").

Diese Rentenanpassungsformel ist seit Ende der neunziger Jahre in Deutschland Gegenstand einer intensiven politischen Auseinandersetzung, da sie das Leistungsniveau in der Rentenversicherung (und damit auch die Höhe der Rente und des Finanzbedarfs sowie deren jeweilige Entwicklung) maßgeblich mitbestimmt.[24]

Vergleicht man die deutsche Rentenformel mit der in Gleichung 5 skizzierten beitragsdefinierten Formel, so stellt im deutschen System die Änderungsrate des durchschnittlichen Nettoarbeitsentgelts sowohl für die Phase des Anspruchserwerbs als auch während der Rentenlaufzeit die „Verzinsung" der Ansprüche dar. In Deutschland war zunächst durch die Rentenreform von 1957 die „Verzinsung" an der Änderungsrate des durchschnittlichen *Brutto*arbeitsentgelts orientiert.[25] Die Wahl des für „Verzinsung" maßgebenden Indikators ist folglich Ausdruck des „Leistungsniveaus", das angestrebt bzw. für finanzierbar gehalten wird.

Sofern in einem *beitragsdefinierten* System ausschließlich die absolute Höhe der Beitragszahlung zugrunde gelegt wird, stellt dies – lassen wir die Entscheidung über die „Verzinsung" außer Betracht – ein ausgeprägt vorsorgeorientiertes Konzept dar, ein Rentenversicherungssystem, bei dem die intertemporale Einkommensumverteilung dominiert. In beiden Arten von Systemen (beitrags– oder leistungsdefiniert) können jedoch zusätzlich Rentenansprüche, die nicht auf aktueller Beitragszahlung des Versicherten beruhen, eine Rolle spielen. In leistungsdefinierten Systemen dürfte – zumindest politisch – allerdings wohl eher zu erwarten sein, daß gezielt Elemente der interpersonellen Einkommensumverteilung eingebaut werden (was oft als „Solidarausgleich" bezeichnet wird). Hier kommt es dann darauf an, wie das Mischungsverhältnis aus Vorsorge– und Versorgungselementen ist bzw. in welchem Maße eine Orientierung am Versicherungs– und am Steuer–Transfer–Konzept erfolgt bzw. rein intertemporale und interpersonelle Einkommensumverteilung angestrebt wird.

Von großer Bedeutung ist somit, welche Konzeption für die Entwicklung – bzw. die Anpassung eines Systems an sich ändernde Umfeldbedingungen – maßgebend ist.

Im nächsten Abschnitt soll kurz erläutert werden, warum aus meiner Sicht – zumindest für die deutschen Verhältnisse – eine Orientierung am Vorsorgekonzept

---

24 Zur Diskussion insbesondere über die Nettoanpassung und ihre Modifizierung *Schmähl* (1999b).

25 Aber im Zeitablauf wurden verschiedene Eingriffe in den Anpassungsmechanismus vorgenommen. Die seit Herbst 1998 amtierende Bundesregierung hat für zwei Jahre den 1992 eingeführten – an der Entwicklung des durchschnittlichen *Netto*arbeitsentgelts orientierten – Mechanismus außer Kraft gesetzt und als ad hoc Maßnahme eine zweijährige Inflationsanpassung entschieden.

sowohl aus ökonomischen als auch politischen Gründen sinnvoll ist und was bei der angestrebten Realisierung beachtet werden sollte.

4.2 Vorsorgeorientierung als Leitbild für die Weiterentwicklung des deutschen umlagefinanzierten Alterssicherungssystems

Nur stichwortartig seien einige der Gründe genannt, warum aus meiner Sicht eine vorsorgeorientierte Weiterentwicklung des umlagefinanzierten zentralen deutschen Alterssicherungssystems im Hinblick auf Akzeptanz und damit Verminderung von Abgabewiderständen vorteilhaft und anzustreben ist. Ein Versicherter, dem für seinen Beitrag eine klar definierte Gegenleistung, die er auch als „fair" ansieht, in Aussicht gestellt wird, wird eher bereit sein, dafür eine Pflichtabgabe zu entrichten als in einem System, das stark umverteilende Wirkungen anstrebt. Daraus folgt, daß die Rentenversicherungsbeiträge nur zur Finanzierung solcher Versicherungsleistungen verwendet werden sollten. Zudem sollten die Leistungen auf den Kernbereich des Alterssicherungssystems – d.h. der Absicherung im Alter, bei Invalidität und für Hinterbliebene – konzentriert werden. Wird dagegen das Beitragsaufkommen in beträchtlichem Maße für allgemeine Umverteilungszwecke – so z.B. für Familienlastenausgleich, Beschäftigungspolitik, gezielte Armutsvermeidung – verwendet, so wären damit verteilungspolitisch bedenkliche Effekte verbunden. Zur Finanzierung allgemeiner (und insbesondere gezielt umverteilender) Ausgaben würde dann nicht die Gesamtheit aller Staatsbürger und auf der Basis einer Abgabenbemessungsgrundlage, die die steuerliche Leistungsfähigkeit widerspiegelt, herangezogen, sondern nur der begrenzte Kreis der Versicherungspflichtigen nach Maßgabe ihres jeweiligen Arbeitsentgelts – zudem nach oben begrenzt durch die Beitragsbemessungsgrenze.

Beschäftigungspolitisch könnte dies negative Konsequenzen haben, da angesichts von Arbeitgeberbeiträgen die Lohnkosten unmittelbar höher sein würden als bei einer sachadäquaten Finanzierung allgemeiner Staatsaufgaben aus dem allgemeinen Steueraufkommen.[26]

Damit soll zugleich auf mögliche Rückwirkungen unterschiedlicher Finanzierung und unterschiedlicher Systemkonstruktionen auf den Lohnfindungsprozeß hingewiesen werden: Bei einer engen Beziehung zwischen Vorsorgebeitrag und späterer Renten–Gegenleistung ist damit zu rechnen, daß solche als Vorsorgeaufwendungen angesehene Beiträge im Lohnfindungsprozeß zu anderen Reaktionen führen als Abgaben, die Umverteilungszwecken dienen. Das heißt, daß die „Abgabenschere" (tax wedge) geringer ist.[27]

Gesellschaftspolitisch erscheint es gleichfalls positiv, wenn deutlich gemacht wird, daß nicht nur Rechte auf eine „Sozialleistung" existieren, sondern daß man

---

26 Auf Fragen der Überwälzung von Abgaben gehe ich hier nicht ein.

27 Vgl. ausführlich zu diesem gesamten Problemkomplex *Schmähl* (1997); *Schmähl* (1998b).

durch eigene Vorsorgebeiträge – und die Pflicht zu ihrer Entrichtung – einen Anspruch erwirbt, also Rechte und Pflichten eher ausbalanciert sind. In der Geschichte der Sozialversicherung hat sich übrigens gezeigt, daß durch die Sozialversicherungspflicht der Vorsorgegedanke insgesamt gefördert und private Vorsorge (z.B. durch Lebensversicherung) nicht etwa verdrängt wurde.

Es gibt unterschiedliche Wege, um den Vorsorgegedanken im umlagefinanzierten Alterssicherungssystem zu stärken. Dazu gehört die Ausgliederung von Umverteilungsaufgaben aus einem Sozialversicherungszweig auf Haushalte von Gebietskörperschaften oder auf andere, sachlich zuständige Sozialversicherungsträger – man denke an Aufgaben der Beschäftigungspolitik. Ein anderer Weg ist die sachadäquate Finanzierung von im umlagefinanzierten System abgewickelten Umverteilungsaufgaben durch andere Institutionen. Es geht also um die organisatorische und/oder fiskalische Zuordnung von Aufgaben. Das heißt, es sollte die jeweils zuständige Institution die Aufgaben übernehmen oder die entsprechenden Ausgaben zumindest finanzieren.

Sofern nicht der Weg der organisatorischen Zuordnung von Aufgaben gewählt wird, kann sich allerdings daraus eine beträchtliche fiskalische Verflechtung zwischen Institutionen ergeben. Hierauf wird sogleich noch einzugehen sein. Zuvor sei aber darauf hingewiesen, daß Vorsorgeorientierung und Leistungsniveau nicht unabhängig voneinander zu sehen sind. Dies wird wieder am Beispiel der deutschen gesetzlichen Rentenversicherung illustriert.

4.3 Über die systembedingte Grenze für eine Minderung des Leistungsniveaus in einem vorsorgeorientierten Pflicht-Alterssicherungssystem

Wie oben dargelegt, wird in der deutschen gesetzlichen Rentenversicherung je nach Höhe der akkumulierten Entgeltpunkte ein bestimmter Prozentsatz des durchschnittlichen Nettoarbeitsentgelts als Rente errechnet, so bei 40 Entgeltpunkten ein Satz von 62 Prozent. Allerdings ist zu beachten, daß dieser Satz in voller Höhe nur erreicht wird, wenn die Rente erst zum Zeitpunkt der „Regelaltersgrenze“ – die demnächst 65 Jahre betragen wird – in Anspruch genommen wird. Scheidet jemand vorher aus, beispielsweise mit 60 Jahren, so reduziert sich der Rentenzahlbetrag um 3,6 Prozent pro Jahr des vorzeitigen Rentenbeginns, hier also um 18 Prozent. Im Hinblick auf das „Rentenniveau“ bedeutet das bei 40 Entgeltpunkten und einem Rentenbeginn mit 60 Jahren, daß die Rente dann nur rund 51 Prozent des durchschnittlichen Nettoarbeitsentgelts erreicht.[28]

Um solche Prozentzahlen zu beurteilen, ist ein Blick auf das Niveau der Sozialhilfe in Deutschland aufschlußreich: Ein (umfassend definierter) voller Sozialhilfeanspruch (einschließlich Übernahme der Mietkosten) liegt bei 40 Prozent des durchschnittlichen Nettoarbeitsentgelts. Der Vergleich mit diesem Prozentsatz

[28] Weitere Zahlenbeispiele finden sich in *Schmähl* (2000).

macht ein zentrales verteilungspolitisches Problem – und zugleich ein Problem der Legitimation und der Akzeptanz eines Pflicht–Vorsorgesystems – deutlich: Je weiter das Leistungsniveau in der gesetzlichen Rentenversicherung generell reduziert wird, um so eher wird die Situation eintreten, daß Personen selbst bei langjähriger Zugehörigkeit zur Rentenversicherung, aber beispielsweise leicht unterdurchschnittlichem Entgelt (über die gesamte Versicherungsdauer betrachtet) nur noch eine Rente erhalten, die sich kaum von der Sozialhilfe unterscheidet. Wie will man dann aber ein Pflicht–Sicherungssystem legitimieren, wenn ein Großteil der Versicherten selbst nach langer Versicherungsdauer nicht oder kaum mehr erhält als im Prinzip auch ohne jede Vorleistung durch die Sozialhilfe gezahlt würde? Damit wird nicht gesagt, daß durch eine Reduzierung des Leistungsniveaus zusätzliche Sozialhilfefälle in beträchtlichem Umfang aufträten, denn dies hängt von den sonstigen Einkünften, auch von der Haushalts– und Familiensituation ab. Doch dürfte die Legitimationsbasis eines solchen Pflicht–Vorsorgesystems zunehmend unterhöhlt werden. Damit läge der Weg in eine – dann notwendigerweise stark umverteilende – Grundsicherung, also ein Versorgungssystem nahe.

Nun kann man dies begrüßen und die Auffassung vertreten, daß das umlagefinanzierte System ausschließlich Umverteilungszwecken dienen solle, alles andere aber über kapitalfundierte Systeme abzuwickeln wäre. Mit einer solchen Konzeption, die u.a. von der *Weltbank*, aber auch von vielen Ökonomen vertreten wird, sind zahlreiche Fragen und Probleme verbunden, die jedoch nicht Gegenstand dieses Beitrags sind.[29] Deutlich dürfte aber sein, daß man nicht gleichzeitig die positiven Effekte eines Vorsorgesystems haben kann und zugleich ein niedriges Leistungsniveau in diesem System.

In dieser Hinsicht stehen wir in Deutschland – so meine Einschätzung – vor einer entscheidenden Weichenstellung: Es gibt erhebliche Bestrebungen aus ganz unterschiedlichen Richtungen, das Leistungsniveau in der Rentenversicherung (mehr oder weniger schnell) spürbar zu senken, z.T. motiviert durch die Erwartung, daß dann ein erheblicher Teil des „Altersvorsorgegeldes" privaten institutionellen Anlegern zufließen würde – was aus deren Perspektive durchaus ein erstrebenswertes Ziel ist. Bei der Beurteilung dieser unterschiedlichen, die Gesamtheit der Einrichtungen und Maßnahmen der Alterssicherung umfassenden Konzeptionen, ist eine Vielzahl allokativer und distributiver Effekte zu berücksichtigen. Auf einige ist an anderer Stelle eingegangen worden.[30]

Wie bereits oben dargelegt, halte ich aus distributiven wie auch allokativen Gründen eine nicht allein auf Umverteilung und Armutsvermeidung reduzierte umlagefinanzierte Alterssicherung, die maßgebend vom Vorsorgegedanken geprägt ist, für einen wichtigen Eckpfeiler der Alterssicherung in Deutschland. Er-

---

29 Einige damit verbundene Aspekte sind am Beispiel der Überführung eines einkommensbezogenen Alterssicherungssystems zu einem Staatsbürger–Grundrentensystem erörtert in *Schmähl* (1988).

30 Vgl. hierzu *Schmähl* (2000).

gänzend treten weitere Vorsorgeformen je nach individuellen Umständen hinzu. Darüber besteht kein Dissens.

Im Interesse einer Begrenzung des Ausgabenvolumens der umlagefinanzierten gesetzlichen Rentenversicherung ist – wie erwähnt – allerdings eine Beschränkung auf deren Kernaufgaben sinnvoll. Daraus folgt aber dann die Frage, wie man in Deutschland zu einer Aufgaben– und Arbeitsteilung zwischen Institutionen kommt und zugleich verhindert, daß durch die fiskalische Verknüpfung zwischen den Institutionen Entscheidungen in einem Bereich zu ungewollten und unerwünschten Wirkungen an anderer Stelle führen. Dieser Problemkreis sei im nächsten Abschnitt am deutschen Beispiel verdeutlicht.

4.4 Aufgabenverteilung zwischen Institutionen und Sachgebieten sowie organisatorische und/oder fiskalische Entflechtung

In Deutschland ist beispielsweise der *Familienlastenausgleich* auf verschiedene Institutionen verteilt. Das ist u.a. nicht gerade transparenzfördernd und kann auch die Zielgenauigkeit der Maßnahmen behindern.[31]

Abbildung 4: Abwicklung des Familienlastenausgleichs (FLA) durch unterschiedliche Institutionen in Deutschland

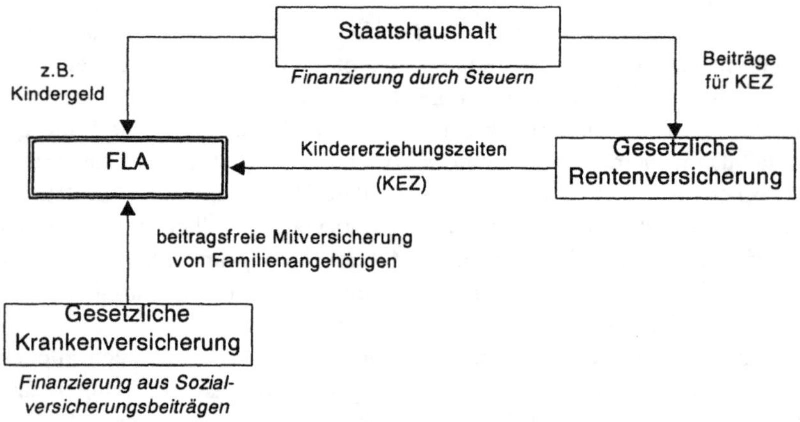

[31] So findet sich beispielsweise schon 1955 in der auf Anregung von Bundeskanzler *Adenauer* verfaßten „Rothenfelser Denkschrift" (*Achinger et al.* 1955), S. 135, die weitreichende Forderung: „Die soziale Sicherung gewährt für *einen* Tatbestand grundsätzlich nur *eine Leistung* durch *einen* verantwortlichen Träger." (Hervorhebungen nicht im Original).

Im folgenden sei nur ein Ausschnitt aus dem vielgestaltigen Spektrum familienlastenausgleichsrelevanter Maßnahmen genannt, die drei Institutionen berühren: den Staatshaushalt, die gesetzliche Rentenversicherung und die gesetzliche Krankenversicherung (siehe Abbildung 4).

So erfolgen beispielsweise aus dem Staatshaushalt Kindergeldzahlungen. Diese werden aus Steuermitteln finanziert. In der gesetzlichen Krankenversicherung gibt es (unter bestimmten Bedingungen) eine beitragsfreie Mitversicherung von Familienangehörigen. Diese Maßnahme des Familienlastenausgleichs wird aber aus den lohnbezogenen Beiträgen der Versicherten finanziert, erhöht damit u.a. (ceteris paribus) auch die Lohnnebenkosten – deren Höhe in der deutschen Diskussion besonders kritisch betrachtet wird. In der gesetzlichen Rentenversicherung werden Kindererziehungszeiten angerechnet. Für deren Finanzierung wurde 1999 eine systemadäquate Neuregelung eingeführt, indem aus dem Staatshaushalt Beiträge an die Rentenversicherung gezahlt werden, die im Umfang den in der Rentenversicherung in den individuellen Versichertenkonten für Kindererziehungszeiten gutgeschriebenen Ansprüchen entsprechen. Hier wird also – entsprechend der gesamtgesellschaftlichen Aufgabe „Familienpolitik" – ein Beitrag an die Rentenversicherung geleistet. Wenn es im Grundsatz bei dieser Regelung bleibt und der Staat wollte in Zukunft seine Beitragsverpflichtung reduzieren, so würde dies mit einer Reduzierung der Rentenansprüche für Kindererziehungszeiten einhergehen (müssen).

Anders ist es in der Krankenversicherung: Hier wird Familienpolitik über lohnbezogene Beiträge finanziert. Schon vor einer Reihe von Jahren wurde auf diese nicht systemadäquate Art der Finanzierung hingewiesen und die Steuerfinanzierung befürwortet. Dies stieß lange Zeit auf vehementen Widerstand. Inzwischen ist die Ablehnung nicht mehr so grundsätzlich. Vielmehr wird diese Auffassung – zumindest für bestimmte Familienkonstellationen – sogar geteilt.[32]

Nur am Rande sei erwähnt, daß die in Deutschland existierende unterschiedliche Finanzierungsstruktur zwischen gesetzlicher Krankenversicherung (ausschließliche Beitragsfinanzierung) und gesetzlicher Rentenversicherung (Beitragsfinanzierung und Mittel aus dem Staatshaushalt) eine historisch erklärbare Wurzel hat, die bis heute die Diskussionslage mit beeinflußt: So gelang es Ende des 19. Jahrhunderts *Bismarck* bei der Einführung der gesetzlichen Krankenversicherung noch nicht, einen Reichszuschuß als eine der Finanzierungsquellen durchzusetzen, wie dies jedoch wenige Jahre später dann in der gesetzlichen Rentenversicherung gelang. Wäre schon seinerzeit in der Krankenversicherung auch ein Reichszu-

---

[32] Zur Finanzierung des Familienlastenausgleichs in der gesetzlichen Krankenversicherung siehe die Ausführungen bei *Schmähl* (1989), S. 323–331. Die in der Zwischenzeit gewandelten Vorstellungen des *Sachverständigenrates für die Konzertierte Aktion im Gesundheitswesen* sind dargestellt bei *Schmähl* (1997), S. 148 f. (mit weiteren Literaturverweisen): Während 1987 die Auffassung vertreten wurde, „eine Herausnahme dieser Form des Solidarausgleichs (bedeutet) das Ende der einkommensbezogenen Finanzierung", wird 1995 die beitragsfreie Familienmitversicherung begrenzt auf Kinder und Ehepartner, „soweit letztere im Haushalt Kinder betreuen oder Pflegedienste leisten".

schuß eingeführt worden, so ist die Hypothese nicht unplausibel, daß wir heutzutage in Deutschland die Diskussion über Beitrags– und Steuerfinanzierung in der Krankenversicherung ganz anders führen würden, als sie derzeit noch geführt wird. Dies ist ein markantes Beispiel für eine „Pfadabhängigkeit".

Wenn man schon keine organisatorische Zusammenführung zumindest von Geldleistungen des Familienlastenausgleichs vornimmt, so wäre wenigstens eine Zuordnung der fiskalischen Kosten zum Staatshaushalt anzustreben. Das bedeutet aber zugleich eine weitere fiskalische Verflechtung zwischen Institutionen.

Doch auch die *fiskalische Verflechtung* kann Probleme aufwerfen. Die Beurteilung der Finanzbeziehungen zwischen Institutionen hängt u.a. von der Art der Verknüpfung ab. Dies sei – wiederum in vereinfachter Form – an den fiskalischen Verflechtungen der gesetzlichen Rentenversicherung mit fünf anderen Institutionen – Bundesanstalt für Arbeit, gesetzliche Krankenversicherung, gesetzliche Pflegeversicherung, gesetzliche Unfallversicherung und Bundeshaushalt – verdeutlicht (vergleiche hierzu Abbildung 5).

Abbildung 5: Fiskalische Verflechtung der gesetzlichen Rentenversicherung (GRV) mit anderen öffentlichen Haushalten in Deutschland

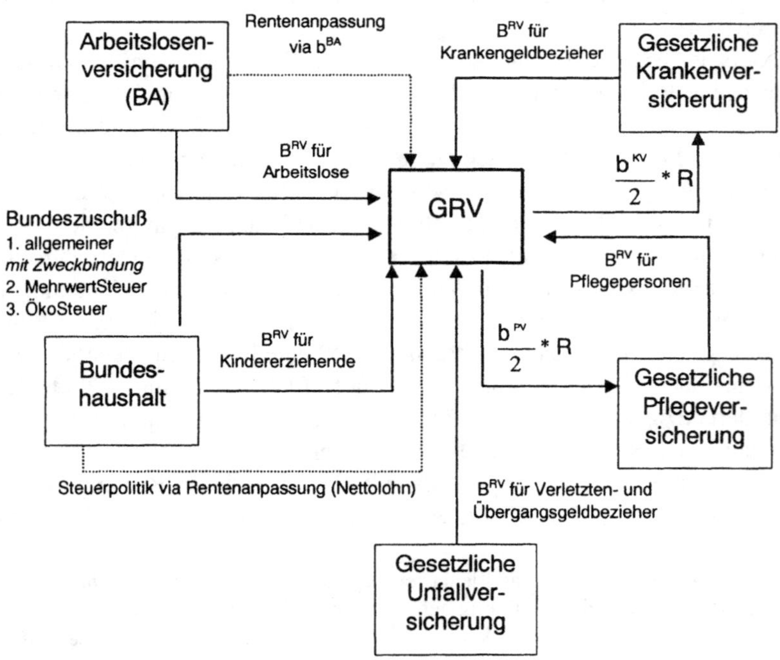

Legende:

B^{RV}	=Beitragszahlung an die gesetzliche Rentenversicherung
b^{KV}, b^{PV}, b^{BA}	= Beitragssatz zur gesetzlichen Kranken- und Pflegeversicherung bzw. zur Bundesanstalt für Arbeit
R	= Rentenausgaben

Die Art der fiskalischen Verflechtung ist unterschiedlich: Zum einen gibt es Beitragszahlungen der erwähnten fünf Institutionen an die gesetzliche Rentenversicherung, so

- von der Bundesanstalt für Arbeit für deren Leistungsbezieher,
- von der gesetzlichen Krankenversicherung für die Bezieher von Krankengeld,
- von der gesetzlichen Pflegeversicherung für Pflegepersonen,
- von der gesetzlichen Unfallversicherung für Bezieher von Verletzten– und Übergangsgeld sowie
- aus dem Bundeshaushalt für Kindererziehung.[33]

Durch diese Beitragszahlungen werden für die jeweils genannten Personengruppen in der gesetzlichen Rentenversicherung Rentenansprüche begründet.

Darüber hinaus gibt es aber eine weitere – und zwar andersgeartete – Form der Verflechtung. Sie resultiert aus dem Anpassungsverfahren für Renten. Die Anpassung der Renten (aus der gesetzlichen Rentenversicherung)[34] orientiert sich – wie erwähnt – seit 1992 an der Erhöhung des durchschnittlichen *Netto*arbeitsentgelts. Wenn sich nun in der Bundesanstalt für Arbeit der Beitragssatz verändert, so hat dies (ceteris paribus) Auswirkungen auf Höhe und Entwicklung des (durchschnittlichen) Nettoarbeitsentgelts. Gleiches gilt bei Veränderungen der Lohnsteuerbelastung. Die Reduzierung der Lohnsteuerzahllast durch steuerliche Reformmaßnahmen, wie sie die seit Herbst 1998 amtierende Regierung vorsieht, hätte auf dem Wege über das Rentenanpassungsverfahren dazu geführt, daß im Jahre 2000 eine höhere Rentenanpassung erfolgt wäre. Um dies zu vermeiden, wurde eine Abkopplung der Anpassung für zwei Jahre von der Lohnentwicklung vorgenommen. Da steuerpolitisch die Tendenz generell mehr in Richtung auf indirekte anstelle direkter Abgaben geht, würde sich jede derartige Strukturverschiebung der Steuerzahllast über das Anpassungsverfahren auf die Ausgabenentwicklung und damit den Finanzbedarf der gesetzlichen Rentenversicherung auswirken und könnte Anlaß für weitere diskretionäre Maßnahmen sein. Unter anderem aus diesem Grunde wurden Vorschläge zu einer Veränderung der Anpassungsformel unterbreitet. So könnte durch eine vereinfachte und transparente Rentenformel erreicht werden, daß Veränderungen des Beitragssatzes zur Bundesanstalt für Arbeit und der Lohnsteuerbelastung für die Rentenanpassung nicht mehr relevant wären.[35] Eine weitere Maßnahme zur Reduzierung der Verflechtung wäre, die Beitragszahlungen der Rentenversicherung an Kranken– und Pflegeversicherung durch Eigenzahlungen der Rentner abzulösen. Dies wird derzeit allerdings nicht diskutiert.

---

33 Daß für im öffentlichen Dienst beschäftigte Arbeiter und Angestellte aus den öffentlichen Haushalten auch Beiträge an die Rentenversicherung abgeführt werden – hier in der Funktion des öffentlichen Arbeitgebers –, sei nur ergänzend erwähnt.

34 Gleiches gilt für einige weitere Transferzahlungen.

35 Siehe dazu ausführlich *Schmähl* (1999b).

Eine weitere Form der Finanzbeziehung ergibt sich daraus, daß die Rentenversicherungsträger an die gesetzliche Krankenversicherung und die gesetzliche Pflegeversicherung jeweils die Hälfte des Beitragssatzes der Rentner für deren Absicherung in den jeweiligen Versicherungszweigen zahlen. Wenn also beispielsweise der Beitragssatz in der gesetzlichen Krankenversicherung steigt, so erhöhen sich die Ausgaben für die gesetzliche Rentenversicherung, so wie andererseits eine Erhöhung des Beitragssatzes zur Rentenversicherung zu steigenden Ausgaben bei der Bundesanstalt für Arbeit, in der gesetzlichen Krankenversicherung, Pflege- und Unfallversicherung sowie im Bundeshaushalt durch die von dort an die Rentenversicherung abzuführenden Beiträge führt.

Von quantitativ herausragender Bedeutung im Zusammenhang mit den Finanzbeziehungen sind solche Zahlungen aus dem Bundeshaushalt an die Rentenversicherung, die nicht (wie im Falle der Kindererziehung) Beitragszahlungen darstellen. Hierbei sind derzeit drei unterschiedliche Quellen – mit zudem unterschiedlichen Bemessungsgrundlagen – zu berücksichtigen:

- Der allgemeine Bundeszuschuß, der sich nach Maßgabe der Lohnentwicklung und des Beitrags zur Rentenversicherung entwickelt;
- ein zusätzlicher Bundeszuschuß im Umfang des Aufkommens von einem Prozentpunkt der Mehrwertsteuer und
- Zuführungen aus der Ökosteuer.

Die generelle Begründung für derartige Zahlungen ist, daß hierdurch allgemeine Umverteilungsaufgaben, die der Rentenversicherung übertragen wurden, finanziert werden sollen. Allerdings sollte aus meiner Sicht diese dreistufige Gestaltung der Zahlungen – die mit Blick auf die politische Durchsetzbarkeit gewählt wurde – für die Zukunft überdacht werden. Während der allgemeine Bundeszuschuß aus den allgemeinen Haushaltsmitteln aufgebracht wird, handelt es sich bei den beiden anderen Elementen jeweils um Zweckbindung von Einnahmen aus spezifischen Steuern. Zudem wird sich – angesichts der unterschiedlichen Bemessungsgrundlage für diese Zuführungen – das Aufkommen unterschiedlich und auch nicht synchron entwickeln mit der Entwicklung der Ausgaben, für deren Deckung sie gedacht sind.[36]

Insgesamt wäre es aus meiner Sicht sinnvoll, zu vereinfachten und transparenten Regelungen zu gelangen. Diese Forderung – wenngleich ihr möglicherweise vom Grundsatz auch zugestimmt wird – dürfte im politischen Prozeß jedoch nur geringe Realisierungschancen besitzen.

---

[36] Kritisch hierzu auch der *Sachverständigenrat zur Begutachtung der gesamtwirtschaftlichen Entwicklung* (1999): „Bedenklich ist, dass die Finanzierung der Gesetzlichen Rentenversicherung mit der Aufkommensentwicklung bestimmter Steuern verknüpft wird (...)“, Ziff. 376.

4.5 Gestaltung der Altersgrenzen als wichtiger Einflußfaktor für umlagefinanzierte Alterssicherungssysteme und für die Belastung zwischen Generationen

Zweifellos ist der Zeitpunkt des Beginns und der Beendigung des Erwerbslebens (und damit der Beitragszahlung) für die Finanzlage eines umlagefinanzierten Alterssicherungssystems von großer Bedeutung. Angesichts der unterschiedlichen Kohortenstärke sind bei einer tendenziell schrumpfenden Bevölkerung Variationen des durchschnittlichen Rentenalters (ceteris paribus) quantitativ von größerer Bedeutung als solche des Eintrittsalters in die Erwerbsphase.

In der deutschen gesetzlichen Rentenversicherung besteht eine beträchtliche Flexibilität für die Inanspruchnahmemöglichkeit bei einer Altersrente.[37] Erst gegen Ende der neunziger Jahre wurde schrittweise begonnen, den Rentenzahlbetrag bei vorzeitiger Verrentung durch Abschläge zu reduzieren, um der dann längeren Rentenlaufzeit Rechnung zu tragen. Dies sind derzeit Abschläge von 3,6 Prozent pro Jahr der vorzeitigen Inanspruchnahme einer Altersrente.[38] Es spricht manches dafür, daß dieser Prozentsatz zu niedrig ist und eher in der Größenordnung von 6 Prozent liegen dürfte, insbesondere wenn durch die Gestaltung der Rentenformel keine Anreize zu vorzeitigem Ausscheiden gegeben werden.

Die Entscheidungen über die Höhe der Abschläge und darüber, wann eine Altersrente frühestmöglich bezogen werden kann, sind allerdings aus verteilungspolitischen Gründen nicht unabhängig voneinander. Wenn das Alter für die volle, nicht durch Abschläge geminderte Rente die Vollendung des 65. Lebensjahres ist, der Abschlagssatz 3,6 Prozent pro Jahr beträgt, so mindert sich die Rente bei frühestmöglichem Altersrentenbeginn mit 60 Jahren um 18 Prozent. Ein Flexibilitätsraum von 5 Jahren und ein Abschlagssatz von 6 Prozent würde dagegen zu einer Minderung des Rentenzahlbetrags um 30 Prozent führen.

Angesichts der langanhaltenden hohen Arbeitslosigkeit in Deutschland ist eine Diskussion über eine weitere Heraufsetzung des „Referenzalters", ab dem die volle Rente bezogen werden kann, nicht nur unpopulär, sondern sie wird im politischen Prozeß auch als nicht opportun angesehen. Dennoch ist die Frage zu stellen, ob nicht gerade im Hinblick auf eine erfreulicherweise steigende Lebenserwartung eine allmähliche Veränderung der Regelungen für Altersgrenzen in der Zukunft angezeigt ist, damit die steigende Lebenserwartung nicht ausschließlich in steigende Rentenlaufzeiten mündet oder bei unverändertem Rentenbeginn dann entsprechende Reduzierungen der Rentenhöhe wirksam werden.

Hier könnte ein sinnvoller „demographischer Faktor" in das Rentenversicherungssystem eingebaut werden, indem dann, wenn die Lebenserwartung steigt, die

---

37 Hinzu tritt die Möglichkeit des Rentenbeginns bei verminderter Erwerbsfähigkeit vor Erreichen einer Altersgrenze für Altersrente. Zur Diskussion über Änderungen der Altersgrenzen siehe u.a. die Beiträge in *Schmähl* (1998a).

38 Auf die Veränderungen bei der Ausgestaltung von Invaliditätsrenten wird hier nicht eingegangen.

Referenzaltersgrenze, von der ab die abschlagfreie Rente bezogen werden kann, allmählich angehoben wird. Dies wäre ein Prozeß, der – wie an anderer Stelle dargelegt[39] – zu einer Aufteilung der zusätzlichen Lebenszeit auf Erwerbsphase und Rentenbezugsphase führen würde. Dies könnte als eine Regel ausgestaltet werden, durch die frühzeitig genug den Versicherten deutlich wird, womit sie zu rechnen haben. Ein Ausscheiden aus dem Erwerbsleben zu einem bestimmten Lebensalter würde dann allmählich „teurer" werden. Sinnvoll wäre es, nicht nur das Alter für die abschlagfreie Rente, sondern gleichzeitig auch die Grenze für den frühestmöglichen Altersrentenbezug anzuheben. Dieser Ansatz ist in Abbildung 6 illustriert.

Abbildung 6: Stufenweise Anhebung von Altersgrenzen

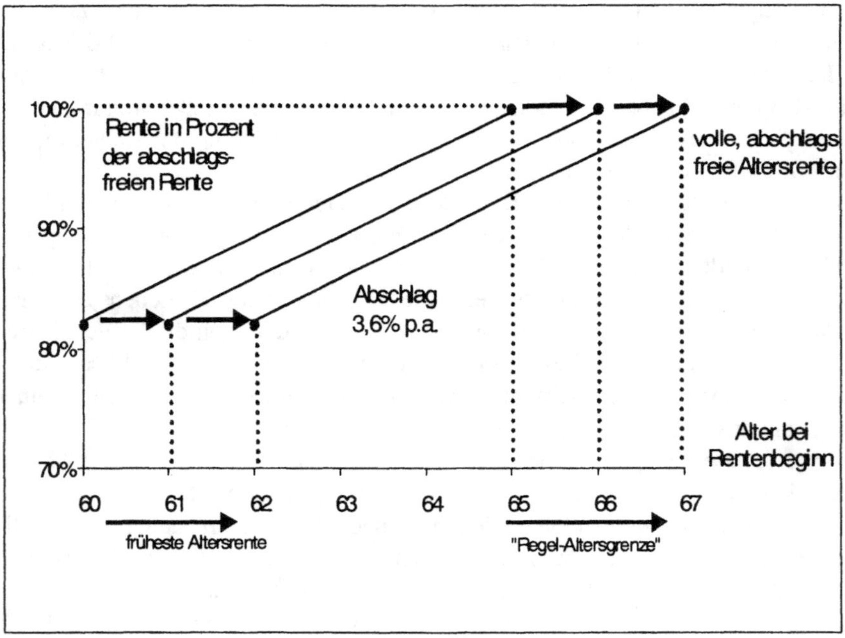

Aus meiner Sicht wäre es ratsam, im Zuge der nächsten Stufe einer Rentenreform in Deutschland auch diesen längerfristigen Aspekt mit einzubeziehen. Dies könnte etwa derart geschehen, daß eine Regel eingefügt wird, durch die (u.a.) das Referenzalter an die Entwicklung der Lebenserwartung gekoppelt wird, dies aber erst etwa im Zeitraum 2012 oder 2015 wirksam wird – basierend auf der Annahme einer dann deutlich verbesserten Arbeitsmarktsituation. Es bliebe dann für Be-

39 Vgl. dazu die Angaben bei *Schmähl/Viebrok* (2000). Ähnlich bezogen auf das US–amerikanische Alterssicherungssystem *Aaron/Reischauer* (1998), S. 100 ff.

schäftigte wie Arbeitgeber hinreichend Zeit, sich auf die sich ändernden Bedingungen einzustellen. Mit einer solchen Maßnahme würde in der Rentenversicherung in einer systematischen und plausiblen Weise auf einen wichtigen demographischen Faktor reagiert.

5. Kapitalfundierte Ergänzung umlagefinanzierter Alterssicherung

Unstrittig ist, daß neben umlagefinanzierter Alterssicherung auch „kapitalfundierte" Formen sinnvoll sind. Unterschiedliche Auffassungen bestehen allerdings in vielen Ländern darüber, in welchem Mischungsverhältnis diese beiden Finanzierungsmethoden angewandt werden sollten. In der deutschen wirtschafts–, finanz– und sozialpolitischen Diskussion geht es dabei auch um die Frage, ob eine Ausdehnung kapitalfundierter Alterssicherung die Umlagefinanzierung ergänzen oder ersetzen soll. Vielfach wird in Deutschland die Auffassung vertreten, daß auf direkten oder mehr indirekten Wegen eine Ausweitung von Kapitalfundierung mit einer Reduzierung der Umlagefinanzierung einhergehen sollte.

Des weiteren ist von zentraler Bedeutung, (a) ob neben die obligatorische umlagefinanzierte Alterssicherung auch kapitalfundierte Sicherung in *obligatorischer* Form treten soll sowie, (b) ob die kapitalfundierten Formen mit dem Beschäftigungsverhältnis und dem Betrieb verknüpft werden oder davon unabhängig sein sollten. Schließlich ist jeweils verteilungspolitisch von beträchtlicher Bedeutung, ob, in welchem Ausmaß, für welche Formen der Alterssicherung sowie für welchen Personenkreis eine Förderung durch Steuervergünstigungen oder Prämien erfolgen soll (und auch, wie diese dann zu finanzieren wäre).

Hinsichtlich der Wirkungen, die mit vermehrter Kapitalfundierung erreicht werden können, bestehen allerdings manche recht optimistische Vorstellungen. Hier seien nur zwei Aspekte erwähnt: (1) Auswirkungen vermehrter Kapitalfundierung auf die gesamtwirtschaftliche Ersparnis und damit die Finanzierungsmöglichkeiten für Investitionen sowie (2) die Höhe der erreichbaren „Rendite".

Im Unterschied zu den aus theoretischen Modellen klar abgeleiteten positiven Auswirkungen von Formen kapitalfundierter Alterssicherung auf die gesamtwirtschaftliche *Ersparnis* und damit auch die wirtschaftliche Entwicklung, sind die empirischen Befunde allerdings alles andere als eindeutig. So wird man sicherlich nicht von Substitutionsprozessen abstrahieren können, deren Ausmaß jedoch auch von den Bedingungen des jeweiligen Landes abhängen. Daß aber in der Realität (zumindest in hochentwickelten Volkswirtschaften) Ersparnis in kapitalfundierten Alterssicherungssystemen andere Ersparnis in wohl nicht unbeträchtlichem Maße ersetzt, dies legen empirische Informationen nahe, die sich bei einem Vergleich von Ländern mit einem hohen und vor allem stark zunehmenden Anteil von kapitalfundierter Alterssicherung mit der deutschen Situation ergeben. So ist in Großbritannien und den Niederlanden der Anteil der Kapitalfundierung (bezogen auf das Bruttoinlandsprodukt) um ein Vielfaches höher als in Deutschland und zudem in den letzten Jahrzehnten stark gestiegen. Dennoch zeigt sich, daß weder die gesamtwirtschaftliche Sparquote dieser Länder einen „Sprung nach oben" gemacht hat, noch, daß sie in diesen Ländern höher als in Deutschland ist.[40]

Hinsichtlich der erreichbaren *Renditen* kommt es u.a. auch auf die mit der jeweiligen Anlageform verbundenen Kosten an. Hierüber herrscht jedoch ein beträchtliches Maß an Intransparenz. Wie Untersuchungen z.B. für Großbritannien gezeigt haben, können die verschiedenen Arten von Kosten, die insbesondere mit individuellen Kapitalmarktanlagen verbunden sind und bei Rentenbeginn durch Umwandlung eines Kapitalbetrages in eine Annuität auftreten, beträchtliche Größenordnungen erreichen.[41] Zudem ist bei Vergleichen mit umlagefinanzierten Systemen sehr sorgfältig zu prüfen, welche „Risiken" jeweils abgedeckt werden. So ist in kapitalfundierten Sicherungssystemen in der Regel das Invaliditätsrisiko nicht mit einbezogen.

Schließlich ist für Länder mit sich deutlich ändernder Altersstruktur der Bevölkerung auch die Frage zu prüfen, inwieweit Arbeitsmarktrisiken und Kapitalmarktrisiken tatsächlich unabhängig voneinander sind – wie meist unterstellt wird –, bzw. inwieweit sich Veränderungen in der Bevölkerungsstruktur auch auf kapitalfundierte Formen der Alterssicherung auswirken (man denke u.a. an die Entwicklung von Immobilienpreisen).

In der Realität geht es hinsichtlich der Finanzierungsverfahren nicht um ein Entweder–Oder, sondern um ein Sowohl–Als–Auch, wobei allerdings die Mischungsverhältnisse und vor allem die Wege zur Realisierung verschieden sein können, was zu recht unterschiedlichen Wirkungen führt. Dies gilt nicht zuletzt für die Auswirkungen auf unterschiedliche Kohorten.[42]

Ein sorgfältiger Vergleich der verschiedenen Risiken und möglichen positiven Effekte unterschiedlicher Finanzierungsverfahren ist unter Berücksichtigung der landesspezifischen Bedingungen erforderlich. Zudem können bestimmte Eigenschaften positiv wie negativ wirken, wie an folgendem Beispiel verdeutlicht sei: So ist ein sicherlich in bestimmten Situationen unbestreitbarer Vorteil des Umlageverfahrens, daß hiermit sehr schnell und flexibel auf neue Umfeldbedingungen reagiert werden kann. In Deutschland ist dies mehrfach deutlich geworden, so nach Beendigung des Zweiten Weltkriegs, bei Einführung eines grundlegend neu konzipierten Rentenversicherungssystems (1957), aber auch im Zuge der deutschen Vereinigung nach 1989. Eine Integration z.B. der ostdeutschen Rentner und „rentennahen" Jahrgänge wäre mit kapitalfundierten Formen nicht möglich gewesen. Damit aus kapitalfundierten Formen im Alter ein spürbarer Beitrag zur Finanzierung des Lebensunterhalts erfolgen kann, sind entsprechende Vermögensbe-

---

40 Angaben bei *Schmähl* (2000).

41 So für Großbritannien die Angaben bei *Murthi et al.* (1999).

42 An anderer Stelle ist dies exemplarisch für die Einführung einer obligatorischen privaten Zusatzsicherung im deutschen Alterssicherungssystem dargestellt; vgl. *Schmähl* (2000).

stände Voraussetzung, deren Aufbau beträchtliche Zeit erfordert. Aber die Bevölkerung in Ostdeutschland auf die (fernere) Zukunft zu vertrösten – eine im kommunistischen Herrschaftsbereich bekannte Vorgehensweise –, wäre in einem vereinten Land politisch nicht möglich gewesen.

Auf der anderen Seite birgt diese Flexibilitätseigenschaft des Umlageverfahrens auch Gefahren in sich, wenn die jeweils politisch maßgebenden Akteure die langfristigen Wirkungen ihrer Entscheidungen nicht hinreichend berücksichtigen bzw. ausgaben– und einnahmerelevante Effekte in Einklang bringen.

Mit diesem Hinweis auf „politische Risiken" soll allerdings nicht dem manchmal in der Literatur anzutreffenden Fehlschluß Vorschub geleistet werden, als ob es in kapitalfundierten Sicherungssystemen keine politischen Risiken gäbe. Man denke beispielsweise nur an steuerliche Maßnahmen, Anlagevorschriften (z.B. Anlage in Staatsschuldpapieren), Kapitalverkehrskontrollen.

Es besteht generell die Aufgabe, im politischen Prozeß gerade dem Langfristcharakter von Alterssicherung Rechnung zu tragen. Dies setzt eine sorgfältige Entscheidungsvorbereitung, hinreichend verläßliche Informationen und eine nicht von Wunschdenken diktierte Entscheidungsfindung voraus.

6. Eine Schlußbemerkung

Wie mit diesem Beitrag zu zeigen versucht wurde, geht es bei der Bewältigung vieler anstehender Aufgaben – insbesondere in der Alterssicherung – nicht etwa allein oder in erster Linie um eine Gewichtsverlagerung von Umlagefinanzierung zu Kapitalfundierung, sondern es geht vor allem auch um Veränderungen innerhalb der umlagefinanzierten Systeme. In der wissenschaftlichen Diskussion zur Alterssicherung ist diesen Fragen – verglichen mit Erörterungen über die Vorteilhaftigkeit kapitalfundierter Formen – wenig Aufmerksamkeit gewidmet worden. Die Gewichtsverlagerung zwischen den Finanzierungsverfahren, die häufig propagiert wird, könnte – wie oben zu zeigen versucht wurde – auch zu konzeptionellen Veränderungen in umlagefinanzierten Systemen führen, was häufig nicht ohne weiteres erkennbar wird und sich oftmals eher allmählich, „schleichend" vollzieht.

Auch wenn es dem gegenwärtigen „Zeitgeist" entspricht, ein Plädoyer für den Abbau der Umlagefinanzierung und die Verlagerung zu privat organisierten Sicherungseinrichtungen und deren Verknüpfung mit Finanzmärkten zu halten, so ist im Sinne einer ausgewogenen Entscheidungsvorbereitung nicht nur eine differenzierte Analyse der jeweiligen „Kosten" und „Nutzen" verschiedener Finanzierungsverfahren erforderlich, sondern insbesondere auch ein Abwägen von Reformmaßnahmen innerhalb umlagefinanzierter Systeme mit einer Ausdehnung kapitalfundierter Formen. Die obigen Ausführungen sollten somit als ein Beitrag zu einer ausgewogeneren Diskussion über Reformalternativen verstanden werden.

Literatur

Aaron H.J., Reischauer, R.D. (1998): Countdown to Reform – The Great Social Security Debate, New York.

Achinger, H., Höffner, J., Muthesius, H. , Neundörfer, L. (1955): Neuordnung der sozialen Leistungen, Köln.

Brehm, O. (1996): Neue Finanzierungswege in der Beamtenversorgung, in: Höfer, R. (Hrsg.): Die Zukunft der Altersversorgung des öffentlichen Dienstes, Stuttgart, S. 17–25.

Brügger, M. (1998): Die Finanzierung der Beamtenversorgung, Unveröffentlichte Diplomarbeit, Fachbereich Wirtschaftswissenschaften, Universität Bremen.

Enquete–Kommission demographischer Wandel (1998): 2. Zwischenbericht, Bundestags–Drucksache 13/11460 (vom 5.10.1998).

Gronchi, S., Aprile, R. (1998): The 1995 Pension Reform: Equity, Sustainability and Indexation, Labour, Vol 12, S. 67–100.

Hanau, P., Arteaga, M. (1999): Gehaltsumwandlung zur betrieblichen Altersversorgung, Köln.

Kohli, M., Künemund, H. (Hrsg.) (1998): Die zweite Lebenshälfte – gesellschaftliche Lage und Partizipation (Ergebnisse des Alters–Survey, Band I). Freie Universität Berlin, Forschungsgruppe Altern und Lebenslauf, Institut für Soziologie, Berlin (hektographiert).

Krupp, H.–J. (1997): Ist das Kapitaldeckungsverfahren in der Alterssicherung dem Umlageverfahren überlegen?, WSI–Mitteilungen, 50. Jg, S. 289–298.

Murthi, M., Orszag, J.M., Orszag, P.R. (1999): Administrative Costs under a Decentralized Approach to Individual Accounts: Lessons from the United Kingdom (Conference on „New Ideas About Old Age Security", The World Bank, September 14–15– 1999), mimeo.

Palmer, E. (1999): The Swedish Pension Reform Model – Framework and Issues, hektographiertes Manuskript.

Sachverständigenrat zur Begutachtung der gesamtwirtschaftlichen Entwicklung (1999): Jahresgutachten 1999/2000, Bundestags–Drucksache 14/2223.

Schmähl, W. (1975): Das Rentenniveau in der Bundesrepublik, Frankfurt/Main - New York.

Schmähl, W. (1981): Soziale Sicherung im Alter, in: Handwörterbuch der Wirtschaftswissenschaft (HdWW): Bd 6, Stuttgart et al. (Wiederabdruck 1988): S. 645–661.

Schmähl, W. (1982): Konzeptionen sozialer Sicherung: Versicherungs– und Steuer–Transfer–System – zugleich Überlegungen zur Arbeit der Transfer–Enquete–Kommission aus sozialpolitischer Sicht, Vierteljahresschrift für Sozialrecht, Bd 10, S. 251–296.

Schmähl, W. (1983): Lebenseinkommensanalysen – einige methodische und empirische Fragen im Überblick, in: Schmähl, W. (Hrsg.): Ansätze der Lebenseinkommensanalyse, Tübingen, S. 1–55.

Schmähl, W. (1988): Übergang zu Staatsbürger–Grundrenten. Ein Beitrag zur Deregulierung der Alterssicherung? in: Thiemeyer, Th. (Hrsg.): Regulierung und Deregulierung im Bereich der Sozialpolitik. Schriften des Vereins für Socialpolitik, NF Bd. 177, Berlin, 83-138. Wiederabgedruckt in: Schmähl, W. (Hrsg.) (1993): Mindestsicherung im Alter, Frankfurt/Main-New York, S. 265–333.

Schmähl, W. (1989): Demographischer Wandel und Finanzierung der Gesetzlichen Krankenversicherung – Auswirkungen und Finanzierungsalternativen, in: Ferber, Ch. von, Radebold, H., Schulenburg, J.-M. Graf von der (Hrsg.): Die demographische Herausforderung – das Gesundheitssystem angesichts einer veränderten Bevölkerungsstruktur, Gerlingen, S. 281-333.

Schmähl, W. (1990): Zur künftigen Entwicklung der ergänzenden Alterssicherungssysteme in Europa, Staatswissenschaften und Staatspraxis, S. 388–428.

Schmähl, W. (1992a): Zum Vergleich von Umlageverfahren und kapitalfundierten Verfahren zur Finanzierung einer Pflegeversicherung in der Bundesrepublik Deutschland (Schriftenreihe des Bundesministeriums für Familie und Senioren, Band 10): Kohlhammer, Stuttgart et al.

Schmähl, W. (1992b): Vermeidung von Armut im Alter durch eine obligatorische beitragsfinanzierte Mindestversicherung - Leopold Krugs Plan einer "Armenassekuranz" von 1810, Jahrbücher für Nationalökonomie und Statistik, Bd. 209, S. 323-336.

Schmähl, W. (1993): Mindestsicherung im Alter - Einführung und Überblick in: Schmähl, W. (Hrsg.): Mindestsicherung im Alter - Erfahrungen, Herausforderungen und Strategien, Schriften des Zentrums für Sozialpolitik, Bd. 2, Campus, Frankfurt/Main, S. 9-26.

Schmähl, W. (1996): Spiegel–Gespräch, in: Der Spiegel 41 vom 7.10.1996, S. 34–37.

Schmähl, W. (1997): Änderung der Finanzierungsstruktur der sozialen Sicherung und insbesondere der Sozialversicherung als wichtiges Element eines „Umbaus“ des deutschen Sozialstaats, in: Hauser, R. (Hrsg.): Reform des Sozialstaats I, Schriften des Vereins für Socialpolitik, Gesellschaft für Wirtschafts– und Sozialwissenschaften, Neue Folge Bd 251/I, Berlin, S. 121–167.

Schmähl, W. (1998a): Referat, in: Ständige Deputation des Deutschen Juristentages (Hrsg.): Verhandlungen des zweiundsechzigsten Deutschen Juristentages, Bd II/1, München, S. 51–73.

Schmähl, W. (1998b): Financing Social Security in Germany: Proposals for Changing its Structure and Some Possible Effects, in: Black, S.W. (Hrsg.): Globalization, Technological Change, and Labor Markets, Boston-Dordrecht-London, S. 179–207.

Schmähl, W. (1999a): Die Solidarität zwischen den Generationen in einer alternden Bevölkerung, WSI–Mitteilungen 52. Jahrgang, S. 2–8.

Schmähl, W. (1999b): Die Nettoanpassung der Renten „auf dem Prüfstand“: Für eine Modifizierung der Nettoanpassung und für einen Übergang zu einer „lohn– und beitragsbezogenen“ Anpassungsformel – Gründe und Wirkungen. Deutsche Rentenversicherung, Nr. 8–9, S. 494–507.

Schmähl, W. (1999c): Pflegeversicherung in Deutschland: Finanzbedarf und Finanzverflechtung Empirische Befunde und offene Fragen. Allgemeines Statistisches Archiv, Bd. 83, Göttingen, S. 5-26.

Schmähl, W. (2000): Alterssicherung in Deutschland an der Jahrtausendwende – Konzeptionen, Maßnahmen und Wirkungen, Deutsche Rentenversicherung Nr. 1–2, S. 50–71.

Schmähl, W., Rische, H. (1997): Europäische Sozialpolitik – Stand und Perspektiven, Baden–Baden.

Schmähl, W., Horstmann, S. (Hrsg.) (2000): Transformation of Pension Systems in Central and Eastern Europe, Cheltenham (im Druck).

Schmähl, W., Viebrok, H. (2000): Adjusting Pay-as-you-go Financed Pension Schemes to Increasing Life Expectancy, Schmollers Jahrbuch (im Druck).

Rentabilitätsvergleiche im Umlage- und Kapitaldeckungsverfahren: Konzepte, empirische Ergebnisse, sozialpolitische Konsequenzen

Axel Börsch-Supan

Zusammenfassung: *Die demographischen Veränderungen sind Auslöser einer grundsätzlicheren Debatte über Alterssicherungsverfahren, nämlich der Wahl eines effizienten Finanzierungsverfahrens der Altersvorsorge. Im Zentrum der Debatte steht immer wieder der Renditevergleich zwischen dem Umlage- und dem Kapitaldeckungsverfahren. Ihm gilt dieses Papier. Er ist keineswegs so einfach, wie es oft suggeriert wird, da Versicherungs- und Risikoaspekte, vor allem aber das Übergangsproblem berücksichtigt werden müssen. Der vorliegende Beitrag stellt den wirtschaftstheoretischen Hintergrund mit den wichtigsten relevanten Konzepten dar und präsentiert empirische Schätzungen zur heutigen und Simulationsergebnisse zur zukünftigen Entwicklung der relevanten Renditen. Wir schließen mit den sozialpolitischen Konsequenzen für eine reformierte Altersvorsorge.*

1. Einleitung

Die umlagefinanzierten Alterssicherungssysteme der OECD-Länder kommen gegenwärtig nicht aus der öffentlichen Diskussion heraus. Auslöser der Debatte sind die stetig steigenden direkten und indirekten Beitragssätze. In Deutschland konnte der direkte Beitragssatz, der im Jahre 1957, der Einführung des heutigen Umlageverfahrens durch den Bundestag, noch bei 14% des Bruttolohns lag und 1997 schon 20,3% für Arbeitnehmer und -geber betrug, nur dadurch gehalten (und sogar reduziert) werden, indem die indirekten Beiträge durch die Einführung der Ökosteuer und die Erhöhung der Mehrwertsteuer auf über 8% des Bruttolohnes drastisch erhöht wurden (vgl. Abbildung 1). Diese hohen Beitragssätze machen die umlagefinanzierten Rentenversicherungen zunehmend unattraktiv. Technisch gesprochen reduzieren sie die interne Rendite des Umlageverfahrens relativ zu Kapitalanlagen.

Abbildung 1: Direkter und Beitragssatz zur deutschen Rentenversicherung (in % des Bruttolohnes)

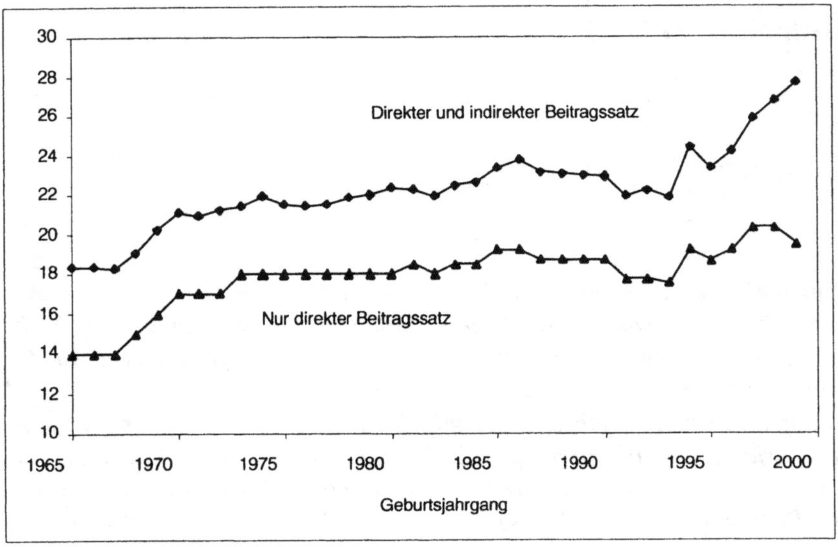

Die Gründe für die Erhöhung der direkten und indirekten Beiträge sind vielschichtig. In der Diskussion immer wieder vernachlässigt wird zunächst die Tatsache, daß jedes frisch eingeführte (oder stark expandierende) Umlageverfahren einer etwa 40jährigen Reifephase („maturation") unterliegt, bis Leistungen und Beiträge sich über den Lebenszyklus eines Arbeitnehmers annähernd entsprechen, während die erste Generation die neuen Leistungen genießen darf, ohne ein volles Erwerbsleben lang die entsprechenden Beiträge dafür gezahlt zu haben.[1] In der Bundesrepublik Deutschland begann das vielzitierte „bewährte Bismarcksche Rentensystem" als Kapitaldeckungsverfahren, während das reine Umlageverfahren erst vor einer Generation begann und somit überhaupt erst kürzlich einen „steady-state" Beitragssatz erreicht hat.[2] Die Stabilität des Beitragssatzes zwischen 1957 und 1967 sowie relativ geringe Steigerungsraten in der Mitte der 70-Jahre lagen zudem an dem günstigen Umstand, daß der noch 1965 nicht unerhebliche Rentenfonds abgeschmolzen werden konnte. Nach der Einführung des Umlageverfahrens wurde also nicht nur eine neue, allerdings implizite Staatsschuld aufgebaut, sondern auch beträchtliches Vermögen der Rentenversicherung abgebaut. Für die Renditebetrachtung bedeutet dies: in der Anfangsphase eines

1 Vgl. für eine ausführliche Diskussion des Reifeprozesses im internationalen Vergleich *Disney* (1996).

2 Dieser „steady state" ist natürlich rein theoretisch, da sich demographische und andere Umstände dauernd ändern.

Umlageverfahrens ist die Rendite sehr hoch (idealisiert: sogar unendlich), da die ersten Teilnehmer schon eine Rente erhalten, aber wenig (oft gar keine) Beiträge gezahlt haben. Erst nach Ablauf der Reifephase stellt sich die systemspezifische Rendite ein.

Der zweite Grund für den zunehmenden Druck auf die Beitragssätze ist die Reaktion der Arbeitnehmer auf die mikroökonomischen Anreize des Systems. Insbesondere die Einführung der flexiblen Altersgrenze im Jahre 1972 hat das Rentenalter deutlich gesenkt und Mehrkosten von etwa 15% der Ausgaben verursacht. Zudem hat es die Zahl der Beitragszahler gesenkt, da die Frührentner auch der Beitragsbasis fehlen. Eine ausführliche Behandlung dieser Anreizeffekte findet sich in *Börsch-Supan/Schnabel*[3] sowie in den internationalen Vergleichen in *Gruber/Wise*.[4] Negative mikroökonomische Anreize gibt es jedoch auch durch die Beitragszahlungen selbst, wie die stark zunehmende Zahl der (Schein-) Selbständigen und Arbeitnehmer in geringfügigen Beschäftigungsverhältnissen zeigt. Zumindest ein Teil der schrumpfenden Beitragsbasis scheint ein Effekt des Rentensystems selbst zu sein – in dem Maß, indem die Rentenbeiträge nicht als Versicherungsprämien, sondern als Steuern angesehen werden, gibt es nämlich die bekannten Wohlfahrtsverluste durch Arbeitsangebotsrücknahme bzw. durch Verlagerung in den nicht sozialversicherungspflichtigen Bereich des Arbeitsmarktes. Die perzipierte Rendite des jetzigen Umlageverfahrens wird daher als gering angesehen, da der eigenen Leistung offenbar keine direkten Gegenleistungen zugeordnet werden.

Schließlich wird der dritte und meistgenannte Grund dafür sorgen, daß auch in Zukunft nicht mit einem Nachlassen des Drucks auf den Beitragssatz und daher mit einer weiteren Reduktion der Systemrenditen zu rechnen ist. Deutschland, Österreich und die Schweiz sind die Länder mit der stärksten Altersstrukturverschiebung.[5] Es ist seit langem bekannt, daß das Umlageverfahren von demographischen Veränderung besonders stark betroffen ist, während das Kapitaldeckungsverfahren zwar nicht von der Demographie isoliert ist, man durch seine größere intertemporale und internationale Flexibilität aber die negativen Auswirkungen der Demographie auf die Kapitaleinkünfte minimieren kann. Wiederum in Renditen ausgedrückt: die implizite Rendite des Umlageverfahrens, die es im weiteren noch genau zu definieren gilt, ist stärker durch die Demographie bedroht als die Kapitalmarktrendite. Erschwerend kommt hinzu, daß Deutschland und Österreich – im Unterschied zu der Schweiz – in besonders hohem Maße vom Umlageverfahren abhängig sind. Die dadurch finanzierten Renten bilden in Deutschland mehr als 80% des Haushaltseinkommens von Personen im Alter von 65 Jahren oder älter, während kapitalgedecktes Renteneinkommen, wie etwa Kapitaleinkünfte oder Betriebspensionen in Deutschland und

---

3 Vgl. *Börsch-Supan/Schnabel* (1998).

4 Vgl. *Gruber/Wise* (1998).

5 Japan und viele andere asiatische Länder altern zwar schneller, erreichen aber bis 2040 nicht den hohen Alterslastenquotienten Deutschlands, Österreichs und der Schweiz. Vgl. *Bos et al.* (1994).

Österreich eine weitaus geringere Rolle spielen als in der Schweiz, den Niederlanden oder in den angelsächsischen Ländern.

Die demographischen Veränderungen sind allerdings nur der Auslöser einer grundsätzlicheren Debatte über Alterssicherungsverfahren, nämlich der Wahl eines effizienten Finanzierungsverfahrens der Altersvorsorge, kurz, der Wahl zwischen Umlage- und Kapitaldeckungsverfahren. Im Zentrum der Debatte steht wiederum der Renditevergleich zwischen dem Umlage- und dem Kapitaldeckungsverfahren, der uns schon in den drei obigen Punkten begegnet ist. Diesem Renditevergleich gilt dieses Papier.

Ein Renditevergleich ist keineswegs so einfach, wie es in der oft polemischen Diskussion von beiden Seiten suggeriert wird. Einerseits ist sich die Profession weitgehend einig, daß das Kapitaldeckungsverfahren eine höhere Rendite erbringt als das Umlageverfahren, und dies sowohl mikroökonomisch im Sinne des internen Zinsfußes der Aus- und Einzahlungen als auch makroökonomisch in dem Sinne, daß das Kapitaldeckungsverfahren ein höheres Bruttosozialprodukt ermöglicht. Andererseits steht eine Grundsatzentscheidung über die Einführung eines neuen Finanzierungsverfahrens *de novo* gar nicht zur Debatte, sondern höchstens die des gleitenden Übergangs vom Umlageverfahren auf das Kapitaldeckungsverfahren. Hierbei muß die implizite Staatsschuld, die bei der Einführung des Umlageverfahrens entstanden ist, wieder zurückgezahlt werden, was die Rendite eines Kapitaldeckungsverfahren *cum Übergang* verringert. Deutschland und Österreich mögen sich also in der mißlichen Lage befinden, sich von einem ineffizienten Rentensystem nicht lösen zu können, weil der Übergang seinerseits Effizienzverluste in Form einer „Doppelbelastung“ mit sich bringt.

Der vorliegende Beitrag ist wie folgt gegliedert. Abschnitt 1 stellt den wirtschaftstheoretischen Hintergrund mit den wichtigsten relevanten Konzepten dar. Abschnitt 2 präsentiert empirische Schätzungen der impliziten Rendite des Umlageverfahrens. Abschnitt 3 beschäftigt sich mit der empirischen Messung der heutigen Kapitalrendite. Diese wird nicht konstant bleiben. Abschnitt 4 faßt daher Simulationsergebnisse zur zukünftigen Entwicklung der Kapitalrendite zusammen. Abschnitt 5 zieht die sozialpolitischen Konsequenzen.

2. Zum wirtschaftstheoretischen Hintergrund

Das makroökonomische Argument für die höhere Rendite bzw. die höhere Effizienz des Kapitaldeckungsverfahrens ist einfach und unter den meisten Ökonomen mittlerweile unumstritten. Das war nicht immer so. Erst *Homburg*[6] lieferte eine klar formulierte Widerlegung der sog. *Mackenroth-These*, nach der die Finanzierung der Altersversorgung über Umlage oder Kapitaldeckung unerheblich

---

[6] Vgl. *Homburg* (1988).

sei, da letztlich in beiden Fällen aus dem Bruttosozialprodukt, d.h. aus der laufenden Produktion geschöpft werden müsse.

Während es klar ist, daß in beiden Fällen aus *irgendeinem* Bruttosozialprodukt finanziert bzw. *irgendeiner* laufenden Produktion geschöpft werden muß, besteht der Denkfehler der Mackenroth-These darin, daß das Bruttosozialprodukt bzw. die laufende Produktion unter alternativen Finanzierungsformen der Altersversorgung als gleich angenommen wird, obwohl der gesamtwirtschaftliche Kapitalstock unter alternativen Finanzierungsformen der Altersversorgung verschieden hoch ausfällt. Das Umlageverfahren verdrängt echte Ersparnis durch die Sparillusion der Beitragszahlungen, welche nicht in Investitionen, sondern direkt in den Konsum der älteren Generation fließen. Wird statt dessen im Kapitaldekkungsverfahren echt gespart und investiert, entsteht ein höherer Kapitalstock, der die Arbeitsproduktivität und damit das Bruttosozialprodukt erhöht. Entsprechende Simulationen für einen Teilübergang in Deutschland – einschließlich der Berücksichtigung potentieller Verdrängungseffekte – finden in der Tat eine positive Nettoveränderung der Ersparnis (vgl. das Ende des Abschnitts 4).

In der mikroökonomischen Perspektive spiegelt sich diese höhere Effizienz in den unterschiedlichen Renditen des Umlageverfahrens und des Kapitaldeckungsverfahrens wider. In einer stationären Ökonomie homogener Individuen sind die makro- und mikroökonomischen Renditen gleich: im Kapitaldeckungsverfahren die Kapitalrendite, im Umlageverfahren die Wachstumsrate der Lohnsumme, d.h. der Summe aus der Wachstumsrate der Erwerbstätigen und der Rate des arbeitsvermehrenden technischen Fortschritts. Und es ist kein Zufall, daß letztere immer niedriger als die Kapitalrendite ist: Da in einer dynamisch effizienten Ökonomie keine explodierende Staatsverschuldung möglich ist, ist die Kapitalrendite stets höher als das Lohnsummenwachstum und damit das Kapitaldeckungsverfahren rentierlicher als das Umlageverfahren.

Dies ist aus zweierlei Gründen allerdings graue Theorie. Zunächst gilt die obige Überlegung nur in einem beständigen Gleichgewicht, nicht aber, wenn sich, wie das in der historischen Wirklichkeit immer wieder der Fall ist, die Parameter des Arbeits- und Kapitalmarktes deutlich ändern. Dies war zum Beispiel in der Aufbauphase der Bundesrepublik nach dem zweiten Weltkrieg der Fall, als die Kapitalrenditen niedrig und die Arbeitsproduktivitätssteigerungen exorbitant waren. Zudem ist die Kapitalrendite großen kurzfristigen Schwankungen um einen langfristigen Trend unterworfen.

Wichtiger ist jedoch der Umstand, daß die heutigen Erwerbstätigen nicht die Wahlfreiheit haben, aus dem derzeitigen Umlageverfahren auszutreten, weil sie die Renten der gegenwärtigen Rentnergeneration finanzieren müssen. Im Fall eines Übergangs vom Umlageverfahren zum Kapitaldeckungsverfahren muß eine Generation „zweimal" einzahlen – für ihre Eltern und für sich selbst. Die Übergangsgeneration muß die implizite Staatsschuld zurückzahlen, die bei der Einführung des Umlageverfahrens entstand, als die erste Generation Renten erhielt, ohne volle Beiträge gezahlt zu haben. Daß es sich dabei aber keineswegs um eine Doppelbelastung im wortwörtlichen Sinne handelt, zeigen wir im Abschnitt 5.

Die Literatur hat sich ausgiebig mit diesem Umstellungsproblem beschäftigt. *Fenge* [7] bietet eine umfangreiche Übersicht verschiedener Übergangsmodelle im Rahmen neoklassischer Wachstumsmodelle. Diese Literatur konzentriert sich auf die Frage, ob ein intergenerationales Umverteilungsschema existiert, das eine Kompensation der Übergangsgeneration durch die zukünftigen Generationen, die vom Kapitaldeckungsverfahren profitieren werden, ermöglicht. Ist dies möglich, ist ein Übergang „pareto-effizient", d.h. alle Generationen profitieren davon oder werden zumindest nicht schlechter gestellt – eine aus politischen Gründen offensichtlich höchst erwünschte Eigenschaft. Die vorgeschlagenen Schemata erfordern eine Kreditaufnahme während der Übergangsperiode. Dies nimmt jedoch Ressourcen in Anspruch und verursacht bei endogenem Arbeitsangebot Wohlfahrtsverluste, weil die entstehenden Schulden durch verzerrende Steuern bedient werden müssen. Daher sind die Arbeitsangebotselastizität und das Ausmaß, in dem die Rentenbeiträge als Steuern aufgefaßt werden, entscheidende Parameter zur Beurteilung der Wohlfahrtseffekte eines Übergangs.

Werden die Beiträge ganz oder zu einem großen Teil als Steuern aufgefaßt, ist ein Übergang zum Kapitaldeckungsverfahren pareto-effizient. Diese Ansicht herrscht in der U.S.-amerikanischen Literatur. So haben *Feldstein/Samwick* [8] und *Kotlikoff* [9] Berechnungen für die Vereinigten Staaten durchgeführt, die zeigen, daß es bei realistischer Wahl der Parameter möglich ist, Umstellungsstrategien zu entwickeln, die vorteilhaft für alle Generationen sind.

Im Widerspruch dazu nimmt *Fenge* [10] die sogenannte Teilhabeäquivalenz an, also das Fehlen jeglicher intragenerationaler Umverteilung. Aus dieser, wie wir sehen werden, sehr starken Annahme kann er folgern, daß eine pareto-verbessernde Umstellung vom Umlageverfahren auf ein Kapitaldeckungsverfahren ausgeschlossen ist, da eine Kompensation der Übergangsgeneration in diesem Fall den Vorteil des Kapitaldeckungsverfahren exakt wieder zunichte macht. Ähnliche Argumente finden sich bereits bei *Diamond* [11] und *Aaron* [12] und werden von *Brunner* [13] wieder aufgegriffen.

Offenbar läßt sich zwischen der „Pro-Umstieg-Position", die in der U.S.-amerikanischen Literatur überwiegt, und der „Unentschieden-Position", die am klarsten in *Fenge* [14] formuliert wird, nur empirisch entscheiden. Die zentrale Frage für die deutsche Rentenversicherung ist, inwieweit die Arbeitnehmer durch den „Schleier" der Sozialbeiträge durchblicken und sie als Versicherungsprämien auffassen beziehungsweise inwieweit die Arbeitnehmer das deutsche Umlageverfahren als teilhabeäquivalent auffassen.

---

7 Vgl. *Fenge* (1997).

8 Vgl. *Feldstein/Samwick* (1996); *Feldstein/Samwick* (1997).

9 Vgl. *Kotlikoff* (1996).

10 Vgl. *Fenge* (1995).

11 Vgl. *Diamond* (1965).

12 Vgl. *Aaron* (1966).

13 Vgl. *Brunner* (1994); *Brunner* (1996).

14 Vgl. *Fenge* (1995).

Empirisch relevant dafür ist das tatsächliche Verhalten der Arbeitnehmer und nicht ökonomische Rationalitätspostulate. Naturgemäß gibt es keine direkte empirische Evidenz zu dieser Frage. Umfrageergebnisse unter jungen Arbeitnehmern („Erwarten Sie, daß Sie Ihren Sozialversicherungsbeiträgen entsprechende Leistungen erhalten werden?") zeigen allerdings, daß nur wenige an eine Äquivalenz von Beiträgen und Leistungen glauben und eine Mehrheit die Sozialversicherungsbeiträge als Steuern auffaßt.[15] Diese Umfrageergebnisse finden in dem rasanten Anstieg der Flucht in den nicht sozialversicherungspflichtigen Bereich des Arbeitsmarktes eine deutliche Bestätigung.[16] Zudem ist die Annahme der Teilhabeäquivalenz fragwürdig, da es in Deutschland zwar keine so starke intragenerationale Umverteilung zwischen reich und arm wie in den USA gibt, dafür aber eine umso stärkere intragenerationale Umverteilung zwischen Frührentnern und Spätrentnern, zwischen Männern und Frauen und dementsprechend zwischen verheirateten und alleinstehenden Arbeitnehmern.[17] Schließlich ist aus mikroökonomischer Perspektive der Renditeunterschied für das Arbeitsangebotsverhalten maßgeblich: Unterscheidet sich die Rendite des Kapitaldeckungsverfahrens deutlich von der impliziten Rendite des Umlageverfahrens, wird der Arbeitnehmer versuchen, aus dem für ihn weniger rentierlichen System auszuweichen. Als Summe läßt sich festhalten, daß die deutsche Situation zwischen den Extrempositionen von *Fenge* [18] und *Feldstein/Samwick* [19] liegt, so daß durchaus Raum für einen pareto-effizienten Übergang besteht.

Die Konzentration der Effizienzdiskussion auf Renditen ist umstritten. Korrekt ist das Gegenargument, daß Renditevergleiche nur sinnvoll sind, wenn die Risiken gleich sind. Zu beachten ist hier, daß für das Kapitalmarktrisiko nicht die kurzfristigen Schwankungen z.B. der Aktienindizes relevant sind, sondern die Varianz von Kohortenerträgen, die auf einer etwa 40-jährigen Laufzeit mit einem im Lebenszyklus systematisch steigenden Anteil festverzinslicher Wertpapiere beruhen. Ferner ist wichtig, daß auch das Umlageverfahren Risiken aufweist. So führen Produktivitätsschwankungen, insbesondere aber die politische Instabilität zu einem meist unterschätzten politischen Risiko, das sich insbesondere in den seit 1992 nicht enden wollenden Reformmaßnahmen exemplifiziert. Eine sorgfältige Ertrags- und Risikoanalyse steht allerdings noch aus. In einer solchen Analyse erscheint das dramatische Ausmaß der Renditedifferenzen, die weiter unten dargestellt werden, allerdings sehr gewichtig.

Nicht korrekt ist das Argument, Renditevergleiche würden dem Versicherungscharakter der Renten*versicherung* nicht gerecht. Die biometrischen Risiken Langlebigkeit, Invalidität, Verwitwung und Verwaisung können auch im Kapi-

---

15 Vgl. die Zusammenstellung in *Deutschen Instituts für Altersvorsorge* (1999).

16 Der Anstieg der geringfügig Beschäftigten und der (Schein-)Selbstständigen ist in *Schnabel* (1998b) dokumentiert. Über Schwarzmarkttransaktionen ist naturgemäß wenig bekannt.

17 Vgl. *Schnabel* (1998b).

18 Vgl. *Fenge* (1995).

19 Vgl. *Feldstein/Samwick* (1996).

taldeckungsverfahren abgedeckt werden, ähnlich wie dementsprechende private Invaliditäts- und Lebensversicherungen, die auf dem Versicherungsmarkt bereits erhältlich sind. In den Berechnungen der Kapitalrenditen im Abschnitt 3 werden entsprechende Leistungen berücksichtigt.

Ein weiteres wichtiges Argument, das in der deutschen Diskussion kaum Beachtung gefunden hat, ist die Bedeutung von Rückkopplungseffekten der Ausgestaltung der Altersversorgung auf die gesamtwirtschaftliche Entwicklung. Sie werden in Abschnitt 4 näher besprochen.

Summa summarum ist also festzuhalten, daß die Diskussion Umlage- versus Kapitaldeckungsverfahren nicht im Eilverfahren auf einen einfachen Renditevergleich reduziert werden kann. Konstatieren läßt sich aber, daß die Balance zwischen „Unentschieden“ und „Pro Umstieg“ liegt, während es in der wissenschaftlichen Literatur kaum Argumente gibt, die eindeutig gegen einen Teilübergang zum Kapitaldeckungsverfahren sprechen. Zu beachten ist im übrigen, daß die Forderung nach Pareto-Effizienz eine sehr starke Forderung ist, die man selten im politischen Geschäft verwirklichen kann, wo man sich meist mit Wohlfahrtsgewinnen begnügen muß, bei denen einige belastet, andere aber deutlich entlastet werden. Die schwierige wirtschaftstheoretische Diskussion zeigt aber auch, daß es unumgänglich ist, die Renditen im Umlage- bzw. Kapitaldeckungsverfahren auch für künftige Generationen zu verstehen und konkret vorauszuschätzen. Wir werden uns dabei auf das Beispiel der Bundesrepublik Deutschland konzentrieren.

3. Implizite Renditen des Umlageverfahrens

Die makroökonomische Rendite des Umlageverfahrens ist, wie im letzten Abschnitt erwähnt, die Wachstumsrate der Lohnsumme, die sich wiederum aus der Summe der Wachstumsraten der Erwerbstätigen und der Lohnwachstumsrate ergibt.[20] Letztere entspricht in langfristiger Sicht unter den üblichen Annahmen dem Produktivitätswachstum, präziser: der Wachstumsrate der Arbeitsproduktivität.

Für Deutschland lag die Wachstumsraten der Erwerbstätigen von 1950 bis 1970 bei etwa 1%. In der gleichen Zeit wuchs die Arbeitsproduktivität real um etwa 2,5% pro Jahr. Die interne Verzinsung lag also bei etwa 3,5% real. Diese hohe Rendite war ein Grund für die Einführung des Umlageverfahrens durch den deutschen Bundestag im Jahre 1957. In der Zukunft wird sich dies allerdings ändern. Zum einen ist das starke Produktivitätswachstum der Wirtschaftswundezeit vorbei, so daß die Reallöhne langsamer ansteigen als in der Zeit zwischen

[20] Genauer: Der Wachstumsfaktor der Lohnsumme ist das Produkt aus dem Wachstumsfaktor der Erwerbstätigenanzahl und dem Wachstumsfaktor des Lohnes. Bei kleinen Wachstumsraten gilt das obige.

1950 und 1970. Zum anderen stagniert die Anzahl der Erwerbstätigen, so daß derzeit die makroökonomische Rendite des Umlageverfahrens eher bei etwa 2% liegt.

In der Zukunft dürfte sich dies weiter verschlechtern, da die Anzahl der Erwerbstätigen im Zuge der Bevölkerungsalterung sinken wird. Um dies zu modellieren, gehen wir von drei Szenarien aus, von denen das mittlere die unserer Ansicht nach wahrscheinlichste Entwicklung darstellt, während die beiden übrigen Szenarien bewußt als besonders optimistische bzw. pessimistische Extremannahmen definiert sind, um die volle Schwankungsbreite künftiger Entwicklungen auszuloten. Tabelle 1 zeigt die konkreten Annahmen im *Erwerbstätigkeitsszenario „Starker Anstieg der Erwerbstätigenquote"*.

Tabelle 1: Szenario „Starker Anstieg der Erwerbstätigenquote"

	Annäherung der Erwerbstätigenquote			Erhöhung des Rentenzugangsalters	Arbeitslosenquote
	Frauen an Männer	Ost an West	Ausländer an Deutsche		
2000	0%	0%	0%	0	10%
2010	30%	30%	5%	1	9%
2030	70%	100%	15%	3	7%
2050	90%	100%	25%	5	4%
2075	90%	100%	50%	5	4%

In diesem Szenario gleicht sich die Frauenerwerbsquote innerhalb der nächsten Dekaden fast vollständig an diejenige der Männer an. Diese Angleichung wird im Jahr 2030 70%, bis zum Jahr 2050 90% betragen. Auch die Erwerbsquote in den neuen Bundesländern wird sich relativ rasch an diejenige der alten Länder angleichen, so daß im Jahre 2030 kein Unterschied in der Erwerbstätigkeit zwischen den neuen und den alten Bundesländern mehr bestehen wird. Die Erwerbstätigenquote der Ausländer gleicht sich allmählich an diejenige der Deutschen an, hier gehen wir aber auch langfristig von einer unterdurchschnittlichen Erwerbstätigkeit aus. Das Rentenzugangsalter erfährt eine recht starke Verschiebung, nämlich bis zum Jahre 2030 um 3 Jahre und bis zum Jahre 2050 um 5 Jahre. Dies bedeutet, daß das effektive mittlere Renteneintrittsalter von derzeit knapp unter 60 Jahren auf fast 65 Jahre ansteigen wird. Schließlich gehen wir in diesem Szenario davon aus, daß es durch die Altersstrukturverschiebung auf dem Arbeitsmarkt zu einer deutlichen Entspannung kommt, also zu einem Rückgang der gegenwärtig sehr hohen Arbeitslosigkeit auf das Niveau der langfristigen natürlichen Arbeitslosenquote, die wir bei 4% annehmen. Dieses Szenario spiegelt *nicht* unsere Einschätzung der wahrscheinlichen Arbeitsmarktentwicklung wider. Es erscheint uns viel zu optimistisch, was die Höhe der Erwerbstätigkeit angeht, da es sämtliche günstigste Umstände kombiniert. Das Szenario soll vielmehr ausloten, wie hoch die Belastung der Rentenversicherung wird, wenn sich der Arbeitsmarkt sehr günstig entwickeln würde.

Tabelle 2: Szenario „Schwacher Anstieg der Erwerbstätigenquote"

	Annäherung der Erwerbstätigenquote			Erhöhung des Rentenzugangsalters	Arbeitslosenquote
	Frauen an Männer	Ost an West	Ausländer an Deutsche		
2000	0%	0%	0%	0	10%
2010	0%	0%	0%	0	8%
2030	0%	0%	0%	0	7%
2050	0%	0%	0%	0	7%
2075	0%	0%	0%	0	7%

Die gleiche, jedoch im Vorzeichen umgekehrte Funktion hat das *Erwerbstätigkeitsszenario „Schwacher Anstieg der Erwerbstätigenquote"*. Hier gehen wir im wesentlichen davon aus, daß die jetzigen Erwerbstätigenquoten auch in Zukunft bestehen bleiben. Die einzige Entlastung des Arbeitsmarktes besteht darin, daß durch den demographischen Wandel der Druck der Arbeitslosigkeit etwas abnimmt und die Arbeitslosenquote sich langfristig auf 7% einpendelt. Dieses Szenario unterstellt insbesondere, daß die in die Wege geleiteten Reformen keine Erhöhung des Rentenzugangsalters bewirken und daß sich weder die Frauenerwerbstätigenquote an die der Männer angleicht, noch diejenige der neuen Bundesländer an die der alten. Schließlich wird auch der Abstand in den Erwerbstätigenquoten der eingewanderten und der einheimischen Bevölkerung konstant in die Zukunft fortgeschrieben. Wir halten auch diese Entwicklung für nicht wahrscheinlich, sondern für übermäßig pessimistisch. Wie schon das erste Szenario dient auch dieses Szenario ausschließlich der Auslotung, wie hoch der Druck auf die Umlagefinanzierung werden kann.

Tabelle 3: Szenario „Mittlerer Anstieg der Erwerbstätigenquote"

	Annäherung der Erwerbstätigenquote			Erhöhung des Rentenzugangsalters	Arbeitslosenquote
	Frauen an Männer	Ost an West	Ausländer an Deutsche		
2000	0%	0%	0%	0	10%
2010	20%	20%	5%	1	7%
2030	40%	85%	10%	2	5%
2050	60%	100%	15%	3	5%
2075	60%	100%	20%	3	5%

Im *Erwerbstätigkeitsszenario „Mittlerer Anstieg der Erwerbstätigenquote"* wird schließlich die unserer Meinung nach wahrscheinlichste Entwicklung der Erwerbstätigkeit abgebildet. In diesem Szenario nähert sich die Frauenerwerbstätigenquote allmählich partiell an die der Männer an, so daß der heutige Unterschied bis zum Jahre 2040 zur Hälfte aufgeholt wird und langfristig nur noch 40% des heutigen Unterschiedes ausmacht. Die Angleichung der ostdeutschen Erwerbstätigenquote an die westdeutsche wird im Jahre 2050 erreicht. Die Erwerbstätigenquote der Eingewanderten entwickelt sich ebenfalls positiv, gleicht sich aber nur zu einem geringen Teil derjenigen der Einheimischen an. Die Erhöhung des Rentenzugangsalters in diesem Szenario entspricht den ökonometrischen Untersuchungen von *Schmidt* [21], *Siddiqui* [22] und *Börsch-Supan* [23], und zu den Folgen der rentengesetzlichen Änderungen seit 1990. Danach wird sich das effektive Rentenzugangsalter bis zum Jahr 2030 um 2 Jahre und langfristig um 3 Jahre erhöhen. Schließlich wird sich die Arbeitslosigkeit ab dem Jahre 2030 deutlich auf 5% erniedrigen und auf diesem Niveau bleiben.

Aus diesen drei Szenarien ergibt sich die in Abbildung 2 dargestellte Entwicklung der Erwerbstätigen. In den optimistischeren Szenarien steigt durch Immigration und Erhöhung der Frauenerwerbstätigkeit die Anzahl der Erwerbstätigen in Deutschland weiter an. Langfristig fällt sie aber in allen drei Szenarien unter den heutigen Wert. Die Wachstumsrate der Erwerbstätigen ist daher ab Mitte der nächsten Dekade negativ und liegt im Mittel bei etwa –1%, was im Lohnsummenwachstum mehr als die Hälfte des Produktivitätsfortschritts auffrißt. Selbst unter günstigen Umständen dürfte die zukünftige makroökonomische Rendite des Umlageverfahrens daher 1,5% real kaum überschreiten, eher zwischen 0,5% und 1% liegen.

21 Vgl. *Schmidt* (1995).

22 Vgl. *Siddiqui* (1997).

23 Vgl. *Bösch-Supan* (2000).

Abbildung 2: Erwerbstätige in der Bundesrepublik Deutschland

(a) Anzahl, in Mill. (1997 – 2050)

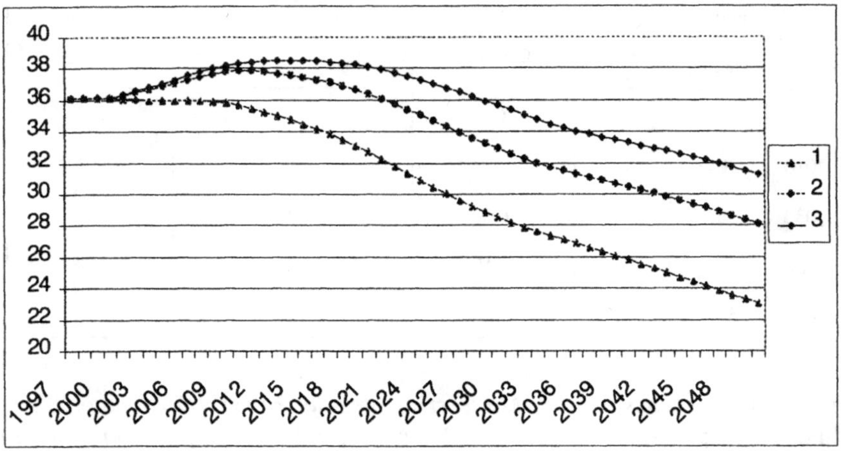

(b) Wachstum in % (1997 – 2050)

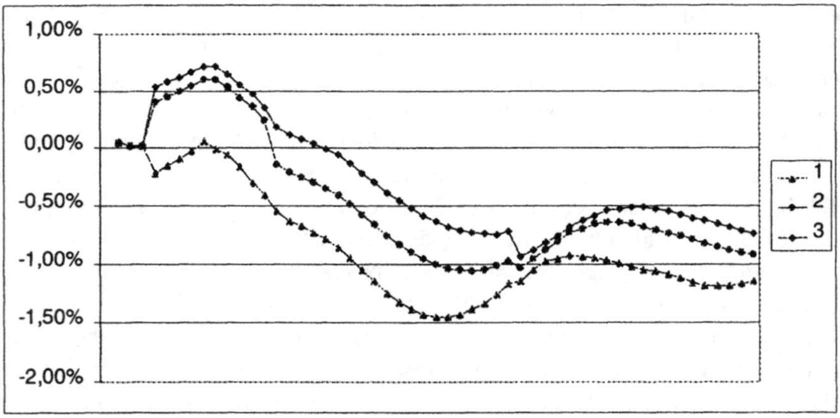

Anmerkung: Zeitskala wie in Abbildung 2a (1997 - 2050)

Legende: 1 = Schwache Veränderung der Erwerbstätigenrate
2 = Mittlere Veränderung der Erwerbstätigenrate
3 = Starke Veränderung der Erwerbstätigenrate

Aus mikroökonomischer Sicht läßt sich dies weiter präzisieren. Hierzu werden die Einzahlungen (Beiträge) in die Rentenversicherung mit den Auszahlungen (Renten) aus der Rentenversicherung verrechnet und der interne Zinsfuß gebildet. Derartige Renditen wurden von *Schnabel* [24] errechnet und sind in Tabelle 4 aufgeführt.

Tabelle 4: Implizite Renditen der deutschen gesetzlichen Rentenversicherung[25]

	Kohorte			
Szenario:	1930	1945	1960	1980
Optimistisch (VdR)	3.5%	1,8%	1.5%	1.1%
Konstante Erwerbsquoten	3.5%	1,8%	1.2%	0.3%

Quelle: *Schnabel* (1998b).

Während die implizite Rendite für einen Arbeitnehmer, der kürzlich in Rente gegangen ist (Jahrgang 1930) mit etwa 3,5% recht hoch ausfällt,[26] sinkt sie für spätere Jahrgänge dramatisch. Abhängig davon, ob man von konstanten alters- und geschlechtspezifischen Erwerbstätigenquoten (in etwa das obige Szenario 3) oder einer optimistischeren Entwicklung der Erwerbstätigkeit (in etwa das obige Szenario 2) ausgeht, liegt die Rendite für die Kinder der Babyboom-Generation (Jahrgang 1980 und später) bei etwa 1% oder darunter. Diese mikroökonomischen Renditen entsprechen also recht genau den makroökonomischen Renditen, und dies ist natürlich kein Zufall.

4. Heutige Renditen des Kapitaldeckungsverfahrens

Das Kapitaldeckungsverfahren erzielt als interne Rendite die Rendite des Kapitalmarktes. Diese Bruttorendite muß aber um eventuelle Versicherungsleistungen, Verwaltungskosten usw. vermindert werden, um die Nettorendite zu erhalten, die ein Haushalt für eine Altersvorsorge anwenden kann.

---

24 Vgl. *Schnabel* (1998b).

25 Bemerkung: Reale Rendite, die den Barwert der Einzahlung dem erwarteten Barwert der Auszahlungen gleichsetzt. Die Leistungen schließen Hinterbliebenen- und Invaliditätsrenten ein.

26 Diese Zahl steht in Einklang mit der von *Eitenmüller* (1996) durchgeführten Schätzung, die 6,5% als nominale Rendite nennt (Die Inflationsrate betrug von 1950 - 1980 3,1%, für 1980 - 1993 3,0%).

4.1 Bruttorendite

Für das heutige Niveau der erzielbaren Bruttokapitalrendite gibt es eine mittlerweile recht umfangreiche Literatur, die mehrere auch im Vergleich stimmige Schätzungen dieser Renditen für die letzten zwei Dekaden vorgelegt hat. Wichtig ist dabei, daß wir nicht an der Kapitalrendite eines einzigen Jahres, etwa dem Ausgangsjahr 1999, interessiert sind, sondern an der ex-post Rendite der langfristigen Kapitalanlagen, die 1999 für den Alterskonsum zur Verfügung gestellt werden konnten, konkret also zum Beispiel Anlagen mit 25jähriger oder längerer Laufzeit, die im Ausgangsjahr 1999 fällig wurden.

Tabelle 5 faßt vorhandene Schätzungen zusammen, die sich im wesentlichen im untersuchten Portefeuille unterscheiden. *McKinsey Global Institute (MGI)* [27] und *Börsch-Supan* [28] ermitteln eine langfristige Kapitalrendite von 7,4% über den Zeitraum von 1975 bis 1994. Diese Rendite schließt den gesamten Geschäftssektor ein, also nicht nur Aktien und Anleihen, sondern auch Direktplazierungen der Haushalte in Unternehmen. Im Unterschied zur „Sachkapitalrendite ohne Wertsteigerungen" des *Sachverständigenrats* [29] der für diese Abgrenzung und diesen Zeitraum eine Rendite von 4,7% errechnet, schließt sie neben Zinsen und Dividenden auch Einkünfte aus Kapitalgewinnen ein. Aktien allein erbrachten eine reale Rendite von ungefähr 8% über die gleiche Zeit, wie die Rückrechnung des DAX von *Stehle et al.* [30] gezeigt hat, während festverzinsliche Anleihen nach *Schnabel* [31] ca. 4,8% real erwirtschafteten.

Tabelle 5: Reale Bruttorenditen auf dem deutschen Kapitalmarkt[32]

Anleihen, Aktien, Direktplazierungen	**Aktien (DAX Rückrechnung)**	**Festverzinsliche Anleihen**
1975-1994[a]	1975-1994[b]	1975-1994[c]
7.4%	Ca. 8.0%	ca. 4.8%

Quellen: a) *Börsch-Supan* (1998c), *MGI* (1996); b) *Stehle et al.* (1996); c) *Schnabel* (1998b).

Die obigen Renditen sind nach Unternehmenssteuern, aber vor Abzug der Einkommenssteuern gerechnet. Die steuerliche Behandlung der verschiedenen Anla-

27 Vgl. *McKinsey Global Institute* (1996).

28 Vgl. *Börsch-Supan* (1999).

29 *Sachverständigenrat* (1996).

30 *Stehle et al.* (1996).

31 Vgl. *Schnabel* (1998b).

32 Bemerkung: Die „ca." Zahlen sind durch Mittelwertbildung über mehrere Zeitperioden entstanden.

geformen ist komplex. Für dieses Papier ist es jedoch lediglich von Belang, einen fairen Vergleich zwischen gesetzlicher und privater Altersversorgung durchzuführen. Da Renten aus der gesetzlichen Rentenversicherung zur Zeit de facto steuerfrei sind, da der Ertragsanteil niedrig definiert ist, wird das Einkommen aus Kapitalanlagen ebenfalls als einkommensteuerfreier Betrag definiert. Man beachte dazu, daß das Zinseinkommen aus dem Pensionsfond eines Durchschnittsverdieners auch derzeit unter dem Freibetrag der Kapitaleinkommensbesteuerung liegt.

Ferner sind die obigen Renditen nicht risikobereinigt. Die Frage nach der Risikobereinigung ist insofern diffizil, als das Umlageverfahren ebenfalls mit Risiken behaftet ist, wie sich in der derzeitigen Rentendebatte zeigt – ein junger Arbeitnehmer, der sein Renteneinkommen aus der gesetzlichen Rentenversicherung in seine Konsum- und Sparplanung einbeziehen will, muß mit einer erheblichen Schwankungsbreite rechnen, da künftige rentenpolitische Entscheidungen keineswegs präzise einschätzbar sind. Unseres Erachtens sind die politischen Risiken des Umlageverfahrens vergleichbar mit denen moderner Kapitalmärkte. Dieser Einschätzung liegt zugrunde, daß die relevanten Schwankungen auf dem Kapitalmarkt nicht die in der Tat erheblichen Schwankungen der Tageskurse sind, sondern die Schwankungen von Portfeuilles, die über einen Zeitraum von etwa 25 Jahren gehalten werden, dem mittleren Zeitpunkt zwischen Aus- und Einzahlung des obigen Versicherungsinstruments. Diese Kohortenschwankungen sind wegen der Mittelung über einen 25jährigen Zeitraum erheblich niedriger als die Schwankung der Tageskurse. Zum zweiten sind die Kohortenschwankungen in der gesetzlichen Rentenversicherung ebenfalls erheblich, wie in *Schnabel* [33] nachgewiesen wurde. Hier liegt die Spanne zwischen der impliziten Rendite der 1980 in Rente gegangenen Kohorte und der Rendite, die die 1980 geborene Kohorte erwarten kann, genau bei dem Unterschied der Kapitalrendite 1970-1980 zu 1985-1995, nämlich 3,5%. Wir halten das in Tabelle 5 dargestellte Ausgangsniveau einer Bruttorendite von 7,4% für die beste Schätzung der im Basisjahr gültigen langfristigen Kapitalrendite, da sie das breiteste Anlagenspektrum umfaßt.

Alternativ werden in der Literatur reale Bruttokapitalrenditen von 6,5% und 5,0% genannt, wobei erstere ungefähr der Bruttorendite von Anlagen entspricht, die 1998 von Versicherungsunternehmen gehalten wurden,[34] während letztere leicht über der Verzinsung von festverzinslichen Wertpapieren und der Sachkapitalrendite des Sachverständigenrates liegt, wobei daran erinnert werden muß, daß letztere keine Kapitalgewinne einschließt, also eine gute Schätzung für den (kontrafaktischen) Fall darstellt, daß die Wertsteigerung der Aktien langfristig gleich Null ist.

---

33 Vgl. *Schnabel* (1998b).

34 Die Realverzinsung betrug 1998 6,57%. Vgl. *Gesamtverband der deutschen Versicherungswirtschaft* (1999).

4.2 Versicherungs- und Verwaltungskosten

Auch eine kapitalgedeckte Altersvorsorge muß die drei biometrischen Risiken abdecken, gegen die das Umlageverfahren absichert (Langlebigkeit, Invalidität und Hinterbliebenenrisiko), ansonsten würden wir nicht gleiche Leistungen der Altersvorsorge vergleichen. Von der Bruttorendite müssen daher die Kosten der Versicherungsleistungen abgezogen werden. Diese Kosten beinhalten zum einen die versicherungsmathematische Berechnung der biometrischen Risiken, zum anderen sonstige allfälligen Verwaltungsleistungen und Unternehmensgewinne.

Im Prinzip können diese Kosten durch einen entsprechenden Zinsabschlag erfaßt werden. So ergibt eine Rechnung des *Deutschen Instituts für Altersvorsorge*, daß ein Kapitallebensversicherungsvertrag, der als Leibrente ausbezahlt wird, im Mittel zwischen 1980 und 1995 eine Rendite von 4,2% erbracht hat.[35] Diese Schätzung erscheint jedoch aus zwei Gründen zu niedrig. Erstens ist das typische Portfeuille einer deutschen Lebensversicherung nicht repräsentativ für die Portefeuilles etablierter Pensionsfonds in den angelsächsischen Ländern, der Schweiz und den Niederlanden, die deutlich höhere Renditen erwirtschaften. Zweitens beruht die Berechnung der Leibrente auf den in Deutschland extrem ungünstigen Konditionen für Leibrenten, die durch eine starke adverse Selektion „schlechter“ Risiken entstehen. Entsprechende Schätzungen aus den USA ergaben einen Abschlag der Renditen um etwa 20-25% in den 80er Jahren, als Leibrenten in größerem Stil eingeführt wurden. Mittlerweile hat sich dieser Abschlag auf etwa 8% verringert.[36] Auch in Deutschland ist zu erwarten, daß sich bei einer breiteren Verwendung dieses Instruments in einem Teilübergang zum Kapitaldeckungsverfahren die implizite Verzinsung von Leibrenten deutlich zum besseren ändern würde, da das Problem der adversen Selektion minimiert wird.

Wir modellieren daher die biometrischen Risiken sowohl bei der Ein- als auch bei der Auszahlung (Annuitisierung) explizit in einer eigenen versicherungsmathematischen Rechnung. Hierbei sei angemerkt, daß in diese Rechnung die zukünftige Erhöhung der Lebenserwartung ebenso eingeht wie die Reduzierung der Kapitalrendite aufgrund der Bevölkerungsalterung und, im Rückkopplungsszenario, die Erhöhung des Kapitalstocks durch den Teilübergang.

Zum zweiten subtrahieren wir Verwaltungskosten und Gewinne. Auch deren Schätzung unterliegt großen Schwankungen. Tabelle 6 zeigt die historische Erfahrung im internationalen Umfeld.

Tabelle 6 reflektiert zwei Phänomene. Erstens sind Gruppenpolicen aufgrund der Standardisierung innerhalb größerer Kollektive deutlich billiger als Einzelkonten. Zweitens gibt es eine “Lernkurve”, nach der die Institutionen im Laufe der Zeit ihre Verwaltungskosten deutlich senken können. Dies wird insbesondere an den Kosten des niederländischen und schweizerischen Systems deutlich, die bereits lange ein Teilkapitaldeckungsverfahren auf Gruppenbasis haben.

---

[35] Vgl. *Deutschen Instituts für Altersvorsorge* (1998).

[36] Vgl. *Walliser* (1997).

Tabelle 6: Administrative Kosten kapitalgedeckter Altersvorsorge (in Prozent der Einzahlungen)

Chile, 1982-1985	ca. 25%
Chile, 1986-1990	ca. 15%
Chile, 1990-1995	ca. 12%
USA, 401(k) Pläne	ca. 3,5%
Niederlande, Pensionsfond ABP	ca. 2,5%
Schweiz, BV	ca. 2.5%

Quelle: *Weltbank* (1994); *Schmidt-Hebbel* (1998); sowie eigene Berechnungen.[37]

Ausgehend davon, daß bei einem Teilübergang zum Kapitaldeckungsverfahren die ausländischen Erfahrungen auch in Deutschland angewendet werden können, und daß ein Teilübergang eher zu Gruppen- als zu Einzelpolicen führt, verwenden wir eine Schätzung der Verwaltungskosten, die bei 6% der Einzahlungen liegt. Diese Schätzung liegt zwischen den in Tabelle 6 gezeigten Verwaltungskosten der chilenischen Einzelkonten und den in Europa und USA realisierten Kosten von Gruppenpolicen. Als Ergebnis läßt sich also festhalten: Verwaltungskosten und Kosten der Versicherung gegen die drei biometrischen Risiken ergeben einen Zinsabschlag von ca. 2 Prozentpunkten auf die Bruttorendite. Die heutige Nettorendite für ein der gesetzlichen Rentenversicherung nachgebildetes Versicherungsinstrument liegt daher zwischen 3% und 5,5%, je nach Einschätzung der Basiskapitalrendite.

5. Alterungs- und Rückkopplungseffekt auf die Kapitalrendite

Diese Rendite wird allerdings in Zukunft eher sinken, denn auch die Kapitalrendite hängt von der Demographie ab – allerdings, wie wir sehen werden, weit weniger stark als die interne Rendite des Umlageverfahrens. Zum einen wird in einer alternden Volkswirtschaft der Faktor Arbeit knapp, wie aus der Abbildung 2 ersichtlich war, so daß dessen Preis relativ zum Preis der Alternative, dem Faktor Kapital steigt. Zum anderen hat eine stärker kapitalgedeckte Altersvorsor-

37 Die Zahlen sind „ca.“ Zahlen, da die Originaldaten unterschiedliche Kostenbasen aufweisen.

ge möglicherweise negative Rückkopplungseffekte auf die künftig erwirtschaftbare Kapitalrendite. Das Argument ist, daß zunächst der Kapitalstock durch die starke zusätzliche private Ersparnis so stark anwachsen werde, daß die Kapitalrendite einbreche. Später werde es zu einem Einbrechen der Aktienkurse kommen, wenn das Kapital der Babyboom-Generation entnommen wird.

Während die prinzipielle Gültigkeit solcher Effekte unbestritten ist, bleibt doch die Frage, wie stark der langfristige Rückgang der Kapitalrendite bei Einführung eines stärker kapitalgedeckten Altersvorsorgesystems tatsächlich ausfallen wird. Offensichtlich betreffen die oben genannten Argumente Angebot und Nachfrage auf dem Kapitalmarkt. Wo deren Balance in einer durch den demographischen Wandel fundamental betroffenen Makroökonomie liegt, ist keineswegs klar. So wird der Kapitalstock um das Jahr 2030, wenn die geburtenstarken Jahrgänge in Rente gehen und ihr angespartes Vermögen konsumieren wollen, wieder langsam abgebaut werden, so daß der Druck auf die Kapitalrendite wieder abnehmen sollte. Zudem wird eine alternde Ökonomie notwendigerweise kapitalintensiver werden müssen, so daß die Nachfrage nach Kapitalgütern steigt, was die Kapitalrendite stabilisieren sollte.

Schließlich müssen bei allen diesen Überlegungen auch die Verdrängungseffekte berücksichtigt werden, die eine erhöhte Ersparnis zur Altersversorgung auf die übrige Ersparnis ausüben könnte. Im einen Extremfall bewirkt die private Altersvorsorge eine genau dieser zusätzlichen Ersparnis entsprechende Erhöhung des Kapitalstocks (keine Verdrängung). Im anderen Extremfall wird die Alterserspamis einen Rückgang der bereits heute bestehenden Ersparnis um exakt diesen Betrag verursachen (vollständige Verdrängung).

Genaue Aussagen lassen jedoch nur quantitative makroökonomische Modelle zu, in denen diese Effekte explizit berücksichtigt werden. Dazu ziehen wir zwei Simulationsmodelle zur Hilfe, die Aussagen zur langfristigen Entwicklung des Kapitalstocks, der Kapitalintensität und der Kapitalrendite unter Berücksichtigung der von einer kapitalgedeckten Altersvorsorge ausgehenden Verhaltensänderungen ableiten.

5.1 Effekt der Bevölkerungsalterung

Bei dem ersten Modell handelt es sich um ein auf langfristige Entwicklungen angelegtes Wachstumsmodell, das Kapitalbewegungen über mehrere Länder hinweg zuläßt. Dieses Modell geht auf das bekannte Wachstumsmodell von *Ramsey* [38] und *Cass* [39] zurück; eine Zwei-Länder-Version dieses Modells wurde von *Cutler et al.* [40] vorgestellt. Zur Analyse der Auswirkungen des Alterungsprozesses in Deutschland wurde es von *Börsch-Supan* [41] verwendet, von dem auch

38 Vgl. *Ramsey* (1928).
39 Vgl. *Cass* (1965).
40 Vgl. *Cutler et al.* (1990).
41 Vgl. *Börsch-Supan* (1995).

die numerisch anspruchsvolle Erweiterung auf den Fall von mehr als zwei Ländern stammt. Dieses Modell „füttern“ wir mit detaillierten Prognosen der Demographie und der Erwerbstätigkeit in Deutschland, die wir *Birg/Börsch-Supan* [42] entnehmen, und kalibrieren es mit der deutschen Produktionstechnologie. Die Hauptaufgabe dieses Modells ist es, festzustellen, wie die Kapitalrendite sich entwickelt, wenn das Kapital international frei investiert werden kann. Dazu betrachten wir drei Szenarien:

1. Investition der neuen Kapitalanlagen nur innerhalb Deutschlands
2. Investition der neuen Kapitalanlagen nur in den Euro- und den OECD-Ländern einschließlich Deutschlands
3. Weltweite Investition der neuen Kapitalanlagen

Diese drei Szenarien werden mit den drei Entwicklungen der Erwerbstätigkeit verknüpft, die in Abschnitt 2 vorgestellt wurden. Abbildung 3 zeigt die Ergebnisse der Simulation als Bruttorendite, d.h. als Kapitalmarktrendite vor Abzug der Verwaltungs- und Versicherungskosten.

Es ergibt sich, daß aufgrund der Altersstrukturverschiebung die Kapitalrendite langfristig tendenziell sinken wird. Die Entwicklung der Kapitalrendite hängt jedoch sehr stark davon ab, ob ausschließlich in Deutschland, auch im Euroraum und in den übrigen OECD-Ländern oder global investiert wird. In keinem Fall wird die Alterung jedoch zu einem übermäßig starken Einbruch der Kapitalrendite führen; im ungünstigsten Fall geht sie um rund 0,7 Prozentpunkte zurück. Bei Investitionen im Euroraum und den OECD-Ländern kann die Reaktion der Kapitalrendite auf die Altersstruktur nahezu völlig kompensiert werden. Dies liegt daran, daß die übrigen europäischen Länder und die meisten OECD-Länder bis zum Jahr 2035 geringer altern als Deutschland. Eine besondere Rolle spielen dabei die Vereinigten Staaten, in denen die Bevölkerung nur in relativ geringem Maße altert. Daher sinkt die Kapitalrendite bei dieser Investitionsstrategie nur um etwa 0,25 Prozentpunkte.

Die Sensitivität dieser Projektionen bezüglich der Erwerbstätigkeitsentwicklung ist relativ gering und ist überhaupt nur dann relevant, wenn nur in Deutschland investiert wird. Durch diese Investitionsbeschränkung reagiert die Kapitalrendite besonders stark auf die Erwerbstätigkeitsentwicklung. Im Vergleich der Extremfälle zeigt sich, daß der Renditeeinbruch in keinem Fall 0,7 Prozentpunkte übersteigt. Insgesamt bleibt die Erkenntnis, daß die Effekte des demographischen Wandels auf eine kapitalgedeckte Altersversorgung erheblich niedriger sind im Vergleich zu einem Verbleib im reinen Umlageverfahren.

---

[42] Vgl. *Birg/Börsch-Supan* (1999).

Abbildung 3: Langfristige Entwicklung der Kapitalrendite

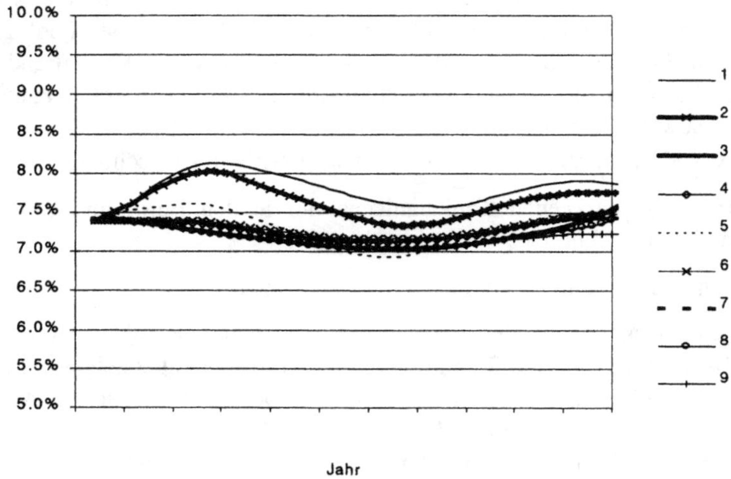

	Investitionen in:		
Erwerbstätigkeitsszenario:	Deutschland	OECD	Global
Starker Anstieg	1	2	3
Mittlerer Anstieg	4	5	6
Schwacher Anstieg	7	8	9

5.2 Rückkopplungseffekt

Dies ist jedoch nur ein Teil der möglichen Effekte. Zum zweiten hat der Aufbau einer kapitalgedeckten Altersvorsorge selbst die Tendenz, durch das erhöhte Angebot die Renditen zu verringern. Um den Übergang von einem Umlageverfahren zu mehr kapitalgedeckter Eigenvorsorge möglichst konkret zu modellieren, verwenden wir im Gegensatz zu dem *Ramsey-Cass*-Modell im vorangegangenen Abschnitt dazu ein Modell sich überlappender Generationen in einer geschlossenen Volkswirtschaft.[43] Da andere Länder eine günstigere demographische Entwicklung haben als Deutschland, stellen dessen Simulationsergebnisse eine obere Grenze für die zu erwartenden Rückkopplungseffekte dar. Dennoch ergibt sich wiederum, daß die negativen Rückkopplungseffekte insgesamt in einem sehr geringen Rahmen bleiben und bei weitem nicht die gelegentlich befürchteten Größenordnungen erreichen.

---

[43] Vgl. *Börsch-Supan/Heiß/Winter* (2000).

Im Modell überlappender Generationen treffen die Erwerbstätigen ihre Konsum- und Sparentscheidungen durch Lösung eines intertemporalen Optimierungsproblems, für das die Ausgestaltung des Rentenversicherungssystems eine wichtige Bestimmungsgröße ist. Das zentrale Konzept ist das der Konsumglättung – Individuen haben eine Präferenz dafür, ihren Konsum möglichst gleichmäßig über den Lebenszyklus zu verteilen, wollen also nicht im Ruhestand deutlich weniger konsumieren als während des Erwerbslebens. Deshalb sparen sie während der Erwerbsphase einen Teil ihres Einkommens, um aus dem angesparten Vermögen im Alter einen Teil ihres Konsums bestreiten zu können. Dieser Grundgedanke ist entscheidend für die makroökonomische Rückkopplung, weil die im Umlageverfahren finanzierte Rente die private Vorsorge zu einem erheblichen Teil ersetzt – umgekehrt bedeutet eine Rücknahme des durch das Umlageverfahren gewährleisteten Rentenniveaus eine Zunahme der Ersparnis.

Abbildung 4 zeigt die wesentlichen Ergebnisse. Die mit „Reines Umlageverfahren" bezeichnete Graphik zeigt den direkten Einfluß des demographischen Wandels auf die Bruttokapitalrendite, während die beiden übrigen Graphen den Rückkopplungseffekt durch zwei Teilübergangsmodelle miteinbeziehen, die in *Birg/Börsch-Supan* [44] ausführlich dargestellt werden.

Abbildung 4: Entwicklung der Kapitalrenditen im reinen Umlageverfahren und in zwei Teilübergangsmodellen

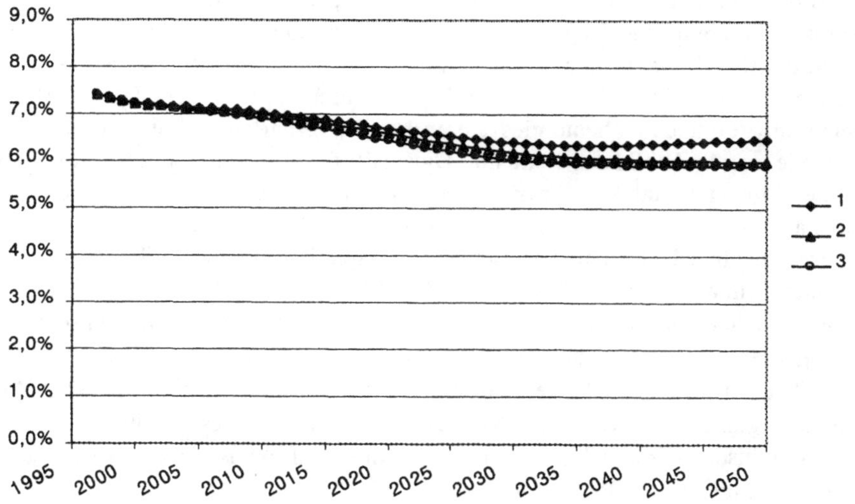

Legende: 1 = Einfriermodell
2 = Stufenübergangsmodell mit 50%Tiefe
3 = Reines Umlageverfahren

[44] Vgl. *Birg/Börsch-Supan* (1999).

Ein Teilübergang zum Kapitaldeckungsverfahren kann implizit durch ein Einfrieren des Beitragssatzes und damit des Einnahmenvolumens, das für umlagefinanzierte Rentenleistungen zur Verfügung steht, bewerkstelligt werden. Wir bezeichnen dies als „Einfriermodell". Konkret wird im „Einfriermodell" der Beitragssatz bei Umstellung auf 21% des Bruttoentgelts eingefroren. Diese 21% entsprechen dem Beitragssatz, der in Deutschland ohne die nach 1997 geschehenen Umfinanzierungsmaßnahmen im Jahre 2000 nötig wäre, um die gesetzlichen Renten des Leistungsniveaus 1997 zu finanzieren.

Zweitens kann der Teilübergang explizit durch eine Stufenregelung bewerkstelligt werden, bei der jeder Jahrgang einen steigenden Teil des Umlageverfahrens durch eine kapitalgedeckte Vorsorge ersetzt. Wir nennen dies „Stufenübergangsmodell". Während ein impliziter Übergang intuitiver und damit politisch einfacher zu sein scheint, kann ein explizites Stufenübergangsmodell gezielter die verschiedenen Geburtsjahrgänge be- und entlasten. Im folgenden konzentrieren wir uns auf eine Übergangstiefe von 50% (d.h. jeweils hälftige Finanzierung der Altersversorgung durch Umlagefinanzierung und Kapitaldeckung), die in 30 Jahren erreicht werden soll, d.h. etwa den schweizerischen und niederländischen Beispielen folgend.

Der direkte Effekt des demographischen Wandels auf die Bruttokapitalrendite liegt in einer Größenordnung von höchstens 1 Prozentpunkt in diesem Rückkopplungsmodell mit ausschließlicher Investition der privaten Altersversorgung in Deutschland. Dies entspricht in etwa dem Effekt aus dem *Ramsey-Cass*-Modell.

Aus Abbildung 2 wissen wir bereits, daß wegen der weiter abnehmenden Erwerbsbevölkerung das Kapital-Arbeits-Verhältnis auch nach dem Jahre 2030, wenn die Babyboom-Generation den Kapitalstock in Konsum umwandeln wird, nicht zurückgeht. Deshalb wird auch die Kapitalrendite nach dem Jahr 2030 auf einem im Vergleich zu heute niedrigeren Niveau verharren und nicht weiter sinken, wie man in Abbildung 4 erkennt. Dies trifft für alle drei möglichen Regimes (reines Umlageverfahren, Einfrier- und Stufenübergangsmodell) zu und liegt nicht an der Einführung einer kapitalgedeckten Altersvorsorge.

Der absolute Unterschied zwischen der Kapitalrendite bei Beibehaltung des „Reinen Umlageverfahrens" und den Kapitalrenditen in den beiden Teilübergangsmodellen zeigt in Abbildung 4 den indirekten bzw. Rückkopplungseinfluß der privaten Altersversorgung auf die Kapitalrendite. Dieser ist weit geringer, als oft behauptet wird. Durch die Einführung eines teilweise kapitalgedeckten Altersversorgungssystems sinkt die Kapitalrendite stärker, als es ohnehin durch den demographischen Wandel der Fall wäre. Dieser Effekt ist jedoch gering und beträgt weniger als 0,5 Prozentpunkte.

Insgesamt ist es also keineswegs der Fall, daß ein Teilübergang zu einer stärker kapitalgedeckten Altersvorsorge zu einem Einbruch der Kapitalverzinsung führt, der diesen Übergang sozusagen von selbst wieder ad absurdum führt, wie es gelegentlich behauptet wird. Der Rückkopplungseffekt kommt dadurch zustande, daß bei stärkerer privater Altersversorgung der Kapitalstock größer und daher die Rendite geringer ist als im reinen Umlageverfahren. Der Effekt hängt daher von der Verdrängung sonstiger Ersparnis durch die private Altersversorgung ab. Diese ist relativ gering und beträgt ungefähr ein Drittel. In anderen Worten: für jede 100 DM Ersparnis für die private Altersversorgung werden ca. 37 DM sonstige Ersparnis unterlassen, so daß die Gesamtersparnis um 63 DM steigt. Dennoch beträgt dieser Rückkopplungseffekt in unserem Referenzfall weniger als 0,5 Prozentpunkte. Dies deckt sich mit Größenordnungen, wie sie von *Miles* [45] für Großbritannien in einem vergleichbaren Modell errechnet wurden. Der Rückkopplungseffekt ist im Einfriermodell stärker als im Stufenübergangsmodell, das einen tieferen Übergang dennoch gleichmäßiger einführen kann.

6. Sozialpolitische Konsequenzen

Die Rendite des Umlageverfahrens wird im Zuge der Altersstrukturverschiebung deutlich sinken, die Rendite des Kapitaldeckungsverfahrens, die ohnehin bereits höher ist, nur ganz gering. Dieser zunehmende Renditevorteil eröffnet Spielräume für einen wenig schmerzhaften Übergang vom Umlage- zum Kapitaldeckungsverfahren. Wir skizzieren das im folgenden am Beispiel der gesetzlichen Rentenversicherung der Bundesrepublik Deutschland.

Dazu wird auf Basis der in den vorangegangenen Abschnitten beschriebenen Modelle und Renditen die Beitragsbe- und -entlastung für jede Geburtskohorte ausgerechnet.[46] Konkret beziehen wir uns auf das oben skizzierte „Einfriermodell", im dem das Umlageverfahren im heutigen Umfang beibehalten (d.h., „eingefroren") wird, aber sämtliche durch die Bevölkerungsalterung hinzukommenden Lasten durch ein ergänzendes Kapitaldeckungsverfahren finanziert werden. In diesem Politikszenario ergibt sich die in Abbildung 5 dargestellte Gesamtbeitragszahlung (d.h. Beitrag zum Umlageverfahren plus Prämie zur kapitalgedeckten Zusatzvorsorge). Sie wird verglichen mit dem Politikszenario einer Ausweitung des Umlageverfahrens auch zur Finanzierung der durch die Bevölkerungsalterung hinzukommenden Lasten. Zu beachten ist, daß in beiden Politikszenarien die gleichen Rentenleistungen ausgezahlt werden, einschließlich vergleichbarer Versicherungsleistungen (vgl. Abschnitt 3).

Es ergibt sich, daß die Übergangsbelastung sich auf die Jahrgänge 1948 bis 1960 beschränkt, sich aber bereits ab dem Jahrgang 1961 Vorteile aus einem Übergang einstellen. Die Übergangsbelastung ist bei einer Nettokapitalrendite von 4,5% niedriger als DM 50 pro Monat, und liegt selbst bei einer sehr niedrigen Verzinsung von 3% noch unter DM 75 pro Monat, umgerechnet auf den deutschen Durchschnittsverdiener. Der große Renditeunterschied zwischen Umlage- und Kapitaldeckungsverfahren läßt also die Übergangsbelastung zwar nicht

---

45 Vgl. *Miles* (1999).

46 Vgl. *Birg/Börsch-Supan* (1999).

verschwinden, hält sie aber in einem Rahmen, der von den sonstigen Politikänderungen (z.B. im Steuerrecht oder bei den kommunalen Gebühren und Abgaben) nur bekannt ist.

Abbildung 5: Monatliche Mehr-/Minderbelastung im „Einfriermodell" (in DM/Monat real für den Durchschnittsverdiener)

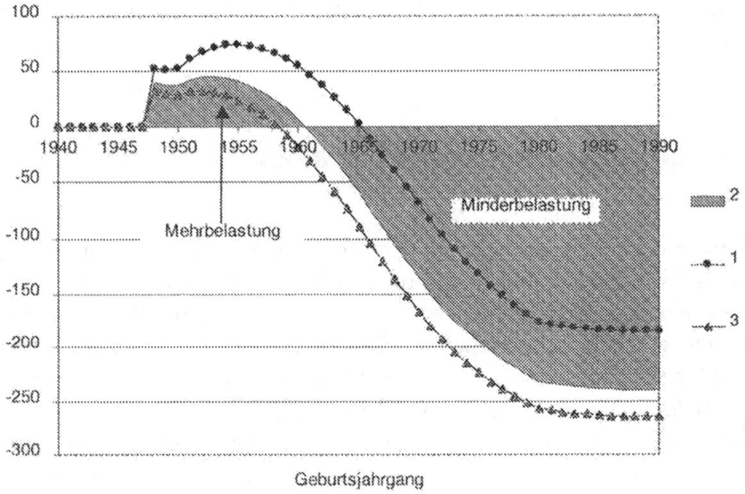

Legende: 1=Rendite 3,0 %
2=Rendite 4,5 %
3=Rendite 5,5 %

Sowohl aus mikro- wie aus makroökonomischer Sicht setzt die derzeit noch weitverbreitete Politik der marginalen Nachbesserungen an den gegenwärtigen umlagebetonten Alterssicherungssystemen am falschen Punkt an, da sie die negativen Anreizwirkungen nicht verhindern kann, im starren System der Budgetbedingung des Umlageverfahrens verharrt und die langfristig positiven Perspektiven eines graduellen Übergangs zu einem teilweise kapitalgedeckten Rentensystem, die aus Abbildung 5 deutlich werden, verspielt.

Die Zeit für eine Änderung des Rentensystems wird immer knapper. Erstens benötigt man Zeit, um einen Kapitalstock aufzubauen. Für die Generation, die im Höhepunkt des Alterungsprozesses in Rente gehen wird, ist es bereits jetzt schon sehr spät, mit der Ersparnisbildung zu beginnen. Zweitens verlagert sich die politische Mehrheit stetig von der Erwerbsbevölkerung zur Rentenbevölkerung – zu einer Wählerschaft, die das Verhältnis der Leistungen zu den Beiträgen höchst ungern verändern wird.

Literatur

Aaron, H. (1966): The Social Insurance Paradox, Canadian Journal of Economics and Political Science, Vol 32, S. 371-374.

Birg, H., Börsch-Supan A. (1999): Für eine neue Aufgabenteilung zwischen gesetzlicher und privater Altersversorgung, Berlin.

Bos, E., Vu, M.T., Massiah, E., Bulatao, R. (1994): World Population Projections, 1994-95, The International Bank for Reconstruction and Development/The World Bank, Washington, D.C.

Börsch-Supan, A. (1995): Regional Development, Capital Flows, and Trade Policies in an Aging Europe, in: Gahlen, B., Hesse, H., Ramser, H.J., (Hrsg.): Neue Entwicklungen in der Regionalökonomik, Tübingen, 237-263.

Börsch-Supan, A. (1999): Capital Productivity and the Nature of Competition, Brookings Papers on Economic Activity, Microeconomics, S. 205-244.

Börsch-Supan, A. (2000): Incentive Effects of Social Security on Labor Force Participation: Evidence in Germany and Across Europe, Journal of Public Economics (forthcoming).

Börsch-Supan, A., Schnabel R. (1998): Social Security and Declining Labor Force Participation in Germany, American Economic Review, Vol. 88, No. 2, S. 173-178.

Börsch-Supan, A., Heiß F., Winter J. (2000): Makroökonomische Rückkopplungseffekte einer ergänzenden kapitalgedeckten Altersvorsorge, mimeo, Universität Mannheim.

Brunner, J. (1994): Redistribution and the Efficiency of the Pay-as-you-go Pension System, Journal of Institutional and Theoretical Economics, Vol. 150, S. 511-523.

Brunner, J. (1996): Transition from a Pay-as-you-go to a Fully Funded Pension System: The Case of Differing Individuals and Intragenerational Fairness, Journal of Public Economics, Vol. 60, S. 131-146.

Cass, D. (1965): Optimum Growth in an Aggregative Model of Capital Accumulation, Review of Economic Studies, Vol. 32, S. 233–240.

Cutler, D., Poterba, J.M., Sheiner, L.M., Summers, L.H. (1990): An Ageing Society: Opportunity or Challenge, Brookings Papers on Econometric Activity, No. 1, S. 1-73.

Deutsches Institut für Altersvorsorge (1998): Renditen der gesetzlichen Rentenversicherung im Vergleich zu alternativen Anlageformen, Frankfurt.

Deutsches Institut für Altersvorsorge (1999): Alterungssicherungssysteme ausgewählter Länder, Köln.

Diamond, P.A. (1965): National Debt in a Neoclassical Growth Model, American Economic Review, Vol. 55, S. 1126-50.

Disney, R. (1996): Can we Afford to Grow Older?, Cambridge, Mass.

Eitenmüller, S. (1996): Die Rentabilität der deutschen Rentenversicherung - Kapitalmarktanaloge Renditeberechnung für die nahe und die ferne Zukunft, Deutsche Rentenversicherung, Nr. 12, S. 784-798.

Feldstein, M., Samwick, A. (1996): The Transition Path to Privatizing Social Security, NBER Working Paper, Cambridge, Mass.

Fenge, R. (1995): Pareto-Efficiency of the Pay-As-You-Go Pension System with Intergenerational Fairness, Finanzarchiv, Bd. 52, S. 357-63.

Fenge, R. (1997): Effizienz der Alterssicherung, Frankfurt.

Gesamtverband der deutschen Versicherungswirtschaft (1999): Die deutsche Lebensversicherung in Zahlen, Berlin.

Gruber, J., Wise, D. (Hrsg.), (1998): International Comparison of Social Security Systems, Chicago.

Homburg, S. (1988): Theorie der Alterssicherung, Berlin-Heidelberg-New York.

Kotlikoff, L.J. (1996): Simulating the Privatization of Social Security in General Equilibrium, NBER Working Paper, No. 5776, Cambridge, Mass.

McKinsey Global Institute (1996): Capital Productivity, Washington, D.C.

Miles, D. (1999): Modelling the Impact of Demographic Change Upon the Economy, Economic Journal, Vol. 109, S. 1–36.

Ramsey, F. P. (1928): A Mathematical Theory of Saving, Economic Journal, Vol. 38, S. 543–559.

Sachverständigenrat zur Begutachtung der gesamtwirtschaftlichen Lage (1996): Jahresgutachten, Mainz.

Schmidt, P. (1995): Die Wahl des Rentenalters – Theoretische und empirische Analyse des Rentenzugangsverhaltens in West- und Ostdeutschland, Frankfurt.

Schmidt-Hebbel, K. (1998): Chile´s Takeoff: Facts, Challenges, Lessons, Economic Development, Institute of the World Bank, Washington, D.C.

Schnabel, R. (1998a): Intergenerational Distribution and Pension Reform in Germany, Working Paper, University of Mannheim, Mannheim.

Schnabel, R. (1998b): Kapitalmarktrenditen und die Rendite der gesetzlichen Rentenversicherung, Working Paper, University of Mannheim, Mannheim.

Siddiqui, S. (1997): The Pension Incentive to Retire: Empirical Evidence for West Germany, Journal of Population Economics, Vol. 10, No. 4, S. 463-86.

Stehle, R., Huber, R., Maier, J., (1996): Rückberechnung des DAX für die Jahre 1955 bis 1987, Kredit und Kapital, Bd. 32, Nr. 1., S. 277-304.

Walliser, J. (1997): Social Security Reform and the Cost of Private Annuities, mimeo, Congressional Budget Office, Washington, D.C.

World Bank (1994): Averting the Old Age Crisis, Oxford.

Auswirkungen des Europäischen Wirtschaftsrechts auf die Sozialversicherung[1]

Franz Marhold

Zusammenfassung: *Die Auswirkungen von Europarecht auf das Sozialrecht wurden bislang hauptsächlich im Bereich der Koordinierung der Sicherungssysteme gesehen. Mehr und mehr häufen sich jedoch Anlaßfälle, in denen Normen des Europäischen Wirtschaftsrechts das nationale Sozialrecht beeinflussen. Der Beitrag untersucht an Hand der vorliegenden Rechtsprechung Auswirkungen des Europäischen Wettbewerbsrechts, der Grundfreiheiten und des Beihilfenrechts auf nationale Sozialversicherungssysteme.*

1. Problemstellung

Die Mobilität der Arbeitnehmer begründete ursprünglich die Normsetzungsbefugnis der EU für „Europäisches Sozialrecht".[2] Eine der ersten Verordnungen der ehemaligen Europäischen Wirtschaftsgemeinschaft, die Verordnung Nr. 3/1958, unternahm den Versuch, die sozialen Sicherheitssysteme zu koordinieren.[3] Warum braucht man europaweit eine Koordinierung sozialer Sicherungssysteme? Man braucht sie deswegen, weil Artikel 39 des EG-Vertrages den Arbeitnehmern eine diskriminierungsfreie und seit dem Urteil in der Rechtssache *Bosman*[4] eine benachteiligungsfreie Migration garantiert. In sozialen Sicherungssystemen können auf Grund von Migrationsbewegungen sehr schnell Benachteiligungen eintreten. Nehmen wir nur den Fall an, daß für die Erfüllung der Wartezeit in Pensionssicherungssystemen unterschiedliche Perioden der Beschäftigung benötigt werden und unterstellen wir eine Wanderarbeitnehmerkarriere zwischen Österreich und Deutschland. Erreicht jemand in Österreich 14 Versicherungsjahre und in Deutschland vier Jahre, dann ist in keinem der Mitgliedsstaaten die Anwartschaft für eine Alterspension erfüllt und der Arbeitnehmer steht daher am Ende als Beitragszahler und nicht als Leistungsberechtigter da. Er kann sich dann zwar besonders solidarisch fühlen, nur hat er nichts davon. Ein wesentliches Ziel der Koordi-

---

1 Der Vortragsstil wurde in der schriftlichen Fassung weitgehend beibehalten.

2 Vgl. dazu *Pieters* (1997); *Schulte* (VO 1408/71); *Zacher* (1991), S. 13 ff.

3 Zur geschichtlichen Entwicklung vgl. *Schulte* (VO 1408/71); vgl. auch *Kriechbaum* (1992), 1 f.

4 *EuGH* 15. 12. 1995, Slg. 1995, I-4.291, (Bosman).

nierung sozialer Sicherungssysteme ist daher die Anrechnung der wechselseitig erworbenen Anwartschaften, die Gebietsgleichstellung, die Sachverhaltsgleichstellung und der Leistungsexport. Das ist der Kernbereich europäischen sozialen Sicherungsrechts.[5] Zur Regelung dieses Kernbereiches ist (Art 41) die Kommission verpflichtet. Sie ist dieser Verpflichtung sehr rasch im Jahre 1958 durch die VO Nr 3 nachgekommen. Diese Regelung wurde durch die VO 1408/71 abgelöst. Diese traditionelle sozialrechtliche europäische Themenstellung ist nicht Gegenstand dieser Arbeit. Ich habe sie deswegen angesprochen, um den Kontrast herzustellen zu dem, womit wir uns hier beschäftigen wollen, der Konfrontation zwischen sozialenSicherungssystemen und europäischem Wirtschaftsrecht.[6]
Im Integrationsprozess Österreichs in die Europäische Union wurden im Vorfeld intensiv Fragen der Vereinbarkeit österreichischen Sozialrechts mit dem Recht der Europäischen Union gestellt. Alle Publikationen, die zu diesem Zeitpunkt erschienen sind, haben dem österreichischen Recht wegen der schon vorhandenen bilateralen Verträge mit EU-Mitgliedsstaaten attestiert, daß es im höchsten Maß EU-kompatibel ist. Der damalige Prüfungsmaßstab war aber der, ob unser staatliches nationales Sozialversicherungsrecht der Verordnung 1408/71 entspricht.[7] Schon Assoziationsübereinkommen, etwa mit Algerien, Marokko oder Tunesien waren dabei außerhalb des Blickfelds.[8] Auch im sozialrechtlichen Zusammenhang ist das Europarecht aber nicht nur Migrationsrecht, das bewirken soll, daß Arbeitnehmer benachteiligungsfrei in sozialen Sicherungssystemen wandern können. Auch andere Grundfreiheiten und Normen des europäischen Wirtschaftsrechtes greifen in soziale Sicherungssysteme ein.

Einen ersten Anlaß für diese Betrachtungsweise stellte die Entscheidung des EuGH in der RS *Höfner/Elser*[9] dar. Sie betraf die Bundesanstalt für Arbeit und deren Arbeitsvermittlungsmonopol. Der Sachverhalt ist relativ einfach. Ein deutscher Unternehmer suchte eine qualifizierte Arbeitskraft und bediente sich eines privaten Arbeitsvermittlers, weil die öffentliche Arbeitsmarktverwaltung keine geeignete Persönlichkeit gefunden hatte. Der private Arbeitsvermittler vermittelte jemanden und legte Rechnung. Der Unternehmer zahlte nicht, weil private Arbeitsvermittlungsverträge nichtig sind. Damit kam es zum Rechtsstreit, in dessen Verlauf das OLG München dem EuGH die Frage vorlegte, ob ein Monopol zugunsten einer staatlichen Arbeitsmarktverwaltung mit dem EWG-Vertrag vereinbar ist. Einschlägig waren damals die Artikel 90/92 (jetzt Artikel 81) EGV also

---

5 Vgl. *Novak* (1998); *Krejci/Marhold/Schrammel/Schrank/Winkler* (1998).

6 Dieses Thema rückt in jüngerer Zeit besonders in den Blickpunkt des Interesses. Vgl dazu auch *Marhold* (1993), 451 f.; *Marhold* (1998), 48 ff; *Marhold* (1993), 645 f; *Pieters* (1998), 603 f; *Van den Bogaerd* (1997).

7 Vgl. *Harrer/Strasser* (1990); *Egger* (1990), 327 ff; *Egger* (1993); *Kirschbaum* (1992); *Wetscherek* (1993), 15 ff; *Ivansits* (1989), 16 ff; *Ziniel* (1990), 367 ff; *Linka/Spiegel* (1991), S. 51; *Vanas* (1992), S. 61; *Rabanser* (1991).

8 Siehe aber *Kirschbaum* (1992), 113 ff.; *Weinmeier* (1994), 74 ff.

9 *EuGH* 23. 4. 1991, Rs 41/90, Slg. 1991, I-1979, (Höfner-Elser/Macrotron GmbH). Vgl. dazu *Eichenhofer* (1991), 2.857 ff; *Rotter* (1993), 297 ff; *Runggaldier*, (1991), S. 237.

wirtschaftsrechtliche Vorschriften, die beispielsweise die mißbräuchliche Ausnutzung einer Monopolstellung für Unternehmen untersagen. Mißbräuchlich ist die Ausnützung einer Monopolstellung dann, wenn ein Unternehmen eine Monopolstellung beansprucht, die Nachfrage in dem Monopolsektor aber nicht befriedigen kann. Das Spannende an der Entscheidung waren zwei Dinge: Erstens der Umstand, daß der EuGH keine Sekunde gezögert hat, die Bundesanstalt für Arbeit als Unternehmen zu begreifen. Zweitens zu sagen, daß die Bundesanstalt für Arbeit eine Monopolstellung in einem Bereich beansprucht, in dem sie die Nachfrage letztendlich nicht befriedigen kann. Der entscheidende Punkt ist der erste Satz: Die Bundesanstalt für Arbeit ist ein Unternehmen, weil sie eine wirtschaftliche Tätigkeit durchführt. Das mußte die Frage nach der Unternehmenseigenschaft[10] von sozialen Pensionsversicherungen und sozialen Krankenversicherungen aufwerfen. Krankenversichern ist eine wirtschaftliche Tätigkeit. Lebensversichern ist eine wirtschaftliche Tätigkeit. Sind daher auch Sozialversicherungsträger Unternehmen im Sinne des Art 81 EGV und finden auf diese Träger auch die wirtschaftlichen Vorschriften des EG-Vertrages, insbesondere über die mißbräuchliche Ausnützung einer Monopolstellung Anwendung?

2. Unternehmenseigenschaft von Sozialleistungsträgern

2.1 Angebotsmonopol

Es war daher zu erwarten, daß die ebenfalls Monopolstellung beanspruchenden staatlichen Krankenversicherungsträger und sonstigen Träger von Gesundheitsleistungen auf den Prüfstand des Gemeinschaftsrechts gehoben werden würden. Dabei ist meines Erachtens in Übereinstimmung mit der Rechtsprechung zwischen zwei Funktionen des Monopols zu unterscheiden. Ausgehend vom funktionalen Unternehmensbegriff des EG-Vertrages ist festzuhalten, daß öffentliche Träger von Gesundheitsleistungen sowohl Angebotsmonopole als auch Nachfragemonopole sind. Sie bieten monopolartig die Leistung „Krankenversicherung" an und sie bündeln monopolartig die Nachfrage nach Gesundheitsleistungen. Wir brauchen nur einen Arzt fragen, der keinen Kassenvertrag bekommt, um zu erfahren, wie man sich gegenüber einem Nachfragemonopol fühlt. Diese Differenzierung kommt in späteren Entscheidungen des EuGH zum Ausdruck. Die Entscheidung *Höfner-Elsner* hat natürlich Etliche nicht ruhen lassen, die einen Privatisierungsschub durch Rechtsprechung herbeiführen wollten oder erwartet haben. In den

---

10 Zum Unternehmensbegriff des Gemeinschaftsrechts vgl. insb. *Burgi* (1997), S. 261; *Tettinger* (1994), S. 88; *Isak* (1999), 35 ff.

Entscheidungen *Poucet* und *Pistre*[11] hatte der EuGH zu prüfen, ob die Pflichtversicherung in einem französischen Rentenversicherungssystem mit EU-Recht vereinbar ist. Ob nämlich die zwangsweise Einbeziehung von Personen in Unternehmen, die Pensionsversicherung betreiben, mit dem Europäischen Wettbewerbsrecht in Widerspruch steht, wenn gleichzeitig Anbieter von privaten Lebensversicherungen auf dem Markt ihre Kunden selbst suchen müssen und sie nicht vom Gesetz zugeführt bekommen, ist eine konsequente Frage nach der Anerkennung der Unternehmenseigenschaft von Sozialleistungsträgern. Der EuGH hat in dieser Rechtssache entschieden, daß Systeme mit einer Pflichtversicherung und der damit bindend vorgenommenen Zuordnung der Versicherungspflichtigen zu den staatlichen Sozialversicherungsträgern nicht in Widerspruch zum EU-Wettbewerbsrecht stehen. Das Wettbewerbsrecht findet aber auch im Bereich des Angebotsmonopols dann Anwendung, wenn die Träger der gesetzlichen Krankenversicherung etwa beim Anbieten freiwilliger Zusatzversicherungen in Konkurrenz mit Privatversicherungen am Markt stehen. So eine ebenfalls französische Entscheidung.[12] Was bedeutet das? Das bedeutet einerseits, daß vor dem Hintergrund der Kompetenz der Mitgliedsstaaten für die Sozialpolitik Europäisches Recht nicht eingreift, wenn die Mitgliedsstaaten ein System aufbauen wollen, das auf den Grundgedanken der Solidarität der Versicherten beruht und Pflichtmitgliedschaft in Kranken- oder Rentenkassen vorsieht. Daß es zudem jeden Angriff auf die Funktionsfähigkeit sozialer Sicherungssysteme abwehrt, wenn durch punktuelle Ausnahmen die Finanzierung dieser Systeme gefährdet wäre. Bieten aber die Kranken- oder Rentenversicherungen Zusatzleistungen an, - zu denken ist etwa an die Höherversicherung oder an die freiwillige Weiterversicherung -, dann finden die Vorschriften des Art 81 EGV Anwendung, weil es sich dabei um Maßnahmen handelt, die durch den Gedanken des sozialen Ausgleichs, der Solidarität unter den Versicherten und der Finanzierung eines staatlich organisierten sozialen Sicherungssystems nicht mehr gerechtfertigt sind. In diesem Bereich finden die Vorschriften des Europäischen Wettbewerbsrechts und damit die Grundsätze der Gleichheit unter den Anbietern Anwendung.

Soweit zur Rolle der Sozialversicherungsträger als Angebotsmonopolisten. Hier finden wir einen weiten Bereich des Respekts für nationale Regelungen auf Grund der Kompetenz der Mitgliedsstaaten für die Sozialpolitik. Dieser reicht jedoch nur so weit, als tatsächlich ein solidarisches auf dem Grundsatz des sozialen Ausgleichs beruhendes System aufgebaut wird. Interessant sind jüngste Entscheidungen des EuGH, die diese Grundsätze auf kollektivvertragliche Zusatzsicherungssysteme ausdehnen. In drei Entscheidungen vom 21. September 1999,[13] die sämtlich Holländische Rentenkassen betreffen, die auf kollektivvertraglicher

---

11 *EuGH* 16. 12. 1993, Rs C-159 und 160/91 Slg 1993, (Poucet/Pistre), vgl. dazu *Eichenhofer* (1993), S. 2.598.

12 *EuGH* 16. 11. 1995, Rs C-244/94, (Federation Francaise des Societes d´Assurance).

13 *EuGH* 21. 9. 1999, Rs C-67/96, (Albany International BV); Rs C-219/97, (Maatschappij Drijvende Bokken BV); Rs C-115/97-C-117/97, (Brentjens Handelssondernehming). Vgl. dazu *Berg*, (2000), S. 174.

Basis beruhen und damit in einer Pflichtversicherung vergleichbaren Art und Weise die Arbeitgeber als Zahler in ein überbetriebliches Pensionskassensystem einbeziehen, hat der EuGH die Beschränkung der Wahlfreiheit für private Zusatzversorgungen als mit dem EGV in Einklang stehend erkannt. Diese Entscheidungen sind in Österreich noch kaum auf Echo gestoßen, sind aber unter vielerlei Gesichtspunkten bemerkenswert. Zum einen sind es die ersten Entscheidungen, in denen der EuGH das System der kollektiven Rechtsgestaltung als Rechtfertigung einer wirtschaftsrechtlichen Bereichsausnahme anerkennt.[14] Interessanterweise stützte sich der EuGH nicht auf Art 11 MRK, sondern auf die Rechtsakte der Union, die die sozialen Mächte im Arbeitsleben anerkennen, also insbesondere im Rahmen des sozialen Dialogs. Daher sei die Einbeziehung in ein Sicherungssystem, das in einer Branche einen sozialen Ausgleich unter Arbeitnehmern herstellt, die bei verschiedenen Unternehmern beschäftigt sind, sachlich gerechtfertigt. Die durch den Tarifvertrag (Kollektivvertrag) entstandene Pensionskasse – hier verweist der EuGH auf *Macrotron/Höfner,*[15] ist – wie die Bundesanstalt für Arbeit – ein Unternehmen[16] und hat sich daher an die Spielregeln des Art 81 EGV zu halten. Die Begründung einer monopolartigen Konstruktion durch Tarifvertrag im Bereich der betrieblichen Pensionskassen ist daher kein Verstoß gegen Europäisches Wettbewerbsrecht. Das durch den Tarifvertrag entstandene Unternehmen ist aber den Normen europäischen Wettbewerbsrechts unterworfen. Das hat wesentliche Konsequenzen für dessen Marktverhalten. Vor dem Hintergrund des Pensionskassengesetzes, insbesondere für dessen Anlagevorschriften ist diskriminierungsfreie Ausgestaltung und Achtung des freien Kapitalverkehrs zu fordern. Die Pensionskasse ist nämlich – genauso wie die Bundesanstalt für Arbeit – ein Unternehmen. Soweit zum Angebotsmonopol.

2.2 Nachfragemonopol

Beim Nachfragemonopol ist der EuGH wesentlich undifferenzierter und strenger. Auf die Rolle des Erbringers von Gesundheitsleistungen als Nachfragemonopolist findet Europäisches Wettbewerbsrecht uneingeschränkt Anwendung. So hat der EuGH in der Österreich betreffenden Rechtssache *Tögel*[17] für die Anwendung der Nachprüfungsrichtlinie und der Dienstleistungsrichtlinie nicht danach differenziert, ob die Vergeber eines öffentlichen Auftrages Sozialleistungsträger sind oder nicht.

Es erfolgt also keine Differenzierung danach, ob die Vergeber eines öffentlichen Auftrages Sozialleistungsträger sind oder nicht. Im Fall war zu prüfen, ob die Vergabe von Krankentransportleistungen durch einen Krankenversicherungsträger als Dienstleistung und der Nachprüfungsrichtlinie (89/665) unterliegt. Die Mit-

14 Kritisch dazu *Berg* (2000), S. 171.
15 *EuGH*, 23. 4. 1991, Rs 41/90, Slg. 1991, I-1979 (Höfner-Elser/Macrotron GmbH).
16 *EuGH* 21. 9. 1999, Rs C-115/97-C-117/97, (Brentjens Handelssondernehming).
17 *EuGH* 24. 9. 1998, Rs C-76/97, (Tögel).

gliedsstaaten sind danach auch im Bereich der sozialen Sicherheit dazu verpflichtet, die erforderlichen Maßnahmen zu ergreifen, um eine wirksame Nachprüfung auf dem Gebiete der Vergabe öffentlicher Dienstleistungsaufträge sicher zu stellen. Im Ergebnis war in diesem Fall fraglich, ob hinsichtlich der Einstufung der Dienstleistung in den Rettungs- und Krankentransport unter Begleitung eines Sanitäters der Anhang I (Landverkehr) oder der Anhang I b (Gesundheitswesen) der Dienstleistungsrichtlinie anwendbar ist. Der EuGH entschied, daß diese Einordnung an Hand der zentralen Gütersystematik (CPC Nomenklatur) der Vereinten Nationen vorzunehmen ist. Danach ist entscheidend, ob medizinisch geschultes Personal beim Krankentransport anwesend ist oder nicht. Der Auftrag, der Krankentransportdienstleistungen unter Begleitung eines Sanitäters zum Gegenstand hat, wird von Artikel 10 der Dienstleistungsrichtlinie erfaßt, sodaß diese Richtlinie grundsätzlich auf die Ausschreibung solcher Dienstleistungsaufträge anwendbar ist. Das ist vielleicht in der österreichischen Perspektive etwas überraschend. Wenn man auf die Judikatur des Bundesgerichtshofs zum Krankentransportwesen blickt, war schon immer klar, daß der unsachliche Ausschluß eines Anbieters von Krankentransportleistungen einen Verstoß gegen § 25 des Gesetzes gegen Wettbewerbsbeschränkungen darstellt.[18] Strittig war in der deutschen Diskussion nur die Frage, ob zur Entscheidung der Bundesgerichtshof oder das Bundessozialgericht zuständig ist. Inhaltlich bestanden hingegen kaum Auffassungsunterschiede. Österreich nahm als Neuigkeit zur Kenntnis, daß die Auftragsvergabe durch Sozialversicherungsträger den die Auftragsvergabe im EU-Recht steuernden Normen unterliegt. Das ist, betrachtet man die Probleme rechtsvergleichend, jedoch nicht sonderlich überraschend.

3. Beihilfenrecht

Die Frage der Anwendung europäischen Wirtschaftsrechts betrifft aber nicht nur die Ausnützung einer Monopolstellung, die Auftragsvergabe, die Anwendung der Nachprüfungs- und der Transparenzrichtlinie, sondern vor allem auch das Beihilfenrecht. Es gibt mittlerweile drei Entscheidungen Europäischer Gerichte, zwei vom EuGH[19] und eines vom EFTA-Gerichtshof[20] – alle aus dem Jahr 1999 -, die sich mit der Frage beschäftigt, ob die Beitragsgestaltung in der sozialen Sicherheit gegen das Beihilfenverbot[21] verstoßen könnte. Dem Urteil des EuGH vom 29.6.1999 lag folgender Sachverhalt zu Grunde: Ein Spediteur geriet in Konkurs,

---

18 Vgl. *BGH* 26. 10. 1961.

19 *EuGH* 29. 6. 1999, Rs C-256/97, (Demenagements/Manutention Transport SA); *EuGH* 17. 6. 1999, Rs C-75/97, (Belgien/Kommission).

20 *EFTA-GH* 20. 5. 1999, E-6/98, (Norwegen/ESA).

21 Dazu *Stambach* (1999), S. 282 f.

der Krankenversicherungsträger stundete für lange Zeiträume die Beiträge.[22] Schlußendlich war das Konkursverfahren doch nicht abzuwenden, und nun stellte sich die Frage, ob die Stundung der Beiträge eine verbotene Beihilfe darstellt, weil ja schlußendlich eine Wettbewerbsverzerrung dadurch eingetreten war, daß dieser Spediteur, obwohl er schon konkursreif war, nur durch die Duldung der Krankenkasse seinen Geschäften nachgehen konnte, und damit andere am Markt befindliche Unternehmen, die korrekt ihre Beiträge zahlen mußten, in einer wettbewerbswidrigen Weise konkurrenziert wurden. Der EuGH hat, um das Ergebnis vorweg zu nehmen, diese Maßnahme als eine Beihilfe iSd des Art 87 Abs 1 EGV verstanden. Entscheidend sei die Frage, ob das begünstigte Unternehmen eine wirtschaftliche Vergünstigung erhielt, die es unter normalen Marktbedingungen nicht erhalten hätte. Grundlage dieser Prüfung ist im Beihilfenrecht immer der reasonable investors test.[23] Eine Beihilfe ist dann nicht zu beanstanden, wenn auch ein privater Investor die Beihilfe gegeben hätte. Ist das nicht der Fall, kann es sich um eine verbotene Beihilfe handeln. Im Ergebnis erachtete es der EuGH als höchst unwahrscheinlich, daß sich dieser Speditionsunternehmer durch ein Darlehen eines privaten Investors zu diesem Zeitpunkt noch hätte finanzieren können. Er hatte sich sohin durch die Stundung von Krankenkassenbeiträgen finanziert und diese stellen daher eine verbotene Beihilfe dar. Die Problematik dieser Entscheidung liegt auf der Hand, weil die Krankenversicherungsträger es mitunter dulden, daß Unternehmer mit ihrer Beitragszahlung im Rückstand sind und erst spät Konkursanträge stellen. Die Frage wird sich auch in Österreich stellen, ob dieses lange Zuwarten eine verbotene Beihilfe darstellt. Nach meinem Dafürhalten wird man von dieser Entscheidung des EuGH noch hören.

Die anderen Entscheidungen betreffen staatliche Unterstützungen für bestimmte Wirtschaftsbranchen oder wirtschaftliche Aktivitäten durch Begünstigungen auf der Beitragsseite. In der Rechtssache *Maribel*[24] ging es um Programme des Belgischen Königreiches, die zum Ziel hatten, bestimmte Branchen zu stützen, die besonders dem globalisierten Wettbewerb ausgesetzt waren. Nach verschiedenen Anpassungen der gesetzlichen Grundlagen konnten Unternehmen, die in einem dem internationalen Wettbewerb stark ausgesetzten Wirtschaftszweig tätig sind, von besonderen Ermäßigungen profitieren. Erfaßt waren die Sektoren Transport, Bergbau, Chemie, Metall und weitere Branchen der Industrie. Die Ermäßigung bei den Sozialbeiträgen belief sich je nach Größe des Betriebes auf bis zu 9.300 Belgische Franken pro Quartal. Die Kommission untersuchte die Programme, über die sie nicht informiert worden war und kam zum Schluß, daß die gewährte Ermäßigung der Sozialversicherungsbeiträge in den dem internationalen

---

22 Die in Österreich gepflogene Praxis der Stundung von Sozialversicherungsbeiträgen hat – abgesehen von der hier aufgezeigten europarechtlichen Problematik – zudem mit dem Problem zu kämpfen, daß Stundungen im Gesetz nicht vorgesehen sind. Vgl. dazu *Marhold* (1983), 243 ff.

23 *EuGH* Slg 1986; Vgl. dazu *Schütte/Hix* (1995), S. 223 f.; *Isak* (1999), S. 45 (vgl. dort Fußnote 141).

24 *EuGH*, 17. 6. 1999, Rs C-75/97, (Belgien/Kommission).

Wettbewerb am stärksten ausgesetzten Wirtschaftszweigen eine unzulässige staatliche Beihilfe darstellt, die mit dem gemeinsamen Markt unvereinbar ist. Der EuGH hat das bestätigt. Der EuGH kann zwar nur spezifische Beihilfen und nicht allgemeine Wirtschaftsbeihilfen prüfen, die unterschiedslos im gesamten Gebiet an die Industrie gewährt werden. Er ist jedoch befugt, sektorale Beihilfen zu prüfen und kam zum Ergebnis, daß hier eine sektorale Beihilfe vorliegt. In einer weiteren Entscheidung hatte der EFTA-Gerichtshof[25] die Beitragsgestaltung in Norwegen zu untersuchen. In Nordnorwegen wurden Betriebsansiedlungen dadurch gefördert, daß Sozialbeiträge durch Gesetz bzw. Verordnung niedriger festgesetzt wurden als im übrigen Staatsgebiet. Auch das wertete der EFTA-Gerichtshof als eine verbotene Beihilfe.

4. Grundfreiheiten

Nun sind es aber auch andere Grundfreiheiten, die das Sozialrecht massiv beeinflussen können. Sowohl die Freizügigkeit als auch die Dienstleistungsfreiheit können ein soziales Sicherungssystem verändern und zwar vor allem dort, wo ein Sozialleistungsträger als Nachfragender nach Dienstleistungen auftritt. Als Nachfragender nach Dienstleistungen darf er nicht nach der Staatsangehörigkeit oder nach dem Sitz der Dienstleistungsanbieter differenzieren. Die Diskussion um das Verhältnis von Dienstleistungsfreiheit zu sozialer Sicherung wurde durch die Entscheidungen in den Rechtssachen *Kohll & Decker*[26] ausgelöst. Dabei handelt es sich um zwei Luxemburger Versicherte. Der eine wollte ein Brillengestänge im Ausland erwerben, der andere wollte seine Tochter auf Kosten seines Luxemburger Versicherungsträgers in Trier behandeln lassen. In beiden Fällen stellte sich die Frage, ob die Dienstleistungsfreiheit des Art 49 EGV ein Parameter ist, den die nationalen sozialen Sicherungssysteme zu respektieren[27] haben. Besteht zumindest ein Kostenerstattungsanspruch in dem Umfang, den das nationale Recht heimischen Anbietern einräumt, wenn kein Vertragspartner des Krankenversicherungsträgers in Anspruch genommen wird, oder kann ein nationales Sicherungssystem die grenzüberschreitende Leistungserbringung aus dem Leistungsprogramm streichen mit der Folge, daß es für Leistungserbringung im Ausland keine Kostenerstattung gibt? Der EuGH hat in den Rechtssachen *Kohll & Decker* zweimal zu Gunsten der Dienstleistungsfreiheit entschieden und hat im Ergebnis den Luxemburger Träger dazu verpflichtet, Herrn *Decker* Kostenerstattung zu gewähren, als hätte er das Brillengestänge in Luxemburg gekauft und Herrn *Kohll* dazu berech-

---

25 *EFTA-GH* 20. 5. 1999, E-6/98, (Norwegen/ESA).

26 *EuGH* 28. 4. 1998, Rs C-120/95 und 158/96, (Kohl & Decker). Ausführlich zu dieser Problematik Palm (1999).

27 Zu diesem Verhältnis schon *Van Maydell* (1990), 276 ff; *Wachendorf* (1990), 191 ff; *Ritsche* (1992) 1 ff; *Bieback*, (1992), S. 61 ff; *Bieback* (1991), S. 178; *Block* (1989), S. 2.405 (2.409 f); *Marhold*, (1993), 451 ff.

tigt, Kostenerstattung von seinem Luxemburger Träger zu begehren, so, als hätte seine Tochter nicht in Trier, sondern in Luxemburg die entsprechende medizinische Behandlung erhalten. Die Entscheidung ist unter zwei Gesichtspunkten spannend. Der erste Gesichtspunkt ist die grenzüberschreitende Leistungserbringung. Da wir in Österreich nach nationalem Recht Kostenerstattung auch für Auslandsbehandlung kennen, treffen Österreich die Auswirkungen der EuGH-Rechtspechung kaum.[28] Problematisch wirkt sich die Entscheidung auf das deutsche Recht aus, weil dieses, ausgehend von einem System der Sachleistungserbringung, mit einem System der Kostenerstattung nicht zu Recht kommt[29]. Daß es Systeme gibt, die durch Sachleistungserbringung versuchen, die Kosten zu dämpfen und die durch Kostenerstattung in ihrer finanziellen Gebarung empfindlich gestört sein könnten, ist durchaus ernst zu nehmen. Ich bin trotzdem auf der Seite der Dienstleistungsfreiheit. Dennoch ist es keineswegs absurd, wenn deutsche Krankenversicherungsträger hier Bedenken äußern. Die zweite Frage ist die, ob das System grenzüberschreitender Dienstleistungsfreiheit auch für Spitalsbehandlungen gilt. Der Generalanwalt hat in seinen Schlußanträgen zu *Kholl & Decker* ausgeführt, daß es für Spitäler wegen der komplexen Spitalsfinanzierung nicht gelten könne. Der EuGH hat diesen Satz in das Urteil nicht aufgenommen[30]. Nun können wir darüber philosophieren, was das bedeuten soll. Wahrscheinlich wird man nicht mehr sagen können, daß sich der EuGH noch nicht festlegen wollte. Wäre Kostenerstattung auch für Auslandskrankenbehandlung in Krankenanstalten zu leisten, dann stellt sich die Frage, zu welchen Sätzen, an welchem Standort, in welchem vergleichbaren österreichischen Spital[31]. Das ist noch ein offenes Thema. Nach meinem bescheidenen Dafürhalten wird sowohl die Warenverkehrsfreiheit als auch die Dienstleistungsfreiheit von den Krankenkassen wesentlich zu gering genutzt wird, um Preisvorteile gegenüber ihren Vertragspartnern zu erwirken. Wir haben einmal diskutiert über die Parallelimporte[32] im Arzneimittelsektor, eine Diskussion, die so rasch wieder eingeschlafen ist wie sie entflammt ist, obwohl hier Preisvorteile zu erzielen wären. Heilbehelfe müssen nicht in Österreich eingekauft werden, man kann europaweit den Wettbewerb der Anbieter nützen und auch als Krankenversicherungsträger Vorteile aus dem gemeinsamen Markt ziehen. Meines Erachtens sind die Krankenkassen wegen des Gebots der Zweckmäßigkeit, Sparsamkeit und Wirtschaftlichkeit der Verwaltung sogar dazu verpflichtet.

---

[28] Ausführlich dazu *Marhold* (1992), S. 13; *Marhold* (1992), 207 ff.

[29] Deswegen schlägt Generalanwalt *Damaso* Ruiz-Jarabo in der Rs C-157/99 vom 18.5.2000 dem Gerichtshof vor, im Niederländischen Recht der Krankenversorgung keine Dienstleistungsfreiheit zuzulassen.

[30] Dazu *Marhold* (1999), S. 53.

[31] Vgl. *VwGH* 26. 2. 1987, 84/08/0237; vgl. dazu auch die Anmerkungen von *Dusak* (1989), S. 28; sowie *Marhold* 1992, S. 17 ff.

[32] Vgl. *Reich* (1984), S. 2000.

Literatur

Berg, W. (2000): Neue Entscheidungen des EuGH zur Anwendung des EG-Kartellrechts im Bereich der sozialen Sicherheit, Europäische Zeitschrift für Wirtschaftsrecht, 11. Jg., Heft 6, S. 170-173.

Bieback K.-J. (1992): Soziale Sicherheit für den Fall der Krankheit und Mutterschaft, Europäisches Sozialrecht, Schriftenreihe des deutschen Sozialrechtsverbandes, Bd. 36, S. 51-69.

Bieback K.-J. (1991): Einführender Diskussionsbeitrag, in: Schulte B., Zacher H. F. (Hrsg.): Wechselwirkungen zwischen dem europäischen Sozialrecht und dem Sozialrecht der Bundesrepublik Deutschland, Berlin, S. 177-188.

Block, E. (1989): Auswirkungen des Europäischen Binnenmarktes auf die gesetzliche Krankenversicherung, Betriebsberater, Heft 35/36, S. 205-210.

Bogaerd, P., S., van den (1997): The consequences of European Competition Law for national health policies, Antwerpen.

Burgi, M. (1997): Die öffentlichen Unternehmen im Gefüge des primären Gemeinschaftsrechts, Europarecht, 32 Jg., Heft 3, S. 261-290.

Dusak, I. (1989): Anmerkungen zur Entscheidungen des VwGH 26. 2. 1987, 84/08/0237, Zeitschrift für Arbeitsrecht und Sozialrecht, 24. Jg., Heft 1, S. 28-34.

Egger, J. (1990): "Sozialabbau" nach einem EG-Beitritt Österreichs?, Das Recht der Arbeit, Nr. 2, S. 327-333.

Egger, J. (1993): Das Arbeits- und Sozialrecht der EG, Wien.

Eichenhofer, E. (1991): Das Arbeitsvermittlungsmonopol der Bundesanstalt für Arbeit und das EG-Recht, Neue Juristische Wochenschrift, 44. Jg., Heft 45, S. 2.857-2.860.

Harrer, M., Strasser, R. (1990): Das Sozialrecht der Europäischen Gemeinschaften und mögliche Auswirkungen auf Österreich, Wiso-Sonderband, Linz.

Isak, H. (1999): Ausgliederung - Privatisierung - Beleihung. Bedingungen und Grenzen des Gemeinschaftsrechts, in: Achatz, M., Isak, H., Marhold, F. (Hrsg.), Privatisierung, Wien, S. 11-60.

Ivansits, H. (1989): Die Auswirkungen der EG-Verordnungen über soziale Sicherheit auf das österreichische Sozialversicherungsrecht, Das Recht der Arbeit, Nr. 1, S. 16-28.

Kirschbaum R. M. (1992): Soziale Sicherheit in der EG - dargestellt am Beispiel der Arbeitslosenversicherung, Wien.

Linka, G., Spiegel B. (1991): Welche Auswirkungen hätte das EG-Recht auf das österreichische System der sozialen Sicherheit?, Soziale Sicherheit, Heft 2, S. 51 - 72.

Marhold, F. (1983): Unternehmenssanierung und Sozialversicherung, in: Ruppe, H.-G. (Hrsg.): Rechtsprobleme der Unternehmenssanierung, Wien, S. 223-256.

Marhold, F. (1992): Der Behandlungsanspruch des sozialversicherten Patienten, in: Schrammel, W. (Hrsg.): Rechtsfragen der ärztlichen Behandlung, S. 1-25.

Marhold, F. (1992): Internationale Krankenbehandlung nach österreichischem Recht, in: Crijns, L. (Hrsg.): Liber in memoriam Veldkamp, Reeks sociale zekerheidsweitenschap, Rapporten No. 19, Tilburg, S. 207-220.

Marhold, F. (1993): Europäischer Wettbewerb im Gesundheitswesen, in: Tomuschat, Chr. et al., (Hrsg.): Europäische Integration und nationale Rechtskulturen, S. 451-462.

Marhold, F. (1993): Europäisches Wettbewerbsrecht für öffentliche Unternehmen, in: Enzinger, M. (Hrsg.): Aktuelle Probleme des Unternehmensrechts, Wien, S. 645-659.

Marhold, F. (1998): Das Europäische Wirtschaftsrecht und die Gesundheitsleistungen – Auswirkungen, in: Palm, W. (Hrsg.): Gesundheitsleistungen ohne Grenzen in der Europäischen Union, Luxemburg, S. 48-54

Maydell, B. (1990): Kuren in Deutschland und im Ausland, Heilbad und Kurort, Nr. 9/10, S. 276-280.

Novak, M., (1998): Eine einheitliche Dogmatik der Grundfreiheiten und ihre Auswirkungen auf das Europäische Sozialrecht, Dissertation, Graz.

Krejci, H. et al. (Hrsg.): Rechtsdogmatik und Rechtspolitik im Arbeits- und Sozialrecht, Wien 1998.

Palm, W. (1999):, (Hrsg.): Gesundheitsleistungen ohne Grenzen in der Europäischen Union.

Pieters, D. (1997): Towards a Radical Simplification of the Social Security Coordination, in: Schoukens, P. (Hrsg.): Prospects of Social Security Coordination, Leuven, S. 177-223.

Pieters, D., (1998): The Consequences for European Competition Law for national health policies, in: Krejci, H., et al., (Hrsg.): Rechtsdogmatik und Rechtspolitik im Arbeits- und Sozialrecht, Wien, S. 603-622.

Rabanser, W., (1991): Der Anwendungsbereich der EWG-VO 1408/71 in der Rechtsprechung des Gerichtshofes der Europäischen Gemeinschaften und ihre daraus folgende Anwendbarkeit im Österreichischen Sozialrecht im Falle eines EG-Beitritts Österreichs, Dissertation, Innsbruck.

Reich, N. (1984): Parallelimporte von Arzneimitteln nach dem Recht der Europäischen Gemeinschaft, Neue Juristische Wochenschrift, 37. Jg., Heft 36, S. 2000-2005.

Ritsche, H. (1992): Wettbewerbssituation der deutschen Heil- und Kurorte im EG-Binnenmarkt, Die Angestelltenversicherung, Nr. 1, S. 1-6.

Rotter, M. (1993): Arbeitsvermittlung und Europarecht, in: Jabornegg, P., (Hrsg.): Festschrift der Professoren der Rechtswissenschaftlichen Fakultät der Johannes-Kepler-Universität Linz für Rudolf Strasser zum 70. Geburtstag, Wien, S. 297-307.

Runggaldier, U. (1991): Arbeitsvermittlungsmonopol EG-widrig?, Recht der Wirtschaft, Heft 8, S. 237-239.

Schulte, B. in: Fux, M. (Hrsg.): Nomos Kommentar zum Europäischen Sozialrecht, Art 1-12; 94-95a der VO 1408/71.

Schütte M., Hix, J.-P. (1995): The application of the EC state aid rules to privatisation: The East German example, Common Market Law Review, Vol. 32, S. 115-248.

Stambach Chr. (1999): Abgrenzung von staatlichen Beihilfen und allgmeinen Maßnahmen in der Sozialversicherung, European Law Review, Heft 7, S. 282-285.

Tettinger, P., J. (1994): Die öffentlichen Unternehmen im primären Gemeinschaftsrecht unter besonderer Berücksichtigung der Energiewirtschaft, Deutsches Verwaltungsblatt, 109. Jg., S. 88-94.

Vanas, N. (1992): Szenarien der gesetzlichen Krankenversicherung im EG-Binnenmarkt, Soziale Sicherheit, Nr. 2, S. 61-71.

Wachendorf, U. S. (1990): Stand der Heilbäder in der Europäischen Wirtschaftsgemeinschaft, Heilbad und Kurort, Nr. 7, S. 191-193.

Weinmeier, E. 1994): Freizügigkeit und Sozialpolitik im EWR und ihre Umsetzung im österreichischen Recht, Wien.

Wetscherek, E. (1993): Der Beitritt Österreichs zum EWR - Auswirkungen auf die soziale Pensionsversicherung, Zeitschrift für Arbeits- und Sozialrecht, 28. Jg., Heft 1, S. 15-18

Zacher, *H.F.* (1991): Wechselwirkungen zwischen dem Europäischen Sozialrecht und dem Sozialrecht der Bundesrepublik Deutschland – Einführungsreferat aus sozialrechtlicher Sicht, in: Schulte, B., Zacher H. F., (Hrsg.): Wechselwirkung zwischen dem Europäischen Sozialrecht und dem Sozialrecht der Bundesrepublik Deutschland, S. 11 - 26.

Ziniel, G. (1990): Sozialrecht: Österreich/EG, Soziale Sicherheit, Nr. S. 7-8, 367-372.

Globalisierung und Strukturwandel: Droht das Ende des Sozialstaates?

Norbert Berthold
Oliver Stettes

Zusammenfassung: *Der Prozeß der Globalisierung wird vielfach dafür verantwortlich gemacht, daß die nationalen Regierungen nicht mehr in der Lage sind soziale Absicherung in der adäquaten Form anzubieten. Dieser Beitrag spricht die Notwendigkeit der Reform des Wohlfahrtsstaates an, um der steigenden Notwendigkeit für soziale Absicherung und Umverteilung gerecht zu werden. Aber die Probleme des deutschen Wohlfahrtsstaates sind eher auf seine Konstruktionsfehler als die steigende Bedeutung des internationalen Handels und der Faktormobilität zurückzuführen. Die Globalisierung erweitert die Exit-Optionen jener, die vom individuellen und kollektiven Moral Hazard negativ betroffen sind und stärkt damit gleichzeitig deren Stimme im politischen Wettbewerb. Aus dieser Sicht wird der Umbau des Sozialstaates durch die internationale Integration möglicherweise erleichtert. Im Beitrag werden Reformvorschläge herausgearbeitet, wie die Ziele Effizienz und Gerechtigkeit gleichzeitig erreicht werden könnten.*

1. Einleitende Bemerkungen

Die Verflechtung zwischen den Ländern nimmt mehr und mehr zu. Der Kapital- und Güterverkehr zwischen den Staaten steigt, und einst rein nationale Unternehmungen fusionieren oder kooperieren mit ausländischen Partnern. Es bilden sich multinationale Konzerne. Globalisierung ist das Schlagwort für einen Prozeß, welcher das weltweite Zusammenwachsen von Güter- und Faktormärkten beschreibt. Drei Entwicklungen gelten als Markenzeichen dieses Prozesses. Das Volumen des Welthandels hat sich erstens seit dem Ende des Zweiten Weltkrieges schneller ausgeweitet, als die Weltproduktion gewachsen ist. Daneben sind zweitens die Direktinvestitionen der Unternehmungen in anderen als ihren Heimatstandorten kontinuierlich angestiegen. Sogenannte "Global Players" treiben die Verflechtung voran. Drittens ist das Transaktionsvolumen auf den Finanzmärkten spätestens seit den 80-Jahren global explodiert. So ist bspw. das Verhältnis von internationalen Anleihe- und Aktientransaktionen zum Bruttoinlandsprodukt in

Deutschland von 7,5 Prozent (1980) um mehr als das Zwanzigfache auf beinahe 170 Prozent (1995) angestiegen.[1]

Dieser Prozeß verwandelt die Welt grundlegend, doch im Grunde ist die Globalisierung viel älter. Erst Mitte der 70-Jahre lag das Verhältnis zwischen Welthandel und Weltproduktion auf dem Niveau der Zeit vor dem Ersten Weltkrieg.[2] Allein während der großen Depression von 1929 bis 1933 sank das Weltimportvolumen um zwei Drittel.[3] Die Entwicklung der letzten drei bis fünf Jahrzehnte korrigiert somit nur die weltwirtschaftliche Desintegration und die Autarkiebestrebungen in der ersten Hälfte unseres Jahrhunderts. Im Unterschied zu der Zeit vor hundert Jahren sind jedoch die weißen Flecken auf der Handelskarte zunehmend kleiner geworden. Die Welt wächst nun tatsächlich zusammen. Aber auch die Mobilität des Faktors Arbeit unterscheidet sich, sie liegt heute deutlich niedriger. Einwanderungswellen wie jene in den letzten Jahrzehnten des 19. Jahrhundert sind aus politischen Gründen nicht zu erkennen.

Die Triebkräfte, welche die Globalisierung voranpeitschen, sind hinlänglich bekannt. Technischer Fortschritt in den Bereichen Verkehr sowie Information und Kommunikation hat die Distanzkosten rapide gesenkt. Transaktionen können in Sekundenschnelle vereinbart und abgewickelt werden. Der schnelle Informationsfluß erhöht die Transparenz der Märkte. Auf der politischen Bühne haben Liberalisierung und Deregulierung die Märkte geöffnet; Kapital und Güter können zunehmend ungehinderter fließen. Das GATT und die nachfolgende WTO sind an dieser Stelle zu nennen, aber auch die voranschreitenden Deregulierungs-, Liberalisierungs- und Privatisierungsbestrebungen innerhalb der einzelnen Länder in weiten Teilen ihrer Volkswirtschaften.

2. Der Sozialstaat in der Krise

Das wirtschaftliche Gefüge in Deutschland ist parallel dazu wie in den anderen industrialisierten Länder seit nunmehr einem Vierteljahrhundert für alle wahrnehmbar in Bewegung geraten. Die jahrelang empfundene Ruhe der Nachkriegszeit mit Wirtschaftswunder und stetigem Wachstum des Massenwohlstandes ist dahin. Der Strukturwandel im Gewand von technischem Fortschritt und Globalisierung erschüttert die Grundfesten von Volkswirtschaften; darunter Institutionen, welche auf der einen Seite auserkoren waren, effizientes Wirtschaften zu gewährleisten und zu fördern sowie auf der anderen Seite gesellschaftlich unerwünschte Nebenwirkungen abzufedern oder zu verhindern suchten. Der traditionelle Sozialstaat deutscher Prägung, zu einer Zeit aus der Taufe gehoben, in welcher ebenfalls gravierende tektonische Verschiebungen in der Wirtschaftsstruktur zu beobachten

---

1 Vgl. *Beyfuß et al.* (1997), S. 48.

2 Vgl. *Krugman* (1995a), S. 331.

3 Vgl. *Siebert* (1997), S. 4.

waren, galt und gilt vielen mit seinen Systemen der Sozialversicherungen und der Umverteilung als Krönung bei der Absicherung von Lebensrisiken und Aufrechterhaltung der sozialen Kohäsion einer Gesellschaft im Wandel.

2.1 Beschäftigungskrise und drohender Infarkt des Sozialstaates: Ein Zufall?

Doch ausgerechnet dieser Sozialstaat ist in einer Zeit in die Krise geraten, wo er seine eigentliche Kraft entfalten sollte. Die materielle Unsicherheit wächst, die Ungleichheit nimmt zu.[4] In Deutschland hat seit Anfang der 70er Jahre die Arbeitslosigkeit sukzessive zugenommen und wird als das vordringlichste wirtschaftspolitische Problem diskutiert. Nach Schätzungen des *Sachverständigenrates* sind mittlerweile mehr als sechs Millionen Menschen in Deutschland offen oder verdeckt ohne eine Beschäftigung.[5] Der Sozialstaat hängt aber an dem Tropf der Arbeitsmarktentwicklung, seine finanziellen Wurzeln drohen demzufolge auseinanderzureißen, sollte der Beschäftigungstrend nicht umgekehrt werden. Nicht umsonst hat deshalb die derzeitige Bundesregierung die Reduzierung der Arbeitslosigkeit zum Lackmustest ihrer Regierungstätigkeit erhoben. Der Königsweg zur Lösung der Probleme der Systeme der sozialen Absicherung erscheint denkbar einfach: Bessert sich die Lage auf dem Arbeitsmarkt, ist die Gefahr des Entgleisens für den Sozialstaat fürs Erste gebannt.

So einfach der Lösungsansatz, so schwierig ist seine Umsetzung. Eine erfolgreiche Politik zur Revitalisierung des Arbeitsmarktes bedarf einer korrekten Diagnose der Ursachen für die Beschäftigungsmisere. Die Erfahrungen der Vergangenheit zeigen jedoch, daß an dieser Stelle bereits der erste Flaschenhals auftaucht. Konzentrierten sich die arbeitsmarktpolitischen Programme der 70-Jahre noch überwiegend auf die Beseitigung einer vermeintlich keynesianischen Arbeitslosigkeit, so hat sich mittlerweile die Erkenntnis durchgesetzt, daß der zu verzeichnenden Arbeitslosigkeit in allen OECD-Ländern überwiegend strukturelle Ursachen zu Grunde liegen.[6] Nachfrageorientierte Strategien führten und führen deshalb in die Sackgasse und verpufften, wenn implementiert, nach allenfalls kurzzeitigen Verbesserungen.

Die tiefgreifenden Veränderungen im letzten Vierteljahrhundert haben den Arbeitsmärkten hohe Anpassungslasten aufgebürdet. Allein die Anerkennung des Krankheitsbildes, daß sektorale, regionale oder qualifikationsspezifische Beschäftigungsprobleme zu den Begleiterscheinungen des Strukturwandels gehören, reicht noch lange nicht aus, um eine adäquate Therapie zu konzipieren. Die wahren Hintergründe werden im politischen Umfeld bewußt oder in dem Geflecht der

---

4 Die zunehmende Ungleichheit ist insbesondere in den angelsächsischen Ländern angewachsen, währende in Kontinentaleuropa die Arbeitslosigkeit stetig angestiegen ist. Vgl. *Krugman* (1995a); *Kosters* (1994).

5 Vgl. *Sachverständigenrat* (1999).

6 Vgl. *OECD* (1998).

Interessengruppen gezwungenermaßen ignoriert. Der institutionelle Rahmen in Deutschland, zu dem auch der Sozialstaat gehört, ist weitgehend von der Spurensuche verschont geblieben, allenfalls marginal tangiert worden. Statt dessen glaubt man vieler Ortens in der Globalisierung den Virus gefunden zu haben, welcher den Arbeitsmarkt befallen hat, die Beschäftigungssituation vergiftet und damit den Sozialstaat nachhaltig gefährdet.

2.2 Globalisierung als Totengräber des Sozialstaates: Ein berechtigter Vorwurf?

Die Globalisierung schürt in weiten Kreisen Ängste; Rekordgewinnen von Unternehmungen auf der einen Seite stehen geschlossene Fabriktore und verlassene Werkbänke auf der anderen Seite gegenüber. Die Öffnung der Volkswirtschaften Südostasiens sowie die Rückkehr der lateinamerikanischen Staaten und der Reformstaaten Ost- und Mitteleuropas in den weltweiten Handel integriert mit mehr als zwei Milliarden Menschen ein Drittel der Weltbevölkerung in das bereits existierende System der internationalen Arbeitsteilung. Alle suchen Arbeit. Für viele scheint das Aus für eine international tief integrierte Wirtschaft wie die Deutschlands und seiner Arbeitskräfte vorprogrammiert: Billiganbieter aus den aufstrebenden Nationen konkurrierten Unternehmungen aus den Industrienationen aus dem internationalen Wettbewerb. Letztere könnten sich nur halten, indem sie versuchten, verlorengegangene Marktanteile von Wettbewerbern in anderen Industriestaaten durch Schmutzkonkurrenz oder Übernahmen zurückzugewinnen. Eine Abwärtsspirale setzte sich damit in Gang. Niedergehende Industriezweige, zur Aufgabe gezwungene oder abwandernde Betriebe und seit mehr als dreißig Jahren stetig wachsende Arbeitslosenzahlen gelten vielen als Beleg, daß diese Umwälzungen auf den Prozeß einer zunehmenden internationalen Verflechtung zurückzuführen sind.

Jetzt wäre eigentlich die Stunde für den Sozialstaat deutscher bzw. europäischer Prägung gekommen. Doch die Globalisierung mache auch diese Hoffnung zunichte, so die Gegner einer intensiven weltwirtschaftlichen Integration. Der Druck des internationalen Wettbewerbes erodiere die finanzielle Basis der sozialen Sicherung durch die fortschreitende Vernichtung von Arbeitsplätzen und der Abwanderung mobiler Produktionsfaktoren einerseits und die Einrichtung von Beschäftigungsverhältnissen abseits der Sozialversicherungspflicht andererseits. Soziale Standards, in einem Jahrhundert mühevoll erkämpft und den Marktkräften abgetrotzt, würden durch Standortverlagerungen der Unternehmungen in das Ausland ausgehöhlt, die Belegschaften an heimischen Standorten erpreßbar. Die Profiteure dieses Prozesse entzögen sich durch Abwanderung ihrer Verantwortung für eine gerechte Verteilung des Wohlstandes. Der Sozialstaat gerate seinerseits als Opfer in die Klauen der zunehmenden internationalen Integration. In einer globalisierten Wirtschaft sei für ihn kein Platz, so die Befürchtung.

Doch dieses Bild trügt, der heutige Sozialstaat mit seinem hohen Grad an Zentralisierung und weitreichenden Regulierungen entpuppt sich als Januskopf. Es ist völlig richtig, daß durch die zunehmende internationale Verflechtung die Anfälligkeit des Sozialstaates gegenüber exogenen Schocks gestiegen ist; die gewählte Finanzierungsstruktur macht ihn auf diese Weise zum Opfer. Dies ist aber lediglich die unschuldig lächelnde Gesichtshälfte. Die Konzeption des Sozialstaates eröffnet den Tarifpartnern, den Politikern und seinen Mitgliedern die Möglichkeit, eigene Anpassungslasten oder die ihrer Klientel auf Dritte abzuwälzen. Die mangelnde Funktionsfähigkeit von Güter- und Faktormärkten ist mehr und mehr auf sozialstaatlich getarnte Eingriffe zurückzuführen, deren Nebenwirkungen die Grenzen der Tragfähigkeit längst überschritten haben. Das lächelnde Gesicht wird zur Grimasse. Der zentralistische Sozialstaat deutscher Prägung ist ein wichtiger Baustein im Mosaik eines institutionellen Mismatches in der gegenwärtigen Wirtschaftsordnung in Deutschland.

Der Sozialstaat ist inhärent instabil und verödet seine Lebensbahnen selber durch das Fehlen des Äquivalenzprinzips in den Systemen der Sozialversicherungen sowie durch die Intransparenz einer diskretionären Redistributionspolitik. Die wahrgenommene Krise ist deshalb viel weniger auf exogene Schocks zurückzuführen als auf die vielfältigen Konstruktionsfehler. Wirtschaftliche Umbrüche wie die Globalisierung offenbaren diese Konzeptionsdefizite und legen die Nebenwirkungen rentensuchenden Verhaltens offen, indem sie den Leidtragenden die Möglichkeiten des „exit" eröffnen. Wirtschaftliche Umbrüche sind deshalb eine Chance zur Konsensfindung über die Aufgaben des Sozialstaates. Unter stabilen Verhältnissen zwingt der Sozialstaat die Opfer von Rent-seeking dagegen zum Gang in die Illegalität, wie etwa Schwarzarbeit und Steuerflucht, zum Verzicht auf wirtschaftliche Aktivität oder zum Erdulden der Ausbeutung durch Dritte. Alle drei Folgen beinhalten jedoch eine Verschwendung von Ressourcen, von einer Verletzung des Postulates nach sozialer Gerechtigkeit ganz zu schweigen.

Der Sozialstaat ist also Opfer und Täter zugleich, seine Institutionen scheinen den Veränderungen auf den Faktor- und Gütermärkten nicht nur zunehmend weniger gerecht zu werden, sondern die Lasten mitzuverschulden. Das geschieht in einer Zeit, in der seinem Leistungskatalog mit der Bereitstellung der Güter „Sicherheit" (Absicherung gegen die Wechselfälle des Lebens, wie Arbeitslosigkeit, Krankheit, Pflegebedürftigkeit und Alter) und „Gerechtigkeit" (Kampf gegen die Armut, gleichmäßigere Einkommens- und Vermögensverteilung) eine steigende Bedeutung zukommt.[7]

---

7 Vgl. *Berthold* (1997), S. 8.

3. Die Nachfrage nach Sicherheit und Gerechtigkeit im Zeitalter von Globalisierung und Strukturwandel

Das zunehmend unsichere wirtschaftliche Umfeld hat die Situation auf den Arbeitsmärkten deutlich verändert. Die abgeleitete Arbeitsnachfrage der Unternehmungen wird destabilisiert.[8] Das Optimierungsverhalten der Unternehmungen führt unter diesen Bedingungen dazu, daß für jeden gegebenen Reallohn die nachgefragte Beschäftigung über alle Qualifikationsstufen geringer ausfällt; die Arbeitsnachfragekurve verschiebt sich nach links. Die Unternehmungen sind nur noch bereit, dieselbe Zahl an Arbeitsplätzen anzubieten, wenn die Reallöhne sinken oder die Arbeitsproduktivität steigt.

3.1 Volatileres wirtschaftliches Umfeld: mehr Nachfrage nach Sicherheit

Die größere Unsicherheit kann auf verschiedene Faktoren zurückgeführt werden. Der Wettbewerb auf internationalem Parkett ist sowohl auf Güter- als auch auf Kapitalmärkten intensiver geworden. Im Verbund mit Direktinvestitionen und Güterhandel werden Technologien und Know-How transferiert. Der Strukturwandel und der technische Fortschritt entwickeln sich aus diesem Grunde schneller. Die Unternehmungen versuchen, sich durch Kosten-, Wissens- und Technologievorsprünge von ihren Konkurrenten im In- und Ausland abzusetzen. Es entstehen in einem immer schnelleren Tempo neue Produkte, neue Produktionsverfahren, neue Organisationsformen und neue Unternehmenskulturen. Junge Unternehmungen treten in den Markt ein, alte verschwinden. Kürzere Produktlebenszyklen mit wechselnden Standortanforderungen auf der einen Seite und veränderten Standortvorteilen auf der anderen Seite erhöhen den Anpassungsdruck auf die etablierten Unternehmungen. Der Prozeß der „schöpferischen Zerstörung" nimmt insgesamt an Fahrt auf.

Eine zunehmende internationale Integration erhöht zudem grundsätzlich das Risiko, von exogenen Schocks getroffen zu werden. Setzt sich dabei der Trend weiter durch, daß sich Unternehmungen verstärkt auf solche Geschäftsfelder spezialisieren, in welchen ihre Kernkompetenzen liegen, steigt die Wahrscheinlichkeit, daß negative branchenspezifische Veränderungen auf die Geschäftsentwicklung einer Unternehmung härter durchschlagen.[9] Unstete, nicht in ausreichendem Maße koordinierte nationale Geld- und Fiskalpolitiken haben dazu beigetragen, daß seit dem Zusammenbruch des Systems von Bretton-Woods die Wechselkurse

---

8 Vgl. *Bertola/Ichino* (1995).

9 Eine stärkere Spezialisierung ist aus der Sicht der Märkte zu begrüßen. Die Risikodiversifizierung sollte statt dessen den Kapitalgebern selbst überlassen bleiben.

bisweilen stark schwankten. Die Kalkulation von Preisen und Investitionsplanungen werden erschwert. Im Ergebnis ist das Umfeld für eine einzelne Unternehmung deutlich volatiler als noch vor dreißig Jahren, die Unsicherheit größer. Die Arbeitsnachfrage sinkt, das Risiko der Arbeitslosigkeit für die Beschäftigten aller Qualifikationsstufen nimmt deshalb zu. Die Nachfrage nach Sicherheit steigt.[10]

3.2 Intra-sektoraler Strukturwandel: Mehr Nachfrage nach Gerechtigkeit

Einmal investiertes Realkapital ist zwar in der Regel räumlich gebunden, dies gilt aber nicht für künftige Erweiterungs- oder Ersatzinvestitionen. Die Unternehmungen sind mehr und mehr in der Lage, auf eine Veränderung in der Standortgunst durch Abwanderung zu reagieren ("footloose industries"). Dabei spielt es keine Rolle, ob andere Standorte an Attraktivität zu gewinnen oder der alte verliert. Im Unterschied zu früher erodiert der Strukturwandel in der industrialisierten Welt zunehmend die Bedeutung der natürlich gegebenen Standortfaktoren. Die Wichtigkeit der institutionellen Rahmenbedingungen und daraus abgeleiteter komparativer Vorteile ("acquired comparative advantage")[11] steigt dagegen. Im Wettbewerb zwischen Regionen und Ländern um den mobilen Faktor Kapital können geschaffene Standortbedingungen kopiert werden, Erfolgsmuster übernommen und verbessert werden. Die Länder buhlen mit gleichen Mitteln um die Gunst von Investoren, die komparativen Vorteile werden kaleidoskopischer.[12] "Competitive advantages" können nur bei einer permanenten Weiterentwicklung des Standortes dauerhaft erhalten bleiben.[13]

Die Arbeitsnachfrage wird durch die zusätzlichen Standortalternativen infolge der Globalisierung elastischer,[14] Mengen- und Preisreaktionen werden heftiger. Sind die Reallöhne aber rigide, fallen die Beschäftigungseinbußen bei einem negativen Schock, welcher eine Absenkung der Reallöhne auf das Niveau der gesunkenen Produktivität erfordert, erheblich größer aus als noch unter den Bedingungen wie vor einigen Jahren.[15] Die Anpassungslasten werden von den Unternehmungen an deren Belegschaften durchgereicht. Unterschiedliche Entwicklungen in den diversen Wirtschaftszweigen sorgen dafür, daß das Ausmaß der Auswirkungen für Unternehmung und Beschäftigte differenziert anfallen. Die Einkommensverteilung zwischen den Branchen wird ungleicher. Die Nachfrage nach Gerechtigkeit steigt im intersektoralen Strukturwandel.

Die Anpassungslasten des Strukturwandels verteilen sich nicht gleichmäßig auf alle Erwerbstätigen. Sie sind nämlich insbesondere für Beschäftigte mit einem

---

10 Vgl. *Berthold* (1999).
11 Vgl. *Siebert* (1997), S. 181; *Porter* (1990).
12 Vgl. *Bhagwati/Dehejia* (1994).
13 Vgl. *Porter* (1990), S. 75.
14 Vgl. *Rodrik* (1997).
15 Vgl. *Berthold/Thode* (1998).

niedrigen Niveau solcher Qualifikationen groß, welche im Zuge des voranschreitenden intrasektoralen Strukturwandels von den Unternehmungen aktuell nachgefragt werden. Von dieser Entwicklung sind insbesondere Niedrigqualifizierte betroffen. Deren standardisierte Tätigkeiten fallen entweder dem technischen Fortschritt zum Opfer, welcher die Arbeitswelt grundlegend verändert,[16] oder werden in die Schwellen- und Entwicklungsländer verlagert.[17]

Die Folge ist entweder eine höhere Arbeitslosigkeit unter gering qualifizierten Beschäftigten[18] oder eine zunehmende Ungleichheit der Markteinkommen zwischen den Qualifikationsstufen. Auf der einen Seite können Geringqualifizierte ihre Kenntnisse und Fähigkeiten nicht mehr im Arbeitsprozeß anbringen, so daß ihre Verdienste sinken, auf der anderen Seite ist ihnen der Weg zum Aufbau neuen marktverwendungsfähigen Humankapitals weitestgehend verbaut.[19] Sie werden damit zu systematische Verlierern des Strukturwandels. Die unterschiedlichen Möglichkeiten zur Akkumulation von Humankapital während des Lebenszyklus führen Hoch- und Geringqualifizierte und damit Gewinner und Verlierer des intrasektoralen Strukturwandels nicht nur auf unterschiedliche Einkommenspfade, sondern auch zu divergierenden. Der selbst verstärkende Prozeß polarisiert die Gesellschaft, die Nachfrage nach Gerechtigkeit steigt.

Ob nun der technische Fortschritt, ein dadurch verändertes Nachfragemuster oder doch die Globalisierung den inter- und intrasektoralen Strukturwandel als originäre Kraft antreiben und damit die Verschiebungen der Arbeitsnachfrage bedingen, ist empirisch umstritten.[20] Die Dominanz des intraindustriellen Handels zwischen den industrialisierten Staaten deutet aber eher auf einen begrenzten Einfluß der Globalisierung hin.[21] Bei dieser Form des Güteraustausches gewinnen aber auch die Geringqualifizierten, die negativen Befürchtungen wären grundlos.[22] Eine eindeutige empirische Lösung dieser Frage ist angesichts der Interdependenzen zwischen technischen Fortschritt und Globalisierung aber fraglich. Für die Geringqualifizierten spielt die Diskussion um Henne oder Ei ohnehin nur eine untergeordnete Rolle.

---

16 Dazu zählen insbesondere die zunehmende Automation der Fertigung, die projekt- bzw. teamorientiertere Ausrichtung der Unternehmensorganisation, die Herstellung von Modulen oder vollständiger Komponenten bzw. die flexible Spezialisierung als postfordistisches Produktionsparadigma.

17 Vgl. *Alic* (1997).

18 Vgl. zur empirischen Evidenz *Paque* (1995).

19 Die Partizipation an Fort- und Weiterbildungsmaßnahmen beschränken sich in der Regel auf Hochqualifizierte. Vgl. *Davis* (1996); *Düll/Bellmann* (1998); *Pfeiffer* (1997).

20 Vgl. *Iversen/Cusack* (1998); *Ramaswamy/Rowthorn* (1997); *Wood* (1995); *Saeger* (1997).

21 Vgl. *Krugman* (1995b).

22 Vgl. *Helpman/Krugman* (1985), S. 190ff.

4. Der Sozialstaat als Anbieter von Gerechtigkeit

Der Strukturwandel im Gewand des technischen Fortschrittes, veränderter Präferenzen und der Globalisierung läßt Geringqualifizierte als systematische Verlierer im Modernisierungsprozeß einer reifen Volkswirtschaft zurück. Die Nachfrage nach Sicherheit und Gerechtigkeit weitet sich durch die wachsende Ungleichheit bei Markteinkommen und Beschäftigungsperspektiven aus. Wer aber in einer marktwirtschaftlichen Ordnung sowohl eine höhere Absicherung der Lebens-, Erwerbs- und Einkommensrisiken als auch die Wahrung der Chancen auf ein würdiges Leben wünscht, steht erst einmal selbst in der Pflicht.[23] Das Subsidiaritätsprinzip verlangt, daß der Sozialstaat erst in die Bresche springt, wenn die eigenen Anstrengungen, gemeinnützige Organisationen oder Marktlösungen nicht ausreichen. Er steht dabei im Spannungsfeld zwischen Effizienz und Gerechtigkeit, wobei zwischen den beiden Zielgrößen in vielen Fällen ein unüberwindbarer trade-off gesehen wird.

Die ökonomische Analyse stützt diese pessimistische Vision glücklicherweise nicht. Im Gegenteil, sie zeigt vielmehr, daß es einen Mittelweg gibt, der beide Ziele versöhnen kann. Sie zeigt darüber hinaus, daß die Nationalstaaten keineswegs die Autonomie in Fragen von Umverteilung und sozialen Sicherung verlieren. Mehr noch, Strukturwandel und Globalisierung befreien den Sozialstaat aus der Geiselhaft von Partikularinteressen, welche unter dem Deckmantel des Begriffes „soziale Gerechtigkeit" eigennützige Ziele auf Kosten Dritter verfolgen. Den wirklich Bedürftigen wird damit weit mehr gedient als in dem gegenwärtigen Regulierungslabyrinth. Es ist schon richtig, die Modernisierung hinterläßt systematische Verlierer. Das Dickicht von sozialpolitisch gerechtfertigten Regelungen auf allen Märkten produziert diese jedoch noch in einem viel höheren Ausmaß.

4.1 Trade-off zwischen Effizienz und Gerechtigkeit: Nicht zwangsläufig

Die prinzipielle Absage an einen vermeintlichen Trade-off zwischen Effizienz und Verteilungsgerechtigkeit beruht auf der These der Generalkompensation.[24] Sie besagt im Kern, das es den Ärmsten einer Gesellschaft unter einem effizienzgeleiteten Regime besser geht als in einem Verteilungsregime. Damit erfüllt es das Rawlsche Differenzprinzip. Die Effizienzgewinne vergrößern den Verteilungsspielraum. Gesellschaften, welche im Extremfall eine vollständige Einkommensnivellierung anstreben, erstarren dagegen durch die verheerenden Wirkungen auf die Anreize zur Aufnahme wirtschaftlicher Aktivitäten. Rent-seeking wird begünstigt, Profit-seeking dagegen beeinträchtigt.[25]

---

[23] Vgl. *Giersch* (1995).

[24] Vgl. *Weizsäcker* (1984).

[25] Vgl. *Buchanan* (1980).

Die Existenz von Pfadabhängigkeiten und sich selbst verstärkenden Effekten zwingt aber zur Modifizierung der Generalkompensationsthese. Eine Umverteilung der Marktergebnisse wird erforderlich, wenn die Marktkräfte systematische Verlierer zurücklassen, welche der Gesellschaft über kurz oder lang den Rücken kehren. Kriminalität und das Abgleiten in den politischen Extremismus sind etwa jene Formen der „Exit-Option", welche dieser Personenkreis wählt. Effiziente Umverteilung ist in diesem Sinne lediglich als unabdingbare Transaktionskosten der marktwirtschaftlichen Ordnung zu verstehen.[26]

Umverteilung zur Abwendung einer solchen Entwicklung ist deshalb auch im Interesse der mobilen Produktionsfaktoren, denn deren Produktivität erhöht sich infolge der Stabilisierung des wirtschaftlichen und gesellschaftlichen Umfeldes.[27] Die negativen externen Effekte einer systematisch zunehmenden Ungleichheit werden internalisiert, die Risikobereitschaft und die Akzeptanz von technischem Fortschritt und den Veränderungen durch Strukturwandel und Globalisierung wächst. Umverteilung zugunsten der wirklich Bedürftigen und der systematischen Verlierer ist deshalb keine Verzerrung der Allokation von Ressourcen. Im Gegenteil, sie erhöht die ökonomische Effizienz in einem Land, sowohl in kurzer als auch langer Frist und liegt damit im Interesse aller Gesellschaftsmitglieder.

Dazu gehören ebenfalls die Korrektur von schlechten Arbeitsbedingungen und die Reduzierung von Gesundheitsrisiken am Arbeitsplatz. Lediglich diejenigen, welche aufgrund von asymmetrischen Marktmachtverhältnissen von den Marktunvollkommenheiten profitiert haben, werden sich der Institutionalisierung von solchen Sozialstandards widersetzen. Der Vorteilhaftigkeit solcher Regulierungen tut dies aber keinen Abbruch, selbst wenn Personen oder Unternehmungen mit Abwanderung oder Schließung der Produktionsanlagen drohen. Die gesellschaftliche Wohlfahrt wird davon nicht negativ beeinflußt, denn die potentiellen Außenhandelsgewinne werden durch die Bereinigung von Marktunvollkommenheiten erhöht, nicht gesenkt.[28] Staaten schädigen sich selbst, wenn sie auf die Einsetzung effizienzerhöhender Standards und Umverteilungsregeln verzichten. Der befürchtete internationaler Race-to-the-bottom bei den Systemen der sozialen Absicherung ist alleine aus diesem Grunde schon abwegig.

Hinzu kommt ein weiterer Aspekt. Die Präferenz innerhalb einer Gesellschaft, in welchem Umfang die Markteinkommen umverteilt werden sollen und wer wann zu den Begünstigten gehört, unterscheidet sich von Land zu Land. Aufgrund historischer Prozesse streben die Menschen in den einen Ländern nach einer egalitäreren Einkommensverteilung als in anderen.[29] Dies bedeutet, selbst wenn die Politik einer Umverteilung keine Steigerungen der gesamtwirtschaftlichen Produktivität nach sich zieht und der Verteilungskuchen somit nicht zusätzlich wächst, bleibt eine Gesellschaft in der Wahl des Umfanges ihrer Einkommenstransfers frei. Ent-

---

26 Vgl. *Levy* (1994).

27 Vgl. *Berthold* (1999).

28 Vgl. *Berthold/Hilpert* (1999).

29 Vgl. *Sen* (1997).

spricht der Grad der Einkommensnivellierung ex post den Präferenzen der Mitglieder einer Gesellschaft, treten keine negativen Anreizwirkungen auf, welche die gesamtwirtschaftliche Effizienz beeinträchtigen. Der internationale Wettbewerb hat auch in diesem Fall keine negativen Auswirkungen auf den Sozialstaat.

Auf den Prüfstand geraten jedoch all diejenigen sozialstaatlichen Regelungen, welche die beiden genannten Bedingungen nicht erfüllen. Diejenigen in einer Gesellschaft, welche solche Institutionen des Sozialstaates nicht tragen wollen, werden durch die Globalisierung, vermehrt und auf legale Weise, in die Lage versetzt, durch Wahl der „Exit–Option" unverhältnismäßigen Eingriffen zu entgehen. Dies ist aber gut so, denn damit wird ihren Stimmen in der politischen Diskussion ein größeres Gewicht verliehen, die „Voice–Option" derjenigen gestärkt, welche sich für die wohlstandserhöhenden Öffnung der Volkswirtschaft nach Außen und Reformen im Innern einsetzen.

Der Legitimierungszwang sozialpolitisch motivierter Eingriffe wächst, denn das Anführen der allgemeinen Floskel „soziale Gerechtigkeit" reicht nicht mehr aus, diejenigen zu überzeugen und in die Pflicht zu nehmen, welche die erheblichen finanziellen Lasten zu tragen haben. Die Transparenz von vermeintlichen und beabsichtigten Zielen sowie der Nebenwirkungen wird angemahnt und durchgesetzt. Damit kann der Sozialstaat zugleich aber auch seine originären Aufgaben effizienter und effektiver erfüllen. Die effizienzverschlingende Umverteilung im Mittelstand von den nicht ganz so Reichen zu den nicht ganz so Armen und zurück gehört dann endlich der Vergangenheit an.

4.2 „Soziale Gerechtigkeit": Einkommensnivellierung oder Chancengleichheit?

Die Globalisierung setzt zudem eine Frage auf die wirtschafts- und gesellschaftspolitische Agenda, welche in den letzten Jahren zunehmend in Vergessenheit geraten ist: Was bedeutet „soziale Gerechtigkeit" und welche Ziele verfolgt sie? Die Tatsache, daß diese Frage im öffentlichen Diskurs in den letzten Jahren mehr und mehr in den Hintergrund getreten ist, oder besser gesagt, gedrängt wurde, hat einen wesentlichen Beitrag dazu geleistet, daß der Zustand unserer Systeme der sozialen Sicherung die Grenzen der Tragfähigkeit erreicht haben. Es ist zudem ein Trugschluß, daß aus vielen sozialen Gerechtigkeiten für unterschiedliche Begünstigte die gesellschaftlich erwünschte „soziale Gerechtigkeit" resultiert.[30] Die Umverteilungswirkungen sind in der Summe nicht mehr kalkulierbar. Der Sozialstaat hat sich mehr und mehr in einen Umwälzstaat im Sinne von *Buchanan* verwandelt, die differenzierte Begünstigung und Behandlung unterschiedlicher Personenkreise bietet eine Einladung für rentensuchendes Verhalten gemäß politischer Machtverhältnisse.[31]

---

30 Vgl. *Engels* (1988).

31 Vgl. *Buchanan* (1993).

„Soziale Gerechtigkeit", welche nicht mit diesen negativen Anreizwirkungen verbunden ist, so daß die wirtschaftliche Dynamik erstickt, verfolgt dagegen zwei originäre Ziele: Der Sozialstaat bekämpft zum einen die Armut derer, welche ex post zu den Verlierern der Anpassungsprozesse gehören. Er sichert deren materielle Existenz und die Kohäsion der Gesellschaft. Dieses ist jedoch lediglich eine Defensivstrategie. Damit alleine ist es noch nicht getan, viel wichtiger ist der zweite Aspekt: Der effektive und effiziente Sozialstaat fördert zum anderen die Chancengleichheit ex ante. Dies bedeutet, er muß dem einzelnen die Aussicht, aber auch den Anreiz geben, aus eigener Kraft, den Lebensunterhalt zu bestreiten. Damit erfüllt der Sozialstaat das Prinzip der Subsidiarität; erst, wenn alle Eigeninitiative vergeblich war, wird er aktiv.

Dazu ist es aber notwendig, den Erwerbsverlauf der Individuen zu verstetigen. Insbesondere den Arbeitslosen, aber auch den vom Verlust des Arbeitsplatzes bedrohten Personen muß die Aussicht auf eine Beschäftigung erhalten bleiben, in welcher sie das notwendige Humankapital aufbauen können, um sich in einem verändernden Umfeld zu behaupten. Der nachhaltige Sozialstaat unterstützt sie dabei und überwindet die Armutsfalle, indem er sie gar nicht erst entstehen läßt. Der Zuspruch zur marktwirtschaftlichen Ordnung wächst, wenn man auf der einen Seite gegen materielle Notlagen geschützt ist, gleichzeitig auf der anderen Seite jederzeit die Chance der vertikalen Mobilität in einer Gesellschaft erblickt. Der effiziente Sozialstaat nivelliert aber nicht die Einkommensunterschiede in dem Ausmaße, daß die Anreize zur Flexibilität und Mobilität der Personen verringert werden. Eigeninitiative und Leistung müssen weiterhin entsprechend lukrativ bleiben und honoriert werden. Diese Aufgabe fällt originär dem Markt zu, nicht dem (Sozial-) Staat.

5. Der Sozialstaat als Anbieter von Sicherheit

Die Sozialversicherungssysteme gelten als Krönung des Sozialstaates. Sie sichern die Individuen gegen die großen Risiken des Lebens ab. Die Rentenversicherung garantiert einen auskömmlichen Ruhestand, Kranken- und Pflegeversicherung helfen bei gesundheitlichen Beeinträchtigungen und die Arbeitslosenversicherung mindert die Folgen des Verdienstausfalles bei Verlust des Arbeitsplatzes. Die Globalisierung scheint auch diese Errungenschaften mittlerweile in Frage zu stellen. Doch auf die Defekte in den Sozialversicherungen wird nicht erst in den letzten zehn Jahren aufmerksam gemacht. Sie sind seit Jahrzehnten Gegenstand des ordnungspolitischen Diskurses und genauso lang wird schon versucht, den Problemen durch Flickschusterei und Reformen nach dem Muster der *„Echternacher Springprozession"* Herr zu werden.

5.1 Das Grundproblem: Mangelnder Wettbewerb

Die Systeme der sozialen Sicherung leiden alle an einem fatalen „Geburtsfehler“. Die Individuen werden nicht nur gegen die Wechselfälle des Lebens abgesichert, es werden mit den Sozialversicherungen auch massiv Distributionsziele verfolgt. Die häufig beschworene Vielzahl der versicherungsfremden Leistungen sind hier nur ein exemplarisches Beispiel, unabhängig davon, daß die Trennung zwischen versicherungsfremd und versicherungsäquivalent in der Praxis schwer fällt. Die Doppelaufgabe von Versicherung und Umverteilung überfordert die soziale Sicherung, so daß letztlich keines der beiden Ziele erreicht wird. Von Effektivität und Effizienz fehlt jede Spur.

Die Umverteilung über die Systeme der Sozialversicherung produziert Wirkungen, welche den Absichten völlig konträr laufen. Sie begünstigt eine Vielzahl derer, welcher aufgrund ihrer Leistungskraft eigentlich zu den Nettozahlern der Redistribution zählen sollten.[32] Die „vertikale Effizienz“ ist gering. Schlimmer noch, über die Einbettung von Elementen der Umverteilung öffnet man den Interessengruppen Tür und Tor. Die Beispiele der Frühverrentung sowie der aktuellen Diskussion um eine Rente mit „Sechzig“ zeigen dies ganz deutlich. In der Krankenversicherung werden die Lasten von den Familien zu den Alleinstehenden, von den Rentnern zu den Erwerbstätigen sowie bspw. in der Arbeitslosenversicherung von den schrumpfenden Sektoren zu den Wachstumsbranchen verschoben, um nur einige zu nennen. Die eigenen Anpassungslasten werden auf die Sozialversicherungssysteme und damit auf die Allgemeinheit abgewälzt. Den gesetzlichen Sozialversicherungen fehlt durch die Doppelaufgabe ein notwendiges Element einer nachhaltigen Versicherungslösung: das Äquivalenzprinzip.

Die Abwesenheit des Äquivalenzprinzips bedeutet, daß Prämien- und Leistungshöhe in der sozialen Sicherung nicht im versicherungsmathematischen Einklang miteinander stehen. Das Risiko des Schadenseintritts wird bei der Beitragsberechnung in der Regel nicht oder nur in einem eingeschränkten Maße berücksichtigt. Dies provoziert individuelles und kollektives Moral Hazard–Verhalten der Versicherten und ihrer Vertreterorganisationen. Die Kosten der Versicherung steigen deshalb im Zeitablauf unweigerlich an.

Das staatliche Zwangssystem der sozialen Sicherung verweigert aber denjenigen Versicherungsnehmern, welche die finanziellen Lasten zu tragen haben, die Möglichkeit, sich den Folgen des Moral Hazard–Verhaltens anderer zu entziehen und sich dadurch zu schützen, daß sie die Versicherung wechseln. Ihre „Exit–Option“ ist je nach Sozialversicherung weitgehend eingeschränkt.[33] Der notwendige Wettbewerb zwischen Versicherungsträgern, um das Moral Hazard–Verhalten in den Griff zu kriegen, wird institutionell ausgesperrt, eine effiziente Produktion der Versicherungsleistung blockiert. So müssen die Betroffenen über

32 *Berthold/Thode* (1998).

33 Es verbleibt lediglich über den Gang in die Selbständigkeit, das Überschreiten der Beitragsbemessungsgrenze oder den Wechsel in ein legales bzw. illegales nicht sozialversicherungspflichtige Beschäftigungsverhältnis.

Versicherungsleistung blockiert. So müssen die Betroffenen über steigende Beiträge Versicherungsprämien entrichten, welche über das hinausgehen, was ihrem eigenem Risiko angemessen ist.

Mit der Koppelung der Finanzierung der Sozialversicherungen an den Faktor Arbeit wird dann eine Kettenreaktion ausgelöst. Wachsende Beiträge verstärken nicht nur den Anreiz der Leidtragenden, sich dem Zugriff des Sozialstaates durch Ausstieg zu entziehen, sondern führen über steigende Arbeitskosten zu einem Verlust der Wettbewerbsfähigkeit von Unternehmungen und Arbeitsplätzen. Die Beschäftigung sinkt. Die finanzielle Basis der Sozialversicherungen ist jedoch an die Höhe der Beschäftigung gekoppelt. Die Konsequenz ist klar: die Beiträge steigen schneller, der Anreiz zu individuellem und kollektivem Moral Hazard wird bei den Versicherten immer größer. Die Systeme der sozialen Sicherung geraten von ganz alleine an die Grenzen der Tragfähigkeit. Die formelle Zweiteilung und die Erhebung der Beiträge durch den Arbeitgeber führen dazu noch zu einer permanenten Unterschätzung der fatalen Folgen eines fehlenden Äquivalenzprinzips.

5.2 Globalisierung: Wegbereiter privater Versicherungslösungen

Die zunehmende weltweite wirtschaftliche Integration wird mittel- und langfristig zu einer steigenden Mobilität des Faktors Arbeit führen, im gemeinsamen Haus Europa gilt sie zumindest offiziell als erwünscht.[34] Die Unterschiede in den Beiträgen und Leistungen in den Systemen der sozialen Sicherung werden bei einem fehlenden Äquivalenzprinzip Menschen möglicherweise veranlassen, in diejenigen Staaten zu wandern, in denen die vergleichsweise höheren Leistungen der Sozialversicherung angeboten werden. Diese Wanderung wird eher von „schlechten Risiken" unternommen werden. Die Struktur der Beitragszahler verschlechtert sich aus versicherungstechnischer Sicht, die Beiträge müssen steigen, um die wachsenden Leistungen zu finanzieren. Für die „guten Risiken" wird der Versicherungsschutz zu teuer. Sie werden in solche Länder wandern, in denen Versicherungsleistung und –prämie im Einklang stehen bzw. wo der Nettoverlust durch ein fehlendes Äquivalenzprinzip für sie am geringsten ist. Die Finanzierung gerät durch die adverse Selektion zunehmend in die Schieflage, die Versicherung bricht zuletzt zusammen.

Dies mag angesichts der weitgehenden Immobilität der Menschen, insbesondere der Personengruppen mit „schlechten Risiken", noch wie Zukunftsmusik klingen, die wachsende Mobilität hochqualifizierter und einkommensstarker Erwerbstätiger jedoch, welche in der Regel zu den „guten Risiken" zu zählen sind, zeigt, daß die Globalisierung jenen zum Ausstieg verhelfen kann, welche derzeit durch Zwangssysteme an der Ausübung der „Exit-Option" noch weitgehend gehindert werden. Ein ähnlicher Prozeß ist auch in den umlagefinanzierten Renten-

[34] Beispiele wie das Entsendegesetz zeigen jedoch häufig noch das Gegenteil in der politischen Realität.

versicherung abzusehen, obwohl in diesem Fall Renditedifferenzen statt der adversen Selektion die Wanderungsbewegungen auslösen werden. Vor allem für junge Erwerbstätige ist der Anreiz hoch, sich aus der umlagefinanzierten Rentenversicherung zu verabschieden, denn die demographische Entwicklung in Deutschland führt dazu, daß die Rentabilität des Systems sukzessive sinkt.[35] Der Ausstieg und die Abwanderung von Beitragszahlern setzt einen sich selbst verstärkenden Prozeß in Gang. Die Relation zwischen Empfängern und Zahlern steigt, die Beiträge schießen in die Höhe. Der finanzielle Kollaps ist auch hier vorprogrammiert.

Der Sozialstaat kann dem Zwang zu nachhaltigen Reformen nicht mehr ausweichen. Die Globalisierung sorgt für einen Wettbewerb der Systeme bei der Absicherung gegen Lebensrisiken. Damit steigt für den Versicherungsnehmer das Angebot an unterschiedlichen Versicherungsalternativen. Die Hedging–Optionen des einzelnen werden größer. Der Nachfrager nach Sicherheit kann elastischer auf marktinkonforme Versicherungslösungen reagieren. Die „Exit–Option" ist die Antwort „guter Risiken" auf ein fehlendes Äquivalenzprinzip und individuelles und kollektives Moral Hazard–Verhalten. Durch den Systemwettbewerb gewinnt der Effizienzgedanke bei der Bereitstellung des Gutes soziale Sicherheit an Bedeutung, so daß auch diesem Bereich die Ressourcenverschwendung eingedämmt wird.

Der Wettbewerb in den Systemen der sozialen Sicherung hat aber einen weiteren positiven Aspekt. Die Legitimation staatlicher Eingriffe bei privaten Lebensrisiken rückt damit wieder in den Blickpunkt des Interesses und zwingt die Verantwortlichen und Entscheidungsträger Althergebrachtes zu überdenken. Die Entscheidung steht an, was des (Sozial-)Staates und was des (Kapital- und Versicherungs-)Marktes ist. Die Globalisierung fördert nämlich zu Tage, daß die staatliche Bereitstellung des Gutes Sicherheit mit erheblichen Effizienzeinbußen verbunden ist. Der Staat hat seine komparativen Vorteile bei der Absicherung gegen die Lebensrisiken weitgehend verloren.

5.3 Die umlagefinanzierte Alterssicherung: Eine Sackgasse

Die demographische Entwicklung, individuelles Moral Hazard und der Mißbrauch durch die Tarifvertragsparteien, um die Anpassungslasten des Arbeitsmarktes abzuwälzen, machen es erforderlich, daß der Staat durch eine Zwangsmitgliedschaft das umlagefinanzierte System der Rentenversicherung am Leben erhalten

---

[35] Selbst die demographische Entwicklung kann als die Folge individuellen Moral-Hazard–Verhaltens interpretiert werden. Die notwendige Stützung des Umlagesystems durch eine hohe Geburtenrate ist ein öffentliches Gut, welches zum Trittbrettfahren einlädt. Die Rentenversicherung in der aktuellen Beschaffenheit führt zu einer massiven Umverteilung von kinderreichen zu kinderlosen Familien bzw. Haushalten. Als Gegenmaßnahme bleibt den Betroffenen letztlich nur der Verzicht auf den eigenen Nachwuchs oder der Ausstieg aus der Versicherungsgemeinschaft.

muß.[36] Der Exodus der „guten Risiken“ und das Beschneiden der eigenen finanziellen Basis würde bei Zulassung einer Versicherungsfreiheit beschleunigt werden, in kurzer Zeit würde die finanzielle Basis kippen. Die Einschränkung der Wahlfreiheit des Versicherungsträgers und der verfügbaren Versicherungslösungen schaltet den Wettbewerb aus und beschneidet die Effizienz in einem erheblichen Ausmaß. Die Suche nach neuen, innovativen Formen der Risikoabsicherung für den letzten Lebensabschnitt bleibt auf der Strecke.

Vieles spricht deshalb dafür, daß ein System, welches stärker auf das Äquivalenzprinzip ausgerichtet ist und auf die Bildung privater Ersparnisse setzt, viele Vorzüge aufweist. Es werden nicht nur die angeführten Defekte korrigiert, auch der gesamtwirtschaftliche Kapitalstock fällt bei einer kapitalgedeckten Rentenversicherung gegenüber einer umlagefinanzierten Regelung höher aus.[37] Die Beiträge der erwerbstätigen Generation gehen bei letzterer in den Konsum der Rentner statt in die Ersparnisbildung. Mit einem geringeren Kapitalstock verlangsamt sich aber das gesamtwirtschaftliche Wachstum. Das häufig angeführte Risiko, daß bei diversifizierten globalen Finanz- und Kapitalmärkten die gebildeten Vermögen in den Orkus einer weltwirtschaftlichen Rezession a´la 1929 verschwinden könnten, gehört eher in das Reich der Ammenmärchen als in die Realität. Bei der momentanen Entwicklung überwiegen die komparativen Nachteile einer staatlichen Bereitstellung des Gutes Alterssicherung über das Umlageverfahren. Die Globalisierung kann deshalb für das drohende Desaster nicht zur Verantwortung gezogen werden, vielmehr die zahlreichen Konstruktionsfehler. Die weltweite wirtschaftliche Integration und die steigende Mobilität der Produktionsfaktoren machen diese lediglich transparenter, die Folgen kostspieliger, mehr nicht.

5.4 Fehlentwicklungen im Gesundheitswesen: Eine Folge mangelnden Wettbewerbs

Im Gesundheitswesen ist der Preismechanismus für den Versicherten fast vollständig ausgeschaltet, Art und Umfang der Leistungen sind unabhängig von den eingezahlten Beiträgen. Moral Hazard–Verhalten in der Form, auch noch Leistungen in einem Umfang zu beanspruchen, welche medizinisch das erforderliche Maß überschritten haben, sind die logische Konsequenz. Dabei verstärkt der Charakter der Gesundheit als reines Vertrauensgut diese Tendenz. Der Versicherte ist nicht in der Lage, die Leistung des Anbieters zu kontrollieren, der behandelnde Arzt wird damit in die einmalige Lage versetzt, den Umfang der Leistung nahezu alleine bestimmen zu können. Dieses Phänomen bezeichnet man als angebotsinduzierte Nachfrage.[38] Die Kostenexplosion wird durch gemeinsames Moral Hazard–

[36] Dabei ist weniger problematisch, die Individuen überhaupt zu verpflichten, für ihre Absicherung im Lebensalter vorzusorgen, sondern die obligatorische Mitgliedschaft in einer einzigen Rentenversicherung.

[37] Vgl. *Kitterer* (1988), S. 392.

[38] *Breyer/Zweifel* (1999); S. 241ff.; *Neubauer* (1997), S. 106-107.

Verhalten auf beiden Marktseiten verursacht und beschleunigt. Die Ausschaltung jeglicher Anreize für den Versicherten, die Kosten seiner Inanspruchnahme von Gesundheitsleistungen im Auge zu behalten, führt zusätzlich dazu, daß kostensenkende Verfahrensinnovationen im Gesundheitssektor eine vergleichsweise geringe Rolle einnehmen. Der technische Fortschritt wird zu stark in Richtung auf Produktinnovationen gelenkt.[39] Hinzu kommt noch, daß mit der Kassenärztlichen Vereinigung und der Bundesärztekammer sich auf dem Gesundheitsmarkt auf der Angebotsseite ein schwergewichtiges Kartell als Gegenpol zu den Krankenkassen gebildet hat. Die Schlagkraft der Medizinerlobby ist aufgrund der Sensibilität des Bereiches Gesundheit und der Intransparenz enorm hoch. So ist es den Interessenvereinigungen der Ärzte gelungen, eine Vielzahl von Markteintrittsbarrieren (Studienvoraussetzungen, Kassenärztliche Zulassung) zu errichten und die Insider gegen die Konkurrenz junger Ärzte nahezu vollständig abzuschotten.[40]

Die staatliche Bereitstellung blockiert den zwingend notwendigen Druck auf die Versicherten, als Nachfrager von Gesundheitsleistungen auf die Angebotsseite einzuwirken, um den Weg für Kostensenkungen im Gesundheitswesen zu ebnen. Solange der Versicherte über die Ausgaben nicht im Bilde ist, wird die Situation teilweise grotesk bleiben, Warteschlangen und Selbstbeteiligungen an solchen Stellen, wo das Individuum die Versicherungsleistung am dringendsten nötig hat und Überversorgung in anderen, unwichtigeren Bereichen.

5.5 Die Arbeitslosenversicherung: Der wettbewerbliche Ausnahmebereich

Das Risiko der Arbeitslosigkeit besteht darin, ob eine existierende Beschäftigung und damit ein entsprechendes Einkommen in Gegenwart und Zukunft erhalten bleibt. Ein Großteil der Umstände, durch welche eine privatwirtschaftliche Versicherungslösung nur in einem nicht ausreichendem Maße oder überhaupt nicht zustande kommen, kann durch die Formulierung entsprechender Rahmenbedingungen überwunden werden. Es sind jedoch Zweifel angebracht, ob eine private Versicherungslösung das Einkommensrisiko genauso effektiv absichern kann wie eine parafiskalische.[41]

Individuelles Moral Hazard–Verhalten ist hier aufgrund des Status der Erwerbstätigkeit in unserer Gesellschaft weniger anzutreffen als in den anderen Bereichen der sozialen Sicherung. Die Bereitschaft eines Arbeitnehmers, den Versicherungsfall bewußt oder fahrlässig herbeizuführen, dürfte empirisch weniger stark ausgeprägt sein. Das verbleibende Restrisiko kann durch eine entsprechend

---

39 Dies heißt natürlich nicht, daß die Bekämpfung von Krankheiten durch neue Medikamente oder mittels ausgefeilterer medizinischer Technik nicht wünschenswert ist. Produktinnovationen werden aber im Unterschied zu anderen Bereichen nicht in gleichem Maße durch Prozeßinnovationen begleitet. Vgl. *Meyer* (1994).

40 Vgl. *Breyer/Zweifel* (1999), S. 310 f.

41 Vgl. *Schönbäck* (1988).

differenzierte Tarifstruktur auf ein Minimum reduziert werden. Das viel bedeutsamere kollektive Moral Hazard–Verhalten sollte dagegen dort bekämpft werden, wo es entsteht, beim Tarifkartell am Arbeitsmarkt. Die Stärkung des Wettbewerbs auf den Arbeitsmärkten durch dezentrale Verhandlungen bzw. Öffnungsklauseln sowie eine sektoral differenzierte Tarifstruktur bei den Prämien zur Arbeitslosenversicherung verstärken den Druck auf die Tarifpartner, adäquate Abschlüsse zu vereinbaren.

Die Selektion „guter Risiken" und damit die Nichtversicherbarkeit der „schlechten Risiken", welche beim Arbeitslosigkeitsrisiko auftreten, können durch einen Kontrahierungszwang oder eine Beitragsubventionierung begegnet werden. Ein unüberwindbares Problem stellt vielmehr das Wesen des Arbeitslosigkeitsrisikos dar. Es ist nämlich grundsätzlich nur schwer versicherbar, weil die Risiken der Individuen statistisch nicht voneinander unabhängig sind. Bei einem massenhaften Auftreten kann eine private Versicherung keinen versicherungsmathematischen Risikoausgleich zwischen den Versicherten herbeiführen. Eine obligatorische staatliche Lösung besitzt deshalb derzeit noch deutliche komparative Vorteile bei der Bereitstellung des Gutes Einkommenssicherheit im Falle der Arbeitslosigkeit.

6. Der effiziente und effektive Sozialstaat im wirtschaftlichen Wandel

Der Kampf gegen die Armut und die Sicherung von Chancengleichheit bleiben auch im Zeitalter der Globalisierung eine originäre Staatsaufgabe, eine Aufgabe, bei welcher der Staat weiterhin gegenüber Marktlösungen komparative Vorteile aufweist. „Soziale Gerechtigkeit" im hier formulierten Sinne ist ein öffentliches Gut, seine Bereitstellung erfordert staatliche Eingriffe, um das Trittbrettfahren einzelner Individuen oder von kompletten Gruppen zu überwinden.[42] Die wachsende Mobilität der Produktionsfaktoren verhindert, daß der Umverteilungsstaat wie gegenwärtig über das Ziel hinausschießt und zu sklerotischen Effekten in der wirtschaftlichen Entwicklung führt.

Im Bereich der Absicherung gegen die Unabwägbarkeiten des Lebens hat der Sozialstaat mit Ausnahme der Arbeitslosenversicherung seine komparativen Vorteile verloren. Seine Aufgabe in diesem Feld bleibt nur, den notwendigen Rahmen abzustecken und sicherzustellen, daß die Individuen die Vorsorge gegen die Risiken Altersarmut und Krankheit übernehmen können. Dazu reicht eine Versicherungspflicht in Höhe einer Mindestsicherung, um individuelles Moral-Hazard zu vermeiden, sowie ein Kontrahierungszwang, um eine Absicherung durch private Organisationen zu garantieren. Der Umfang und Einzelheiten der Versicherungsleistungen obliegen abgesehen von Minimalbestimmungen den individuellen Vereinbarungen zwischen Versicherungsanbieter und –nehmer.

---

[42] Vgl. *Arnold* (1994).

6.1 Wettbewerb der Systeme: Reformen wird eine Brücke gebaut

Die Globalisierung macht den Weg frei für dezentrale Lösungen. Damit kann aber auch in den Bereichen der sozialen Sicherheit und der sozialen Gerechtigkeit der „Wettbewerb als Entdeckungsverfahren“[43] Einzug halten und genutzt werden, um die Präferenzen innerhalb einer Gesellschaft zu ermitteln, die bestmöglichen Lösungen auf die Herausforderungen des Strukturwandels zu finden und die allokativen Verzerrungen sozialstaatlicher Eingriffe in Grenzen zu halten. Das pathologische Denken im Verteilungskampf von Interessengruppen in Politik und Wirtschaft, welches unweigerlich zur Sklerose in den Lebensbahnen unserer Gesellschaft führt, wird durch die Globalisierung in die notwendigen Schranken verwiesen. Sie öffnet die Arterien und gibt den wirtschaftlichen Akteuren mehr Luft zum Atmen. Die Reformen, zu denen der internationale Wettbewerb drängt, werden kurzfristig Verlierer hervorrufen. Dies sind aber insbesondere diejenigen, welche auf ungerechtfertigte Weise Leistungen für Bedürftige empfangen haben. Ihr Vorteil in der politischen Schlagkraft und Organisationsfähigkeit nutzt ihnen, in einem internationalen Umfeld weniger als in den überschaubaren nationalstaatlichen Grenzen. Die Lobbytätigkeit verursacht Kosten in einer Höhe, welche die Leidtragenden unmittelbar zu spüren bekommen. Die Lastenverteilung der Verfolgung eigennütziger Interessen Weniger wird transparent. Damit nimmt auch der Widerstand gegen eine von den einzelnen Interessengruppen geleiteten Politik zu, die Globalisierung stärkt diesem Widerstand den Rücken und kräftigt seine Stimme.

Reformen sind jedoch nicht nur in den Systemen der sozialen Sicherung angezeigt. Ihre Institutionen sind mit denen auf den Güter- und Faktormärkten eng verwoben. Die gesamte institutionelle Ordnung gehört auf den Prüfstand. Sie muß auf die künftigen Erfordernisse zugeschnitten sein, um nachhaltig ihren Zielen gerecht werden zu können. Dies bedeutet, für Reformen offen zu sein, Althergebrachtes zu überdenken und zu verbessern. Der Wettbewerb hilft der Gesellschaft in dem Prozeß, solche Institutionen zu finden, welche diesen Anforderungen entsprechen. Er ermöglicht, daß die Systeme der sozialen Sicherung lernen, sich von selbst an die sich ständig verändernden Strukturen und Anforderungen anzupassen. Die Gesellschaft bzw. der Sozialstaat stecken lediglich das Spielfeld und die Spielregeln ab. Das Spiel wird den Akteuren überlassen, ein Eingriff von Außen wird nur bei groben Fouls vorgenommen. Das Spiel bleibt fair, wenn es innerhalb des abgesteckten Rahmens erfolgt. Der Wettbewerb offenbart die Präferenzen, entdeckt Knappheiten und leitet die Wirtschaftssubjekte zu den Alternativen. Er fördert das Unbekannte zu Tage, indem er den Individuen die Anreize setzt, nach den Lösungen für die drängenden Probleme zu suchen. Insofern ist er kein Selbstzweck, sondern lediglich Mittel zum Zweck. Er ermöglicht den Menschen einen höheren Lebensstandard und überführt die Gesellschaft in einen gerechten Zu-

---

[43] Vgl. *Hayek* (1968).

stand. Gerecht, weil das Spiel innerhalb der Regeln verläuft, welche vor dem Anpfiff festgesetzt werden.[44]

Die Öffnung der Märkte, die Integration der Staaten in die internationale Gemeinschaft, kurz die Globalisierung, führen dazu, daß sich die Gesellschaften wieder Gedanken machen müssen über die Regeln. Sind sie gefunden, sichert der Konsens unter den Individuen die Akzeptanz und verhindert einen ruinösen Wettlauf nach unten (Race-to-the-bottom).

6.2 Abbau institutionellen Mismatchs: Deregulierung der Märkte

Durch die Öffnung der Märkte wird nicht nur den Entwicklungs- und Schwellenländern die Chance gegeben, den Lebensstandard der eigenen Bevölkerung zu verbessern, auch die heimische Wirtschaft gewinnt an Dynamik, die Wachstumsperspektiven verbessern sich durch einen intensiveren Binnenwettbewerb. Dazu ist es aber zwingend erforderlich, staatliche Eingriffe, welche den Wettbewerb zwischen den Unternehmungen und Branchen verzerren, zurückzuführen. Identifiziert man Bereiche, in welchen Marktunvollkommenheiten bestehen, die eines wirtschaftspolitischen Eingriffes bedürfen, müssen diese zeitlich gebunden und beschränkt werden. Ein ex ante festgelegtes Verfallsdatum gewährleistet einerseits, daß eine fortgesetzte Intervention sich permanent neu legitimieren muß, und andererseits, daß die Inflation von Ansprüchen durch Gewöhnung an staatlichen Hilfen minimiert wird.

Der Strukturwandel kann nur beschäftigungsneutral bewältigt werden, wenn die Arbeitsplätze, welche in den schrumpfenden Branchen wegfallen, durch solche in den Wachstumssektoren ersetzt werden. Dazu müssen diese jedoch erst einmal entstehen können. Die staatliche sanktionierte Bildung und durch gesetzliche Regelungen geschützten Märkte von Monopolen und Oligopolen beschränken die Entstehung von zusätzlichen Arbeitsplätzen in erheblichem Maße. Marktzutrittsbarrieren behindern die Gründung von neuen Unternehmungen, welche den Wettbewerb in den geschützten Bereichen intensivieren könnten. Die etablierten Anbieter suchen und verteidigen die staatlich garantierten Renten. Ressourcen werden verschwendet, anstatt sie effizient zu nutzen.

Damit der Bedeutungsverlust des primären (Landwirtschaft etc.) und des sekundären Sektors (Produzierendes Gewerbe) nicht mit einer Verschlechterung der Beschäftigungssituation einhergeht, müssen die Ersatzarbeitsplätze im Dienstleistungssektor geschaffen werden. Dafür müssen die Rahmenbedingungen geschaffen werden, welche dies ermöglichen. Heute ist der Dienstleistungssektor jedoch noch mit einem viel zu dichten Netz von Regulierungen überzogen, daß es zu lichten gilt. Die De- bzw. Reregulierung der Gütermärkte ist aber nur der erste Schritt. Die positive Wirkung auf die Beschäftigung droht zu verpuffen, wenn die

---

44 Vgl. *Brennan/Buchanan* (1985).

Beschäftigungspotentiale aufgrund rigider, zentral ausgehandelter Vereinbarungen und ineffizienter Schutzbestimmungen nicht ausgeschöpft werden können. Damit wird der Wettbewerb auf den Gütermärkten quasi über die Hintertür wieder eingeschränkt. Dezentrale Tarifverhandlungen werden den differenzierten betrieblichen Anforderungen in einer sich permanent verändernden Umwelt eher gerecht als Flächentarife, welche sich an Durchschnittsgrößen orientieren. Die Gefahr steigt immer mehr, daß die zentralen Vereinbarungen den Marktbedingungen für die einzelne Unternehmung nicht mehr entsprechen. Gerade im Bereich der Lohn- und Gehaltsverhandlungen stellen betriebsnahe Lösungen eine Möglichkeit dar, im Strukturwandel Zeit zu kaufen, indem die Verdienstentwicklung der Geschäftsentwicklung angepaßt wird. Der Abbau der Beschäftigung wird verlangsamt, die Sozialversicherungen erhalten eine dringend nötige Entlastung, die Beschäftigten und die Betriebe die notwendige Atempause, um adäquat zu reagieren.

Parallel werden durch eine differenzierte betriebliche, sektorale und regionale Lohnstruktur Anreize für die Beschäftigten geschaffen, sich früh- und rechtzeitig umorientieren zu können. Auch die Wahrscheinlichkeit des kollektiven Moral Hazard-Verhaltens sinkt durch die Verlagerung der Verhandlungen auf eine Ebene, wo diejenigen, welche die negativen Folgen tragen müssen, näher am Entscheidungsprozeß sitzen. Die Gefahr nicht beschäftigungsneutraler Abschlüsse wird auf der betrieblichen Ebene geringer. Öffnungsklauseln für Flächentarifverträge gehen deshalb in die richtige Richtung.

Dezentralisierung ist auch das Gebot für eine Vielzahl von Schutzbestimmungen auf dem Arbeitsmarkt. Die Präferenzen der Arbeitnehmer/-innen werden sich mit der Entwicklung differenzierter Arbeitsformen und Beschäftigungsverhältnisse zusehends voneinander unterscheiden. Eine Verlagerung auf eine dezentralere Stufe, wenn möglich jene der individuellen Vereinbarungen, geben den Betroffenen die Möglichkeit, ihren eigenen Bedürfnissen entgegenzukommen. Dadurch werden die Schutzbestimmungen auch wieder mehr ihrer originären Bestimmungen zugeführt: sie steigern die Effizienz durch die Optimierung des Arbeitsbedingungen.

Allgemeine, gesetzliche Regelungen sollten darauf beschränkt werden, lediglich willkürliche Maßnahmen des Arbeitgebers in die Schranken zu weisen und gesundheitliche Risiken für die Beschäftigten abzuwenden. Sozialpolitisch motivierte Interventionen sind Sache des Sozialstaates und haben auf dem Arbeitsmarkt nichts zu suchen. Die Erfahrung lehrt, daß die Rechtsprechung in solchen Bereichen dazu tendiert, die Bestimmungen einseitig auszulegen, so daß die Effizienzeinbußen mit einer Verringerung der Beschäftigungsperspektiven der geschützten Gruppen verbunden sind. Eine vorhandene Beschäftigung ist aber ein wichtige Voraussetzung, um sich als Arbeitnehmer/-in einem veränderten wirtschaftlichen Umfeld auch anpassen zu können. Für die meisten gilt: nach absolvierter Grundausbildung werden die notwendigen Qualifikationen direkt (Learning-by-doing bzw. Training-on-the-job) und indirekt (Fort- und Weiterbildungskursen) am Arbeitsplatz erworben. Die in Deutschland stetig steigende Langzeitarbeitslosigkeit ist ein Warnsignal, daß einer Vielzahl von Menschen diese Perspektive genommen wird. Auf lange Sichte sollte deshalb die Strategie verfolgt werden, die Beschäftigten zu ermuntern, Humankapital zu bilden. Ein ausreichend hoher Stand der eigenen Kenntnisse und Fähigkeiten sind die notwendige Voraussetzung für eine hohe Anpassungsflexibilität. Hierfür sind die Voraussetzungen zu schaffen, in Form von monetären Anreizen wie Bildungssubventionen und Eigenbeteiligung.

Auf kurze Sicht muß zusätzlich gewährleistet werden, daß bedrohte Arbeitsplätze gesichert werden können und Arbeitssuchende die Chance auf einen neuen Arbeitsplatz erhalten. Öffnungsklauseln und Einsteigertarife sind ein erster Schritt in die dringend notwendige Flexibilisierung der Löhne. Den Beschäftigten werden auf diesem Wege gleichzeitig die rechtzeitigen Signale gegeben, in welche Richtung sie sich anpassen müssen. Die Humankapitalbildung wird dann wieder mehr auf die Beschäftigungsperspektiven ausgerichtet, die berufliche und räumliche Mobilität gefördert.

6.3 Notwendig: Trennung von Versicherung und Umverteilung

Für die Reform des Sozialstaates ist vor allem eines wichtig. Die Systeme der Sozialversicherung müssen von der Doppelaufgabe der sozialen Sicherung und Umverteilung befreit werden. Dies ebnet dem Äquivalenzprinzip den Weg, welches zwingend notwendig ist, das Moral Hazard-Verhalten auf der Nachfrage- und Angebotsseite zu unterbinden. Private Versicherungslösungen können in der Krankenversicherungen den unterschiedlichen Risiken und Präferenzen effektiver gerecht werden, die Bereitstellung des Gutes Gesundheit wird effizienter. Bei der Alterssicherung müssen die Individuen Anreize erhalten, verstärkt privat über die Kapitalmärkte vorzusorgen. Sowohl in den Bereichen Gesundheit als auch Rente sollte den Menschen nur noch ein obligatorische Mindestversicherungshöhe vorgeschrieben, eine darüber hinausgehende Absicherung dem eigenen Ermessen überlassen werden. Lediglich diejenigen, welche sich selbst die erforderlichen Prämien der Mindestabsicherung nicht leisten können, sind durch transparente Transferleistungen dazu in die Lage zu versetzen. In dem Gefolge dieser Reformen werden die Sozialversicherungsbeiträge deutlich sinken, wodurch ein positiver Nebenaspekt anfällt. Nicht nur die Kostenbelastung der Arbeitsplätze wird gedämmt, auch der Abstand zwischen Sozialhilfe und Einkommen aus einer Erwerbstätigkeit wird automatisch größer, der Spielraum für den einzelnen in der Wahl zwischen Direktentlohnung und anderen Lohnkomponenten wie soziale Absicherung, Arbeitsplatzsicherheit etc. wächst. Die Armutsfalle verliert an Schärfe. Das Dickicht der Sozialleistungen muß gelichtet werden, damit denjenigen geholfen werden kann, welche auf die Hilfe des Sozialstaates angewiesen sind. Der Verteilungskampf der Interessengruppen geht zu Lasten der Schwächsten in der Gesellschaft. Der Transferdschungel muß durchforstet werden, um die Umverteilungsspielräume effektiv und effizient zu nutzen. Die Kohäsion in der

Gesellschaft wird nur beibehalten, wenn es gelingt, die Umverteilung im Mittelstand von den nicht ganz Reichen zu den nicht ganz Armen auf eine neue Basis zu stellen und die Transfers dorthin zu lenken, wo sie notwendig sind. Die „vertikale Effizienz“ muß wieder hergestellt werden. Voraussetzung hierfür ist jedoch eine Abkehr vom Prinzip der Differenzierung durch diskretionäre Eingriffe, denn nur die Gleichbehandlung verhindert eine Ausbeutung der Minderheit durch die Mehrheit.[45] Dies bedeutet im besonderen, daß die Redistribution wieder stärker regelgeleitet werden sollte. Die Regelbindung stabilisiert die ex ante Erwartungen über den Spielverlauf sowie das Ergebnismuster, der konkrete Ausgang bleibt jedoch hinter dem „veil of uncertainty“ verborgen. Dies führt zum Konsens über sozialpolitische Maßnahmen.[46]

7. Schlußbemerkung

Globalisierung und Strukturwandel werden nur dann zu einer Bedrohung, wenn weiterhin an den überkommenen Strukturen festgehalten wird und die Freiheit des einzelnen beschränkt werden muß, damit die ineffizienten Institutionen kurzfristig am Leben erhalten werden können. Die Fratze im Janusgesicht verhindert, daß die Individuen, sich den eigenen Lebensstil und ihre Handlungsalternativen gemäß ihrer Präferenzen auszuwählen können. Diese reale Freiheit ist jedoch nicht nur gerecht, sondern auch effizient.[47] Die Beschneidung dieser Freiheit führt unweigerlich dazu, daß sich die Nährflüssigkeit in den Töpfen des Sozialstaates und des Arbeitsmarktes dem Ende zuneigt. Neue Wege, differenziertere und dezentralere Lösungen sind gefragt.

Gefordert sind die politischen Entscheidungsträger. Sie müssen die erforderlichen Reformen durchsetzen gegen diejenigen, welche den Sozialstaat für die eigenen Interessen mißbrauchen. Das politische Gewicht dieser Stimmen im öffentlichen Diskurs ist aber noch immer immens. Dies erschwert eine schrittweise Reformierung der wirtschaftlichen und sozialen Institutionen. Der Weg eines umfassenden Befreiungsaktes scheint aufgrund politischer Kurzatmigkeit ebenfalls verbaut. Die Globalisierung bietet den Politikern die Möglichkeit, die notwendigen Veränderungen auf den Arbeitsmärkten und im Sozialstaat auf Umwegen über das trojanische Pferd des nationalen und internationalen Wettbewerbs auf den Güter- und Kapitalmärkten zu forcieren. Der Reformdruck nimmt dadurch permanent zu, denn die Globalisierung ist nicht umkehrbar, weder auf nationaler noch regionaler Ebene. Die Politik hält damit den Schlüssel in der Hand, ob die Gewinne aus einer intensivierten internationalen Integration auch wirklich realisiert werden.

---

45 Vgl. *Buchanan* (1993).

46 Vgl. *Buchanan* (1998).

47 Vgl. *Sen* (1998).

Literatur

Alic, J.A. (1997): Technical change, employment, and sustainability, Technological Forecasting and Social Change, Vol. 55, S.1-13.

Arnold, V. (1994): Altruismus und Effizienz, in: Homann K. (Hrsg.): Wirtschaftsethische Perspektiven I – Theorie, Ordnungsfragen, Internationale Institutionen, Schriften des Vereins für Sozialpolitik, Bd. 228/I, Berlin, S. 53-84.

Bertola, G, Ichino, A. (1995): Wage inequality and unemployment: United States vs. Europe, NBER Macroeconomics Annual 1995, S. 13-54.

Berthold, N. (1997): Der Sozialstaat im Zeitalter der Globalisierung, Tübingen.

Berthold, N. (1999): Sozialstaat und struktureller Wandel: eine verhängnisvolle Beziehung?, Schweizerische Zeitschrift für Volkswirtschaft und Statistik, Bd. 135, Nr. 3, S. 407-437.

Berthold, N., Hilpert, J. (1999): Sozialstandards unter globalen Druck: Erhalten, senken, erhöhen?, in: Berg, H. (Hrsg.): Globalisierung der Wirtschaft - Ursachen, Formen, Konsequenzen, Schriften des Vereins für Sozialpolitik N.F. Bd. 263, Berlin, S. 127-156.

Berthold, N., Thode, E. (1998): Globalisierung - Drohendes Unheil oder schöpferische Kraft für den Sozialstaat, in: Knappe, E., Berthold, N. (Hrsg.): Ökonomische Theorie der Sozialpolitik, Heidelberg, S. 319-360.

Beyfuß, J., Fuest, W., Grömling, M., Klös, H.P., Kroker, R., Lichtblau, K., Weber, A. (1997): Globalisierung im Spiegel von Theorie und Empirie, Beiträge zur Wirtschafts- und Sozialpolitik, Institut der deutschen Wirtschaft, Köln.

Bhagwati, J., Dehejia, V. (1994): Freer trade and wages of the unskilled - is Marx striking again?, in: Bhagwati, J., Kosters M.H. (Hrsg.): Trade and wages - Leveling wages down?, Washington, S. 36-75.

Brennan, G., Buchanan, J.M. (1985): The reason of rules – Constitutional political economy, Cambridge.

Breyer, F., Zweifel, P. (1999): Gesundheitsökonomie, 3. Aufl., Berlin et al..

Buchanan, J.M. (1980): Rent seeking and profit seeking, in: Buchanan, J.M., Tollison, R. D., Tullock, G. (Hrsg.): Towards a theory of a rent seeking society, Texas, S. 3-16.

Buchanan, J.M. (1993): How can constitutions be designed so that politicians who seek to serve public interest can survive and prosper, Constitutional Political Economy, Vol. 4, No. 1, S. 1-6.

Buchanan, J.M. (1998): Agreement and efficiency: response to Guttmann, in: European Journal of Political Economy, Vol. 14, S. 209-213.

Burtless, G. (1995): International trade and the rise in earnings inequality, Journal of Economic Literature, Vol. 38, S. 800-816.

Davis, N. (1996): Wer nimmt an der allgemeinen und beruflichen Bildung teil? Eine Übersicht auf europäische Ebene", in: CEDEFOP (Hrsg.): Zeitschrift für Berufbildung, Nr. 8/9, S. 35-42.

Düll, H., Bellmann, L. (1998): Betriebliche Weiterbildungsaktivitäten in West- und Ostdeutschland", Mitteilungen aus der Arbeitsmarkt- und Berufsforschung, Heft 2, S. 205-225.

Engels, W. (1988): Zur Begründung und Utopie des Wohlfahrtsstaates, in: Rolf, G., Spahn, P., Wagner, G. (Hrsg.): Sozialvertrag und Sicherung, Frankfurt/Main, S. 321-338.

Giersch, H. (1995): Diskussionsbeitrag, in: Gehrken, L. (Hrsg.): Europa zwischen Ordnungswettbewerb und Harmonisierung, Berlin, S. 35-44.

Hayek, F. A. von (1968): Der Wettbewerb als Entdeckungsverfahren, Kieler Vorträge, N. F., Nr. 56, Tübingen.

Helpman, E., Krugman, P.R. (1985): Market structure and foreign trade, Cambridge.

Iversen, T., Cusack, T. (1998): The causes of welfare state expansion: deindustrialization or globalization?, WZB-Papier, Nr. 304, Berlin.

Kitterer, W. (1988): Der Einfluß der Alterssicherung auf die gesamtwirtschaftliche Kapitalbildung, Kredit und Kapital, 21 Jg., Bd. 3, S. 383-406.

Kosters, M.H. (1994): An overview of changing wage patterns in the labor market, in: Bhagwati, J., Kosters M.H. (Hrsg.): Trade and wages - Leveling wages down?, Washington, S. 1-35.

Krugman, P.R.. (1995a): Growing world trade: causes and consequences, Brooking Papers on Economic Activity, No. 1, S. 327-377.

Krugman, P.R.. (1995b): Technology, trade, and facktor prices, NBER Working Paper 5355, Cambridge.

Levy, P. (1994): Redistribution – The markets overhead, Review of Radical Political Economy, Vol. 26, S. 1-22.

Meyer, D. (1994): Gesellschaftliche Steuerung des medizinisch-technischen Fortschrittes, Das Gesundheitswesen, Nr. 56, S. 75-84.

Neubauer, G. (1997): Gesundheitsreform 2000 – Ziele, Konzeption, Instrumente, in: Hauser, R. (Hrsg.): Reform des Sozialstaates I, Schriften des Verein für Socialpolitik, N.F., Bd. 251/I, Berlin, S. 103-119.

OECD (1998): Economic Outlook – June 1998, Paris.

Paque, K.H. (1995): Arbeitslosigkeit und sektoraler Strukturwandel - eine Interpretation von vier Dekaden westdeutscher Arbeitsmarktgeschichte, in: ListForum, Bd. 21, Nr. 2, S. 167-194.

Pfeiffer, F. (1997): Humankapitalbildung im Lebenszyklus, in: Clar, G., Dore, J., Mohr, H. (Hrsg): Humankapital und Wissen – Grundlagen einer nachhaltigen Entwicklung, Berlin, S. 175-195.

Porter, M.E. (1990): The competitive advantage of nations, Harvard Business Review, March/April 1990, S. 73-93.

Ramaswamy, R., Rowthorn, R. (1997): Deindustrialization: causes and implications, IMF Working Paper No. 42.

Rodrik, D. (1997): Has globalization gone too far?, Washington.

Sachverständigenrat zur Begutachtung der gesamtwirtschaftlichen Entwicklung (1999): Wirtschaftspolitik unter Reformdruck – Jahresgutachten 1999/2000, Stuttgart.

Schönbäck, W. (1988): Subjektive Unsicherheit als Gegenstand staatlicher Interventionen, in: Rolf, G., Spahn, P., Wagner, G. (Hrsg.): Sozialvertrag und Sicherung, Frankfurt/Main, S. 45-62.

Saeger, S. (1997): Globalization and Deindustrialization: Myth and reality in the OECD, Weltwirtschaftliches Archiv, Bd. 133, S. 579-608.

Sen, A. (1997): Inequality, unemployment, and contemporary Europe, International Labour Review, Vol. 136, No. 2, S. 155-172.

Sen, A. (1998): Soziale Gerechtigkeit und ökonomische Effizienz, Nida-Ruemelin J., Thierse, W. (Hrsg.): Philsophie und Politik, Essen, S. 14-26.

Siebert, H. (1997): Weltwirtschaft, Stuttgart.

Weizsäcker, C.C. von (1984): Was leistet die property-rights-Theorie für aktuelle wirtschaftspolitische Fragen?, in: Neumann, M.J.M. (Hrsg.): Ansprüche, Eigentums- und Verfügungsrechte, Schriften des Vereins für Socialpolitik N.F. Bd. 140, Berlin, S. 123-152.

Wood, A. (1995): How trade hurt unskilled workers, Journal of Economic Perspectives, Vol. 9, S. 57-80.

Autorenverzeichnis

Dr. Willem Adema
Social Policy Division
OECD
2, rue Andre-Pascal
F-755775 Paris Cedex 16

Univ.-Prof. Dr. Christoph Badelt
Abteilung Sozialpolitik
Wirtschaftsuniversität Wien
Reithlegasse 16
A-1190 Wien

Prof. Dr. Norbert Berthold
Lehrstuhl für Volkswirtschaftslehre, Wirtschaftsordnung und Sozialpolitik
Bayerische Julius-Maximilians-Universität Würzburg
Sanderring 2
D-97070 Würzburg

Prof. Dr. Axel Börsch-Supan
Lehrstuhl für Makroökonomik und Wirtschaftspolitik
Universität Mannheim
D-68131 Mannheim

Prof. Dr. Richard Hauser
Institut für Volkswirtschaftslehre
Johann Wolfgang Goethe-Universität Frankfurt
Mertonstraße 17
D-60054 Frankfurt

Lic. oec. publ. HansJörg Lehmann
Sozialökonomisches Institut
Universität Zürich
Hottingerstraße 10
CH – 8032 Zürich

Univ.-Prof. Dr. Franz Marhold
Institut für Arbeits- und Sozialrecht
Karl-Franzens-Universität Graz
Universitätsstr. 15/A2 und B2
A-8010 Graz

Univ.-Prof. Dr. Manfred Prisching
Institut für Soziologie
Karl-Franzens-Universität Graz
Universitätsstraße 15/A2 und B2
A-8010 Graz

Prof. Dr. Winfried Schmähl
Zentrum für Sozialpolitik
Universität Bremen
Parkallee 39
D-28209 Bremen

Dipl.-Volkswirt Oliver Stettes
Lehrstuhl für Volkswirtschaftslehre, Wirtschaftsordnung und Sozialpolitik
Bayerische Julius-Maximilians-Universität Würzburg
Sanderring 2
D-97070 Würzburg

A.Univ.-Prof. Dr. Engelbert Theurl
Institut für Finanzwissenschaft
Leopold-Franzens-Universität Innsbruck
Universitätsstrasse. 15
A-6020 Innsbruck

Prof. Dr. Peter Zweifel
Sozialökonomisches Institut
Universität Zürich
Hottingerstraße 10
CH – 8032 Zürich

Druck: Strauss Offsetdruck, Mörlenbach
Verarbeitung: Schäffer, Grünstadt

www.ingramcontent.com/pod-product-compliance
Lightning Source LLC
LaVergne TN
LVHW050640051026
849532LV00002B/455
* 9 7 8 3 7 9 0 8 1 3 5 3 1 *